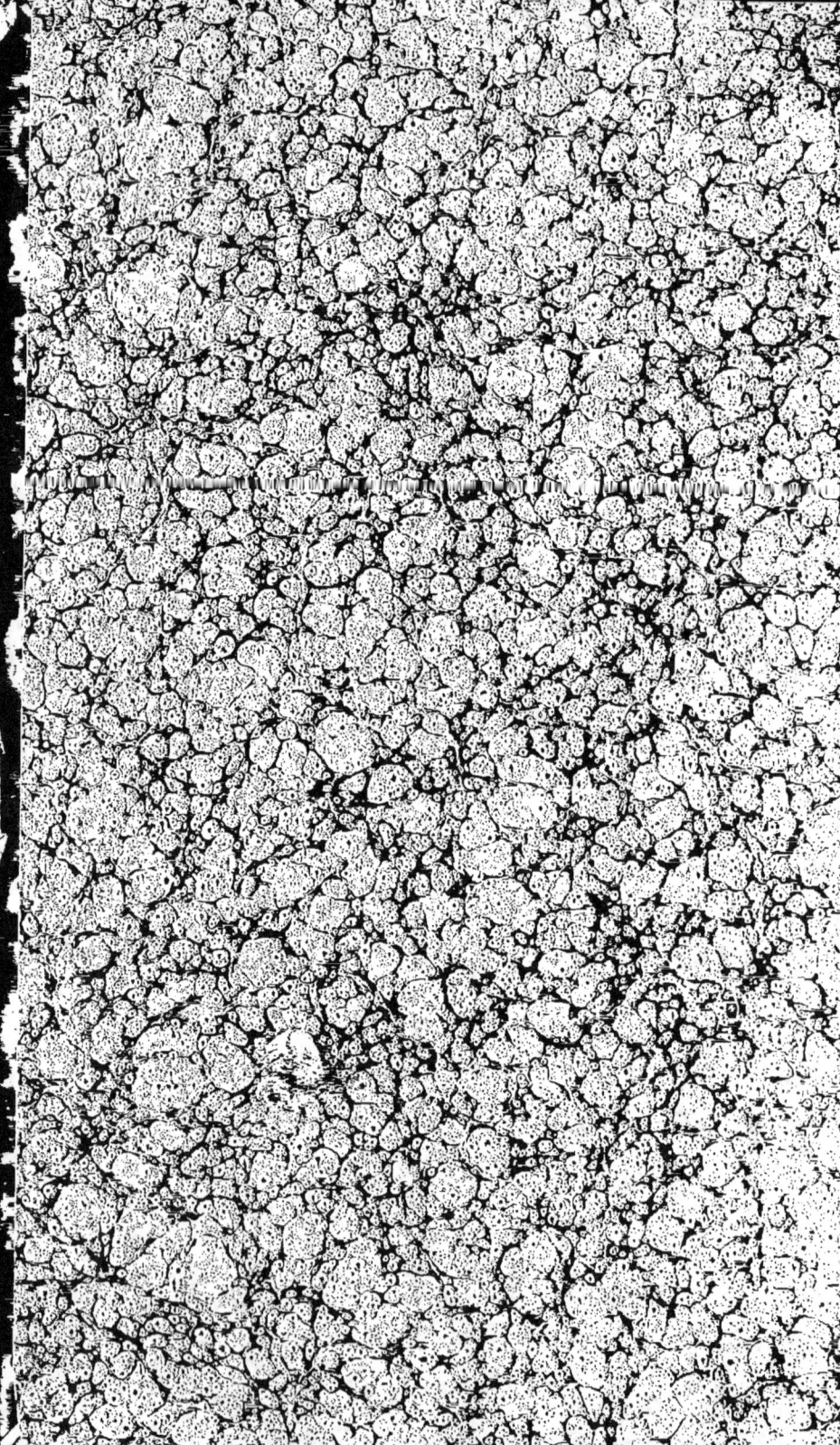

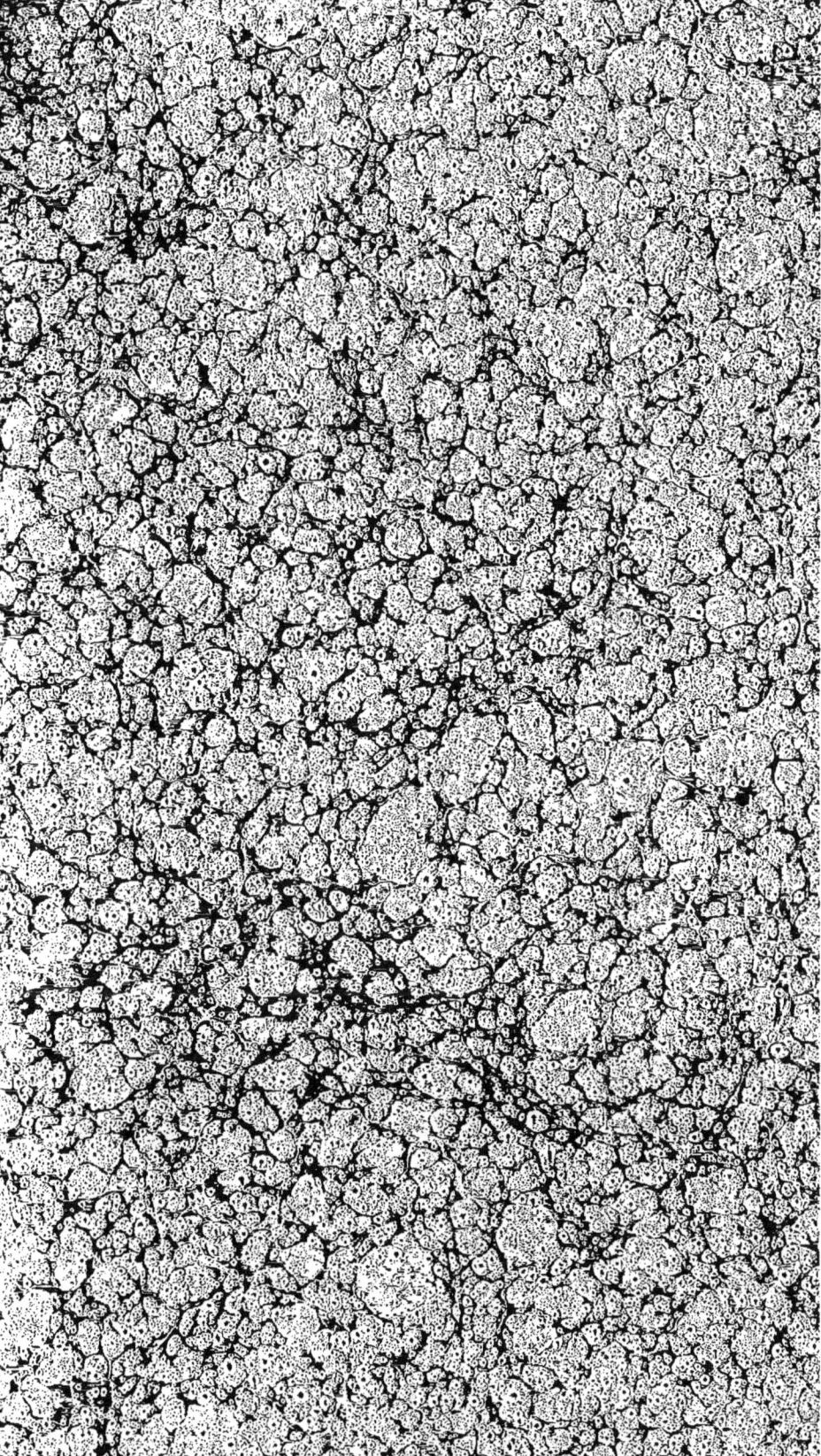

B

B 7207

LA
LITURGIE ROMAINE

ET

LES LITURGIES FRANÇAISES.

LA

LITURGIE ROMAINE

ET

LES LITURGIES FRANÇAISES

DÉTAILS HISTORIQUES ET STATISTIQUES

PAR

MELCHIOR DU LAC

LE MANS
JULIEN, LANIER ET Ce, IMPRIMEURS ÉDITEURS
PLACE DES HALLES, 12

PARIS
JACQUES LECOFFRE ET Ce, LIBRAIRE
RUE DU VIEUX COLOMBIER, 29

1849

AVIS AU LECTEUR.

Ce résumé des discussions sur la liturgie, commencé en 1846 et inséré en partie à cette époque dans l'*Univers*, était, sauf les dernières feuilles, imprimé avant la révolution de février : il est probable qu'on n'eût point songé à l'imprimer aujourd'hui; il y a un an, on s'occupait de la question liturgique, maintenant, hélas! on est occupé d'autres questions.

Si j'avais à le refaire je dirais les mêmes choses, mais je les dirais autrement : je l'ai écrit pour le jeter dans le courant de la controverse, il arrive quand la cause que je plaidais est, ou peu s'en faut, définitivement gagnée. Or, le ton qui convient pendant le combat ne convient pas toujours lorsqu'il n'y a plus de lutte.

Tel qu'il parut d'abord dans l'*Univers*, on l'avait demandé de divers côtés : tel qu'il est des personnes graves, au jugement desquelles je dois toute déférence, croient qu'il peut encore avoir quelque utilité et m'empêchent de solliciter des éditeurs la permission de le mettre au feu.

Je ne me figure point avoir traité la question en théologien ou en canoniste, en liturgiste ou en érudit : de telles prétentions iraient mal à mon ignorance. J'ai voulu simplement attirer l'attention sur quelques points de fait qui semblent décisifs dans la cause, que personne ne peut contester et que tout catholique un peu instruit de sa religion est en état d'apprécier.

Dans ces limites mêmes, je n'imagine pas avoir rien découvert, rien dit de nouveau. Je ne suis point auteur, je suis journaliste (on peut très bien faire à la fois ces deux métiers, mais je ne fais que le dernier des deux) : cet écrit n'est donc pas un livre, c'est un recueil d'articles. Or, la fonction du journaliste est principalement de répandre, de répéter la pensée des maîtres; fonction en soi peu éminente, mais dans laquelle on peut cependant faire quelque bien. Voilà pourquoi j'ai puisé à pleines mains dans les écrits du T. R. P. Abbé de Solesmes, m'attachant à présenter un résumé fidèle, clair et rapide de ce que le savant bénédictin a dit de plus fort et de plus inattaquable sur les points particuliers que son élève rapproche pour en montrer le lien, en faire ressortir l'importance et en tirer les conclusions pratiques applicables à la question débattue. Du reste, mon plagiat n'est pas un vol : je n'ai pris qu'après avoir demandé la permission du propriétaire, trop riche et trop prodigue de ses richesses pour la refuser.

Le lecteur est donc averti : tout ce qu'il y a de bon dans cet écrit, je le dois à Dom Guéranger. Mais j'ai pu, sans le vouloir, gâter plusieurs de ces bonnes choses et à côté d'elles en placer de mauvaises : je tiens à garder seul la responsabilité de celles-ci, et c'est ce qui m'oblige à signer :

MELCHIOR DU LAC.

Ce 22 février, fête de la Chaire de saint Pierre
à Antioche. 1849.

LA LITURGIE ROMAINE

ET

LES LITURGIES FRANÇAISES.

DÉTAILS HISTORIQUES ET STATISTIQUES.

CHAPITRE PREMIER.

DES DISCUSSIONS SUR LA LITURGIE.

Déjà publié sous une autre forme, l'écrit que nous offrons au lecteur a été l'objet de plaintes sévères et d'approbations bienveillantes ; on a surtout blâmé, on a surtout loué le fait même de la publication. Ces jugements contradictoires, émanés de personnes également respectables par leurs vertus, leurs lumières, leur rang et leur autorité dans l'Eglise, n'ont rien qui doive surprendre : les choses se passent toujours ainsi lorsque deux opinions sont en présence, dont l'une a intérêt au combat, parce que, pour elle, combattre c'est vaincre ; dont l'autre a intérêt au silence, parce que le silence est son seul espoir. Ceux qui veulent le maintien des Liturgies introduites dans nos Eglises au dix-huitième siècle, s'effraient des développements que prend la controverse ; ils croient cette controverse fâcheuse et pleine de périls : leurs terreurs sont fort naturelles. Mais les hommes dévoués au triomphe de la Liturgie romaine ont d'assez bonnes raisons pour ne pas les partager; ils jugent de l'avenir par le passé, et disent avec M. l'Evêque de Langres :

« Que résulte-t-il donc aujourd'hui de tout ce qui s'est dit
« et de tout ce qui s'est passé au sujet de la Liturgie, en
« France, depuis quelque temps ? Il n'en résulte que deux
« faits certains, mais déjà très précieux : le premier, c'est
« que l'attention publique est complètement éveillée, et les
« études sérieusement dirigées vers la science liturgique,
« abandonnée en France depuis long-temps. Le second, c'est
« que la propagation de la Liturgie parisienne est arrêtée, et
« que le mouvement de retour à la Liturgie romaine la rem-
« place. A nos yeux, ce double fait est d'une grande impor-
« tance, parce que, surtout, il est d'un grand avenir. Le plus
« difficile était de remettre en faveur des études discréditées
« et de faire réfléchir sur des habitudes dominantes; or, voilà
« ce qui est obtenu. D'une part, un point d'arrêt est mis à
« certaine propagande, et cela nous paraît définitif ; de l'au-
« tre, le travail de régénération est commencé, et certaine-
« ment il se poursuivra (1). »

Parmi les défenseurs des Liturgies modernes, plusieurs ont, cependant, confiance dans la bonté de leur cause; et s'il y a discussion, si d'abord le combat s'est engagé, si plus tard la controverse, après avoir langui quelque temps, s'est tout à coup ranimée, on le doit à leurs écrits. Sans prétendre diminuer le mérite du livre publié en 1840 par l'Abbé de Solesmes, il est permis de remarquer que les *Institutions litur-*

---

(1) *De la question Liturgique*, par M. l'Evêque de Langres, p. 17.

giques ne sont pas une œuvre de polémique : ces deux gros volumes, pleins de recherches et d'érudition, s'adressaient manifestement aux gens d'étude et de cabinet, et n'avaient en aucune manière la prétention de passionner le public. Je sais que, depuis, la vogue ne leur a pas manqué, qu'ils sont devenus comme un arsenal où les critiques de nos Liturgies vont, l'un après l'autre, choisir leurs meilleures armes (le lecteur verra bien que nous comptons parmi ces plagiaires), et, M. l'Evêque d'Orléans l'a très bien dit, comme un drapeau autour duquel se rangent les défenseurs de la Liturgie romaine ; mais il est douteux que l'ouvrage eût jamais obtenu ce genre de succès, si M. l'Archevêque de Toulouse ne l'avait pas signalé. De fait, ce ne fut qu'après la première brochure, partout répandue du vénérable Prélat, que les recherches silencieuses et pacifiques firent place à ce qu'on appelle proprement la controverse ; le mouvement lent et régulier, de retour vers les doctrines d'unité, aux mouvements plus précipités d'une vive polémique. Toutefois, cette ardeur semblait s'amortir, on revenait paisiblement aux études patientes et calmes, lorsque, au commencement de l'année dernière, M. l'Archevêque de Toulouse publia un nouvel écrit, et M. l'Evêque d'Orléans son *Examen des Institutions liturgiques*. A dater de ce moment, la discussion reprit avec une vigueur dont rien jusque-là n'avait pu donner l'idée, et eut bientôt un tel retentissement qu'il devint impossible aux journaux lus par les catholiques et par le clergé, de ne pas en rendre compte.

L'*Univers* dut subir la nécessité commune. Ses rédacteurs ne s'en plaignirent pas : encouragés par les paroles que nous rappelions tout à l'heure de M. l'Evêque de Langres, et aussi par les exhortations que leur adressaient directement plusieurs de ses vénérables collègues, ils étaient, d'ailleurs, pleinement rassurés par l'exemple de M. l'Archevêque de Toulouse et de M. l'Evêque d'Orléans. Quand les deux prélats n'apercevaient dans l'état des esprits, dans la situation de l'Eglise au milieu des partis, rien qui dût les empêcher de donner à cette controverse un si grand éclat, c'eût été à des journalistes une fort sotte et fort ridicule vanité d'imaginer que leurs articles pouvaient avoir de l'inconvénient.

Telle est l'origine de notre opuscule : né de la controverse, il n'en peut être responsable ; bonne ou mauvaise, utile ou dangereuse, la controverse avait lieu sans lui, elle aurait continué sans lui : cette simple réflexion sera notre excuse auprès des hommes tranquilles, sages et circonspects que le bruit fatigue, mécontente, inquiète. Quant à ceux qui trouvent la discussion fâcheuse, mais seulement lorsqu'elle est favorable à la Liturgie romaine, et auxquels tout plaidoyer pour les Liturgies françaises paraît au contraire excellent, utile, nécessaire et fort opportun, ils sortent de la question d'opportunité, ou plutôt ils la résolvent dans le même sens que nous, car s'il est opportun pour une opinion d'attaquer l'opinion contraire, il est manifestement opportun pour celle-ci de repousser l'attaque. Vous faites des articles, des brochures, des livres pour vos Liturgies ; cette cause vous l'étayez tant bien que mal, de principes faux et dangereux, de faits dénaturés ou controuvés ; dans l'intérêt de vos bréviaires et de vos missels vous inventez une histoire inouïe, une théologie encore plus étrange et plus nouvelle que ces missels et que ces bréviaires, et puis si quelqu'un s'avise de contredire, vous criez au scandale, vous l'accusez de troubler la paix, de jeter la division parmi les catholiques ! Vous voulez qu'on se taise, afin de parler seuls : de la part des défenseurs de la Liturgie romaine, cela pourrait se comprendre, cette Liturgie est celle de l'Eglise même, et vous n'avez pas le droit de la juger ; mais de votre part rien n'autorise une telle prétention, vos Liturgies, purement tolérées, ne sont pas inviolables. Il faut donc vous résigner à la contradiction, souffrir qu'on examine vos récits et vos arguments ; permettre, quand on les rejette, d'expliquer pourquoi.

« Du moins faut-il le faire avec modération et ne jamais blesser ni la charité, ni les convenances. » — J'accorde ce point d'autant plus volontiers, qu'à mon avis vous-mêmes le mettez en oubli. Vous n'en conviendrez pas : tout est modéré, convenable et parfait dans vos écrits ; tout se trouve excessif, inconvenant, anti-évangélique dans les écrits de vos adversaires. A vous entendre ce serait même là votre seul grief contre la Liturgie romaine, votre seul motif de tenir aux Liturgies modernes ; peu s'en faut que vous ne promettiez d'accueillir la vérité lorsqu'on la présentera d'une façon plus aimable. Je crois bien qu'en effet, écrits d'un autre style, les livres que vous incriminez seraient un peu moins lus ; que négligés du public ils n'auraient pas la vertu d'exciter vos colères ; mais quoique vous prétendiez, le ton plus ou moins vif de la polémique n'est pas la vraie cause de votre irritation : vous n'êtes plus des enfants, vous êtes des hommes raisonnables, des hommes graves, et le fond vous touche beaucoup plus que la forme. Vous aimez vos Liturgies, vous ne voulez pas qu'on les tue ; or, qu'on en parle froidement ou avec chaleur, qu'on les traite avec égards ou sans ménagements, dès qu'on parle contre elles, évidemment il s'agit de les immoler ; c'est là ce qui vous fâche.

Nous comprenons votre douleur et nous la respectons. Dieu nous garde de flétrir le sentiment d'où elle procède, ce pieux attachement à la Liturgie qu'on a long-temps pratiquée, qu'on est habitué à vénérer comme l'œuvre de l'Esprit Saint, comme l'héritage sacré, comme la tradition léguée par les aïeux ! Nous voudrions pouvoir suivre les conseils pacifiques de ceux qui nous disent : « laissez-les ; à quoi bon les tourmenter ? Leurs Liturgies sont déjà caduques, elles tombent d'elles-mêmes ; le temps, la force des choses, sans qu'il soit besoin d'y mettre la main, les feront disparaître. » Mais nous savons que le temps ne fait rien tout seul, que la force des choses n'est qu'un mot si elle n'est pas le résultat des efforts et des travaux de l'homme ; nous savons que le silence et l'inaction ne suffisent point à guérir un mal invétéré, et que la pitié est insensée lorsqu'elle se rend aux supplications du malade qui se plaît dans sa lèpre et la veut garder. Si déjà les Liturgies françaises ont perdu tout prestige ; s'il y a un mouvement de retour vers la Liturgie romaine, on le doit aux écrits, aux discussions qui ont attiré l'attention sur ces Liturgies, qui ont fait connaître leur nature et leur origine ; il faut continuer l'œuvre commencée, pour que la ruine expiatrice s'achève, pour que le mouvement réparateur se propage et s'accroisse.

« De pareilles controverses ont de grands inconvénients ? » — Qui le conteste ? La question est de savoir si les inconvénients du silence ne sont pas mille fois plus grands ? Sans doute il serait désirable que, sur toutes choses, les catholiques se trouvassent complètement d'accord ; mais puisque, en fait, cet accord n'existe pas, puisque sur des questions graves, deux pensées, deux doctrines, deux traditions : la tradition antique ou romaine, la tradition moderne ou gallicane, se disputent les intelligences, il est bon, il est nécessaire, que les deux doctrines s'examinent, se scrutent l'une l'autre, afin que la doctrine fausse disparaisse, et que l'union se fasse dans la vérité. Après tout, de quoi s'occupera donc le clergé s'il ne s'occupe point de ce qui le regarde? Quelles questions attireront son attention s'il dédaigne les questions ecclésiastiques? Ne vaut-il pas mieux discuter sur la Liturgie que de prendre parti pour ou contre des systèmes de philosophie ou de politique?

« En présence des ennemis de l'Eglise et de la guerre ardente qu'ils lui font, pourquoi ces luttes intérieures? Lorsque l'incrédulité sera vaincue, nous pourrons étudier en paix les questions ecclésiastiques, et les discuter sans inconvénient. »—Objection spécieuse, mais qui n'a rien de solide. Et d'abord, ces luttes nous fortifient au lieu de nous affaiblir : on peut les considérer comme des exercices salutaires par lesquels nous nous préparons à de plus sérieux combats, car elles ne vont point à déchirer le drapeau de l'unité, car elles ne nous divisent pas sur le terrain où l'on peut rencontrer l'ennemi. En second lieu, ce n'est point par la philosophie, par la science humaine que l'on triomphera des philosophes; on les vaincra par la science divine : c'est donc cette science qu'il importe surtout d'étudier, d'approfondir dans toutes ses parties. Pour faire la guerre, il faut des armes : les sciences ecclésiastiques, voilà les armes du Sacerdoce, et non pas la chimie, la physique, ou la philosophie profane. Or, après des révolutions qui ont tout bouleversé, qui ont interrompu la tradition des hautes études, et laissé le clergé en France sans universités, sans enseignement supérieur, il est tout simple que les sciences ecclésiastiques soient peu connues, qu'il y ait des points obscurs, douteux pour un grand nombre d'esprits ; que des solutions diverses soient proposées, et que la discussion s'engage. Ces controverses sont un signe de puissance et de vie, une preuve irrécusable du goût, de l'amour renaissant du clergé pour les études qui lui rendront sa force et sa gloire.

Je sais bien qu'au dire de certaines gens, la question liturgique est de peu d'importance, que c'est à leur avis une question purement accessoire qui ne mérite pas d'occuper les hommes graves et dont il faut ajourner la discussion aux calendes grecques, quand on n'aura rien de mieux à faire. Mais une pareille opinion montre plus clairement que tous les syllogismes la nécessité d'*éveiller l'attention publique et de diriger les études vers la science liturgique abandonnée en France depuis long-temps*. Il faut en effet que cette science soit bien abandonnée pour que des personnages, distingués d'ailleurs par leur savoir et leurs lumières, aient pu en méconnaître à ce point la grandeur, l'étendue, les rapports intimes et profonds avec toutes les autres parties de la science sacrée. Nous n'entreprendrons pas de prouver que dans la religion catholique la Liturgie tient à tout, qu'un catholicisme sans Liturgie ne serait qu'un catholicisme incomplet, mutilé et faux ; que, par conséquent, sans une connaissance réelle de la Liturgie, on n'a qu'une connaissance incomplète, mutilée et fausse du catholicisme ; mais nous remarquerons que M. l'Archevêque de Toulouse et M. l'Evêque d'Orléans reconnaissent, comme M. l'Archevêque de Reims et M. l'Evêque de Langres, la gravité de la question. Les deux prélats n'auraient pas daigné descendre dans l'arène pour une question oiseuse.

On m'arrête et l'on dit : « M. l'Archevêque de Toulouse et M. l'Evêque d'Orléans n'ont pris la plume pour défendre les Liturgies françaises que parce que l'on avait critiqué ces Liturgies et exalté à leur détriment la Liturgie romaine. »— J'en conviens; mais pourquoi les ont-ils défendues, sinon parce qu'ils ont cru l'attaque digne d'attention? Et comment de semblables attaques seraient-elles graves, si les Liturgies n'ont par elles-mêmes aucune valeur? Ou vraiment la Liturgie est en soi chose indifférente; ou, au contraire, comme on l'a toujours cru dans l'Eglise, la Liturgie est chose sacrée, qui tient par son fond même à la religion, qui agit puissamment sur l'homme intérieur, qui a sur les peuples la plus grande influence. Dans le premier cas, pourquoi s'irriter contre ceux qui attaquent les Liturgies particulières? Pourquoi les réfuter avec tant d'ardeur? Si la Liturgie n'est qu'une affaire de goût; les goûts sont libres, et il est très permis de préférer la Liturgie romaine aux Liturgies françaises. Si les changements en cette matière sont sans inconvénient, il n'y a pas grand danger, ce semble, à s'occuper de Liturgie; il n'y a pas grand mal à dire que la Liturgie romaine devrait remplacer les Liturges modernes, à prier, à travailler pour amener cette restauration. Dans le second cas, la gravité même de la question justifie le zèle et la persévérance de ceux qui la traitent de bonne foi. Si de pareils changements ont des conséquences telles, qu'on doive flétrir et repousser avec indignation toute atteinte portée à des Liturgies nées d'hier et circonscrites dans les limites de quelques diocèses, ne doit-on pas, à plus forte raison, déplorer les atteintes portées, au dernier siècle, à la Liturgie romaine, les changements opérés depuis cette époque, et, par conséquent, chercher à effacer la trace de ces innovations? Si les Liturgies particulières sont dignes de quelque intérêt, la Liturgie universelle a bien aussi des droits à l'amour des chrétiens ; et, lorsqu'on s'échauffe, lorsque l'on s'emporte pour la gloire des Liturgies nouvelles, on devrait pardonner quelque chose à ceux qui combattent pour l'honneur de la Liturgie antique.

On a évalué à trente-quatre millions les sommes dépensées pour l'introduction et l'établissement des Liturgies françaises ; l'on sait d'ailleurs quelle résistance rencontra, parmi le clergé et parmi les fidèles, cette nouveauté. Or, on ne viole pas les décrets des Conciles et du Saint-Siège, on ne brave pas le mécontentement des populations, on ne dépense pas trente-quatre millions pour rien, ou (ce qui est la même chose) pour le vain plaisir de donner à la prière une forme plus littéraire. Il est donc permis de croire que, si les auteurs des nouvelles Liturgies n'avaient attribué à la Liturgie aucune valeur ils n'auraient pas pris tant de peine, ils ne se seraient point imposé tant de sacrifices pour la transformer. Cette transformation avait un but, sans doute : plus on exalte le talent, le génie des hommes auxquels nous devons ces beaux chefs-d'œuvre, plus il est impossible de croire que de si grands esprits aient agi comme des enfants, et sans aucun dessein. Ce but, quel pouvait-il être, sinon d'ôter de la Liturgie romaine certaines choses qui leur déplaisaient, et de les remplacer par d'autres plus conformes ou moins contraires à leurs idées, à leurs sentiments ? Ils n'ont changé que la forme, dit-on. Mais qu'est-ce donc que la forme d'un livre, sinon les paroles qui le composent ; et conçoit-on qu'on puisse toucher aux paroles sans toucher plus ou moins aux pensées que ces paroles expriment. En tout cas, si les Liturgies nouvelles ne diffèrent en rien d'important de la Liturgie romaine, nous ne pouvons comprendre pourquoi l'on y tient, pourquoi l'on refuse obstinément d'en faire le sacrifice au bien de la paix, aux avantages incontestables et incontestés d'une plus parfaite et plus intime unité avec l'Eglise mère et maîtresse? Mais, si elles en diffèrent réellement, si elles ont été conçues et exécutées dans un autre esprit, si leurs auteurs ont voulu amoindrir ce que la Liturgie romaine rehausse, rehausser ce qu'elle amoindrit, s'ils ont prétendu faire prévaloir des tendances que cette Liturgie exclut, exclure des tendances que cette Liturgie consacre, nous comprenons encore moins que des catholiques puissent attacher quelque prix à leur conservation.

La question est grave assurément, répliquent certains Docteurs, et elle mérite d'être discutée; mais plus elle est grave, plus il importe qu'elle ne soit traitée que par des hommes compétents : or, en fait de Liturgie, les seuls juges compétents sont les Evêques; il est scandaleux de voir de simples Prêtres, ou même des laïques, entreprendre sur les droits de l'Episcopat, s'ériger en maîtres, trancher, décider en de telles matières.—Ce beau raisonnement va plus loin qu'on ne pense: si les laïques ne peuvent ni étudier les sciences ecclésiastiques, ni en parler, ni écrire sur les questions qui s'y rattachent, parce qu'ils ne font pas partie du corps sacerdotal; si, d'autre part, la même interdiction pèse sur le clergé du second ordre, parce que ses membres sont inférieurs aux Evêques, seuls chargés de régir les Eglises, de les gouverner, de prononcer comme juges, ne faudra-t-il pas aussi refuser le droit d'écrire aux Evêques eux-mêmes, sous prétexte que le Pape est leur supérieur et le seul juge souverain? Je connais des logiciens qui ne reculent pas devant cette conséquence et pour lesquels une Eglise ainsi pétrifiée, où tout membre serait immobile et toute intelligence muette, est le beau idéal. Par malheur, Notre Seigneur Jésus-Christ en a disposé autrement ; le Sacerdoce qu'il a établi ne ressemble en rien aux Sacerdoces du paganisme, qui s'attribuaient le monopole de la vérité et la dérobaient aux regards des profanes avec un soin jaloux ; ses Prêtres sont les Apôtres de la doctrine sainte, ils n'en sont pas les propriétaires, et laïques ou clercs, Prêtres ou Evêques, tous ont le droit ou plutôt le devoir de la connaître, de l'aimer, de la servir, de la propager, chacun dans la mesure de ses forces et des grâces qu'il a reçues ; à tous il est défendu de *tenir la vérité captive.*

Eh quoi ! s'écrie-t-on, prétendez-vous que le Prêtre soit égal au Pontife ? — Sous le rapport de la science, le Prêtre lui est quelquefois supérieur : Saint Jérôme ou Saint Thomas d'Aquin, par exemple, avaient assurément plus de savoir que la plupart des Evêques de leur temps. D'ailleurs un homme est rarement universel, et le Prélat le plus instruit ignore toujours quelque point de la science ecclésiastique sur lequel le moindre de ses Prêtres peut avoir fait des études spéciales. Enfin il faut des livres au Prêtre, au fidèle, et ces livres, il est matériellement impossible que les Evêques les composent tous. C'est pourquoi l'Eglise n'a jamais défendu ni aux Prêtres ni même aux laïques d'aider, de suppléer l'Episcopat dans ce labeur. D'après le principe que nous combattons, il faudrait commencer par livrer aux flammes tous les ouvrages écrits sur les matières ecclésiastiques par d'autres que des Evêques ! En attendant qu'on offre à la sécurité des Liturgies françaises ce léger sacrifice, on peut en sûreté de conscience, même sans être Evêque, écrire sur la Liturgie, ainsi que l'ont fait, dans les siècles passés, tant de liturgistes qui n'avaient pas reçu la consécration épiscopale et dont l'Eglise a béni les travaux.

Nous avons quelque honte de nous arrêter si long-temps à de pareilles objections. Ceux qui nous les adressent et qui prétendent par elles défendre les droits incommunicables de l'Episcopat, ne veulent pas voir qu'ils confondent de la façon la plus ridicule deux ordres de questions. Un Evêque, M. de Langres, a daigné pourtant le leur expliquer : « Quant à la
« question pratique de la Liturgie, elle se développera d'elle-
« même avec le temps; mais elle doit marcher plus lentement
« que la question doctrinale. *Cette dernière est ouverte à l'exa-*
« *men de tous*; mais l'autre est exclusivement entre les mains
« du chef de chaque diocèse. Partout c'est à l'Evêque seul
« qu'il appartient, et de donner le premier signal, et de faire
« arriver au but (1). »

L'auteur des *Institutions liturgiques* ne tient pas un autre langage : « Le mouvement de régénération de la Liturgie en
« France doit être accompli avec lenteur et prudence et par
« l'autorité des Evêques (2). » Et ailleurs : « Si j'ai cru pou-
« voir, à mon tour, écrire sur la Liturgie après tant et de si
« illustres Prêtres, les Mabillon, les Le Brun, les Zaccaria,
« et cette innombrable nuée de liturgistes, je me suis fait un
« devoir, dès qu'il s'est agi de la question pratique, d'en re-

(1) *De la question Liturgique*, p. 45.
(2) *Institutions Liturgiques*: voyez divers passages analogues, au T. II, p. 692; dans la préface du même volume, p. IV; dans la *Lettre à M. l'Archevêque de Reims*, p. 21; dans la première *Défense des Institutions Liturgiques*, p. 78 et suivantes, etc., etc.

« mettre exclusivement l'application à la prudence de nos
« Prélats (1). » A la suite de ce passage nous lisons : « Plu-
« sieurs Archevêques et plusieurs Evêques de l'Eglise de
« France, loin de se tenir pour offensés de mes conclusions,
« s'étaient donné la peine de m'écrire pour me témoigner
« leurs sympathies et leurs encouragements. Depuis la pu-
« blication de votre *Examen*, Monseigneur, d'autres Prélats
« que je n'en avais pas sollicités, ont bien voulu m'adresser
« les témoignages de leur honorable intérêt, etc. » Les Evêques
approuvent donc et font eux-mêmes cette distinction si simple
entre le droit d'écrire sur la question et le droit de décider
la question dans les diocèses.

Enfin nous invoquerons une autorité que nos adversaires
ne sauraient récuser : celles des Evêques du dix-huitième siècle. A qui confièrent-ils la composition, la rédaction, l'ordonnance des Liturgies nouvelles ? A des Prêtres, à des acolythes,
à des laïques ; ils ne croyaient donc pas que ce fût un péché à
des Prêtres, à des laïques, de travailler sur ces matières ? —
Ce n'est point, dira-t-on, ce qu'ils firent de mieux ! — Oh ! pour
cela, d'accord : mais nous, nous n'allons pas si loin ; nous n'a-
vons garde de revendiquer pour le Prêtre, pour le laïque, le
droit *d'écrire la Liturgie*, de mettre sur les autels à la place
des Liturgies antiques, les œuvres de son esprit ; nous demandons simplement pour le Prêtre, pour le laïque, la permission *d'écrire sur la Liturgie*, de défendre la Liturgie
consacrée par l'autorité de l'Eglise et conservée depuis l'o-
rigine du christianisme par la tradition.

Cette permission, quelques-uns veulent bien l'accorder au

---

(1) *Nouvelle Défense des Institutions Liturgiques*, 1re partie, p. 23.

clergé ; mais les laïques, à leur avis n'y peuvent prétendre,
de semblables questions ne les regardent pas. — Pourquoi
donc? Les laïques n'appartiennent-ils pas à l'Eglise? Ce qui
intéresse le clergé, ce qui intéresse l'Eglise par conséquent,
leur peut-il être indifférent? La Liturgie ne les touche-t-elle
pas encore plus que tout le reste? Le laïque prie avec le
Prêtre dans le temple et alors même que le Prêtre prie seul,
il prie pour le peuple. Quand le Prêtre récite son bréviaire
il remplit une de ses fonctions les plus saintes : député pour
cela, par l'Eglise, il prie au nom de l'Eglise et non pas en son
propre et privé nom ; comment interdirait-on à des chrétiens de savoir ce qu'est sa prière? Pourrait-on d'ailleurs
citer une loi de l'Eglise qui défende aux laïques de s'occuper
des questions que les Prêtres, que les Evêques discutent publiquement? Cela même serait-il possible? Interdira-t-on
aux laïques de lire les écrits des Prêtres et des Evêques, et
s'ils les lisent de se laisser convaincre? de juger que de deux
opinions contraires l'une est vraie, l'autre fausse, et de prendre la liberté que se donnent les membres du clergé, les membres de l'Episcopat, en embrassant la doctrine qui leur paraît
plus conforme à l'enseignement catholique. Ah! loin de détourner les laïques de l'étude des sciences sacrées, que le
clergé les y engage au contraire! Que craint-on? est-ce
qu'une connaissance plus approfondie de la religion peut
nuire? Est-ce que l'Eglise a quelque intérêt à voir ses enfants demeurer étrangers à ce qui la regarde et consacrer
exclusivement toutes leurs facultés aux choses du monde,
aux études profanes? Est-ce que l'Eglise les a jamais empê-
chés de connaître la doctrine sainte et de la défendre? Boëce
était laïque, et les plus grands docteurs ont commenté ses

écrits ; saint Prosper, l'ami de saint Augustin, était laïque et combattait les hérétiques ennemis de la grâce ; Arnobe était païen, il demanda le Baptême ; on y mit pour condition, qu'il composerait et publierait, avant de le recevoir, ses livres contre l'idolâtrie : que d'exemples ne pourrai-je pas citer ? — Vous voulez bien que le laïque prie, qu'il accoure dans nos Eglises, qu'il se plaise à nos solennités ? Comment s'y plaira-t-il s'il ne comprend rien à ce qui s'y passe, si les divins offices ne sont pour lui qu'un vain spectacle, s'il est incapable d'en suivre les paroles, d'en pénétrer le sens. Laissez-le donc étudier la Liturgie, et même, si cette fantaisie lui vient, laissez-le prendre parti dans la querelle ; il y met de l'ardeur, de la passion, tant mieux ! c'est qu'il aime Dieu et la sainte Eglise ; qui ne les aime point ne se soucie guère de telles discussions !

Sans doute on a le droit de demander au laïque qui se mêle d'écrire, du talent, du savoir, des études sérieuses, une réelle connaissance des questions débattues ; mais cela même, on a le droit de le demander au Prêtre : tout bien considéré, un bon écrit par un laïque instruit, vaut mieux qu'un méchant livre par un clerc ignorant.

Entre Prêtres et laïques la solidarité est plus étroite qu'on ne pense : il y a action et réaction de la société ecclésiastique sur la société séculière et de celle-ci sur celle-là. Un niveau commun s'établit au-dessus de l'une et de l'autre ; le clergé subit toujours à quelque degré l'influence du monde et ressent inévitablement quelque atteinte des maladies qu'il ne sait pas guérir. Chez un peuple où les laïques, en matière de religion, croupissent dans l'ignorance, il est fort à craindre que les Prêtres n'aient pas toute la science qu'ils devraient avoir. De même quand les laïques s'instruisent, la science du clergé grandit et s'élève. Si donc, aujourd'hui, les laïques, en France, commencent à se préoccuper des questions religieuses, à s'enquérir de ce que fait et ne fait pas le clergé, à trouver de l'attrait dans les sciences ecclésiastiques, à diriger de ce côté leurs recherches et leurs travaux ; malgré quelques écarts, et pour eux et pour le clergé c'est un fort bon symptôme.

Dans les questions controversées, c'est-à-dire dans les questions comme la question Liturgique, où il voit ses guides naturels partagés et divisés, le laïque, s'il est prudent, se rangera toujours du côté de l'autorité la plus haute : entre quelques Eglises particulières et l'Eglise universelle, entre quelques Evêques et tous les autres Evêques unis au Saint-Siége, il se décidera pour ces derniers ; voilà tout ce qu'on peut raisonnablement exiger de lui. Mais on ne peut point demander qu'il se bouche les oreilles, qu'il ferme les yeux, afin de ne pas entendre et de ne pas voir ce que disent, ce que font à la face du monde, les Prêtres, les Evêques et le Pape. On ne peut point, par exemple, lui imposer l'obligation d'ignorer que le Concile de Trente a solennellement proclamé la nécessité de rétablir dans toute l'Eglise latine l'unité Liturgique romaine ; que les Papes l'ont rétablie en effet et déclaré qu'elle devait l'être par *l'autorité du Pontife*, par des Bulles scrupuleusement exécutées dans toute l'Eglise, en France comme ailleurs ; qu'au dix-huitième siècle, l'anarchie parmi nous remplaça l'unité, et que maintenant il s'agit de savoir si cette anarchie sera maintenue. Mais puisqu'il est impossible que le laïque, à moins d'être complètement étranger à l'histoire de l'Eglise et indifférent à tout ce qui touche la religion, n'ait pas de ces grands faits quelque connaissance, comment l'empêchera-t-on de les apprécier, d'en tirer les enseignements qui s'offrent d'eux-mêmes et d'en faire l'application. Il consulte le Bullaire, je suppose, et rencontre dans une Bulle de Clément VIII, les paroles suivantes :

« Puisque dans l'Eglise catholique, laquelle a été établie par
« notre Seigneur Jésus-Christ sous un seul chef, son Vicaire
« sur la terre, on doit toujours garder l'union et la conformité
« dans tout ce qui a rapport à la gloire de Dieu et à l'accom-
« plissement des fonctions ecclésiastiques, *c'est surtout dans*
« *la manière d'offrir la prière, sous une seule et même forme,*
« *contenue au Bréviaire romain, que cette communion avec*
« *Dieu, qui est un, doit être perpétuellement conservée,* afin
« que, dans l'Eglise répandue par tout l'univers, les fidèles de
« Jésus-Christ invoquent et louent Dieu *par un seul et même*
« *rit de chants et de prières* (1). »

Cette Bulle est du 10 mai 1602, notre laïque en voit une autre du même Pape du 4 août 1596, puis il remonte à Saint Pie V, et parcourt les deux Bulles du 15 juillet 1568 et du 14 juillet 1570, ou redescend à Urbain VIII et aux Bulles du 25 janvier 1631 et du 2 septembre 1634. Dans les six Bulles, mêmes plaintes : sur les inconvénients et les dangers de la variété et des changements en fait de Liturgie, sur les erreurs

---

(1) Cum in Ecclesia catholica, a Christo D. N., sub uno capite, ejus in terris Vicario, instituta, unio et eorum rerum quæ ad Dei gloriam et debitum ecclesiasticarum personarum officium spectant, conformatio semper conservanda sit : tum præcipue illa communio uni Deo, una et eadem formula, preces adhibendi, quæ Romano Breviario continetur, perpetuo retinenda est, ut Deus, in Ecclesia per universum orbem diffusa, uno et eodem orandi et psallendi ordine, a Christi fidelibus semper laudetur et invocetur. (*Bullarium*, Clemens VIII, Bulla *cum in Ecclesia*.)

et sur les désordres qui en sont la suite inévitable ; mêmes enseignements : sur le prix de l'unité, et aussi mêmes défenses, sous les mêmes peines, et aux fidèles et aux Evêques, d'altérer en quoi que ce soit la Liturgie Romaine ou de prendre une Liturgie différente. Naturellement, le laïque demande comment il est possible d'accorder avec ces prescriptions pontificales l'infinie multiplicité et les variations perpétuelles de nos Liturgies ? — Le Saint-Siége, se dit-il, a peut-être changé d'opinion? Mais on lui fait remarquer que le Saint-Siége a constamment maintenu et maintient encore ces Bulles, puisqu'elles figurent, par son ordre, en tête de toutes les éditions du Missel et du Bréviaire romains ; d'ailleurs, on lui donne lecture du Bref adressé par S. S. Grégoire XVI à M. l'Archevêque de Reims, et il retient le passage suivant :

« *La variété des livres liturgiques introduite dans un grand nombre d'églises de France s'est accrue encore, depuis la nouvelle circonscription des diocèses, de manière à offenser les fidèles.... Nous déplorons comme vous ce malheur, et rien ne Nous semblerait plus désirable que de voir observer partout, chez vous, les constitutions de saint Pie V... Tout récemment, un de nos vénérables Frères du même royaume* (M. l'Evêque de Langres)...., *ayant ramené tout son clergé à la pratique universelle des usages de l'Eglise romaine, Nous lui avons décerné les éloges qu'il mérite.... Nous avons la confiance que, par la bénédiction de Dieu, les autres Evêques de France suivront tour à tour l'exemple de leur collègue, principalement dans le but d'arrêter cette très périlleuse facilité de changer les livres liturgiques* (1). »

(1) On peut voir le texte de ce Bref, soit dans la *Lettre à M. l'Archevêque de Reims sur le droit de la Liturgie*, par le R. P. Dom Gué-

Pie IX est un Pontife réformateur, et le laïque peut se figurer qu'il ne partage pas sur la Liturgie les idées de Grégoire XVI et de saint Pie V. Mais voilà que les journaux publient successivement: une lettre de la sacrée Congrégation du Concile à M. l'Evêque de Saint-Brieuc, pour engager ce Prélat à rétablir dans son diocèse la Liturgie romaine; la nouvelle d'un Bref adressé à M. l'Evêque de Montauban pour le féliciter de l'avoir déjà fait; et le Bref à M. l'Evêque de Troyes qui commence ainsi : « Notre cœur a été pénétré de la joie la « plus vive quand nous avons connu, par vos lettres pleines « de soumission, avec quel zèle et quelle prudence vous tra- « vaillez de tout votre pouvoir à faire disparaître de votre « diocèse la diversité des livres liturgiques pour le ramener « entièrement aux usages romains, etc., etc. »

Pour le coup, le laïque croit pouvoir sans scrupule se réjouir de ce qui réjouit Pie IX, s'affliger de ce qui l'afflige ; pour le confirmer dans ces sentiments, on lui assure que M. l'Archevêque de Reims les partage. Dans le Bref publié avec l'agrément et sous les auspices de ce Prélat, Grégoire XVI s'exprime ainsi : *Nous déplorons comme vous ce malheur*, cette *variété des livres liturgiques*. D'où il suit manifestement que l'Archevêque avait fait connaître au Pontife combien *ce malheur* lui semblait *déplorable*. Le laïque ne peut avoir aucun doute sur l'opinion de M. l'Evêque de Langres, dont la brochure est sous ses yeux, et il retrouve quelque part une lettre de M. l'Evêque de Montauban que terminent ces paroles :

« Il est toujours plus opportun, dans l'Eglise, de se rap-

ranger, Abbé de Solesmes (p. 122), soit à la fin de la *Défense des Institutions liturgiques*, du même auteur.

« procher de l'Eglise-mère et maîtresse de toutes les autres,
« que de se grouper ou de rester groupé autour d'une église
« particulière quelconque, à laquelle nulle prééminence n'a
« été donnée, aucune promesse n'a été faite, en dehors de
« ce qui appartient à toutes et à chacune des autres (1). »

Il voit M. l'Archevêque de Bordeaux, dans une lettre (datée du 9 novembre 1846) adressée à un recueil périodique, exprimer hautement sa foi aux doctrines romaines sur l'unité de la Liturgie. « La lettre de M. l'Evêque de
« Viviers, que j'ai lue dans votre quatrième livraison, dit le
« savant Prélat, résume toute ma pensée, à part ce qui a
« rapport à l'unité de Liturgie ; *car j'espère que bientôt il n'y*
« *aura dans mon diocèse que des Antiphonaires, Missels et*
« *Bréviaires romains* (2). »

Il lit dans le *Mandement de M. l'Evêque de Périgueux au sujet du rétablissement de la Liturgie romaine dans son diocèse* : « L'unité romaine a souri à notre cœur d'Evêque,
« en nous rappelant les vœux, les craintes et les espé-
« rances exprimés par le Prince des Pasteurs dans sa lettre
« à notre illustre prédécesseur immédiat (M. l'Archevêque de
« Reims). Les vœux du successeur de Pierre seront accom-
« plis, ses craintes dissipées et ses espérances réalisées, dans
« ce beau diocèse qu'il a confié à notre sollicitude pastorale.»

Il entend M. l'Evêque de Gap, qui, dans sa *lettre pastorale au sujet du rétablissement de la Liturgie romaine*,

---

(1) Voir la lettre entière dans *l'Univers* du 10 février 1846.

(2) *La Voix de l'Eglise*, sixième livraison, p. 200. La Liturgie du diocèse de Bordeaux est la Liturgie romaine ; mais là, ainsi que dans beaucoup d'autres diocèses, on trouve des paroisses qui ont conservé d'anciens livres liturgiques autres que ceux de l'église Cathédrale.

après avoir cité un long passage d'*un des plus savants dé-fenseurs de la Liturgie romaine* (lequel, par parenthèse, n'est autre que l'auteur des *Institutions liturgiques*), fait cette déclaration : « C'est pour répondre à la manifestation
« de ces besoins ; c'est pour nous fortifier davantage au mi-
« lieu des tempêtes que soulève, plus violent que jamais, le
« vent des variations humaines ; c'est pour nous conformer
« aux Bulles si pressantes de plusieurs saints Pontifes et don-
« ner un éclatant témoignage de notre attachement au Saint-
« Siége ; c'est pour obéir à la voix de notre conscience
« d'Evêque que nous avons cru devoir resserrer encore les
« liens déjà si étroits qui attachent l'antique église de Gap à
« l'Eglise mère et maîtresse, en lui rendant cette forme li-
« turgique dont elle fut dépouillée en 1764, malgré les hautes
« et unanimes réclamations de sa Cathédrale et de tout son
« clergé. »

Dans la *Circulaire* par laquelle M. l'Evêque de Saint-Brieuc communique au clergé de son diocèse la lettre de la sacrée Congrégation du Concile, il remarque ce qui suit : « Cette
« réponse nous impose des devoirs à vous comme à nous, et
« aidés de la grâce de Dieu, nous nous soumettrons les uns
« et les autres avec une parfaite obéissance à ce qu'elle nous
« recommande. L'article 2 de la réponse exprime le vœu
« de l'établissement de la Liturgie romaine dans notre dio-
« cèse. Un simple désir du Vicaire de Jésus-Christ sera tou-
« jours pour nous un ordre auquel nous nous empresserons
« d'obtempérer. Ainsi, nos chers coopérateurs, nous vous
« déclarons que nous sommes déterminé à adopter cette Li-
« turgie... changement qui ne sera propre qu'à fortifier et à
« resserrer les liens qui nous attachent à la Chaire de Pierre. »

Il est surtout frappé du *Mandement de M. l'Evêque de Troyes sur le rétablissement de la Liturgie romaine dans son diocèse*, rétablissement motivé, entre autres raisons, sur celles-ci :
« Que la Liturgie troyenne n'est point canonique, mais sim-
« plement tolérée par le Saint-Siége, jusqu'au temps oppor-
« tun où les Bulles de Saint Pie V, *Quod a nobis* et *Quo primum*
« *tempore*, pourront être mises à exécution.... Que l'unité
« liturgique avec la sainte Eglise romaine présente les plus
« précieux avantages ; que si l'intégrité de la foi peut, abso-
« lument parlant, se conserver sans cette unité, on ne peut
« nier du moins qu'elle en soit le plus puissant auxiliaire,
« au témoignage de tous les saints Docteurs et en particu-
« lier de saint Célestin : *Legem credendi lex statuat sup-
« plicandi ;* que la prière publique est un enseignement et
« une doctrine pour le fidèle, puisqu'elle règle l'exercice
« et la pratique de sa piété, et qu'il ne peut trouver une
« pleine sécurité dans cet enseignement et cette doctrine
« qu'autant que la prière publique est celle de l'Eglise uni-
« verselle, ou du moins qu'elle est formellement approuvée
« par le chef suprême de l'Eglise ; que les sectes hérétiques
« ont bien compris cette vérité, puisqu'elles n'ont pas trouvé
« de moyen plus puissant, pour répandre leurs erreurs, que
« le changement de la Liturgie et des cérémonies du culte ;
« qu'en particulier la secte qui a fait tant de ravages sur la
« fin du dix-septième siècle et dans le siècle suivant, n'a
« travaillé avec tant d'efforts au changement de la prière
« publique et de la Liturgie dans un certain nombre de dio-
« cèses de France, qu'afin de se faire une porte détournée
« pour entrer furtivement dans l'Eglise et malgré l'Eglise. »
Rassuré par tant d'autorités, il s'écrie : Eh ! quoi, parce

que je suis laïque, il me sera interdit de reproduire les Bulles des Papes, les Lettres et les Mandements des Evêques, d'exprimer les sentiments qu'ils expriment, de raconter les faits qu'ils racontent, de soutenir les doctrines qu'ils soutiennent; de souhaiter, avec eux, que *les vœux du successeur de Pierre soient accomplis, ses craintes dissipées et ses espérances réalisées* dans tous les diocèses de France; d'être persuadé, comme eux, qu'on *donne au Saint-Siége un témoignage d'attachement en se conformant aux Bulles si pressantes des souverains Pontifes;* que c'est un moyen efficace *de resserrer les liens qui nous attachent à la chaire de Pierre;* que les Jansénistes, en travaillant à l'introduction des nouvelles Liturgies, ont voulu *se faire une porte détournée pour entrer furtivement dans l'Eglise;* que les Liturgies françaises ne *sont pas canoniques;* qu'elles sont simplement *tolérées*, en attendant des temps meilleurs; que pour *l'enseignement* et pour *la doctrine*, la Liturgie romaine offre seule une pleine sécurité, etc. Parce que je suis laïque, il me sera interdit de croire ces vérités, ou du moins de le dire et de travailler de toutes mes forces, de toute mon âme, à répandre cette conviction!

De bonne foi, peut-on répondre quelque chose de raisonnable au laïque qui tient ce langage? y a-t-il moyen de réserver aux seuls membres du clergé, en le lui déniant, le droit d'écrire pour la défense de la vérité, pour la propagation des enseignements que l'Eglise donne par la bouche des Evêques et du Pape? — Sur les lèvres du Prêtre un langage analogue aurait encore plus de force et prouverait *a fortiori*, si cela était nécessaire après ce que nous avons dit plus haut, que le droit de prendre part à la controverse n'est pas un privilége exclusivement épiscopal. Ainsi, laïques et clercs, Prêtres et Evêques, peuvent se faire entendre, et pour emprunter les expressions de M. l'Evêque de Langres : *La question est ouverte à l'examen de tous.*

Soit, nous dit-on, « mais tous n'ont pas une égale autorité, et les antécédents de plusieurs sont de telle nature qu'ils rendent, à bon droit, leur cause suspecte. On l'a remarqué, si tous les défenseurs de l'unité liturgique n'ont pas été Lamennaisiens, tous les Lamennaisiens demeurés fidèles à l'Eglise comptent parmi les plus ardents propagateurs de cette opinion. A leur insu, nous voulons bien le croire, ces gens-là ont conservé quelque chose de leurs vieilles erreurs, *l'esprit de la secte,* un esprit de révolte contre l'Episcopat, les anime encore ; au fond de l'âme ils gardent un secret ressentiment de la condamnation qui les a frappés, *manet alta mente repostum,* et c'est pour se venger des Evêques qu'ils ont imaginé de leur chercher querelle au sujet de leurs Liturgies. » — Voilà qui est bien trouvé : « Ah! vous dites que « Viger, Mésenguy, Coffin, Boursier, Santeuil, Le Brun-Des-« marettes, Rondet et les autres furent Jansénistes ! Nous ne « pouvons nier le fait ; mais nous dirons à notre tour que les « défenseurs de la Liturgie romaine sont des hérétiques, et « puisque nous n'avons pas sous la main d'autre hérésie, « nous en ferons des Lamennaisiens. » Comme il vous plaira ; pourtant veuillez expliquer, de grâce, quel rapport il y a entre la Liturgie romaine et le système de la *Raison-générale,* entre cette Liturgie et les *Paroles d'un Croyant?* Les hommes dont vous parlez et sur les intentions desquels vous faites de si charitables hypothèses, n'ont pas entrepris, comme les Jansénistes du dix-huitième siècle, de vous donner des Liturgies de leur façon, des Liturgies imprégnées de leurs idées particulières ; la Liturgie qu'ils vous proposent de prendre est celle de l'Eglise romaine, suivie dans toute l'Eglise latine, craignez-vous qu'elle ne soit infectée de Lamennaisianisme ? Quant à nous, nous ignorons si l'on trouve encore des Lamennaisiens quelque part, mais il nous est très difficile de croire que les Evêques dont nous citions tout à l'heure les Lettres Pastorales et les Mandements, soient réellement *affiliés à la secte*, et nourrissent le perfide projet de servir ses vengeances ; nous avons aussi quelque peine à nous figurer que *la secte* ait dicté à Grégoire XVI le Bref à M. l'Archevêque de Reims, à Pie IX, le Bref à M. l'Evêque de Troyes ; en tout cas, il nous semble démontré que ni M. de La Mennais, ni aucun des siens, n'a inspiré à saint Pie V les Bulles *Quod a nobis* et *Quo primum tempore* : or, comme nous ne demandons que l'exécution de ces Bulles, cela suffit amplement pour que nous puissions nous moquer du Lamennaisianisme et avoir sur ce point l'esprit en repos.

Vous-même, réplique-t-on, nous vous soupçonnons fort de n'être qu'un Lamennaisien déguisé ; vous vous trahissez à chaque instant, car dans tout votre écrit vous ne cessez d'exalter Rome et d'outrager l'Eglise de France. — Outrager l'Eglise de France ! Comment cela serait-il possible ? je ne la nomme point ; et comment la nommerai-je ? cette Eglise n'existe pas, n'exista jamais : les diverses Eglises situées dans le royaume forment un certain nombre de Provinces ecclésiastiques, chaque Province relève d'une Métropole, mais les Métropoles sont indépendantes les unes des autres et ne font pas corps. Avant la révolution, plusieurs de ces Provinces comprenaient dans leur territoire des Eglises situées au delà des frontières : Tournay et Namur, par exemple, relevaient de Cambrai; Lausanne et Bâle de Besançon; Maurienne et Genève de Vienne; Nice d'Embrun. Par contre, des Eglises françaises avaient leur Métropole à l'étranger : ainsi Strasbourg dépendait de Mayence; Metz, Toul, Verdun, Nancy et Saint-Diez (deux évêchés créés à la fin du dix-huitième siècle, en 1777) dépendaient de Trèves. Autre est la circonscription ecclésiastique, autre la circonscription politique : aux yeux de l'Eglise il n'y a ni Français, ni Allemands, ni Espagnols, ni Anglais, ni Italiens; il n'y a que des catholiques ; les divisions tracées dans le monde temporel n'entraînent pas nécessairement des divisions correspondantes dans le monde spirituel, et la réunion d'un certain nombre d'Eglises dans un même empire, ne suffit point pour constituer au sein de la catholicité un de ces grands corps qui ont leur vie propre et auxquels l'Eglise reconnaît le titre d'Eglises. L'Eglise grecque est une Eglise : les Eglises qui la composent sont liées dans une même dépendance, sous un chef commun, le Patriarche de Constantinople, soumis lui-même au Souverain-Pontife, car je parle de l'Eglise grecque-catholique. En France rien de pareil, grâce à Dieu ! notre patrie n'a pas été démembrée du Patriarchat d'Occident, et nos Archevêques n'ont d'autre Patriarche que le Pape. Il est donc évident qu'il n'y a point d'Eglise française, d'Eglise gallicane, et par conséquent, l'outrage, puisqu'il est question d'outrage, ne peut avoir été adressé *à l'Eglise,* mais seulement, et tout au plus, *aux Eglises* de France.

Nous racontons avec l'histoire, nous *déplorons* avec les Souverains Pontifes, la révolution liturgique accomplie au dix-huitième siècle: voilà *l'insulte.* Mais toutes les Eglises n'ont pas pris à cette révolution une part égale : quelques-unes sont demeurées constamment fidèles à la Liturgie romaine, celles-ci, assurément, ne sont pas injuriées par nous. Quant aux autres, il y a mille distinctions à faire, et ces distinctions, nous les indiquons : nous mettons quelque différence entre les Eglises qui transformèrent une Liturgie propre, qu'aux termes des Bulles de Saint Pie V, elles avaient le droit de conserver, et celles qui opérèrent directement sur la Liturgie Romaine ; nous nous gardons de confondre les Eglises qui donnèrent l'exemple avec celles qui se contentèrent de le suivre ; nous ne plaçons pas au même rang les Eglises qui firent fabriquer leur Liturgie par des hérétiques, et celles dont les inventions liturgiques furent rédigées dans un autre esprit, etc., etc. Il faut donc reconnaître d'abord : que nous n'outrageons pas toutes les Eglises de France ; ensuite : que les Eglises outragées ne le sont pas indistinctement de la même manière, ni au même degré.

Il y a plus, et, en y réfléchissant, il nous semble que nous n'outrageons ni peu, ni beaucoup, aucune de ces Eglises. En d'autres termes, il nous semble que nous ne faisons retomber sur aucune d'elles la responsabilité de la révolution dont elles furent victimes. Sous la direction de l'Evêque qui en est le chef et le Pasteur, une Eglise se compose du clergé et des fidèles. Or, nous avons soin de remarquer, si je ne me trompe, que, dans presque toutes les Eglises, les fidèles et le clergé s'opposèrent énergiquement à la révolution. Les documents contemporains attestent que le bouleversement liturgique consterna les populations : de temps immémorial, la Liturgie traditionnelle avait leur amour ; les cérémonies, les usages nouveaux qui l'anéantissaient, leur furent à ce point antipathiques que, dès ce moment, elles tombèrent, à l'égard du culte divin, dans l'état d'atonie et d'inintelligente froideur où nous les voyons encore aujourd'hui. Jadis, le peuple s'unissait à l'Eglise, chantait avec elle, s'identifiait à ses joies dans les jours de fête, à ses douleurs dans les jours de deuil. Maintenant, lorsqu'il n'a pas perdu tout sentiment chrétien, spectateur indifférent, il assiste, sans joindre sa voix à la voix du Prêtre, et, le plus souvent, sans même comprendre ce que le Prêtre fait pour lui et devant lui. La Liturgie était, non seulement pour le peuple, mais aussi pour la plupart des hommes, bourgeois ou grands seigneurs, presque tous absorbés par les plaisirs ou par les affaires, un enseignement vivant et sans cesse répété, le seul qui eût sur les masses une action véritable, qui fît impression sur leurs sens et sur leur intelligence, qui maintînt profondément gravées dans les cœurs ces leçons des premiers ans, si vite oubliées quand rien ne les rappelle. L'innovation eut pour résultat d'éloigner les populations, de les déshabituer de cet enseignement; c'est là un de ses effets les plus funestes. Qui peut dire combien d'âmes les nouvelles Liturgies ont perdues?

Le clergé du second ordre, qui comprenait les besoins du peuple et le danger de changer tout à coup ses habitudes religieuses, ne fut pas moins opposé à l'innovation. Nous verrons comment, pour venir à bout de ses résistances, il fallut l'aide des parlements. Echappés au bûcher, les écrits de plusieurs de ses membres témoignent encore des sentiments qui l'animaient. Il nous reste d'ailleurs des titres authentiques de manifestations plus solennelles, car elles émanaient non plus seulement d'individus isolés, mais de corps vénérables, ayant droit et qualité pour élever la voix. Ainsi, M. l'Evêque de Gap nous apprend que son Eglise fut *dépouillée* de la Liturgie romaine, *malgré les hautes et unanimes réclamations du Chapitre de sa Cathédrale et de tout son clergé. Ces protestations*, ajoute le Prélat, *fondées sur le droit et formulées avec une respectueuse énergie, existent encore dans les archives du Chapitre* (1). M. l'Evêque de Montauban atteste que le Parisien fut introduit dans son diocèse *au mépris des réclamations et de l'opposition même du Chapitre* (2). M. l'Evêque de Troyes, rappelle également, que dans son diocèse *la nouvelle Liturgie fut imposée plutôt qu'acceptée. Le Chapitre resté fidèle aux traditions de ses devanciers fit une vive et légitime opposition* (3). On connaît les protestations écrites du Chapitre de Lyon contre l'introduction de la Liturgie de Paris, par M. de Montazet ; dans un de ses mandements, M. l'Archevêque d'Amasie annonçait l'intention de *rendre à cette ancienne Eglise une Liturgie qu'elle n'avait quittée que par force* (4). Presque partout il en fut de même, et là où les Chapitres consentirent, ce ne fut qu'après avoir résisté, que lorsqu'on eut formé dans leur sein, par des nominations *ad hoc*, une majorité complaisante. Or, nous constatons ces faits, nous louons ces nobles efforts, cette courageuse résistance des peuples, du clergé, des Chapitres ; si les fidèles, le clergé, les Chapitres sont quelque chose dans une Eglise, comment peut-on dire que nous mettons les Eglises en cause ?

En réalité, la responsabilité de la révolution liturgique pèse non sur les Eglises de France, mais sur la tête d'un certain nombre de Prêtres et d'Evêques du dix-huitième siè-

---

(1) Mandement *au sujet du rétablissement de la Liturgie romaine*, etc.
(2) Lettre à l'*Univers*, dans le numéro du 10 février 1846.
(3) *Mandement sur le rétablissement de la Liturgie romaine*, etc.
(4) Mandement pour le Cérémonial, p. 10.

cle. Encore, pour beaucoup d'entre eux, avons-nous soin de remarquer qu'ils ne savaient vraiment pas ce qu'ils faisaient : nous signalons les causes générales qui durent les entraîner et qui les excusent, nous plaidons les circonstances atténuantes, suivant en cela l'exemple que nous a donné M. l'Evêque de Langres, dans le savant écrit dont voici quelques paroles :

« Veut-on dire que le gallicanisme parlementaire ne se « trouvait pas dans toute la vigueur de son règne quand les « nouvelles Liturgies prirent naissance, ou veut-on dire que « l'esprit de la secte, qui alors désolait la France, fut étran-« ger à ces conceptions nouvelles et n'y laissa pas son em-« preinte? Que ceux qui pensent ainsi le prouvent, non pas « en mettant en relief des exceptions, mais en examinant « tout l'ensemble des faits ; non pas, non plus, en relevant le « mérite des personnes, mais en étudiant l'influence des évè-« nements. Qui ne sait que quand cette influence atteint un « certain degré de force et d'étendue, les plus grands génies « la subissent et les plus saintes âmes en ressentent l'atteinte. « Non, ce n'est pas les flétrir que de les soupçonner d'avoir « commis une erreur, c'est dire ce que tout le monde sait, « qu'ils furent des hommes (1). »

Un auteur contemporain de la révolution liturgique, le pieux Chanoine de La Tour, exprimait la même pensée : « Parmi tant « d'artifices que les novateurs ont employés dans tous les « temps, je remarque ceux-ci : Diminuer le culte de la Sainte « Vierge, affaiblir le respect dû au Pape, affecter de n'em-« ployer que l'Ecriture, se déclarer partisans de l'antiquité,

(1) De la question liturgique, p. 42.

« en citer fréquemment les Canons, faire parade d'une sévère
« critique, attaquer les légendes, les visions, les miracles des
« Saints ; affecter l'élégance du style, n'estimer que ses pro-
« pres ouvrages et mépriser ceux des autres, mendier des
« approbations, vouloir immortaliser son nom, se donner pour
« réformateur, etc.; tel fut dans tous les temps l'esprit de
« l'erreur et du schisme : tel est encore celui des esprits forts
« et des incrédules, dont tout le monde prend insensible-
« ment le ton et se fait un mérite, jusqu'aux femmes et au
« peuple.

« J'ose dire que tel est l'esprit des nouveaux Bréviaires ;
« tout y en porte l'empreinte, tout y tend. Un novateur, un in-
« crédule chargé de les composer n'aurait pas agi autrement :
« il n'eût pas ouvertement débité l'erreur, c'eût été se faire
« rejeter ; mais il l'eût insinuée furtivement. La bouche et la
« plume parlent de l'abondance du cœur, il n'eût pas tenu
« d'autre langage.

« C'est la marche de toutes les productions liturgiques ; on
« n'attaque pas le dogme, mais on le mine insensiblement,
« on déracine peu à peu l'arbre. On alambique, on subtilise
« si fort la vérité, qu'elle échappe. On refroidit tellement la
« tendresse de la piété, on se met si fort en garde contre
« la simplicité chrétienne, on répand un si grand pyrrho-
« nisme sur les faits édifiants, et sous prétexte de supers-
« tition on jette un tel ridicule sur les pratiques, les sen-
« timents, les grâces extraordinaires, les expressions des
« Saints, que l'onction de la vertu se dissipe et s'évanouit.
« Peut-être l'erreur déclarée ferait-elle des plaies moins pro-
« fondes.

« Ce n'est pas que les auteurs nouveaux des Bréviaires

« soient hérétiques, ni fauteurs d'hérésie, je les crois très
« catholiques, à un petit nombre près, qui dans les commen-
« cements ont artificieusement tâché de faire servir les prières
« publiques à répandre leurs sentiments par des voies d'au-
« tant plus efficaces qu'elles étaient plus respectables; la plu-
« part des compositeurs n'ont point eu de mauvaise intention :
« mais telle est la faiblesse et pour ainsi dire le mécanisme im-
« perceptible de l'humanité, que sans le vouloir et sans y pen-
« ser on prend les goûts, les modes, le langage, l'accent du
« pays qu'on habite et du siècle où l'on vit. On peut même à
« bonne intention s'étudier à le prendre comme un ambassa-
« deur s'accommode, pour mieux réussir, à l'esprit de la
« Cour où il négocie, comme un Pasteur se fait tout à tous
« pour les gagner tous. Le magistrat prend le style des lois,
« le courtisan se plie au goût du maître, les allures de l'offi-
« cier sont toutes militaires, l'air des gens de la campagne
« n'est pas celui des habitants des villes. Chaque siècle,
« chaque pays, chaque état a des traits qui le peignent, et il
« ne serait pas difficile de caractériser un auteur par ses écrits.
« C'est aujourd'hui le siècle de l'*anglomanie*. C'est le ton do-
» minant de l'incrédulité : crier contre la superstition du
« peuple, la crédulité des dévots, l'excès du culte de la Sainte
« Vierge et des Saints, le despotisme du Pape, la négligence
« de l'Ecriture sainte et des Canons, etc., etc. Pour écarter
« les reproches et apaiser des gens qui se disent alarmés,
« on dessèche, on décharne toute la religion ; on supprime,
« on polit, on simplifie, on réduit à rien le peu même que
« l'on conserve. Terreur panique, fausse prudence, mau-
« vaise politique. En matière de religion, la vraie règle
« est celle de l'Evangile : *Qui non est mecum contra me est.*

« *Quæ societas lucis ad tenebras, quæ pars fidelis cum in-
« fideli* (1). »

« Ainsi, d'une part, il y a eu résistance à l'innovation liturgique ; d'autre part, les Prélats qui la favorisèrent subirent, la plupart sans en avoir conscience, l'influence du temps ; telle est votre apologie, répliquent nos critiques, et voilà comment vous vous justifiez de l'outrage que l'on vous impute. Mais n'est-il pas manifeste, d'après vos principes, que les Prélats en question, un peu plus pénétrés de l'esprit de l'Eglise, auraient un peu moins cédé à l'esprit du siècle ? En second lieu, n'est-il pas certain que les nouvelles Liturgies finirent par s'établir dans presque tous les diocèses ? Quoi que vous puissiez dire, pour la commodité du discours et suivant un usage reçu, on peut se servir du mot d'*Eglise de France*, afin de désigner l'ensemble de ces Eglises ; en ce sens, l'Eglise de France tout entière doit être regardée comme responsable et solidaire d'un fait aussi général ; et dès lors, flétrir ce fait, c'est la flétrir. »

Il y a du vrai dans ces paroles, et, tout en maintenant les observations qui précèdent, observations qui concentrent sur quelques têtes la plus grande part de responsabilité, nous reconnaissons que l'Eglise de France, au dix-huitième siècle, ne fut pas sans reproche. Hélas ! la révolution liturgique n'est pas la seule faute dont cette Eglise se soit rendue coupable, ce n'est pas la seule qui ait attiré sur elle la colère de Dieu et les châtiments terribles dont nos pères ont été témoins. Si rappeler ces fautes est un outrage, il est vrai que nous l'ou-

---

(1) *Sur les nouveaux Bréviaires;* par l'abbé de La Tour, chanoine de Montauban.

trageons; nous en faisons humblement l'aveu. Mais peut-être ceux-là sont-ils plus répréhensibles qui, pour flatter l'Eglise de France et cherchant à cacher la vérité, voudraient lui dérober les enseignements de l'histoire et la maintenir dans des voies funestes où elle n'a recueilli jusqu'ici que la honte et la ruine En tous cas, il est permis à tous d'étudier le passé, de le raconter, de l'apprécier, et ce serait une prétention étrange et inouïe dans l'Eglise, que la prétention d'imposer à des chrétiens, au nom d'un vain amour-propre national, le devoir vraiment nouveau de taire certains faits historiques ou même de les falsifier.

Un des caractères distinctifs de l'Eglise catholique est le respect de la vérité; elle ne veut pas être servie par le mensonge : elle ne commande point à ses historiens de jeter un voile sur les faiblesses, les fautes, les crimes dont ses ministres ont pu se rendre coupables. Lisez Baronius, l'annaliste officiel de l'Eglise romaine ; il dit tout : loin de s'attacher à excuser les mauvais Papes, il les flétrit avec une énergie que la haine des hérétiques eux-mêmes n'a pas égalée. — C'est que l'Eglise n'a aucun intérêt à justifier la mémoire de ceux qui l'ont trahie ; c'est qu'elle a au contraire l'intérêt le plus grand à la condamner. Il importe que les grands criminels, que les Pontifes prévaricateurs, que les impudents et les audacieux, et aussi que les faibles et les lâches aient à redouter le tribunal de l'histoire, la malédiction de la postérité. Il importe encore que les chrétiens ne s'habituent pas à confondre l'Eglise avec ses serviteurs, à juger d'elle par eux et d'eux par elle ; à la rendre responsable de tous leurs actes ; à s'imaginer qu'elle ne subsiste que par leur vertu. Un peuple dans l'esprit duquel se serait établie cette confusion courrait les plus grands périls : en voyant tomber les hommes, il croirait voir tomber l'Eglise ; or, les hommes peuvent tomber ; l'histoire l'atteste, les clergés, les Episcopats, même les plus fidèles, ont leurs jours de langueur et de défaillance. Si, pour le clergé et pour l'Episcopat français, le dix-huitième siècle fut un de ces jours, notre droit, notre devoir est de le dire. Nous ne le dirions pas, que tout, autour de nous, le proclamerait ; il n'est pas possible d'anéantir les monuments, de faire disparaître les témoignages d'une époque entière, et qui les rappelle peut répondre, avec saint Bernard, à qui le trouve mauvais : « Je parle publiquement de ce qui n'est que « trop public : eh ! plût à Dieu que ces Noé modernes m'eus- « sent laissé de quoi couvrir leur nudité ! Ma tête est meurtrie, « et je croirais la pouvoir couvrir ! tout ce que je mettrais « par dessus serait ensanglanté ; ma honte serait plus grande « d'avoir voulu cacher un mal trop visible (1). »

On répond qu'il ne s'agit ni de taire ni de falsifier les faits, mais bien de les raconter avec vérité.

A la bonne heure, sur ce terrain la discussion est possible à une condition cependant ; au lieu de vous indigner, de nous injurier, de crier à l'hérésie, au blasphème, puisque vous reconnaissez que l'Eglise de France n'est ni impeccable ni infaillible, veuillez prendre la peine de nous écouter, et si les faits avancés par nous sont faux, ou exagérés, ou mal compris, de le démontrer. Nous pouvons être dans l'erreur, mais en tout cas c'est une erreur de fait, et pas du tout une erreur contre la Foi ; c'est une appréciation injuste de la conduite de quelques hommes, et pas du tout un crime contre

(1) *Lettre à l'Archevêque de Sens sur les devoirs des Evêques.*

l'Eglise. Nous ne méritons pas pour cela d'être traités d'*hérétiques*; nous méritons tout au plus d'être signalés comme des gens qui, sur un point d'histoire, ont le malheur de se tromper. Cela dit, examinons :

Nous prétendons, et cela vous déplaît, que l'on compte parmi les auteurs de vos Liturgies des hérétiques, des excommuniés, des hommes à qui l'Eglise refusa les sacrements à l'heure de la mort. Mais vous ne contestez pas, vous ne pouvez pas contester le fait ; M. l'Archevêque de Toulouse l'avoue lorsque pour l'expliquer et l'excuser il remarque : *qu'il y avait parmi les Jansénistes des hommes fort instruits, très versés dans les saintes Ecritures, et par là même très en état de travailler à la correction des livres liturgiques* (1). (Nous sera-t-il permis de dire respectueusement, entre parenthèses, d'abord que Viger, Mésenguy, Santeuil et Coffin, pour n'en pas citer d'autres, ont fait autre chose que *travailler à la correction des livres liturgiques* de Paris ; ensuite que, n'eussent-ils rien fait de plus, ce serait déjà trop. La correction des livres liturgiques n'est pas une œuvre sans importance et que l'on puisse remettre à des mains ennemies; le savoir, le talent, ne rendent pas les hérétiques moins dangereux ; il y a eu de tout temps des sectaires *instruits et versés dans les saintes Ecritures*, vit-on jamais l'Eglise les prier de corriger ses livres ? Les Evêques français du dix-huitième siècle sont assurément les premiers et les seuls qui leur aient témoigné une pareille confiance.) Nous prétendons, en second lieu, et cela surtout vous exaspère, qu'un certain nombre d'Evêques avaient été séduits par le jansénisme ; mais que pouvez-vous ré-

---

(1) *L'Eglise de France injustement flétrie*, etc., p. 152.

pondre au passage suivant d'un livre, à notre avis, très digne de votre attention :

« Sans attaquer l'Eglise de France, on peut dire que, si le jansénisme eût rencontré dans l'Episcopat français cet accord unanime contre lequel se sont brisées au dix-neuvième siècle les doctrines lamennaisiennes, le jansénisme fût demeuré à tout jamais impuissant. Mais on ne détruira pas l'imposante autorité des faits et le témoignage de l'inflexible histoire...

« Dès 1665, quatre Evêques français ne refusèrent-ils pas de signer le formulaire d'Alexandre VII ?

« Après la censure portée par le Pape, vingt-neuf Evêques français n'approuvèrent-ils pas le Rituel d'Aleth ?

« Qui est-ce qui rendit si long-temps inutile la fameuse Bulle *Unigenitus*, sinon cet opiniâtre entêtement du Cardinal de Noailles, qui lutta pendant quinze ans contre la volonté du Roi et du Pape, et soutint, par sa résistance, l'opposition de quinze Evêques français, dont huit étaient ouvertement opposés au jugement du Saint-Siége ?

« N'entendit-on pas ce même Cardinal en appeler au Pape mieux conseillé et au futur Concile ?

« En 1724, sept Evêques osaient écrire au Pape en parlant de la Bulle *Unigenitus* : « Quelle consternation, très Saint-
« Père, à la vue de ce décret! Jamais le cri de la Foi n'a été
« plus éclatant et plus soutenu. Quelle agitation et quel mou-
« vement parmi les Evêques ! Quelle affliction parmi les théo-
« logiens les plus distingués par leur érudition et par leur
« piété ! Quel soulèvement dans le peuple ! Et ce qui est en-
« core plus triste, quel triomphe pour les protestants ! »

« En 1735, l'Evêque de Saint-Papoul adressait ces tristes paroles à son peuple. « Satan nous fit voir non les royau-

« mes du monde, mais ce qu'il y a d'éblouissant pour les
« charnels dans le royaume de Jésus-Christ. Nous en fûmes
« frappés, nous le désirâmes, et parce que nous n'eûmes pas
« soin de recourir à Dieu, nous succombâmes à la tentation.
« Nous avions eu le bonheur d'adhérer à l'Appel..... Non-
« seulement nous y renonçâmes, mais nous nous fîmes
« un mérite de porter les autres à y renoncer. De là la sté-
« rilité d'un ministère que nous avons eu la hardiesse d'u-
« surper. Mais enfin la vérité a repris pour nous son premier
« éclat... Quand nous renonçâmes à l'Appel pour devenir
« Evêque, le motif était digne de la cause à laquelle nous nous
« unissions Maintenant que nous renonçons à l'Episcopat
« pour nous réunir à l'Appel, nous rendons à la vérité un
« hommage qu'elle seule peut inspirer. »

« Quelques années plutôt, l'Evêque de Bayeux publiait un Mandement où on lit ce passage : « La Bulle est aujourd'hui
« ce qu'elle était quand elle parut en France, et si la crainte
« du mal qu'elle pouvait faire était d'abord si vive, quelle
« doit être notre affliction en voyant tout le mal qu'elle a
« déjà fait ? »

« C'est vers ce même temps que Bossuet inaugurait à Troyes son audacieux missel, et méritait que les jansénistes appelassent son diocèse une *terre promise*.....

« N'aurait-il pas péri sans retour, l'audacieux jansénisme, si chaque Evêque eût mis à le bannir cet empressement dont on parle ? Qui lui donna une force invincible, sinon la protection ouverte qu'il trouva parmi certains Pasteurs transformés en loups ravissants ? — « Nous savons, s'écriait avec
« douleur l'Evêque de Sisteron, nous savons qu'il y en a
« dans des places respectables que le Parti nous oppose

« comme des boucliers impénétrables, qu'il les prône comme
« ses héros, qu'il les canonise sur ses autels particuliers,
« comme les Athanase de notre siècle, et qu'il les encense
« comme ses idoles ! »

« Ils étaient loin, *les beaux jours de l'Eglise*, quand on entendait retentir ce cri de détresse poussé par un illustre Prélat (Languet, Archevêque de Sens) : « O jour malheureux
« que le nôtre ! Faut-il que nous voyions dans le mandement
« d'un Evêque ce que nous lisons avec horreur dans les
« écrits emportés d'un Luther et d'un Jurieu ! »

« N'étaient-ce pas encore des Evêques français qui se chargeaient d'interpréter contre la Bulle le langage éloquent, selon eux, des scandaleux miracles du diacre Pâris ? — Enfin (disait dans son instruction pastorale du 1er février 1733 l'Evêque de Montpellier, imité le 26 décembre de la même année par l'Evêque d'Auxerre), « enfin Dieu parle maintenant
« contre la Bulle par des miracles et par des prodiges, dont
« la voix pleine de magnificence attire l'attention des peu-
« ples, console l'âme qui était dans la détresse, et jette l'ef-
« froi dans le camp ennemi (1). »

De bonne foi, quand des Evêques, et en si grand nombre, pouvaient tenir une telle conduite et un tel langage, ne fallait-il pas que l'erreur eût jeté en France de profondes racines et y exerçât une grande influence ? De pareils scandales seraient-ils possibles aujourd'hui, par exemple ? Ces faits, pour être trop oubliés, n'en sont pas moins certains,

---

(1) *Réflexions d'un Laïque présentées à Mgr l'Evêque d'Orléans*, etc., par Ph. Guignard, *membre de la Société de l'Ecole royale des Chartes*. p. 97 et suivantes.

ne peut-on les rappeler sans crime? Sera-t-il défendu de les alléguer dans une discussion historique, sous prétexte qu'on les trouve injurieux pour l'Eglise de France? Quand on songe que ces faits coïncident avec la révolution Liturgique, que les Evèques et les docteurs jansénistes furent toujours et partout, avec les gallicans parlementaires, les promoteurs, les fauteurs les plus ardents de cette révolution, n'est-il pas naturel de répéter cette question de M. l'Evêque de Langres : *Veut-on dire que le gallicanisme parlementaire ne se trouvait pas dans toute la vigueur de son règne quand les nouvelles Liturgies prirent naissance, ou veut-on dire que l'esprit de la secte, qui alors désolait la France, fut étranger à ces conceptions nouvelles et n'y laissa pas son empreinte?*

Pressés par l'évidence, nos critiques finissent par s'écrier : *Il ne s'agit pas des Evéques d'autrefois, il s'agit des Evèques d'à présent.* Mais qui donc a jamais prétendu rendre nos Evêques responsables des fautes et des erreurs des Evêques du dix-huitième siècle? Qui ne sait, qui ne comprend qu'en maintenant les Liturgies violemment ou frauduleusement introduites à cette époque, ils subissent une dure nécessité? Qui ne connaît les obstacles de tout genre par lesquels, dans beaucoup de diocèses, on se trouve contraint d'ajourner le rétablissement de la Liturgie canonique? Qui ignore les modifications faites dans beaucoup d'autres aux Liturgies suspectes? Qui n'applaudit aux efforts tentés de toutes parts pour préparer le retour à l'unité, pour rendre facile, dans un temps donné, ce que la sagesse et la prudence commandent de remettre à des moments plus propices? Lors même que quelques Evêques, dominés par les idées et les opinions d'autrefois, refuseraient de suivre le mouvement général, ou le combattraient par une opposition active; quel catholique, bien que la question soit aujourd'hui connue, étudiée, entourée de lumières, bien que le Souverain Pontife ait si paternellement fait connaître ses désirs et manifesté ses espérances; quel catholique se permettrait de juger son Pasteur ? Mais il n'y a pas lieu a cette tentation : tous nos Evêques approuvent, avec M. l'Archevêque de Toulouse, *le désir si raisonnable et si orthodoxe de voir l'unité de Liturgie établie, s'il était possible, dans toute l'Eglise catholique, au moins dans l'Eglise d'Occident* (1); tous gémissent, avec M. l'Evêque d'Orléans, *sur l'extrême diversité qui règne chez nous en matière de Liturgie, et verraient avec bonheur un mouvement favorable au retour de l'unité* (2) ; tous *déplorent* donc avec Grégoire XVI que cette unité ait été rompue, tous désirent qu'elle soit rétablie, et chacun d'eux répète avec M. l'Archevêque de Paris : *Nous aussi, nous regrettons les remaniements et les changements faits sans nécessité; nous aussi, et par le seul désir d'établir un nouveau lien avec le Saint-Siége, nous voudrions que, dans notre diocèse, une semblable mesure fût possible* (3).

Les gens qui nous accusent d'outrager les Evêques se permettent de révoquer en doute la sincérité de ces déclarations; pures formules de politesse, disent-ils, et qui ne tirent pas à conséquence : « Le Saint-Siége ayant si souvent et si vivement manifesté le désir de voir les Eglises de France rentrer dans l'unité, nos Prélats n'ont guère pu se dispenser de parler comme ils l'ont fait. Mais ce n'est pas dans ces

---

(1) *L'Eglise de France injustement flétrie.* etc., deuxième édition, *Réflexions préliminaires,* p. IX.
(2) *Examen des Institutions liturgiques,* etc., p. 271.
(3) Circulaire de M. l'Archevêque de Paris, du 14 août 1843.

quelques phrases commandées par les égards dûs au chef de l'Eglise, c'est dans l'ensemble de leurs écrits et dans leurs actes qu'il faut chercher leur véritable pensée. » Nous soutenons qu'un tel langage est insultant pour les Evêques dont on veut parler ; nous soutenons que leurs paroles sont sérieuses et qu'ils ont réellement dans le cœur le vœu que leur bouche exprime. S'ils paraissent se contredire, et travailler eux-mêmes à empêcher ce *retour qu'ils verraient* avec tant *de bonheur*, la contradiction n'est qu'apparente ; le respect que nous leur devons, leurs vertus, leurs lumières, tout nous ferait une loi de l'affirmer *a priori* et lors même qu'il nous semblerait difficile de le démontrer. Heureusement la démonstration est aisée ; ils la donnent eux-mêmes en déclarant que le rétablissement de la Liturgie romaine leur paraît impossible, et que leur opposition n'a pas d'autre cause. D'où il suit que le jour où l'abolition des Liturgies modernes leur semblera réalisable, ils chercheront à la réaliser et joindront leurs efforts à ceux de tant de vénérables Prélats dont ils partagent déjà le désir.

Or, le moment approche où l'on reconnaîtra qu'avec le temps et la grâce de Dieu, tout est facile aux hommes de bonne volonté et que lorsqu'il s'agit d'un abus à réformer, d'un mal à extirper, d'une œuvre bonne et sainte à établir, le mot impossible n'est pas catholique. Certes, il semblait plus difficile d'établir l'unité Liturgique dans l'Eglise entière, qu'il ne peut le paraître de la rétablir dans soixante diocèses ; et pourtant cela s'est fait. Semblablement, il n'en a pas moins coûté pour détruire cette unité au dix-huitième siècle, qu'il n'en coûtera au dix-neuvième pour la reconquérir. Comment serait impossible pour la réédification ce qui fut possible pour la ruine? Mais à quoi bon tant de raisonnements? nous avons une preuve de fait; on niait la possibilité du mouvement, on marche: depuis 1839, la Liturgie romaine a été rétablie dans sept diocèses. Je le demande, nos Eglises se trouvent-elles dans des situations tellement différentes que sept d'entre elles aient pu, ce que les autres sont condamnées à ne pouvoir jamais? Nous comprenons une impossibilité actuelle, relative, tirée de circonstances transitoires et passagères; mais d'impossibilité éternelle et absolue, il n'y en a pas. Les Eglises de Langres, de Périgueux, de Gap, de Rennes, de Saint-Brieuc, de Troyes, de Montauban, ont eu la puissance de rétablir la Liturgie romaine; ce qu'elles faisaient hier, leurs sœurs pourront le faire demain ou un peu plus tard.

« Telle est aussi notre espérance, nous disent des écrivains que l'on prenait pour des partisans sincères du maintien de nos Liturgies, mais ne voyez-vous pas que rien n'est plus propre que la controverse à empêcher ou du moins à faire ajourner indéfiniment le retour à l'unité? Plus vous démontrerez les avantages et la nécessité de ce retour, plus vous ferez ressortir les inconvénients et les dangers de l'anarchie liturgique et plus l'on s'obstinera à repousser l'unité, à conserver l'anarchie. Oh! que nous sommes bien plus habiles! que nous servons bien mieux cette cause, nous qui agissons en sens contraire, qui ne manquons pas une occasion de prêcher en faveur des Liturgies françaises, d'accueillir et de faire valoir les sophismes de leurs défenseurs, de combattre les hommes dévoués à la Liturgie romaine, de dénaturer leurs paroles, de flétrir leurs intentions! Imitez-nous; ou, si cela vous coûte, gardez le silence! Ce sont les *Institutions liturgiques* et autres écrits du même auteur, ce sont les brochures et les articles de journaux qui ont rendu, qui rendent le rétablissement de la Liturgie canonique impossible. On ne le refuse que pour faire pièce à ceux qui le demandent, le jour où ils n'en voudront plus on le leur accordera. » — Voilà dans sa nudité, la pensée que *l'Ami de la religion* exprimait naguère, sous un voile fort transparent (1). Ce journal, à ce qu'il paraît, considère les protecteurs des Liturgies françaises comme de véritables enfants, incapables de juger les choses en elles-mêmes et de se décider autrement que par esprit de contradiction. Il nous permettra d'en avoir une opinion plus respectueuse et de croire qu'entre catholiques la discussion sert à quelque chose, parce que, (généralement et sauf les esprits mal faits qui ne doivent pas compter) entre catholiques elle est consciencieuse et dominée par le désir sincère de reconnaître la vérité. On a toujours discuté dans l'Eglise ; à toutes les époques les grandes questions ont été éclaircies par la controverse avant d'être tranchées par l'autorité souveraine. Dans sa maternelle condescendance l'Eglise tient à n'imposer l'obéissance qu'après avoir formé la conviction et c'est surtout par la discussion publique que la conviction générale se forme. Les faits présents comme les faits anciens donnent un démenti à la théorie de l'inaction et du silence : il y a dix ans, personne ne songeait au rétablissement de l'unité liturgique, on n'en parlait même pas ; aujourd'hui on en parle, au grand déplaisir de nos adversaires, un grand mouvement s'est produit, et ce mouvement prend chaque jour plus de force ; la réforme devient facile dans beaucoup de diocèses et dans plusieurs les Evêques l'opè-

(1) Numéro du 1er mai 1847, p. 281.

rent déjà, sans embarras et sans résistance. Des causes multiples ont concouru à ce résultat, mais la controverse n'y a pas nui ; M. l'Evêque de Langres le constate : « De tout ce « qui s'est dit et de tout ce qui s'est passé au sujet de la Li- « turgie, il résulte que l'attention publique est complètement « éveillée et les études sérieusement dirigées vers la science « Liturgique. Que la propagation de la Liturgie parisienne est « arrêtée, et que le mouvement de retour à la Liturgie ro- « maine la remplace. »

Résumons : le vœu d'un retour à l'unité n'est pas chimérique ; ce vœu n'est pas un outrage à nos Evêques, ils le partagent et l'expriment ; ce n'est pas un outrage à l'Eglise de France, qu'une déviation passagère n'a pu engager à jamais dans des voies funestes ; s'il appartient aux premiers Pasteurs et à eux seuls de choisir le jour et l'heure propice, pour en procurer l'accomplissement dans les Eglises qui leur sont confiées, tout catholique a le droit de dire combien ce vœu est légitime et de faire ressortir les avantages de l'unité, de signaler tous les inconvénients de l'état contraire ; enfin la question est importante et la discussion utile, opportune. Tels sont les points que nous croyons avoir solidement établis ; nous pouvons maintenant, en sûreté de conscience, entrer dans la controverse, examiner à notre point de vue les diverses opinions et donner notre avis, sans courir d'autre danger que celui de publier un méchant écrit. Dans ce malheur, nous aurions du moins le droit de compter sur des consolations ; plus d'une âme attendrie pourrait nous dire :

Haud ignara mali, miseris succurrere disco.

CHAPITRE II.

OPINIONS DIVERSES SUR LA QUESTION LITURGIQUE.

En étudiant les Liturgies diverses aujourd'hui en usage dans les Églises de France, et en examinant les écrits publiés sur la question liturgique, depuis quelques années, on reconnaît que, sur cette question, un assez grand nombre d'opinions différentes se partagent les esprits. Il y a d'abord les défenseurs de la Liturgie romaine et les partisans des Liturgies françaises; mais ceux-ci, si l'on y prend garde, se divisent en quatre groupes fort distincts, et, sans tenir compte des nuances, on a à choisir, non pas entre deux, mais bien entre cinq systèmes.

1°. Système de l'unité paroissiale, d'après lequel l'unité, en fait de Liturgie, n'est obligatoire que dans l'enceinte de la paroisse; chaque curé ayant le droit, sinon d'y implanter une nouvelle Liturgie, du moins de conserver celle qu'il y trouve établie, alors même que l'Évêque en impose une autre au diocèse et que le Saint-Siège en a donné une pour toutes les Églises. Ce système n'est pas, que je sache, soutenu par écrit, mais il est pratiqué, et l'on rencontre en France un assez grand nombre de paroisses dont la Liturgie n'est ni la Liturgie romaine, ni la Liturgie du diocèse auquel elles appartiennent. D'ailleurs, les principes qui justifient cette théorie et qui y conduisent directement sont soutenus *ex professo* et avec beaucoup de chaleur par certains écrivains. Si en effet, dans les formules et dans les actes liturgiques, on ne doit voir, comme on l'affirme, que de pures formes, de soi indifférentes, sans rapport intime et naturel avec la doctrine dont elles sont l'expression, sans autre valeur qu'une valeur conventionnelle et toute relative ; il n'y a vraiment pas de raison tirée du fond des choses, il n'y a que des raisons de forme qui puissent faire préférer telle Liturgie à telle autre, et la Liturgie n'est plus qu'une affaire de goût, ou, si l'on veut, d'attrait particulier. Dès lors, pourquoi chaque curé, pourquoi chaque Prêtre, ne fabriquerait-il pas sa Liturgie particulière ? On ne saurait s'étonner s'il a plus de goût, plus d'attrait pour ses propres œuvres que pour l'œuvre de son Evêque, de même que l'Evêque se sent plus d'attrait pour son œuvre ou pour l'œuvre de ses prédécesseurs, que pour l'œuvre de l'Eglise. On peut appliquer à toutes les parties de la Liturgie cet axiome désormais célèbre : *Le meilleur Bréviaire est celui que l'on dit le mieux*, et chacun ajoutera : « Mon Bréviaire à moi est le meilleur ; celui de l'Evêque n'en approche point, car je le dis beaucoup plus mal. »

2°. Système de l'unité diocésaine, d'après lequel l'unité en fait de Liturgie est obligatoire, et ne l'est que dans le diocèse où toutes les églises doivent suivre la Liturgie de la Cathédrale, tandis que chaque diocèse peut avoir sa Liturgie particulière et en changer à volonté ; l'Evêque ayant toujours le droit absolu et souverain de la conserver ou d'en prendre une autre, de la faire, de la défaire et de la refaire quand il lui plaît et comme il l'entend. C'est en vertu de cette théorie qu'ont été introduites au dix-huitième siècle les Liturgies françaises qui restent encore, sans compter beaucoup d'autres qui ont déjà péri. Chaque Prélat jouissant du même privilège que ses prédécesseurs, a pu, et cela est arrivé maintes et maintes fois, détruire ce que ceux-ci avaient bâti, et élever un édifice que ses successeurs pourront à leur tour démolir. La plupart des écrivains qui s'opposent en ce moment au rétablissement de la Liturgie romaine, semblent se rattacher à ce second système.

3°. Système de l'unité métropolitaine, d'après lequel l'unité en fait de Liturgie est obligatoire, et ne l'est que dans une même Province ecclésiastique, les Evêchés suffragants devant tous adopter la Liturgie de leur Métropole, et chaque Métropole pouvant avoir une Liturgie différente. Le Métropolitain garderait-il le droit de modifier et même de transformer entièrement sa Liturgie, de créer une Liturgie nouvelle? Ses suffragants seraient-ils obligés de le suivre dans ses variations? Ces questions offrent bien quelques difficultés; on n'a pas songé à les résoudre. C'est que le système n'existe réellement qu'en projet. M. l'Archevêque de Toulouse, le seul écrivain à notre connaissance qui, de nos jours, l'ait formellement proposé, était parvenu à l'établir dans sa Province où il a régné cinq ans (cette Province ne comprenant que quatre diocèses, la chose y était plus facile que dans les Provinces composées d'un plus grand nombre d'églises) : Toulouse, Pamiers et Montauban avaient, à diverses époques, adopté le Parisien; Carcassonne, qui suivait la Liturgie du Mans, l'abandonna en 1842 pour embrasser le même rite et afin de se conformer au principe d'unité indiqué par M. l'Archevêque; mais cette année même 1847, Montauban est revenu au Romain, et l'unité métropolitaine se trouve de nouveau rompue dans la seule Province qui l'eût acceptée. Si ce troisième système pouvait prévaloir, il aurait l'inconvénient de réduire à quinze le nombre des Liturgies que nous possédons, tandis que le système de l'unité diocésaine nous laisse l'espoir d'avoir un jour quatre-vingt-une Liturgies.

4°. Système de l'unité nationale, d'après lequel l'unité, en fait de Liturgie, est obligatoire, et ne l'est que dans l'étendue du territoire soumis à un même Gouvernement temporel; chaque nation ayant le droit d'avoir une Liturgie propre et distincte ; chaque Gouvernement pouvant et devant imposer à toutes les Eglises situées dans son empire la Liturgie de sa Capitale, et exiger, bien entendu, que cette Liturgie soit, en tout, conforme aux lois, mœurs et coutumes du royaume, aux progrès des lumières, à l'esprit du siècle, au génie particulier de la nation, etc., etc. De là, par une conséquence inévitable, toutes les modifications et transformations que selon les temps et les circonstances la politique jugera nécessaires ou utiles. Ce système, né sous la monarchie absolue, et qui, instinctivement poursuivi, avait fait adopter la Liturgie de Paris dans un si grand nombre d'Eglises, fut, pour la première fois, nettement formulé en 1801, par les Evêques de l'Eglise constitutionnelle, dans leur second et dernier concile. Grégoire fit le rapport, il rattacha ce projet d'organisation liturgique au système de nivellement et de centralisation sur lequel avait été fondée la République (1). Une pareille idée devait plaire à Napoléon ; il ne l'oublia pas dans les Articles Organiques, où il est dit en termes exprès, ARTICLE 39 : *Il n'y aura qu'une Liturgie pour toutes les Eglises de l'Empire français.* Grégoire et ses collègues blasphémaient la Liturgie romaine ; cette Liturgie était suspecte à l'Empereur et à ses courtisans ; il leur fallait une Liturgie

---

(1) Voyez les *Actes du second Concile national de France.*

unique pour la France, et une Liturgie exclusivement française : la Liturgie de Paris, célébrée par Grégoire, devint celle de la Cour impériale et des Ecoles militaires (1); Napoléon n'eut pas le temps d'accomplir les desseins qu'il avait sur elle et de la faire prévaloir dans toutes les parties de l'Empire.

Ecclésiastiquement, l'Eglise de Paris n'a aucun titre à un tel honneur : loin de tenir le premier rang entre les Eglises de France, elle ne compte que depuis peu parmi les Métropoles; mais, il s'agissait d'établir une Liturgie politique, le titre de Capitale était le meilleur. D'ailleurs, le Gouvernement Impérial comptait parmi ses conseillers des hommes capables d'apprécier les qualités et les mérites intrinsèques par lesquels la Liturgie parisienne séduisit les Evêques de l'Eglise constitutionnelle ; qualités et mérites qui sous l'ancienne monarchie avaient déjà fait sa fortune. Dès sa naissance, on reconnut en effet que cette Liturgie joignait à l'inappréciable avantage de distinguer la France de Rome, celui de se rapprocher plus que toute autre des opinions nouvelles, de se conformer aux décisions de la critique moderne sur les actes extraordinaires et les miracles des Saints, de se prêter au goût du temps pour l'usage exclusif de l'Ecriture sainte, pour la substitution d'une latinité mondaine à la langue parlée par l'Eglise durant tant de siècles, etc. Voilà ce qui la mit en vogue, ce qui la fit adopter dans tant de diocèses; elle menaçait de tout envahir: si les bouleversements de la fin du siècle, ne l'avaient pas arrêtée dans sa marche ascendante, elle aurait très probablement conquis

(1) Elle est restée jusqu'à présent au collége de La Flèche, quoique le diocèse du Mans ait sa Liturgie.

l'une après l'autre toutes les Eglises de France, à peu près de la même manière que la Liturgie de Constantinople s'imposa jadis à toutes les Eglises de la langue grecque. Ce n'est point, toutefois, qu'elle n'eût rencontré en beaucoup de lieux de la résistance : d'un côté, la Liturgie romaine, au nom de l'unité, de l'antiquité, de l'autorité blessées, réclamait par la bouche de quelques Prêtres, de quelques Chapitres, de quelques Evêques, mais surtout par le cri des populations qui ne pouvaient sans douleur se voir ravir les prières et les chants transmis par les aïeux; d'autre part, beaucoup d'Archevêques et d'Evêques trouvaient très bon de répudier la Liturgie antique et universelle que leurs prédécesseurs avaient reçue du souverain Pontificat, mais ils n'étaient pas d'humeur à l'échanger contre celle de l'Archevêché de Paris. Ils se croyaient un droit pareil à faire du neuf ; ils en usèrent, et le système de l'unité diocésaine se développa dans les faits parallèlement au système de l'unité nationale. Celui-ci, nous l'avons dit, l'eût sans doute emporté; mais la Révolution vint, qui balaya tout.

Lorsqu'il plut au Seigneur de rétablir ses autels par la main de Napoléon, beaucoup d'Eglises demeurèrent ensevelies sous leurs ruines; les Eglises nouvelles que la Papauté érigea reprirent, celles-ci la Liturgie romaine, celles-là la Liturgie parisienne, les autres leurs Liturgies particulières, et comme la circonscription des diocèses était changée, dans le plus grand nombre toutes ces Liturgies reparurent ensemble. C'est ainsi que s'établit en fait, le système de l'unité purement paroissiale, auquel jusque-là personne n'avait songé, qu'on n'ose pas soutenir théoriquement, mais qui se maintient encore en beaucoup de lieux. Alors commença un double mouvement : presque partout les Evêques tendirent à établir l'unité diocésaine ; l'Empereur n'oublia pas qu'il avait décrété l'unité nationale, et si l'Empire eût duré, il serait parvenu, selon toute apparence, à la réaliser. Sous la restauration, la Liturgie romaine fut rétablie dans les chapelles royales : depuis Henri III, la Cour de France la gardait comme un honneur et un privilége, et Louis XVIII la reprit comme une tradition de sa dynastie. Cependant le gallicanisme et à sa suite la Liturgie parisienne eurent les sympathies et la protection de la plupart des cabinets qui se succédèrent de 1815 à 1830 ; le haut clergé leur était également favorable, et dans le cours de cette période le Parisien conquit quelques Eglises, et sur la Liturgie romaine et sur les Liturgies diocésaines. Le système diocésain eût aussi ses victoires: des Liturgies tout-à-fait nouvelles remplacèrent dans certaines Cathédrales ou la Liturgie universelle, ou le rit de Paris; Rome seule perdait. On sait comment depuis 1830, ce mouvement d'abord ralenti s'est ensuite changé en un mouvement tout contraire.

Les systèmes que nous venons d'exposer reposent tous quatre sur ces données communes : 1° que la Liturgie ne tient par aucun lien intime et essentiel au fond de la religion, dont elle est pourtant la forme extérieure et sensible, que dès lors elle n'a aucune racine dans la tradition, qu'elle est toute relative aux temps, aux lieux, aux circonstances, et doit se tansformer perpétuellement selon les besoins et les goûts particuliers de chaque pays et de chaque siècle; 2° que l'Eglise n'a rien décidé, rien réglé pour la Liturgie, que les décrets des Conciles et les constitutions des Souverains Pontifes sur cette matière, ou n'obligèrent jamais, ou sont tombés en désuétude, qu'en un mot la liberté sur ce point demeure entière et n'a été restreinte par aucune loi positive et obligatoire ; 3° que la Liturgie est une chose à part dans l'Eglise, que si dans tout le reste l'Eglise s'attache à faire prévaloir l'unité, l'antiquité, l'autorité, la sainteté, par compensation, en fait de Liturgie, elle préfère la variété, la nouveauté, l'indépendance, et ce qu'on décore du nom de beauté classique ; 4° que les limites à cette variété, à ces changements, à cette indépendance, à ces préférences littéraires, ne peuvent être déterminées que par des raisons de bon ordre, de police intérieure, pour ainsi parler, de convenances et d'égards pour le siècle et le pays dans lequel on se trouve, et nullement par des raisons tirées de la nature même de la Liturgie, des dogmes qu'elle exprime, de la tradition qui les perpétue, de l'autorité des pouvoirs chargés d'en conserver le dépôt : car si l'on vouloit avoir égard à de telles raisons, on serait amené logiquement à limiter la variété par l'unité, la nouveauté par l'antiquité, l'indépendance par l'autorité, le libre choix du bon goût humain par le sentiment surnaturel des choses divines, c'est-à-dire manifestement à remplacer la limite par la destruction.

Ces principes posés, on comprend que les motifs du choix entre les quatre systèmes sont purement arbitraires : pour prouver la nécessité de l'unité nationale, ses partisans répètent aux partisans de l'unité métropolitaine, qui le répètent aux partisans de l'unité diocésaine, lesquels le répètent eux-mêmes aux partisans de l'unité paroissiale, tout ce que les défenseurs de la Liturgie romaine ont pu dire sur les inconvénients de la variété. Mais, à son tour, la paroisse dit au diocèse, le diocèse à la Métrople, la Métropole à la Capitale, ce que celle-ci adresse à Rome sur les avantages et la beauté de cette même variété. La paroisse trouve que la variété fait bon effet dans le diocèse, le diocèse juge qu'elle sied à la Province, la Province décide que la variété ne dépare pas le Royaume, le Royaume déclare que rien ne va mieux à l'Eglise. Si la Capitale ne reconnaît aucune loi qui oblige à conserver ou à reprendre la Liturgie de l'Eglise mère et maîtresse, la Métropole n'en connaît pas qui l'oblige à recevoir la Liturgie de la Capitale, le diocèse voudrait voir celles qui l'astreignent à subir en ce point le joug métropolitain, et la paroisse nie que la Liturgie diocésaine lui soit canoniquement imposée. Le diocèse, la Métropole et la Capitale ont peut-être des textes ou du moins des antécédents à faire valoir; mais comme ils ne peuvent rien alléguer, pas même à la paroisse, d'aussi fort, d'aussi clair et d'aussi formel que les paroles du Concile de Trente et les constitutions de saint Pie V et des Papes ses successeurs, dont ils refusent tous quatre de tenir aucun compte, il n'est guère étonnant que, poussé par le même esprit, chacun refuse de se rendre aux raisons des trois autres. Si les questions liturgiques se décident dans l'Eglise par voie d'autorité, l'autorité la plus haute a parlé, et tous, sans exception, doivent se soumettre; si ces questions se décident au contraire par voie d'examen particulier, la dernière succursale a le droit, tout aussi bien que la première des Métropoles, d'examiner, de discuter et de choisir. On choisit en effet, et chacun trouve que la Liturgie de son choix est la plus belle, la plus poétique, la plus digne des hommes et de Dieu.

5°. A côté des quatre systèmes, et contre tous, s'élève la doctrine de l'*unité catholique*. Elle prend ce nom et croit le justifier en disant que catholique est synonyme d'universel, que, dès lors, ni l'unité paroissiale, ni l'unité diocésaine, ni l'unité métropolitaine, ni l'unité nationale, n'y peuvent prétendre et ne sauraient, avec quelque apparence de raison, le contester à l'unité universelle.

Les principes sur lesquels repose cette doctrine sont.
1°. Que les formes liturgiques doivent être regardées comme l'expression et pour ainsi dire comme le corps de la croyance; que dès lors, bien que distinctes des dogmes qui se manifestent par elles, elles leur sont unies comme la parole à la pensée, comme le corps à l'âme; que, par conséquent, le choix n'en saurait être arbitraire, ni dépendre uniquement des besoins et des goûts changeants des siècles et des peuples; qu'en un mot, la Liturgie doit être reçue des mains de la tradition, et non refaite à neuf suivant la fantaisie de chaque nation et de chaque époque,

2°. Qu'en droit l'Eglise, est compétente pour régler sa Liturgie; qu'en fait l'Eglise a prononcé; que le Concile de Trente, et les constitutions des Papes sur cette matière, ont toujours eu et ont encore force de loi; qu'on ne peut opposer à ces lois générales et régulièrement promulguées, aucune prescription, aucun prétexte d'ignorance; que des difficultés matérielles et la tolérance du Saint-Siége peuvent bien excuser et légitimer jusqu'à certain point, le maintien provisoire des changements introduits, mais ne détruisent en aucune manière, ni la force de la loi, ni l'obligation de s'y conformer, dès qu'on pourra sortir de cet état irrégulier et transitoire.

3°. Que pour la Liturgie, comme pour tout le reste, l'Eglise tient à l'unité, à l'antiquité, à l'autorité, à la sainteté. Que des Liturgies introduites au détriment de l'unité, (par une violation des lois émanées de l'autorité suprême), dans lesquelles l'antiquité est répudiée, et dont les auteurs se montrent inspirés, les uns par l'hérésie, les autres et les meilleurs par les muses profanes bien plus que par la piété chrétienne; que de telle Liturgies n'ont aucun des caractères auxquels on reconnaît les œuvres de l'Eglise.

4°. Que l'unité liturgique souffre des exceptions; mais que d'abord ces exceptions doivent être en petit nombre, afin que l'unité même ne soit pas détruite; en second lieu, que ces exceptions, pour être légitimes, doivent être reconnues, avouées par l'Eglise, c'est-à-dire par l'autorité qui la régit et la représente; et, enfin, que ces exceptions doivent être motivées, et l'être, non par des raisons tirées du changement des idées et des goûts de tel ou tel peuple, mais, au contraire, par des raisons tirées de la valeur intrinsèque de la Liturgie qu'il s'agit de conserver, de son antiquité, de son origine et de l'utilité qu'elle peut avoir, soit en rendant témoignage de la foi de l'Eglise dans les anciens âges, soit en facilitant le retour des peuples égarés qui gardent une Liturgie analogue ou même identique.

5°. Que l'unité liturgique est une unité vivante et progressive; c'est-à-dire que, loin d'être immobile, tout en demeurant constamment, quant au fond, identique à elle-même, elle se développe, s'enrichit, grandit incessamment, en consacrant par des solennités nouvelles et des rites nouveaux : ou le souvenir des bienfaits extraordinaires que le Sauveur accorde à la sainte Eglise; ou la gloire des serviteurs de Dieu qui, dans chaque siècle, font briller d'un plus vif éclat les vertus héroïques et la puissance surnaturelle du christianisme; ou les développements de lumières, les expansions d'amour qui, à quelques époques, donnent aux hommes une connaissance plus profonde de certaines vérités, inspirent aux peuples une dévotion plus ardente et plus tendre pour les Saints, pour la Mère de Dieu, pour le Sauveur caché sous les voiles du Très-Saint Sacrement, etc., etc. Que par la même raison, l'unité n'empêche nullement les Eglises particulières de surajouter au fonds commun les témoignages spéciaux de leur amour et de leur reconaissance pour les Saints qui sont leur honneur et leur gloire. Et, enfin, que l'unité n'exclut pas, mais exige, au contraire, le retranchement des abus, la correction des fautes et des altérations que mille causes peuvent amener par le laps du temps.

Ces principes posés, les défenseurs de l'unité liturgique universelle ajoutent que la Liturgie romaine remplit toutes les conditions exigées : qu'elle est antique, puisque son origine se confond avec l'origine même de l'Eglise de Rome et du christianisme; qu'elle est une, puisqu'elle est demeurée substantiellement la même depuis les premiers siècles jusqu'à nos jours; qu'elle est universelle, puisqu'elle est pratiquée dans toutes les parties de la terre; qu'elle est autorisée, puisqu'elle émane de l'autorité souveraine; qu'elle est sainte, puisqu'elle a été créée, conservée, défendue et développée par les Saints, puisqu'elle est consacrée par la tradition d'où elle sort, par le souverain Pontificat, qui la garantit et la promulgue; qu'elle est progressive, puisque les Souverains Pontifes l'ont enrichie de siècle en siècle sans la transformer.

Les défenseurs de l'unité liturgique disent encore que les Liturgies orientales et la Liturgie ambrosienne se trouvent dans le cas de l'exception légitime, puisque leur origine remonte à la plus haute antiquité et ne fut point viciée par une révolte manifeste contre les lois alors en vigueur; puisque chacune d'elles est un témoignage vivant et irrécusable de la foi immuable de l'Eglise; puisque les Liturgies de l'Orient restent comme un lien entre la véritable Eglise et des nations perdues dans les voies de l'erreur; puisqu'elles sont toutes reconnues et avouées par l'Eglise souveraine.

Les mêmes écrivains prétendent encore que les Liturgies fraçaises ne réunissent ni les conditions qui légitiment l'exception, ni les caractères qui distinguent la Liturgie catholique. Ces Liturgies ne sont point antiques, car elles datent toutes du XVIIIe siècle, et ne ressemblent pas plus à l'anciene Liturgie gallicane qu'à la Liturgie romaine. Elles ne sont ni reconnues ni avouées par l'Eglise, puisque l'Eglise maintient les lois qu'on a dû violer pour les mettre au jour. Bien loin d'être un lien, elles seraient plutôt une cause d'éloignement, un relâchement des liens de l'unité. Elles portent comme une tache originelle, car elles sont nées de la violation des lois. Elles n'ont ni unité, ni stabilité, puisque, en vertu du principe même auquel elles doivent l'existence, chaque Evêque peut chaque jour les changer ou les abolir. Il est cruel pour elles d'avoir à rougir de leurs auteurs, dont plusieurs ont vécu et sont morts dans l'hérésie. Enfin, leur multiplicité au sein d'un même royaume est un fait anarchique jusqu'à présent sans exemple dans l'Eglise catholique, etc., etc.

Tels sont les principaux reproches qu'adressent aujourd'hui aux Liturgies françaises les hommes dévoués au principe de l'unité universelle. Sous la Restauration, les écrits de MM. de Maistre, de Bonald et de La Mennais avaient imprimé aux esprits un mouvement très prononcé de retour aux doctrines romaines; si alors la question liturgique eût été soulevée, nul doute qu'elle n'eût attiré l'attention au même degré que la controverse sur les principes généraux du gallicanisme; déjà, à cette époque, il n'était pas rare de rencontrer des ecclésiastiques qui se demandaient pourquoi on n'avait pas en France la même Liturgie que dans le reste du monde catholique. Mais, si je ne me trompe, ce fut seulement quelques mois avant les évènements de 1830 que la question fut, pour la première fois, attaquée *ex professo*. Des articles fort remarqués parurent dans le *Mémorial catholique*. L'*Ami de la Religion* s'en indigna, et la discussion ainsi engagée aurait très probablement pris de plus grands développements si la révolution de juillet ne fût survenue (1).

Les mouvements qui suivirent cette grande secousse, et surtout l'impulsion donnée par M. l'abbé de La Mennais, dont

(1) Les articles du *Mémorial catholique* sont au nombre de quatre : ils parurent sous ce titre : *Considérations sur la Liturgie catholique*, dans les livraisons du 28 février (p. 49), du 31 mars (p. 79), du 31 mai (p. 181) et du 31 juillet 1830 (p. 241). — Dans le premier article l'auteur insiste sur l'importance des études liturgiques ; il signale la décadence de ces études parmi nous, décadence que l'introduction des *nouvelles Liturgies* devait nécessairement amener. En effet, si le culte est le corps de la religion, la Liturgie en est l'expression, le langage, et quel moyen d'étudier une langue qui se divise chaque jour en une multitude de dialectes, etc. ? Partant de ce principe : la Liturgie est le langage de l'Eglise, l'expression de sa foi, de ses vœux, de ses hommages à Dieu ; il conclut : donc l'antiquité doit être un de ses caractères essentiels. Toujours et partout, en effet, l'origine de la Liturgie se confond avec l'origine de la religion. Suivent les preuves historiques de cette proposition, spécialement pour les Liturgies de l'Orient et surtout pour la Liturgie romaine. Ce caractère d'antiquité, les Liturgies nouvelles en sont dépourvues, etc., etc.

Le second article est consacré à prouver que la Liturgie, langue de l'Eglise, doit être universelle comme l'Eglise et à établir par l'histoire, que tout en autorisant, selon les temps et les lieux, certaines exceptions qui confirment la règle, l'Eglise a fait de constants efforts pour imposer à tout l'Occident l'unité liturgique. Ce que l'Eglise a voulu elle l'a réalisé, seules les Eglises de France se sont mises hors la loi commune, etc., etc.

L'antiquité et l'universalité produisent un troisième caractère que l'on

les efforts avaient pour résultat de concentrer exclusivement sur des questions de philosophie et de politique l'attention et l'activité des catholiques, détournèrent le clergé, pendant quelques années, d'études plus sérieuses, plus pratiques, plus véritablement profitables. La question liturgique fut donc naturellement éliminée de ces discussions, et il faut en méconnaître étrangement la nature, il faut oublier tout ce qui se passa alors, pour essayer de l'y rattacher, pour vouloir absolument qu'elle y ait été compromise.

Lorsque le calme commença à renaître dans la société civile, lorsque la voix du Saint-Siége eut mis fin, dans la société spirituelle, aux divisions produites par le Lammen-

---

nomme *l'autorité*, caractère que possède au plus haut degré la Liturgie romaine et que les Liturgies nouvelles n'ont point. L'Eglise garantit la pureté, l'orthodoxie de la première, mais quand bien même aucun auteur suspect n'aurait travaillé aux autres, leur pureté, leur orthodoxie n'est garantie que par des autorités particulières, sujettes à l'erreur, et qui n'excluent ni le droit, ni la possibilité du doute. Tel est le sujet du troisième article.

Dans le quatrième, l'auteur fait voir, fait sentir, si je puis dire ainsi, que *l'onction* est un caractère distinctif des prières de l'Eglise catholique, et que ce caractère est inhérent d'une manière toute particulière à la Liturgie romaine : œuvre de l'Eglise dont la sainteté rejaillit sur tout ce qui vient d'Elle, œuvre des Saints qui y ont laissé l'empreinte et le parfum de leur vertu, œuvre sanctifiée par l'usage des siècles et chère à la simplicité des âmes pieuses, qui trouvent dans l'antiquité et l'universalité de ses formules devenues populaires, je ne sais quoi de touchant et de doux au cœur. Les nouvelles Liturgies n'étant pas l'ouvrage de l'Eglise, mais plutôt ne devant leur existence qu'à une infraction de ses décrets; composées bien plus souvent par des hommes de parti que par des Saints; n'ayant pas été sanctifiées par l'usage des siècles et n'étant que les dialectes de quelques diocèses isolés, ne sauraient avoir et n'ont point en effet l'onction de la Liturgie romaine, etc., etc.

Lorsque ces articles parurent, M. Picot dirigeait *l'Ami de la Religion*, et l'on peut dire sans aucune exagération qu'il était encore alors l'oracle

naisianisme, un état d'atonie et de langueur succéda, du moins en apparence, à ces agitations stériles. Les hommes que *l'Avenir* avait entraînés se méfiaient d'eux-mêmes; ceux qui les avaient combattus semblaient croire que, la nouvelle école détruite, il n'y avait plus rien à faire. Ce fut comme un temps de repos après une course trop hâtée : chacun cherchait sa voie, la voie la plus sûre pour servir utilement l'Eglise de Dieu. Toute question paraissait à jamais éteinte, et bien plus que toute autre la question liturgique, pour laquelle, depuis un siècle, la France n'avait pas eu un moment d'attention. Les choses en étaient là lorsque, en 1839, M. l'Evêque de Langres rétablit dans son diocèse la Liturgie ro-

---

d'une partie du clergé. (Très heureusement pour l'honneur des contemporains, la postérité ignorera quelle influence cet écrivain a exercée dans l'Eglise de France, pendant plus de trente ans, et cela sans autre titre que sa qualité d'acolythe; sans autre talent qu'une pointe d'esprit étroite, tracassière et assez piquante; sans autre savoir que la connaissance exacte et précise des faits et anecdotes relatifs à l'histoire ecclésiastique du dernier siècle et de celui-ci; le tout relevé du sentiment intime et naïf de sa propre supériorité). M. Picot se scandalisa et crut nécessaire de donner une leçon en deux articles, au rédacteur du *Mémorial* (Voyez les numéros de *l'Ami de la Religion*, 1650 et 1652, du 2 et du 9 juin 1830). Le début est assez curieux et prouve que dès lors on commençait à s'inquiéter de ce qu'il y avait d'irrégulier dans la situation liturgique de beaucoup d'Eglises. « On nous assure que, dans quelques endroits, des « hommes d'un zèle ardent font scrupule à des ecclésiastiques de réciter « le Bréviaire de leurs diocèses. Ils leur disent que le plus sûr est de s'en « tenir au Bréviaire romain et de se défier de toutes ces Liturgies mo- « dernes, qui sont des espèces d'essais de schisme et qui ôtent à l'Eglise cette « belle uniformité que l'on peut regarder comme sa force et sa gloire. Nous « connaissons des ecclésiastiques qu'on a vivement pressés à ce sujet; « quelques-uns même ont déjà été ébranlés et nous avons ouï parler d'un « haut dignitaire, à qui on avait persuadé de réciter le Bréviaire ro- « main, etc., etc. »

Le haut dignitaire en question que M. Picot traite ensuite fort cava-

maine. Initiative heureuse! que le Seigneur a bénie, mais que les hommes n'ont point assez louée. Depuis cent soixante ans, les Evêques français faisaient des Liturgies; depuis cent soixante ans, ils répudiaient, l'un après l'autre, la Liturgie de l'Eglise mère et maîtresse; l'habitude était prise, établie, consacrée, et personne ne songeait même plus à s'en étonner. Le premier, M. de Langres secoua le joug de cette coutume invétérée, le premier il brisa la chaîne de cette longue tradition; le premier, foulant aux pieds les préjugés de son temps et de son pays, il comprit l'importance de la Liturgie : la portée de son action extérieure comme enseignement, comme élément de la force sociale et civilisatrice ; la puissance de son action intérieure comme prière, comme élément de la force religieuse et surnaturelle ; le premier, il vit que morceler cette

lièrement, n'était autre que le vénérable Cardinal de Croï, Archevêque de Rouen. On pense bien qu'après s'être donné le plaisir de tancer un Cardinal, le hautain acolythe ne ménage pas l'auteur des articles; il trouva à qui parler. La *Revue Catholique* (la *Revue* et le *Mémorial* n'étaient qu'un même recueil paraissant sous deux titres différents, le 15 et le dernier de chaque mois), publia le 15 juin (p. 135) une lettre *au rédacteur de l'Ami de la Religion et du roi,* intitulée : *Défense des considérations sur la Liturgie catholique.* M. Picot, qui jamais de sa vie n'avait songé à étudier la Liturgie, qui ne soupçonnait même pas que ce fût une science, avait commis dans ses deux articles une foule de bévues plus plaisantes les unes que les autres; elles furent relevées de main de maître. Néanmoins le 3 juillet (n° 1639), *l'Ami de la Religion* essaya de se défendre, mais d'un ton déjà beaucoup moins doctoral. Une nouvelle réplique, le 15 du même mois (*Revue catholique,* p. 208), vint lui fermer la bouche définitivement : M. Picot sut comprendre qu'il ne faut point s'obstiner à parler de choses qu'on ne sait pas, lorsqu'on a le malheur de rencontrer sur son chemin un homme qui les sait. Tout le monde n'a pas autant d'esprit que M. Picot.

Tel est le récit sommaire de la seule escarmouche à laquelle la question relative à nos Liturgies, ait donné lieu avant la publication des *Institutions liturgiques.*

force, la diviser à l'infini, que lui donner sans cesse de nouvelles formes et la manipuler sans respect, ainsi que l'on change et que l'on rechange un objet de vil prix, c'était la dissiper et faire perdre à la mystérieuse essence toute sa vertu ; le premier, il reconnut que sous ce rapport comme sous tant d'autres, la nouveauté et sa fille la multiplicité ne valent rien, et que la puissance de la Liturgie, pour la conservation et le développement de la vie religieuse des peuples, est en raison directe de son antiquité et de son unité. Aujourd'hui, la controverse a rendu ces vérités vulgaires ; en 1839, elles étaient universellement ignorées ; pour les retrouver, pour les appliquer, il fallait à un Evêque plus que du savoir, plus que de l'intelligence ; il lui fallait ou ce coup d'œil de l'intuition qui fait les hommes supérieurs, ou cette lumière de l'amour qui éclaire les serviteurs de Dieu et leur montre les plaies cachées à tous les yeux, les remèdes efficaces auxquels nul ne songe.

Cependant, l'auteur des articles du *Mémorial* n'avait point délaissé la science sacrée, objet de ses premiers travaux : rien n'avait pu l'en séparer, ni l'oubli universel où cette science était tombée parmi nous, ni les controverses passionnées qui préoccupaient alors tous les esprits, ni même l'œuvre difficile et laborieuse à laquelle il vouait sa vie. D'autres construisaient des systèmes, lui réédifiait sur le sol de la France, couvert de ses ruines, l'Ordre de Saint Benoît ; d'autres s'égaraient dans le tortueux labyrinthe d'une philosophie humaine, lui s'enfermait dans l'enceinte sacrée de la doctrine sainte ; d'autres cherchaient le secret de l'avenir dans les eaux troubles et agitées de la politique, lui recueillait les leçons du passé dans les monuments immuables de la tradition. Il les avait long-temps et patiemment explorés, lorsque les *Institutions Liturgiques* parurent, le premier volume en 1840, le second en 1841. Nous avons dit les attaques dont cet ouvrage a été l'objet, et comment, au lieu de nuire, ces attaques ont grandi le succès, l'influence du livre ; quelle peut être la raison de ce fait ? Il s'explique par une cause plus générale et plus profonde : un livre peut féconder des germes préexistants ; quand ces germes n'existent pas, un livre n'a jamais la puissance de les créer ; il ne suffit pas de jeter une bonne semence, il faut encore qu'elle ne tombe ni sur le roc aride, ni sur une terre dévorée par les ronces ; il ne suffit pas de présenter la vérité aux hommes, il faut encore que les hommes soient disposés à l'accueillir ; les principes les plus salutaires demeurent sans action et sans vertu sur les âmes que dominent des principes mauvais ; les faits les plus grands n'apportent aucun enseignement aux esprits incapables d'en apprécier la valeur. Voilà ce qui rendit inutiles au dix-huitième siècle les efforts et les écrits des Evêques et des Prêtres éminents qui combattirent pour le maintien des saines traditions liturgiques, avec un zèle et un talent dignes d'un meilleur sort. Les ouvrages du T. R. P. Abbé de Solesmes n'auraient pas obtenu de nos jours plus de succès ; livres savants, les hommes instruits les auraient consultés, mais ils seraient demeurés sans action immédiate, pratique et réelle, si un grand changement dans les idées et dans les penchants de la nation (je parle de cette partie de la nation qui est restée ou redevenue catholique) n'avait de longue main préparé les esprits, fait disparaître une foule de préjugés et incliné les cœurs vers Rome, vers tout ce qui vient de Rome, par un mouvement dont personne ne peut assigner la cause prémière, mais dont tout le monde constate à chaque instant les effets innombrables. La preuve de ce que je dis est facile à faire : prenez un homme au hasard parmi les défenseurs de l'unité liturgique, vous pouvez affirmer que cet homme est sur tous les points dévoué aux doctrines romaines ; prenez un partisan des Liturgies modernes, vous pouvez affirmer avec non moins de certitude qu'il est plus ou moins infecté de gallicanisme. Telle est la nature de l'esprit humain que, même sans se rendre compte d'une manière bien nette de ses idées et de ses doctrines, éclairé par je ne sais quel instinct logique, il discerne tout d'abord ce qui leur est favorable ou contraire; combien de personnes ne s'étaient jamais occupées de Liturgie, et se sont immédiatement rangées d'un côté ou de l'autre, dès que la question a été soulevée ? Au dernier siècle les Liturgies nouvelles prévalurent, parce que les idées gallicanes dominaient ; de nos jours la Liturgie romaine prévaut, parce que les doctrines romaines dominent : à cette époque, l'attaque la plus habile et la plus vive contre les organes et les défenseurs des idées dominantes n'avait jamais d'autre résultat que de passionner en leur faveur la majorité du public ; il en est encore ainsi maintenant, la fortune des *Institutions Liturgiques* l'atteste.

La loi de l'esprit humain que nous venons de constater, explique aussi les exagérations et les injustices de la plupart des hommes dans leurs jugements sur les écrits et sur les auteurs contraires aux idées et aux doctrines qui règnent au fond de leurs âmes. Un illuminé, Saint-Martin, a dit : *Savoir lire est plus difficile que savoir écrire;* cela est très vrai, car *on écrit* sa pensée et le mouvement naturel, instinctif, de la parole la rend presque toujours fidèlement, alors même que l'écrivain n'a pas pleinement conscience de tout ce que cette pensée et cette parole renferment; mais *on lit* la parole et la pensée d'autrui, et on la voit toujours à travers le voile plus ou moins épais de sa pensée propre, des idées, des principes qui dominent en nous. Relisez aujourd'hui un livre que vous avez lu il y a dix ans; si ce livre a quelque valeur, si vous-même n'êtes pas demeuré complètement immobile, vous le comprendrez tout autrement, vous y verrez des choses que vous n'y aviez pas vues, et ce que vous aviez cru y voir vous ne l'y verrez plus : l'intelligence de l'homme est comme un vase, elle ne reçoit les doctrines que selon la mesure de sa capacité. De plus, si le vase est rempli du vin de l'erreur, la vérité qu'on y mêle s'altère et se corrompt; de là, pour le dire en passant, l'absurdité et le souverain danger du droit que le protestantisme donne à tous d'interpréter les Livres sacrés ; chacun y trouve non la pensée de l'Esprit-Saint, mais la pensée qu'il porte en soi-même. Il ne faut donc pas s'étonner si la pensée et même quelquefois les expressions de certains livres, sont étrangement interprétées, complètement dénaturées. Ceux qui louent un ouvrage doivent se souvenir qu'ils l'apprécient d'après un ensemble d'idées, de principes et de doctrines que le livre suppose ou confirme, et dont leur esprit est tout pénétré, tandis que les critiques le jugent d'après un ensemble d'idées, de principes et de doctrines différentes et contraires. Or : *bien lire* sa propre langue est déjà malaisé, mais *bien lire* une langue étrangère est presque impossible; en d'autres termes, peu d'hommes ont la puissance de comprendre les doctrines qu'ils professent, mais on en rencontre à peine quelques-uns en état de comprendre les doctrines qu'ils combattent, et d'apprécier avec justice les écrits où ces doctrines ennemies se trouvent clairement exposées et vigoureusement défendues. Pour faire une appliation de ce principe, disons qu'on a grand tort, par exemple, d'attribuer à la mauvaise foi certaines interprétations forcées, certaines falsifications grossières de divers passages des *Institutions Liturgiques*, certaines accusations, ridicules d'exagération et de violence, dirigées contre leur auteur : elles procèdent de cette force instinctive qui trouble la vue de l'esprit, et à laquelle obéit sans le savoir l'homme incapable de gouverner son intelligence.

Je ne crois pas m'être écarté de mon sujet ; en tout cas, j'y reviens en marquant la date de la *Lettre à M. l'Archevêque de Reims sur le droit de la Liturgie*, publiée en 1843, avec l'assentiment et à la prière de ce Prélat. L'appui ainsi publiquement donné à la cause de la Liturgie romaine par un Évêque d'une si grande autorité, aurait suffi pour déterminer les esprits incertains et irrésolus ; mais ce ne fut pas tout : M. de Reims avait consulté le Saint-Siége, il voulut que les catholiques de France connussent la pensée du Chef de l'Eglise ; le Bref de S. S. Grégoire XVI, en date du 6 août 1842, inséré textuellement dans le nouvel écrit du T. R. P. Abbé de Solesmes, et reproduit ensuite par tous les journaux, apprit aux fidèles combien le Saint-Siége *déplore, juge périlleuse, la variété des livres liturgiques*, combien il désire le retour à l'unité, la soumission loyale, pleine et entière aux Bulles de Saint Pie V ; de ce moment, on put regarder comme perdue la cause des Liturgies françaises.

Cette cause a rencontré pourtant des défenseurs dont elle n'était pas digne : on a vu au chapitre précédent comment la discussion recommença, et quel effet produisirent les ouvrages de M. l'Archevêque de Toulouse et de M. l'Evêque d'Orléans ; nous n'y reviendrons pas. Quant à l'éloquent traité de M. l'Evêque de Langres, à la lettre de M. l'Evêque de Montauban, à la première et à la *Nouvelle Défense des Institutions liturgiques*, tout le monde a lu ces écrits et sait à quelle hauteur ils ont porté la controverse (1).

Il faut espérer que la discussion se maintiendra sur ce terrain et que les défenseurs des Liturgies modernes au lieu de s'arrêter à des questions secondaires de personnes, de style, d'exactitude historique ; au lieu de perdre le temps à incriminer les intentions, à disputer sur les mots, à contester de petits faits et de petits détails sans valeur et sans portée, sentiront la nécessité de remonter aux principes. Nous sommes convaincus qu'il n'en faudrait pas davantage pour les amener peu à peu à reconnaître euxmêmes leur illusion ;

(1) Rappelons seulement quelques dates : *L'Eglise de France injustement flétrie, dans un ouvrage ayant pour titre : Institutions Liturgiques*, etc., par M. l'Archevêque de Toulouse, est de 1843, et parut à peu près en même temps que la *Lettre à M. l'Archevêque de Reims sur le droit de la Liturgie*. — Par Lettre circulaire du 14 août 1843, M. l'Archevêque de Paris recommanda au clergé de ce diocèse l'écrit de son vénérable collègue, dont une seconde édition, où l'on remarque des corrections assez importantes, fut donnée au mois d'octobre de la même année. — En 1844 fut publiée en réponse à cet ouvrage, la *Défense des Institutions Liturgiques*, par le R. P. Dom Guéranger, Abbé de Solesmes. — *L'Examen des Institutions Liturgiques*, par M. l'Evêque d'Orléans, porte la date de 1846, mais avait paru à la fin de 1845. — La première édition *de la Question Liturgique*, par M. l'Evêque de Langres, est de janvier 1846 ; la lettre de M. l'Evêque de Montauban, adressée à *l'Univers*, se trouve dans le numéro de ce journal du 10 février 1846. La *Nouvelle Défense des Institutions Liturgiques, première lettre à M. l'Evêque d'Orléans*, par le R. P. Dom Guéranger, parut quelques mois après, et à peu près en même temps l'*Examen de la Défense des Institutions Liturgiques, et courte réfutation de la Lettre à M. l'Archevêque de Reims*, par

dans tous les cas, ils obligeraient ainsi leurs adversaires à de nouveaux combats, et la vérité ne pourrait qu'y gagner : quand l'erreur a été scrutée jusqu'au fond, quand elle a été examinée sous toutes ses faces, discutée sous toutes ses formes, analysée dans tous ses éléments, la vérité apparaît avec plus de force, de puissance et d'éclat.

Pendant que la question est débattue théoriquement devant le public, plusieurs Prélats la résolvent pratiquement dans leurs diocèses. En 1844, M. l'Evêque de Périgueux ; en 1845, M. l'Evêque de Gap ; en 1846, M. l'Evêque de Rennes ; enfin cette année même 1847, N. N. S. S. les Evêques de Saint-Brieuc, de Troyes et de Montauban ont rendu à leurs Eglises la Liturgie romaine ; d'autres Evêques, dont nous pourrions dire les noms, préparent la même mesure et la réaliseront dans un avenir prochain. Ces actes des premiers Pasteurs, les Lettres pastorales et les Mandements qu'ils publient en ces occa-

---

M. l'Archevêque de Toulouse. La *seconde Lettre à M. l'Evêque d'Orléans* est de la fin de 1846, la *troisième* de juillet 1847 ; l'auteur annonce dans ses préfaces que d'autres lettres suivront les trois qui ont déjà paru, toujours sous le même titre *Nouvelle Défense*, etc. — Nous avons eu occasion de citer le piquant écrit de M. Ph. Guignard, publié à la fin de 1846 ; nous devons mentionner encore les diverses brochures du vénérable Curé de Rennes, M. Meslé. — Parmi les écrits favorables aux Liturgies modernes, on remarque la *Notice historique sur les Rites de l'Eglise de Paris* (1846). — Quant aux articles publiés par divers auteurs, soit dans *l'Univers* et *la Voix de la Vérité* pour la Liturgie romaine, soit pour l'opinion contraire dans *l'Ami de la Religion*, l'énumération en serait fort longue. Entre les *Revues* ou recueils périodiques, *l'Université catholique*, les *Annales de philosophie chrétienne*, le nouveau *Mémorial catholique*, la *Voix de l'Eglise*, etc., défendent l'étendard romain ; la *Bibliographie catholique* est dans le camp opposé. Parmi les journaux purement politiques, le *Journal des Débats*, le *Constitutionnel*, le *Siècle*, le *National* et la *Gazette de France*, ont plus d'une fois témoigné de leurs sympathies pour la cause des Liturgies du dix-huitième siècle.

sions, les Brefs de félicitation que leur adresse le souverain Pontife, tout concourt à accroître le mouvement réparateur, à redoubler l'ardeur des défenseurs de l'unité liturgique, à décourager les partisans de l'anarchie introduite au dernier siècle, à en diminuer le nombre, à les resserrer dans un cercle de jour en jour plus étroit et plus silencieux. Peu à peu les difficultés s'aplaniront, les obstacles disparaîtront partout et, selon la parole de Grégoire XVI, par la bénédiction de Dieu, tous les Evêques de France suivront tour à tour l'exemple de leurs vénérables collègues : *Confidimus equidem, Deo benedicente, futurum ut alii deinceps atque alii Galliarum Antistites memorati Episcopi exemplum sequantur* (1).

(1) Bref à M. l'Archevêque de Reims.

CHAPITRE III.

QU'EST-CE QUE LA LITURGIE ?

Le mot grec λειτουργία, dit Bergier, « signifie *ouvrage,* « *fonction, ministère public;* il est composé de λειτὸς (*public*) « et de ἔργον (*ouvrage, action*). Mais puisque ce terme est « plus spécialement consacré à désigner le culte divin et les « cérémonies qui en font partie, il est plus naturel de le dé- « river de λειταὶ, qui se trouve dans Hésychius, au lieu de « λιταὶ, *prières, supplications,* vœux adressés à la divinité, « d'où est venu le latin *Litare,* prier, sacrifier. A proprement « parler *la Liturgie* n'est autre chose que le culte rendu « publiquement à la divinité (1). »

« Dans les saintes Ecritures le mot Liturgie exprime un « *ministère sacré;* l'Eglise grecque l'emploie pour signifier « tantôt le Saint Sacrifice même, tantôt les prières sacrées « qui l'accompagnent : plusieurs Pères latins l'ont employé « dans le même sens ; mais les exemples ne manquent pas, « même dans l'antiquité, d'une acception plus ample donnée « à ce terme générique. Ainsi, dès le cinquième siècle, nous « le trouvons, dans une lettre du faux concile d'Ephèse à « l'empereur, employé à signifier l'Office du matin et celui du « soir (2); au douzième siècle, Zonaras, à propos d'un canon « du IV⁰ concile d'Antioche, nous apprend que le mot *Li-*

---

(1) *Dictionnaire de Théologie,* au mot *Liturgie.* — Voyez aussi le mot : *Office divin.*

(2) Labb. Tom. III. p. 601.

« *turgie* signifie *non seulement la célébration du Sacrifice,*
« *mais encore toutes les fonctions sacrées du souverain Sacer-*
« *doce* (1). De là est venu que, dans les deux derniers siècles,
« le mot *Liturgie* est entré dans le domaine de la science
« ecclésiastique pour exprimer l'ensemble des rites sa-
« crés (2). »

De nos jours des auteurs profanes, peu instruits des choses de la religion et de la langue ecclésiastique, parlent de la Liturgie comme si elle consistait uniquement dans les *cérémonies* qui accompagnent les prières publiques de l'Eglise ; et M. l'Evêque d'Orléans semble adopter ce sens nouveau, lorsqu'il reproche à l'auteur des *Institutions Liturgiques* de confondre le culte divin et la Liturgie et de ne faire ainsi de la religion qu'une espèce de brillant symbolisme, où tout est disposé moins pour le cœur que pour les yeux (3) : ces paroles ne supposent-elles pas en effet que les *cérémonies symboliques* destinées à frapper *les yeux* constituent toute la Liturgie ?

On voit donc que le mot Liturgie peut être entendu de diverses manières : dans le sens antique et restreint, conservé jusqu'à nos jours par les Eglises orientales, ce mot désigne plus particulièrement le Saint Sacrifice, *parce que*, dit Bergier, *c'est la partie la plus auguste du service divin*, parce que la consécration de l'Eucharistie est l'acte Liturgique par excellence. Mais on peut retenir ce sens, sans exclure une signification plus étendue ; que si on prétend exclure toute

---

(1) Zonaras ad Canon. IV. Antioch. Synodi, p. 325.

(2) *Nouvelle Défense des Institutions Liturgiques*, par le R. P. Dom Prosper Guéranger, Abbé de Solesmes, *première partie*, p. 53.

(3) *Examen des Institutions Liturgiques*, par M. Fayet, Evêque d'Orléans, p. 35.

autre signification, le *Missel* sera le seul et unique livre de la Liturgie.

Le sens moderne et jusqu'à présent inouï, que nous venons d'exposer, au lieu de réserver le mot *Liturgie* pour la *partie la plus auguste*, le consacre exclusivement à la partie la moins élevée, la moins importante, à la partie purement cérémonielle du culte divin. Si on l'adopte, il faut dire que le seul livre purement liturgique est le *Cérémonial*. Mais outre le *Cérémonial*, qui règle les cérémonies, la nature, le lieu, le temps, l'ordre des mouvements que doivent accomplir les ministres de l'autel dans les fonctions saintes, l'usage universel range encore parmi les livres liturgiques : et le *Missel* qui contient la forme selon laquelle est offert le Saint Sacrifice, avec les prières et les cérémonies qui l'accompagnent; et le *Rituel* qui renferme l'ordre des cérémonies, les prières, les instructions que l'on doit faire dans l'administration des Sacrements ; et le *Pontifical* où sont les prières que prononcent, les rites et les cérémonies qu'observent le Pape et les Evêques dans l'administration des sacrements de Confirmation et d'Ordre ainsi que dans les autres fonctions réservées à leur dignité ; et le *Bréviaire* que composent les saints Offices, et les *livres de chant*, recueil des harmonies musicales adaptées aux paroles du service divin. Il est naturel de croire que les livres liturgiques ne sont pas remplis de matières étrangères à la Liturgie, et par conséquent de conclure que la Liturgie dans son ensemble comprend toutes les choses que ces livres réunis contiennent.

Or, dans ces livres je trouve des rites ou formes *d'actes* dont les uns sont des signes sensibles, à l'aide desquels la grâce est conférée, signes que les Pères de l'Eglise désignaient par le nom générique de *symboles*; dont les autres sont des signes sensibles à l'aide desquels se manifeste l'adoration, l'action de grâce, la prière, la louange, etc., signes que nous nommons des *cérémonies*; j'y trouve en second lieu des *chants* qui accompagnent ces *actes*, c'est-à-dire des *formules de profession de foi* ou *symboles*, des *formules de prières et de supplications* toutes remplies d'une poésie divine et dont la plupart sont destinées à être *chantées*; j'y trouve enfin le *chant* proprement dit et je conclus que la Liturgie en général est *un ensemble de symboles, d'actes et de chants*.

Maintenant, je demande à qui et de qui sont les livres liturgiques? — De l'Eglise sans doute? les symboles, les chants et les actes de la Liturgie sont donc aussi de l'Eglise. L'Eglise sait ce qu'elle fait et ce qu'elle dit : ces actes, ces chants, ces symboles, soit qu'on les considère isolés les uns des autres, soit qu'on les prenne dans leurs rapports et leur harmonie, ont donc un sens, expriment des sentiments et des pensées. L'Eglise ne peut avoir des sentiments, des pensées profanes; ce sont donc des sentiments, des pensées de religion et me voilà forcément amené par la seule inspection des livres liturgiques à définir la Liturgie en général : *l'ensemble des symboles, des chants et des actes au moyen desquels l'Eglise exprime et manifeste sa religion envers Dieu.*

On repousse cette définition et pourquoi? parce que *la Liturgie proprement dite n'a aucun rapport nécessaire avec la vertu de Religion* (1); parce que *la religion est une vertu morale qui ne produit par elle-même que des actes intérieurs d'adoration, de louange, de sacrifice, etc., et qui n'a par conséquent rien à démêler avec la Liturgie* (2); parce que enfin

---

(1) *Examen des Institutions Liturgiques*, p. 36.
(2) *Ibid.* p. 40.

définir ainsi *la Liturgie* c'est la *confondre avec le culte divin* et prendre *la forme pour le fond* (1). Mais lorsque je dis : *la Liturgie est l'ensemble des symboles, des chants et des actes au moyen desquels l'Eglise exprime et manifeste sa religion envers Dieu*, n'est-ce pas comme si je disais : *la Liturgie est l'expression de la religion de l'Eglise*. Il y a donc deux choses dans cette définition, *l'expression* c'est-à-dire *la forme*, et la chose *exprimée* c'est-à-dire *le fond*, bien loin de les confondre, je les distingue. Il est vrai que tout en les distinguant je les unis, mais elles sont inséparables : qu'est-ce en effet qu'un *fond* qui n'a pas de *forme*, ou une *forme* qui n'a pas de *fond* ? La Liturgie serait donc *une forme sans fond*, une forme vide, une expression qui n'exprimerait rien, une vaine apparence extérieure à laquelle aucune réalité intérieure ne correspondrait ? De plus, *le fond* c'est-à-dire *le culte divin, la religion intérieure*, serait *informe, inexprimé, inexprimable*, inaccessible à l'intelligence humaine ; d'où il suivrait que l'Eglise, société visible composée d'hommes, c'est-à-dire d'êtres intelligents unis à des corps, aurait un culte, une religion tout-à-fait invisible, tout intérieure, dont les esprits purs pourraient seuls voir les actes et saisir les manifestations ; en d'autres termes il s'ensuivrait que l'Eglise en tant qu'Eglise, n'aurait ni religion ni culte. S'il n'en est pas ainsi, si l'âme et le corps de l'Eglise sont indissolublement unis, si le culte intérieur se manifeste au dehors, si le culte extérieur, est vivifié par le culte intérieur, si le fond tient à la forme et la forme au fond, si un lien intime et profond subsiste toujours entre ces deux éléments de tout être humain, si on ne peut essayer de les arracher l'un de l'autre sans faire violence

(1) *Ibid.* p. 35.

au langage et à la nature, les propres paroles de l'auteur que nous réfutons obligent de conclure que notre définition de la Liturgie est la véritable. En reprochant à cette définition de *prendre la forme pour le fond*, il reconnaît que la Liturgie est la forme de cette même chose dont le *culte divin* intérieur, dont la *religion intérieure* constitue *le fond*, et par conséquent il reconnaît que la Liturgie exprime et manifeste ce culte, cette religion. Ce qu'il ajoute que *la Liturgie n'a aucun rapport nécessaire avec la vertu de religion*, que cette vertu *ne produit que des actes intérieurs*, est détruit par la même raison, puisque manifestement la forme a un rapport nécessaire avec le fond, le rapport même qui fait qu'elle est la *forme* de ce *fond* et non pas d'un autre ; puisque manifestement les actes du culte extérieur, les actes liturgiques, par exemple, peuvent être bons et ne peuvent l'être s'ils ne sont des actes humains, s'ils ne sont voulus et délibérés, c'est-à-dire s'ils ne sont l'expression des actes intérieurs de la volonté qui entend, en les produisant, servir et honorer Dieu.

Peut-être l'auteur veut-il dire simplement (car enfin il faut chercher à ses paroles un sens moins déraisonnable) que la forme extérieure de ces actes pourrait être différente, que le *fond* pourrait avoir une autre *forme*, que la religion de l'Eglise peut se manifester par des Liturgies multiples et diverses? Mais alors au lieu de dire : *La Liturgie n'a aucun rapport* NÉCESSAIRE *avec la vertu de religion*, il devait dire : *telle* ou *telle Liturgie*; car, à moins de bouleverser toute l'économie et tout le plan du christianisme, il faut avouer que dans l'Eglise la religion se manifeste *nécessairement* par une Liturgie quelconque. Puis, de ce que le même *fond* peut avoir diverses *formes*, il ne suit nullement que la *forme* dont il est revêtu *hic et nunc*, ne soit pas véritablement sa forme. Il est incontestable que ma pensée pourrait être exprimée par d'autres paroles que les paroles dont je me sers; s'ensuit-il que ces paroles n'expriment point ma pensée? Très certainement, Dieu aurait pu unir l'âme de tel homme à un autre corps que le corps qu'elle anime; s'ensuit-il que ce corps ne soit pas vraiment le corps de cette âme? De même, la Liturgie pourrait être, absolument parlant, autre qu'elle n'est, et cela n'empêche point cette Liturgie d'être actuellement et réellement celle de l'Eglise, c'est-à-dire la forme extérieure, l'expression, le corps visible, la manifestation de sa religion envers Dieu. Enfin, il ne faut pas croire que dans l'Eglise les formes liturgiques soient purement arbitraires : croit-on qu'entre le corps et l'âme d'un homme, il n'y ait qu'un rapport fortuit, que Dieu ait uni ce corps à cette âme sans raison, qu'il n'ait pas fait l'un pour l'autre? Croit-on que la parole ne tienne pas à la pensée par un lien mystérieux et intime? Si depuis Babel la confusion des langues a relâché ce lien, l'Ecriture n'atteste-t-elle pas que les noms imposés par Adam exprimaient la nature des êtres (1)? Les Liturgies particulières sont à la Liturgie de l'Eglise ce que les langues corrompues et dégénérées de la dispersion sont à la langue primitive; et ce que la langue du premier homme était pour les êtres qu'il nommait, la Liturgie de l'Eglise l'est pour la religion que cette Liturgie manifeste

---

(1) *Omne enim quod vocavit Adam anima viventis, ipsum est nomen ejus. Appellavitque Adam nominibus suis cuncta animantia,* etc.; Genes. c. 11. v. 19 et 20.—Carrières traduit : « Le nom qu'Adam donna à chacun des animaux est son nom véritable. Adam appela donc tous les animaux d'un nom qui leur convenait. »

et exprime. L'Eglise est l'épouse du Christ, du Verbe fait chair, de la Sagesse du Père; la Sagesse l'inspire : la Sagesse l'inspire surtout quand il s'agit de l'honneur de Dieu, de sa religion, de son culte. Toutes les Liturgies ne sont donc pas égales en soi; et, abstraction faite des désirs et des volontés de Pierre à qui *les brebis comme les agneaux* doivent obéissance, il n'est pas indifférent de s'éloigner ou de se rapprocher, de rejeter opiniâtrément ou de reprendre la Liturgie de l'Eglise avec laquelle le Christ demeure *jusqu'à la consommation des siècles.*

Ces paroles étranges : *la Liturgie n'a aucun rapport nécessaire avec la vertu de religion ; la religion est une vertu morale qui ne produit par elle-même que des actes intérieurs*, sont réfutées par la notion même de la vertu de religion, telle que la donnent, sans en excepter un seul, tous les traités de théologie (1) et tous les Catéchismes (2) ; l'on se demande

---

(1) Nous nous contenterons de citer la théologie de M. l'Evêque du Mans : « Religio est virtus moralis, nos inclinans ad reddendum Deo tanquam rerum omnium principio, cultum debitum... Plures præcipit actus tum internos, tum externos ad Deum honorandum idoneos... Omnes actus boni quodam modo ad virtutem religionis pertinent, quia ad Dei cultum et honorem dirigi possunt. Sequentes tamen ab ea virtute imprimis præcipi noscuntur, scilicet devotio, oratio, adoratio, sacrificium, oblationes et decimæ, votum, juramentum et quorumdam dierum sanctificatio. » — (*Institut. Theologicæ ad usum seminariorum*, auct. J.-B. Bouvier Episcopo Cenomanensi, *secunda editio*, tom. V. *Tract. de Decalogo* cap. 1. art. IV. p. 99.)

(2) Nous nous contenterons de citer le nouveau Catéchisme de M. l'Archevêque de Paris : « La religion est une vertu qui nous porte à rendre à « Dieu le culte que nous lui devons comme à notre souverain Seigneur... « Nous devons à Dieu un culte extérieur et public, 1° parce qu'il nous l'a « prescrit; 2° parce que, sans le culte extérieur et public, il n'y aurait « bientôt plus de culte intérieur. » (*Catéchisme du diocèse de Paris*, p. 146 et p. 160, édit. de 1846.)

comment elles ont pu être écrites? En y réfléchissant, on voit que la logique impose inexorablement le principe qu'elles expriment aux partisans de la variété liturgique et que tous admettraient ce principe ou renonceraient à leur système s'ils étaient conséquents. On ne peut en effet soutenir qu'il est indifférent d'avoir telle Liturgie ou telle autre, *que la meilleure est celle qu'on a*, que le choix dépend *uniquement* du temps, du lieu, des circonstances (que par conséquent on n'est en aucune façon obligé de réagir contre les circonstances présentes, de travailler à les modifier, dans le but de préparer, de rendre possible un choix qui au fond, ne serait pas préférable), sans soutenir par là même que, en soi, toutes les Liturgies sont égales devant l'Eglise et devant Dieu. Or, elles ne peuvent être égales qu'autant qu'elles expriment et manifestent également bien la religion, le culte intérieur. Elles ne peuvent le manifester également bien si elles n'ont pas toutes un rapport égal avec le culte intérieur, avec la religion, car évidemment un rapport plus parfait donnerait une expression plus parfaite. Le rapport ne peut être égal s'il n'est pas, toujours et pour toute Liturgie, fortuit, arbitraire, purement conventionnel, car des rapports fondés sur la nature même de la religion, seraient plus ou moins vrais, auraient une valeur plus ou moins grande, selon qu'ils procèderaient plus ou moins directement, plus ou moins pleinement de cette nature; et si le rapport est arbitraire, purement conventionnel, on ne peut pas refuser d'admettre le premier principe de M. l'Evêque d'Orléans : *la Liturgie n'a aucun rapport nécessaire avec la vertu de religion*.

Ce que l'on dit de la Liturgie, des formes, des actes liturgiques, on doit le dire à plus forte raison des autres formes, des autres actes extérieurs par lesquels l'homme exprime et manifeste au dehors les sentiments de sa religion envers Dieu. L'homme privé n'a comme tel aucun privilége qui puisse donner à ses actes extérieurs plus de valeur et de dignité qu'aux actes du Prêtre comme Prêtre, et il ne peut tomber dans la pensée d'établir entre les actes extérieurs des particuliers et la vertu de religion qui est en eux, le rapport que l'on détruit entre les actes extérieurs de l'Eglise en tant qu'Eglise, et la vertu de religion qui est en Elle. Cette proposition : *la Liturgie* (c'est-à-dire l'ensemble des actes extérieurs de religion de l'Eglise) *n'a aucun rapport nécessaire avec la vertu de religion*, implique donc cette proposition plus générale : les actes extérieurs de religion n'ont aucun rapport nécessaire avec la vertu de religion ; et comme il y a nécessairement un rapport entre la vertu qui produit et les actes qu'elle produit, il faut conclure que la vertu de religion ne produit pas par elle-même des actes extérieurs de religion. Nous voilà donc amenés au second principe de M. l'Evêque d'Orléans : *la religion ne produit par elle-même que des actes intérieurs ;* d'où il suit entre autres conséquences qu'il n'y a réellement pas d'actes extérieurs de religion, car si la religion n'en produit pas, on ne voit nullement ce qui pourrait les produire.

Une telle théorie est contraire non seulement à tous les enseignements du christianisme, mais encore au langage humain, à la nature humaine elle-même. Il n'y a pas de langue qui ne reconnaisse, qui ne nomme des *actes extérieurs de religion* ; il n'y eut jamais, il n'y a pas de peuple qui ne distingue ces actes de tous les autres, qui ne les regarde comme produits, sauf les cas d'hypocrisie, par la religion intérieure;

par la vertu qui est dans l'âme ; enfin, malgré le déluge de vices et d'erreurs qui, depuis le premier péché, ont couvert la face de la terre, malgré la multiplicité des fausses religions, la diversité des mœurs, des usages, du génie des nations, etc., un certain nombre de ces actes sont demeurés toujours et partout consacrés à exprimer, à manifester la religion de l'homme envers le Souverain Maître. Pourquoi cela, sinon parce que ces actes sont l'expression vraie, la manifestation naturelle de cette vertu, parce qu'il y a entre eux et elle un rapport fondé sur la double nature de l'âme et du corps de l'homme ; parce que la religion les produit d'elle-même comme l'arbre produit son fruit ? Tous les sentiments, toutes les passions ont ainsi leur expression naturelle, leur manifestation extérieure à laquelle nous les reconnaissons : la tristesse et la joie, la colère et la pitié, la haine et l'amour, éclatent et agissent au dehors ; en tout et pour tout le corps traduit fidèlement l'intérieur de l'âme, et l'on voudrait que le sentiment le plus profond, le plus intime, le plus indestructible de l'homme, que la religion ne trouvât pas dans notre nature son image et son expression, qu'elle seule demeurât ensevelie au fond de la conscience, invisible et muette !

Peu de personnes, croyons-nous, seront disposées à admettre de telles conséquences ; mais si on les rejette, on doit rejeter aussi les principes d'où elles découlent, on doit dire : il est des *actes extérieurs de religion*, et ces actes sont *produits par la vertu de religion elle-même*; entre ces actes et cette vertu *il y a nécessairement un rapport* (sans quoi on ne concevrait pas qu'elle pût les produire); ce rapport pouvant être faussé, altéré, ou même détruit par la faute de l'homme, tous les actes extérieurs de religion n'ont pas de soi une valeur égale, ils ne sont pas tous au même degré l'expression vraie, la manifestation fidèle de la religion ; or, les actes liturgiques étant des actes religieux par excellence, ce qui est vrai des actes extérieurs de religion en général est vrai *a fortiori* des actes liturgiques en particulier, soit isolés, soit réunis et pris ensemble ; les Liturgies ne sont donc pas égales en soi devant l'Eglise et devant Dieu ; en d'autres termes, outre la valeur relative que donnent aux actes extérieurs les dispositions intérieures de ceux qui les accomplissent, les Liturgies ont encore une valeur propre et intrinsèque. Abstraction faite des circonstances qui obligent quelquefois de préférer un moindre bien, le choix entre deux Liturgies doit, évidemment, se régler d'après cette valeur intrinsèque et non d'après des motifs personnels et purement arbitraires : pour reconnaître la meilleure Liturgie, celle qui est l'expression la plus vraie, la manifestation la plus fidèle et la plus vive de la religion de l'Eglise, c'est au jugement de l'Eglise qu'on doit s'en rapporter et non au jugement particulier d'un ou de plusieurs hommes si grand d'ailleurs que soit leur savoir ou leur génie ; l'Eglise a prononcé son jugement, l'Eglise a fait le choix Elle-même et ce choix Elle l'impose à toutes les Eglises de la langue latine ; donc toutes ces Eglises, sauf les exceptions légitimes et autorisées, doivent accepter ce choix non seulement par obéissance, mais encore avec la conviction que la Liturgie de l'Eglise est de toutes la plus belle et la plus parfaite. Comment en serait-il autrement? Comment Dieu aurait-il pu permettre qu'une Eglise particulière prévalût en ce point sur l'Eglise universelle, qu'une autre que l'Epouse

Lui rendît le culte le plus digne, le plus expressif, le plus vrai, le plus propre à manifester sa gloire et à attirer ses bénédictions sur les fils d'Adam ?

On le voit, de cette simple proposition : *il est des actes extérieurs de religion*, on est amené par une suite de déductions rigoureuses à reconnaître qu'il est aussi une Liturgie supérieure à tout autre et que cette Liturgie est la Liturgie romaine ; réciproquement de cette proposition : *la Liturgie romaine n'est pas supérieure aux Liturgies particulières, toutes les Liturgies sont de soi égales, la meilleure est celle qu'on aime le mieux*, on est conduit non moins forcément à conclure qu'*il n'y a pas d'actes extérieurs de religion, que la vertu de religion ne produit par elle-même que des actes intérieurs*, que par conséquent la religion n'a rien à démêler avec la Liturgie. On ne saurait donc s'étonner de la franchise avec laquelle ces principes sont avoués, de la netteté avec laquelle on les formule ; ils forment la base même du *système de la variété* en fait de Liturgie, et quand un principe fait partie intégrante et nécessaire d'un système, si absurde que soit ce principe, les défenseurs du système finissent toujours par le proclamer ; la logique les y pousse, et, plus fort que le bon sens, l'esprit de parti, jetant un voile sur l'absurdité, les empêche de la reconnaître.

Nous n'insistons pas sur tout ce que cette doctrine a de commun avec les théories protestantes et rationalistes, sur tout ce qu'elle a d'incompatible avec les dogmes fondamentaux de la religion chrétienne ; sous ce point de vue, comme sous tous les autres, la question a été discutée à fond par l'auteur des *Institutions Liturgiques*, dans sa *Première Lettre* à *M. l'Evêque d'Orléans*. Nous y renvoyons le lecteur et nous contentons d'ajouter une page de Saint Thomas aux textes que produit le T. R. P. Abbé de Solesmes :

« La vertu de religion consiste dans l'opération par la-
« quelle l'homme honore Dieu, en se soumettant à Lui ; opé-
« ration qui doit convenir et à Celui qui est honoré et à celui
« qui honore. Celui qui est honoré, étant esprit, on ne peut
« arriver à Lui par le corps, mais seulement par l'intelligence ;
« ainsi le culte qu'on Lui rend, consiste principalement dans
« les actes de l'intelligence, par lesquels l'intelligence est or-
« donnée à Dieu et tels sont surtout les actes des vertus
« théologales. En ce sens Saint Augustin a dit : *Dieu est ho-
« noré par la Foi, l'Espérance et la Charité* (1), et l'on doit
« ajouter par les actes des Dons qui ordonnent l'homme à
« Dieu, comme les Dons de sagesse et de crainte. Mais parce
« que nous qui honorons Dieu, avons des corps et recevons
« la connaissance par les sens corporels, des actions corpo-
« relles sont aussi requises de notre part pour le culte susdit,
« soit afin que nous servions Dieu de tout ce que nous som-
« mes, soit afin que nous excitions les autres aux actes de
« l'intelligence ordonnés à Dieu. C'est pourquoi Saint Au-
« gustin a dit encore : *Ceux qui prient font des membres de leur
« corps ce qui convient à des suppliants, lorsqu'ils fléchissent
« les genoux, étendent les mains ou même se prosternent contre
« terre, ou se livrent à toute autre démonstration sensible,
« quoique leur volonté invisible et l'intention du cœur soit connue
« de Dieu et qu'il n'ait pas besoin de ces signes pour que l'âme
« de l'homme lui soit ouverte ; mais par là l'homme s'incite lui-*

(1) *De Vera religione.*

« *même plus efficacement à prier et à gémir avec plus d'humi-
» lité et plus de ferveur* (1). Ainsi tous les actes par lesquels
« l'homme se soumet à Dieu, actes de l'intelligence ou actes du
« corps appartiennent à la vertu de religion. Mais parce que
« les choses que nous faisons au prochain pour Dieu, sont
« faites à Dieu même, il est manifeste qu'elles appartiennent à
« cette même sujétion, dans laquelle le culte de religion con-
« siste. Et ainsi, qui voudra bien examiner, verra que tout
« acte bon appartient à la vertu de religion. De là cette autre
« parole de Saint Augustin : *Le vrai sacrifice est toute œuvre*
« *faite dans le but de nous attacher à Dieu par une société*
« *sainte* (2). Et il ajoute : *cela cependant dans un certain or-*
« *dre*, parce que, en effet, premièrement et principalement
« au culte susdit appartiennent les actes de l'intelligence
« ordonnés à Dieu ; secondement les actes du corps faits
« pour exciter aux actes de l'intelligence, ou pour les ma-
« nifester, comme les prostrations, les sacrifices et autres
« de la même espèce ; troisièmement tous les autres actes
« exercés envers le prochain et ordonnés à Dieu. Par con-
« séquent, de même que la magnanimité est une vertu spé-
« ciale quoiqu'elle use des actes de toutes les vertus, selon
« la raison spéciale de son objet, c'est-à-dire en mettant de
« la grandeur dans les actes de toutes les vertus ; de même la
« Religion est une vertu spéciale, parce qu'elle considère dans
« les actes de toutes les vertus, la raison spéciale de son objet,
« c'est-à-dire le devoir envers Dieu : et ainsi elle est une
« partie de la justice. Cependant ces actes sont spécialement

(1) Lib. *De cura pro mortuis habenda.*
(2) *De Civitate Dei.* Lib. IV.

» assignés à la religion qui ne sont d'aucune autre vertu,
« comme les prostrations et autres de la même espèce, dans
« lesquels secondairement le culte de Dieu consiste (1). »

Ainsi, d'après Saint Thomas et Saint Augustin, d'après tous les théologiens et tous les catéchismes, tous les actes soit de l'esprit, soit du corps, par lesquels l'homme se reconnaît dépendant de Dieu, appartienent à la vertu de religion : *Omnes actus quibus se homo subjicit Deo, sive sint mentis sive corporis, ad religionem pertinent*; les actes extérieurs comme les prostrations et autres semblables sont cependant assignés spécialement à cette vertu, parce qu'ils ne sont d'aucune autre, et c'est dans l'ensemble de ces actes que consiste secondairement le culte de Dieu : *Illi tamen actus specialiter religioni assignantur qui nullius alterius virtutis sunt, sicut prostrationes et hujus modi, in quibus secundario cultus Dei consistit*. La raison en est simple : nous sommes des intelligences unies à des corps et nous devons servir Dieu de tout ce que nous sommes : *ut ex toto quod sumus Deo serviamus*. En général pour quiconque y réfléchit il est évident que tout acte bon appartient à la vertu de religion : *Diligenter consideranti apparet omnem actum bonum ad religionem pertinere*; et que le véritable sacrifice est toute œuvre faite dans le but de nous tenir attachés à Dieu par une société sainte : *Verum sacrificium est omne opus quod agitur ut sancta societate inhæreamus Deo*; car la vertu de religion consiste dans l'opération par laquelle l'homme rend à Dieu un culte

---

(1) *Divi Thomæ Aquinatis in librum Boetii de Trinitate expositio et quæstiones*. Lectio 1. quæst. 1. art. 1. *in corp. art.*—Venetiis, MDCCLXXVI, in-4°. Tom. VIII. p. 308.

de soumission et de dépendance : *Religio consistit in operatione qua homo Deum colit se Ei subjiciendo.*

Les actes Liturgiques sont des *actes bons*, et la Liturgie a bien pour but de nous tenir attachés à Dieu par une société sainte, de rendre à Dieu un culte de dépendance et de soumission, de le servir de tout ce que nous sommes, de notre corps comme de notre âme, par des génuflexions, des prostrations et autres actes semblables : les actes liturgiques sont donc réellement produits par la vertu de religion ; la Liturgie tient donc et à cette vertu, et au culte dans lequel cette vertu consiste, par un *rapport nécessaire*, par le rapport le plus intime et le plus profond, le rapport qui unit la conséquence à son principe, l'expression à ce qu'elle exprime, ce qui est engendré à ce qui l'engendre. Cela est vrai quel que soit le sens qu'on attache au mot *Liturgie*, et quand bien même on ne voudrait voir dans *la Liturgie proprement dite* que les *cérémonies, ce qui frappe les yeux ;* à plus forte raison, cela est-il vrai si l'on conserve au mot *Liturgie* le sens que l'Eglise lui donne, si *la Liturgie proprement dite* comprend encore *ce qui frappe l'oreille*, la parole, *les formules de la prière :* de tous les *actes extérieurs*, la parole est, en effet, celui qui représente le plus fidèlement les *actes intérieurs ;* c'est l'expression la plus claire, la plus vive de l'âme, or, il n'y a pas de parole qui exprime d'une manière plus vraie, *la religion de l'Eglise envers Dieu* que la parole de ses prières. Sans doute, l'homme qui récite des lèvres ces formules saintes, l'homme qui accomplit les cérémonies sacrées comme une machine, sans que le cœur y ait aucune part, cet homme ne prie pas, ne rend pas à Dieu le culte qui lui est dû : mais il ne s'agit pas de cet homme, il s'agit de l'Eglise et l'Eglise n'est jamais distraite ;

c'est l'Eglise qui parle, c'est l'Eglise qui agit dans la Liturgie, puisque les paroles, puisque les actes liturgiques, sont prononcés, sont accomplis en son nom, puisque la Liturgie est établie par son autorité publique.

Qu'est-ce donc que la Liturgie ? après tout ce qui précède, il me semble que nous pouvons la définir sans crainte avec Bergier : *Le culte rendu publiquement à la divinité* ; ou avec Muratori : *La manière de rendre le culte au vrai Dieu, par les rites extérieurs légitimes, afin de témoigner l'honneur qui lui est dû, et d'attirer ses bienfaits sur les hommes* (1) ; ou avec Galliciolli : *Le culte rendu à Dieu, non d'après l'idée de chaque particulier, mais d'après un mode commun, et une institution légitime* (2); ou avec Zaccaria : *Tout culte de Dieu établi par l'autorité de l'Eglise* (3); ou enfin, d'une manière plus détaillée, mais dans le même esprit que ces illustres liturgistes, comme nous l'avons fait, avec l'auteur des *Institutions Liturgiques* : *L'ensemble des symboles, des chants et des actes au moyen desquels l'Eglise exprime et manifeste sa religion envers Dieu* (4).

(1) Ratio colendi Deum verum, per externos legitimos ritus, tum ad illius honorem testandum, tum ad ipsius in homines beneficia derivanda. *De origine sacræ Liturgiæ. Liturgia romana vetus.* Tom. I. p. 1.

(2) Ast omnium percelebris hujus nominis acceptio est, qua cultus Deo tributus monstratur, is præsertim, qui non ex privata cujusque sententia, sed ex communi ratione legitime institutus usurpatur. *Opp. S. Gregorii Magni*, tom. IX. Isagoge Liturgica. p. 153.

(3) Omnis Dei cultus Ecclesiæ auctoritate constitutus. *Onomasticon rituale selectum*, au mot *Liturgia*. Tom. I. p. 191.

(4) *Institutions Liturgiques.* Tom. I. p. 1.

CHAPITRE IV.

LITURGIE UNIVERSELLE; LITURGIES GÉNÉRALES ET LITURGIES LOCALES.

Nous avons vu, en énumérant les livres liturgiques, que notre définition de la Liturgie on donne aussi les divisions principales, le mot *symboles* comprenant outre les *formules de profession de foi*, les *rites* dont le but est d'opérer la gloire de Dieu par la sanctification de l'homme et du monde visible, rites qui se partagent en trois classes : le Sacrifice, les Sacrements et les Sacramentaux ; le mot *chant* comprenant, outre *le chant* proprement dit, la lettre même sur laquelle le chant s'exécute et les formules sacrées (y compris le petit nombre de celles qu'on ne chante jamais) qui sont toutes des *chants* d'adoration, d'actions de grâces, de louange, de repentir ou de supplication ; le mot *actes* comprenant, outre les rites ou symboles, les cérémonies proprement dites et toutes les démonstrations extérieures du sentiment religieux. Mais après avoir ainsi considéré la Liturgie en elle-même, nous pouvons la considérer par rapport aux diverses parties de l'Eglise et sous cet aspect nous constatons une autre division : l'on remarque en effet dans la Liturgie des choses communes à toutes les Eglises, d'autres communes seulement à un grand nombre d'Eglises, d'autres qui sont propres à chaque Eglise particulière et l'on a ainsi une Liturgie universelle, des Liturgies générales, des Liturgies locales.

La Liturgie universelle comprend d'abord tout ce qui est essentiel à la célébration du Sacrifice chrétien et à l'administration des Sacrements, tout ce qui est nécessaire pour que le Sacrifice et les Sacrements aient leur réalité, et tout ce qu'exige impérieusement le respect dû aux sacrés mystères (je distingue cette partie et la classe à part sous le nom de *Liturgie essentielle*); et puis une foule d'autres choses importantes qui se retrouvent dans toutes les Liturgies catholiques sans exception, comme : la division des heures de la journée pour l'Office divin, la consécration de certains temps de l'année aux œuvres de mortification et de pénitence, et de certains jours pour les grandes solennités du christianisme, le chant des Psaumes, la lecture de l'Ecriture sainte, l'assistance des ministres, l'encensement, l'exclusion des catéchumènes et des profanes, la fraction de l'hostie, le souhait de paix, les prières multipliées, l'action de grâce, etc., etc., etc.

Tous ces actes de la Liturgie universelle peuvent être accomplis de diverses manières, précédés, accompagnés et suivis de diverses cérémonies; le choix, l'ordre et la disposition des prières, des lectures et des chants peuvent différer ; les divisions de l'année ecclésiastique ne sont pas partout absolument les mêmes; à côté des fêtes célébrées par tous les chrétiens, d'autres fêtes peuvent être établies, communes seulement à une partie d'entre eux. En un mot, les symboles, les supplications, les cantiques de louange, leur distribution et leur enchaînement, ne sont pas en tous lieux identiques ; un ensemble de prières, de chants, d'observances, de cérémonies, diffère d'un autre ensemble et constitue pour les Eglises qui le suivent en commun ce qu'on nomme leur rite, ainsi le rite grec, le rite latin, etc. ; c'est là ce que j'appelle des Liturgies générales.

Au sein de chaque Liturgie générale, les Eglises qui leur

demeurent soumises peuvent avoir et ont presque toujours des fêtes propres, des traditions spéciales, des usages particuliers etc., etc., dont l'ensemble, sans altérer la Liturgie générale, pas plus que celle-ci n'altère la Liturgie universelle, forme pour chaque Eglise sa Liturgie locale.

Cette division est fondée sur la nature même de la Liturgie: on comprend en effet que tout ce qui est essentiel doit être universel ; que ce qui est purement relatif a une seule Eglise doit demeurer particulier à cette Eglise et qu'entre les deux termes, il y a, d'une part, plus près du premier, tout un ensemble de choses, non pas strictement essentielles, mais qui ont cependant une importance majeure, et d'autre part, plus près du second, tout un autre ensemble commun non à toutes les Eglises mais à un grand nombre d'entre elles. En deux mots : la Liturgie essentielle nécessite la Liturgie universelle, sans laquelle l'unité en ce qui est essentiellement un et immuable serait exposée ; et la Liturgie universelle à son tour exige, en attendant une plus parfaite unité, que les Eglises se grouppent du moins sous des Liturgies générales, sans lesquelles la liturgie universelle elle-même finirait par se perdre et par se dissoudre dans l'infinie variété des Liturgies locales. Quant à celles-ci elles sont nécessaires pour conserver à chaque Eglise sa vie propre, sa physionomie et son caractère.

Dans la controverse qui agite aujourd'hui les esprits, il n'est question ni de la partie universelle, ni de la partie locale. Personne ne prétend enlever leurs usages, leurs coutumes, leurs fêtes aux Eglises particulières, comme personne ne prétend et ne peut prétendre, parmi les catholiques, briser l'unité de la Liturgie universelle. Il ne s'agit donc que des Liturgies générales, mais il s'agit de leur existence, car on prétend les réduire à n'être plus que nationales, ou seulement métropolitaines, ou même purement diocésaines, c'est-à-dire à n'être plus générales; à perdre leur caractère constitutif, qui est de réunir dans une même unité les Eglises particulières, les Métropoles, les nations de même génie, de même langue et de même famille.

Le Chef de l'Eglise est à la fois le gardien de la Liturgie universelle pour toute l'Eglise ; le gardien de la Liturgie générale pour les Eglises qui suivent le rite de l'Eglise mère et maîtresse ; le gardien de la Liturgie particulière à cette Eglise souveraine. Il est de plus le gardien suprême de la Foi. Il lui appartient donc, soit pour maintenir l'intégrité de la Foi, soit pour maintenir l'intégrité de la Liturgie universelle, d'exercer sur toutes les liturgies générales et particulières un droit souverain de surveillance et de correction ; il a, par conséquent, la faculté de modifier et même d'abolir toute Liturgie, fût-elle générale, dont le maintien serait de nature à compromettre ou seulement à amoindrir l'unité de la foi ou l'unité de la Liturgie universelle. C'est ainsi que les Papes ont obligé les Eglises de l'Asie à célébrer la Pâque le même jour que l'Eglise romaine ; c'est ainsi que les Papes ont aboli la Liturgie gallicane et la Liturgie gothique ; c'est ainsi qu'à certaines époques ils ont corrigé, modifié, diminué ou augmenté les Liturgies orientales. Tout en respectant certaines Liturgies générales, vénérables par leur antiquité et quelquefois nécessaires à la situation religieuse des peuples qui les suivent, l'Eglise tend visiblement à diminuer le nombre de ces Liturgies et à rendre de plus en plus universelle la Liturgie générale romaine.

La Liturgie *essentielle* est d'institution divine et la Liturgie universelle d'institution apostolique ; toute l'antiquité le proclame avec saint Augustin : *Quod universa tenet Ecclesia, nec conciliis institutum, sed semper retentum, non nisi auctoritate apostolicâ traditum rectissimè creditur* (1). « Les pro-
« testants et leurs copistes, dit Bergier, se sont imaginé que
« dans les premiers siècles, chaque Evêque était le maître
« d'arranger comme il lui plaisait la Liturgie de son Eglise,
« c'est une fausse supposition. Après l'Ascension du Sau-
« veur les Apôtres sont restés réunis à Jérusalem pendant
« quatorze ans, avant de se disperser pour aller prêcher l'E-
« vangile (2). Ils ont donc célébré ensemble l'Office divin ou
« la *Liturgie* pendant tout ce temps-là (3), ils ont eu par
« conséquent une formule fixe et uniforme; et il n'y a aucune
« raison de croire qu'ils l'ont changée lorsqu'ils ont été sé-
« parés (4). »

Les protestants éclairés eux-mêmes ne font pas difficulté de rapporter à l'institution apostolique les rites qui accompagnent la célébration des sacrés mystères, toutes les fois que ces rites présentent un caractère d'universalité; Grotius ne voit pas qu'il soit possible d'en douter (5) ; Grabe ne comprend pas comment un homme de sens se pourrait persuader un instant qu'il en puisse être autrement (6). C'est que l'universalité ne peut avoir sa raison que dans une origine

---

(1) *De Baptismo contra Donat.* Lib. IV. c. 21.
(2) Eusèbe, *Histoir. Eccl.* Lib. V. c. 18.
(3) *Act.*, c. 13, v. 2.
(4) *Dictionnaire de Théologie,* au mot *Liturgie.* Voyez aussi le mot : *Office divin.*
(5) *De pace Ecclesiæ,* p. 670.
(6) *In S. Ireneum.* Lib. I. cap. 3. annotat.

commune, c'est que d'ailleurs, la tradition est constante et unanime sur ce point (1), et que le Saint Concile de Trente répète les paroles des premiers Pères lorsqu'il fait remonter *à la discipline et à la tradition apostolique* les pratiques et les détails de la Liturgie universelle (2).

Les Liturgies générales sont en partie d'institution apostolique, en partie d'institution ecclésiastique. Les Apôtres, pour faciliter, par cette condescendance, la diffusion de l'Evangile, assortirent les institutions de ce genre aux mœurs des pays, au génie des peuples; en établissant en tous lieux la Liturgie universelle, chaque Apôtre jeta dans les contrées qu'il évangélisait les fondements d'une Liturgie générale, et le même Apôtre put, dans le cours de sa prédication, employer des rites différents, selon la diversité des nations, des temps, des circonstances. Toute Liturgie générale a donc un fond apostolique, que les successeurs des Apôtres développèrent, complétèrent, enrichirent, sans le dénaturer; que la tradition conserva fidèlement dans chaque Eglise, que les membres de ces Eglises transportèrent dans les régions voisines ou lointaines, par eux conquises à la foi du Christ.

De là les dissemblances profondes entre certaines Liturgies de l'Orient et celles de l'Occident; de là les ressemblances frappantes entre certaines Liturgies de l'Occident et celles de

---

(1) V. dans les *Institutions Liturgiques* (T. I. ch. III : *Etat de la Liturgie aux temps des Apôtres*) la preuve détaillée de cette proposition, et spécialement aux *notes* de ce chapitre, deux longs passages de Tertullien et de saint Basile.

(2) Cæremonias item adhibuit (Ecclesia), ut mysticas benedictiones, lumina, thymiamata, vestes, aliaque id genus multa, ex apostolica disciplina et traditione. *Conc. Trid. Sess. XXII. cap. V.*

l'Orient; de là enfin le double caractère commun à toutes les Liturgies, de remonter par leur origine jusqu'à l'origine même du christianisme dans les contrées où elles sont en usage, et de n'altérer jamais par les développements qu'elles prennent, si grands et si riches qu'ils soient, le fond immuable et traditionnel qui en forme la substance et la base.

Il convient donc de distinguer, dans la Liturgie générale, la partie immuable et permanente de la partie mobile et progressive: on conçoit en effet que de nouveaux besoins demandent de nouvelles supplications; de nouveaux bienfaits, de nouvelles actions de grâces; de nouveaux témoignages de la puisance ou de la miséricorde divine, de nouvelles solennités, etc., etc.; mais l'on conçoit aussi que ces prières, ces fêtes, ces cérémonies nouvelles puissent entrer dans la Liturgie antique sans la transformer, sans en détruire l'ordre, sans en altérer les principes, sans en changer le fond. Toutefois, ces additions, ces modifications, ces développements multipliés d'une part, et d'autre part, l'action, le développement excessif des Liturgies particulières au sein de la Liturgie générale, finiraient, à la longue, par dénaturer celle-ci, si des bornes n'étaient posées à ces développements et à cette action. C'est pourquoi, à certaines époques, des réformes deviennent nécessaires, non pour mettre à la place de la Liturgie ancienne une Liturgie nouvelle, mais au contraire pour empêcher les éléments nouveaux que chaque siècle apporte d'absorber les éléments antiques légués par la tradition, pour ramener ceux-ci à leur pureté primitive, en modifiant, purifiant, retranchant, tout ce que ceux-là y ont mêlé d'incorrect, d'inutile ou de dangereux.

La pureté de la Liturgie importe à la pureté de la Foi (1) : d'ailleurs, tout dans l'Eglise repose sur le principe de l'autorité, c'est une loi inviolable que les autorités inférieures sont en tout et pour tout subordonnées aux autorités supérieures ; la Liturgie n'a donc pu être abandonnée au libre arbitre de chaque Eglise. Sauf l'approbation requise dans tous les cas,

---

(1) On a contesté cette proposition et obligé l'Abbé de Solesmes à démontrer avec Bossuet, que *le principal instrument de la tradition de l'Eglise est renfermé dans ses prières* (voyez la *nouvelle défense des institutions liturgiques, deuxième partie*); mais il a vraiment fallu l'entraînement de l'esprit de parti, pour conduire à de telles extrémités les défenseurs des Liturgies françaises. Ils ont oublié que chaque jour, les Evêques de France proclament eux-mêmes et font proclamer par les tribunaux, combien l'intégrité de la Liturgie importe à l'intégrité de la Foi. De nombreux jugements ont été rendus depuis 1830, sur la plainte des Evêques ou de leurs ayant-cause, dans le but de leur assurer le droit exclusif d'autoriser l'impression ou la réimpression des livres liturgiques; quelles raisons motivent ces plaintes? quels sont les considérants de ces jugements? la nécessité pour les Evêques de préserver la pureté de la Foi en préservant la pureté de la Liturgie. Il n'y en a pas un où cela ne soit écrit en toutes lettres ; citons quelques exemples : je lis dans un arrêt de la cour de cassation du 28 mai 1836, que « le décret du 7 ger-
« minal an XIII, en disposant que les livres d'Eglise, d'heures et de prières
« ne pourraient être imprimés ou réimprimés sans la permission de l'E-
« vêque diocésain, n'a fait qu'établir *dans l'intérêt des doctrines reli-*
« *gieuses et de leur unité*, un droit de haute censure épiscopale, etc. »
— Je lis dans un autre arrêt du 9 juin 1843, de la même cour, que : « s'il
« suffisait d'une permission une fois donnée pour que tout imprimeur ou
« libraire se crût autorisé à faire de ces livres une édition nouvelle.... *il y*
« *aurait péril pour la pureté du dogme: l'unité de la Liturgie et de la*
« *discipline serait compromise*, etc. » — Je lis dans un autre arrêt, toujours de la cour de cassation, rendu le 5 juin 1847, en faveur de M. l'Archevêque de Paris : « Que l'intérêt de l'enseignement religieux auquel il
« (l'Evêque diocésain) est appelé à pourvoir, et *l'unité de dogme et de*
« *discipline* qu'il est chargé de maintenir, ne sont efficacement ga-
« rantis, qu'autant que la permission émanée de lui est personnelle à
« l'imprimeur, préalable à l'impression, renouvelée à chaque édition nou-
» velle, ce qui entraîne, par voie de conséquence, le libre choix de l'im-

7

de la sacrée Congrégation des Rites (1), l'autorité compétente, en fait de Liturgie particulière, est celle de l'Evêque uni à son Chapitre; et, en fait de Liturgie générale, celle de l'Eglise patriarcale, de laquelle relèvent et dépendent les Eglises du même rite. En fait de Liturgie universelle, la seule autorité compétente est celle du Chef de l'Eglise. Et de même que ce n'est pas au simple Prêtre, mais à l'Evêque qu'il appartient de réformer la Liturgie particulière, de même il n'appartient pas aux Evêques particuliers, mais au Chef des Evêques qui suivent un même rite de réformer la Liturgie générale. Et parce que tout se tient dans la Liturgie, parce que les limites entre la Liturgie particulière et la Liturgie générale, entre la Liturgie générale et la Liturgie universelle, ne sont pas tracées d'une manière absolue et précise; parce que, sous prétexte de réforme particulière, il serait facile d'entamer la Liturgie générale; parceque, sous prétexte de réforme générale, on pourrait aisément atteindre la Liturgie universelle; parce que, en outre, toute réforme liturgique peut compromettre ou altérer la Foi, ces réformes, quelles qu'elles soient, demeurent toujours soumises au jugement et à l'autorité du Pontife infaillible et souverain.

De plus, le droit de réformer n'est pas celui de détruire : il n'est pas permis à un Evêque de bouleverser la Liturgie par-

« primeur ou des imprimeurs préposés sous sa direction *à toutes les pu-
« blications liturgiques* réclamées par les besoins de son diocèse, etc. »
— Voilà ce que les magistrats déclarent tous les jours à la prière des Evêques, et l'on vient nous dire que la Liturgie n'a aucun rapport au dogme, à la discipline, que les altérations et les variations dans la Liturgie ne peuvent en quoi que ce soit compromettre l'unité, la pureté de la Foi.

(1) Tel est le droit actuel : voyez les extraits des Décrets de la sacrée Congrégation des Rites, placés en tête du Bréviaire romain.

ticulière de son Eglise, ni sous couleur de faire disparaître des abus, ou d'introduire des améliorations, d'effacer les traditions de cette Eglise, de lui ravir ses usages légitimes, de lui imposer arbitrairement une Liturgie toute différente, soit qu'il l'emprunte à une autre Eglise, soit qu'il l'ait créée et inventée lui-même. Semblablement, un Patriarche n'a pas le droit de changer substantiellement une Liturgie générale; dans l'un et l'autre cas, le Chef suprême de l'Eglise peut intervenir, car il est le gardien des droits de tous. Le Souverain Pontife lui-même ne peut pas plus altérer ce qu'il y a d'essentiel dans la Liturgie universelle qu'il ne peut altérer la Foi; car manifestement ce serait une atteinte à la Foi qu'un changement en ce qui touche à l'essence des Sacrements ou du Sacrifice. Je dis qu'il ne le peut pas, et je prends ce mot dans tous les sens qu'il a et dans toute sa rigueur. En droit, le Pape ne le peut pas, puisqu'il est obligé plus que personne de garder inviolablement la loi de Dieu; en fait le Pape ne le peut pas, puisque le Pape est infaillible. On pourrait presque en dire autant de ces parties de la Liturgie, qui, sans être essentielles et nécessaires, n'en sont pas moins immuables et universelles, jamais les Souverains Pontifes n'y portèrent la main.

Mais le Pape réunit un double pouvoir: il est à la fois le Chef de l'Eglise et le Patriarche de l'Eglise d'Occident; outre la charge de veiller au maintien de la Liturgie universelle, il a donc un droit spécial de travailler au maintien, à la pureté, au perfectionnement du rite latin; sous ce rapport, les Eglises de ce rite lui sont plus étroitement soumises, et la réunion en sa personne du pouvoir souverain et du pouvoir patriarcal leur offre aussi une plus grande garantie, la garantie la plus haute et la plus sûre qu'il y ait sur la terre. L'expérience nous apprend que cette garantie n'est pas vaine : depuis dix-huit siècles la Liturgie romaine demeure intacte tout en se montrant constamment progressive; un tel passé répond infailliblement de l'avenir.

Nous savons ce qu'est la Liturgie, de quels éléments elle se compose, nous savons ce que sont au sein de la Liturgie universelle les Liturgies générales, et dans celles-ci les Liturgies locales ; nous savons quelles autorités veillent hiérarchiquement au maintien, au développement, à la réforme de toutes ces Liturgies (1) : il nous reste maintenant à circonscrire l'objet de nos recherches.

La question liturgique touche à toutes les parties de la science sacrée : c'est une question théologique, si l'on s'attache à la nature même de la Liturgie, au rôle qu'elle joue dans l'économie du christianisme, à la valeur dogmatique qu'il faut lui attribuer, etc.; c'est une question de droit canonique, si l'on considère le degré respectif de pouvoir qu'ont sur la Liturgie les diverses autorités hiérarchiques, ou les

---

(1) Nous n'avons pu que résumer la doctrine catholique sur le *droit de la Liturgie* ; le lecteur la trouvera exposée avec tous les détails relatifs à la question présente, dans la *Lettre à M. l'Archevêque de Reims*, par le R. P. Dom Guéranger, Abbé de Solesmes. Après avoir nié toute valeur dogmatique à la Liturgie, on ne devait pas craindre et on n'a pas craint en effet de nier le Droit qui la régit, de prétendre que la question n'intéresse en rien le droit canonique et la discipline, que chaque Evêque a tout droit sur la Liturgie, et peut en faire ce qu'il veut, sans que le Souverain Pontife ait rien à y voir, etc. Nous n'avons pas à nous occuper de cette doctrine anarchique, le point que nous traitons est tout autre. Du reste elle a été clairement exposée et directement réfutée dans la troisième Lettre à M. l'Evêque d'Orléans : *Nouvelle défense des Institutions Liturgiques*, troisième partie.

décisions rendues pour la régler, etc ; c'est une question d'histoire d'érudition et ecclésiastique, si on s'occupe de l'origine des diverses Liturgies, des preuves historiques qu'elles fournissent en faveur de certains dogmes, des lumières qu'elles donnent sur les croyances, les mœurs et les usages de certains peuples à certaines époques, etc. ; c'est une question de littérature sacrée, si l'on entreprend de faire ressortir les beautés littéraires, que les Liturgies renferment, si on établit entre elles sous ce rapport des parallèles et des comparaisons, etc., etc. — Nous ne visons à rien de tout cela : nous ne sommes ni théologien, ni canoniste, ni érudit, ni littérateur, et nous devons nous borner à quelques questions faciles et simples qu'avec une médiocre instruction et un peu de bon sens tout catholique puisse résoudre. Or, il est aisé de savoir si une Liturgie est antique ou nouvelle? si elle est stable ou changeante? si elle est suivie dans une grande partie de l'Eglise ou seulement dans quelques diocèses ? si ses premiers auteurs sont connus ou inconnus, et, dans le cas où ils seraient connus, s'ils furent oui ou non dévoués à l'Eglise ; si enfin elle s'est établie régulièrement et si elle est approuvée et garantie par l'autorité compétente. Nous nous contenterons donc d'adresser ces questions tour à tour à toutes les Liturgies existantes : à la Liturgie romaine, aux autres Liturgies autorisées dans l'Eglise, aux Liturgies françaises

Pour simplifier encore ce travail, nous nous dispenserons d'examiner ces Liturgies dans toutes leurs parties ; il nous a semblé qu'il suffisait d'en étudier la partie principale. Nous sommes fort loin de méconnaître l'importance et la valeur des cérémonies sacrées, mais si elles forment comme le corps de la Liturgie, la parole en est l'âme : pour apprécier une Liturgie, il faut surtout interroger les livres qui contiennent les formules de la prière, et ceux-là surtout dont l'usage est de chaque jour, c'est-à-dire les livres où se trouvent les prières du saint Sacrifice et l'Office divin. Il est bien évident qu'ils forment le fond de toute Liturgie, en déterminent la physionomie et le caractère, et que si, par exemple, ils sont nouveaux, tout le monde dira que la Liturgie est nouvelle alors même qu'elle aurait retenu un Rituel ou un Cérémonial antiques. Laissant donc de côté les autres livres, ou n'en parlant que par occasion, nous concentrerons nos recherches sur les Missels et sur les Bréviaires. Du reste, personne ne l'ignore, le Pontifical et le Martyrologe sont les seuls livres que l'innovation ait généralement respectés (1); dans beaucoup d'Eglises de France, on a singulièrement altéré le Rituel, et les chants de Saint Grégoire ont disparu avec son Antiphonaire et son Responsorial; quant aux cérémonies, les efforts mêmes des Evêques, pour rétablir en chaque diocèse une règle fixe et uniforme, prouvent dans quelle anarchie on était tombé. Dresser une statistique exacte de toutes les variétés que présentent les cérémonies et les chants serait donc encore aujourd'hui une tâche véritablement impossible, nous l'avons abandonnée; c'était bien assez de tant de Bréviaires et de tant de Missels.

Nous croyons pouvoir garantir que notre travail a du moins le mérite de l'exactitude : on pourra contester quel-

(1) Dans le cours du dix-huitième siècle, deux ou trois Eglises seulement se donnèrent un Pontifical de leur façon; on n'a fait non plus que quatre ou cinq nouveaux Martyrologes; encore ces livres n'ont-ils pas duré. Aujourd'hui tous les Evêques de France gardent le Pontifical romain; et le Martyrologe romain est seul en usage dans nos Eglises : s'il y a quelque exception, elle m'est inconnue.

ques-uns des faits sur lesquels nous nous appuyons (que ne conteste-t-on pas); on pourra peut-être relever quelques erreurs de détail : l'ensemble et les résultats demeureront hors de toute controverse. Personne, je l'affirme, n'entreprendra de prouver : que nos Liturgies sont en petit nombre; qu'elles remontent à une haute antiquité; que leurs auteurs furent des Saints; que leur établissement a été conforme aux Bulles de Saint Pie V; qu'on les trouve ailleurs que dans nos diocèses, et qu'elles y demeurent immuables. C'est pourtant là ce qu'il faudrait démontrer pour nous réfuter : la multiplicité, la nouveauté, l'instabilité de nos Liturgies; leur isolement dans les Eglises qui les virent naître et qui les voient se transformer incessamment; l'irrégularité de leur origine et le démenti donné aux Décrets du Saint-Siége par le seul fait de leur existence; enfin les noms de leurs auteurs et rédacteurs, que n'environne aucune auréole et dont plusieurs sont couchés parmi ceux des ennemis de l'Eglise; voilà tous nos arguments. Nous nous bornons à constater ces six caractères dans les Liturgies françaises, et les six caractères opposés dans les autres Liturgies catholiques, laissant du reste à chacun le soin d'en conclure ce qu'il voudra. Selon certaines gens, tout cela ne prouve rien; selon d'autres, cela prouve quelque chose : notre écrit pourra plaire à ceux-ci, dont il appuie la doctrine, mais il ne peut contrarier ceux-là, puisque, à les en croire, on n'y trouve rien de concluant contre leurs opinions.

CHAPITRE V.

LITURGIES ORIENTALES.

Les Liturgies générales, c'est-à-dire, comme nous l'avons expliqué, celles qui se distinguent au sein de la Liturgie universelle, non seulement par les usages locaux propres à chaque Eglise particulière, mais par tout un ensemble de rites, de prières et de cérémonies, commun à plusieurs Eglises, peuvent se diviser en trois grandes classes : soit que l'on considère les Liturgies encore subsistantes, soit que l'on étudie les Liturgies déjà abolies, on reconnaît en effet qu'elles ont toutes les plus grands rapports ou avec la Liturgie romaine, ou avec la Liturgie grecque, et que plusieurs participent à la fois de l'une et de l'autre. Ce seul fait démontrerait, à défaut d'autres preuves, l'antique origine et le caractère traditionnel de toutes ces Liturgies : puisqu'il n'en est pas une seule qui ne vienne ou de Rome ou de l'Orient, puisque l'histoire ne nous montre ni Liturgies espagnoles ou gauloises, ni Liturgies germaines ou slaves, etc., etc., mais partout dans les Espagnes comme dans les Gaules, chez les Germains comme chez les Slaves, etc., etc., des Liturgies ou orientales ou romaines, il est évident qu'elles furent *reçues* et non *inventées;* qu'en portant la foi dans les contrées lointaines, les chrétiens de l'Asie ou de l'Italie, après les Apôtres, premiers fondateurs de toutes les Eglises, y portèrent et y établirent la Liturgie des Eglises d'où ils étaient sortis, et que, sauf les modifications et les additions amenées par le temps, mais qui n'en altéraient pas le caractère original, toujours reconnaissable après tant de siècles, leurs successeurs la gardèrent comme un dépôt inviolable et sacré.

Quant au fait même de la variété primitive des Liturgies, personne ne le conteste : nous l'avons dit, c'était une des nécessités de l'époque apostolique ; en se pliant sur ce point aux mœurs des populations, au génie des peuples, les Apôtres rendaient plus facile et plus prompte la diffusion de l'Evangile. Ce fait avait en outre, dans les desseins de Dieu, une raison d'avenir : les Liturgies antiques, si dissemblables, n'expriment pourtant qu'une même foi, une même doctrine, et rendent ainsi à l'Eglise, contre les hérétiques modernes, des témoignages irrécusables et indestructibles. Enfin, plus elles diffèrent et plus leur identité dans une multitude de choses met hors de doute l'inaltérable existence de la Liturgie universelle.

Les partisans des Liturgies françaises cherchent à se prévaloir de ce fait en faveur de leur système. « C'est l'argument
« que les Jansénistes et les protestants opposent à l'Eglise ro-
« maine, lorsqu'ils veulent attaquer l'unité de langage qu'elle
« a si admirablement établie dans toute l'Eglise. Mais que
« leur répond-on ? Que bien des coutumes que l'on pouvait
« tolérer sans inconvénient dans des siècles où le premier
« besoin de l'Eglise était la propagation de la Foi, cessent de
« devenir légitimes, du moment où l'Eglise, pleinement dé-
« veloppée, les improuve. Pourquoi ? Parce qu'à l'Eglise et
« à l'Eglise seule appartient de juger de ce qui est convenable
« au peuple fidèle. Or, vous devez savoir que le même Con-
« cile de Trente, qui a jugé avec le Saint-Esprit qu'il fallait
« tenir de plus en plus à l'usage absolu de la langue latine

« dans le service divin, a chargé le Pontife romain du soin
« de donner à l'Eglise un Bréviaire et un Missel uniformes,
« et que c'est pour se conformer à cette sollicitude du Concile
« que saint Pie V a publié l'un et l'autre dans la forme que
« vous savez. Ainsi tout ce que vous dites des Liturgies pri-
« vées, dans les premiers siècles, ne signifie plus rien dès
« que l'Eglise a fait connaître ses intentions et développé sa
« pensée primitive. Concluons donc que si *c'est une grande
« susceptibilité que de voir un grave inconvénient dans cette
« variété*, ce reproche tombe tout droit sur l'Eglise et sur le
« Saint-Siége (1). »

On réplique : Il y a encore aujourd'hui diverses Liturgies :
les Liturgies orientales et la Liturgie ambrosienne ? — Nous
parlerons plus tard de cette dernière, ainsi que de toutes les
Liturgies qui furent jadis en usage dans l'Eglise d'Occident ;
contentons-nous, dans ce chapitre, d'examiner les arguments
que l'on tire de l'Orient. On dit donc : L'Eglise reconnaît les
Liturgies de l'Orient, pourquoi ne reconnaîtrait-elle pas les
Liturgies françaises ? — Nous répondons : Ces Liturgies, au
nombre de sept, sont écrites en cinq langues différentes : le
grec, l'arménien, l'éthiopien, le copte, le syriaque ; en outre,
l'une d'elles, la Liturgie grecque, est traduite en slavon pour
une grande partie des Eglises qui la gardent ; si, de ce que
il y a sept Liturgies en Orient, il suit qu'on peut établir en
France un nombre indéfini de Liturgies ; de ce qu'il y a en

---

(1) *Revue catholique*, du 15 juin 1830, article intitulé : *Défense des Considérations sur la Liturgie catholique, ou Réponse à l'Ami de la Religion*. Cet article de la *Revue catholique* était de l'auteur des *Institutions Liturgiques*, comme ceux du *Mémorial* dont nous avons déjà parlé ; les articles de *l'Ami de la Religion* étaient de M. Picot.

Orient six langues liturgiques, il suivra que l'Eglise ne peut refuser ni à la France, ni aux autres nations le droit de mettre la Liturgie en langue vulgaire. Sur ce point, il faudra donner raison aux protestants, aux jansénistes et à l'abbé Châtel.

Il est absurde de conclure de l'Orient à l'Occident : les Eglises orientales se trouvent dans une situation toute particulière ; d'ailleurs, elles ne font pas partie du Patriarchat d'Occident, et sous ce rapport elles ont des droits acquis et des priviléges auxquels les autres Eglises ne sauraient prétendre ; tout ce qu'on peut dire d'elles est complètement hors de la question, puisque la question est de savoir si l'Eglise a établi l'unité liturgique, non pas dans tout l'univers, mais seulement dans toute l'Eglise latine, hors de laquelle se trouvent de fait et de droit les Eglises de l'Orient.

Pour mieux comprendre la situation liturgique de ces Eglises, entrons dans quelques détails (1) : les Orientaux appellent proprement *Liturgie* la forme et les prières de la Messe (qu'ils nomment aussi *Anaphores*, du verbe ἀναφέρω, *élever en haut, offrir, consacrer à Dieu*), et *Menées* (de μήν, *le mois*) les livres qui contiennent les offices de l'année, divisés par mois, avec le nom et la légende des Saints dont on doit faire l'Office ou la Mémoire (2), etc. : afin d'abréger, nous continuerons à comprendre sous le nom générique de Liturgie, tout l'ensemble des livres liturgiques. Les trois Eglises patriarcales, Antioche, Alexandrie, Jérusalem, avaient dans

---

(1) Voyez au tom. I. des *Institutions Liturgiques*, p. 225, le chapitre intitulé : *Digression sur l'histoire des Liturgies orientales.*

(2) Le *Ménologe*, calendrier ou martyrologe des Grecs, est un recueil des vies des Saints distribuées pour chaque jour de l'année.

l'origine et ont long-temps conservé des Liturgies différentes de la Liturgie de Constantinople, laquelle a pris leur place en les abolissant; les Liturgies syriaques des Jacobites de Syrie et des Maronites en ont conservé de précieux débris. Cela dit, énumérons les Liturgies orientales encore existantes.

La Liturgie grecque, appelée ou *grecque melchite* (1), ou Liturgie de Constantinople, est celle de tous les Grecs-unis et non unis partout où ils se trouvent, non seulement dans les quatre Patriarchats de Constantinople, d'Alexandrie, d'Antioche et de Jérusalem, dans les églises de la Servie, de l'Albanie, de la Géorgie, de la Mingrélie, mais encore en Occident, à Rome même, à Venise, dans la Pouille, la Calabre, la Sicile, la Corse, à Marseille, etc., etc.; et traduite en langue slave: en Hongrie, en Pologne, en Lithuanie, dans tout l'empire russe. (Dans le Patriarchat melchite d'Antioche, dont le siége a été transféré à Damas, on est obligé, tant est grande l'ignorance du clergé grec-schismatique, de placer à côté du texte grec une traduction arabe.) Cette Liturgie ne contient pas d'erreurs par affirmation: les points controversés entre les grecs et les catholiques y sont complètement passés sous silence, sauf la suprématie du Pontife romain, à laquelle, comme l'a remarqué de Maistre, elle rend souvent témoignage; les Grecs-unis n'ont donc qu'à y ajouter la confession expresse des dogmes reconnus par les deux Eglises, à Lyon

---

(1) Le nom de *Melchites* désigne les Grecs soumis au Patriarche de Constantinople. Il était autrefois synonyme d'orthodoxe: formé de l'arabe *Meleck*, il signifie *partisans du prince*, et les monophysites le donnèrent aux catholiques, parce qu'ils se conformaient à l'édit de l'empereur Marcien pour la publication et la réception du concile de Chalcédoine.

et à Florence, et à rétablir le nom du Pape dans les dyptiques où il était avant le schisme. De même que la Liturgie grecque est traduite en slavon pour les peuples qui parlent cette langue, de même le Saint-Siége a autorisé une traduction en slavon de la Liturgie romaine pour l'usage de quelques populations, du rite latin, de la Hongrie et des provinces slaves soumises à l'Autriche, et une traduction grecque pour une partie du clergé Grec-uni de l'Italie méridionale, qui a ainsi abandonné la Liturgie melchite.

L'Eglise Grecque-unie ou catholique, se compose : dans le Levant, de quelques Eglises soumises à quelques Evêques, qu'entoure un peuple trop peu nombreux, à Constantinople, à Damas, dans l'Archipel, etc.; en Lithuanie, de quelques Eglises, où à l'aide de la Liturgie grecque, la Russie travaille en ce moment à consommer le schisme, comme elle l'a déjà fait, par le même moyen, dans la Russie Rouge et la Russie Blanche; dans les possessions slaves autrichiennes, de quelques Evêchés ; dans le nouveau royaume de Grèce, d'un unique Vicariat-apostolique ; dans les Deux-Siciles et dans quelques ports de la Méditerranée, de populations disséminées, placées en général sous la juridiction des Ordinaires latins.

La Liturgie chaldéenne, en langue syriaque, est celle de tout ce qui reste de la secte nestorienne, dont les membres portent vulgairement le nom de Chaldéens ou de chrétiens orientaux, et dont le Patriarche, qui prend le titre de *Catholique*, réside à Bagdad. Le Saint-Siége, après avoir purifié cette Liturgie des erreurs qu'elle contient, en laisse l'usage aux nestoriens convertis. L'Eglise nestorienne est aujourd'hui considérablement réduite ; elle s'étendait autrefois jusqu'aux Indes. Lorsque les Portugais eurent fondé le siége de Goa, Ménezès, Archevêque de cette ville, travailla sérieusement à la conversion des nestoriens du Malabar, corrigea leur Liturgie et leur donna même une traduction en syriaque du Missel romain. — Les Chaldéens-unis ou catholiques sont en fort petit nombre.

Les Liturgies copte, éthiopienne, syrienne, arménienne, sont respectivement suivies par les chrétiens de ces quatre nations, toutes plongées, depuis des siècles, dans les erreurs d'Eutychès, et, après correction, par les catholiques sortis de leur sein. Les Coptes, débris encore considérable de l'hérésie monophysite, vivent sous la juridiction du Patriarche jacobite d'Alexandrie; la plupart de leurs prêtres, n'entendant pas le copte, sont obligés d'avoir en regard du texte de leur Liturgie, écrite dans cette langue, une version arabe. — L'Eglise éthiopienne ou abyssinienne, fondée au quatrième siècle par saint Frumence, envoyé d'Alexandrie par saint Athanase, et tombée depuis le cinquième siècle dans le monophysisme, n'a qu'un seul Evêque, revêtu du titre de Métropolitain, qui reçoit son institution du Patriarche jacobite d'Alexandrie, résidant au Grand-Caire. Sa Liturgie en langue éthiopienne, dialecte qui diffère de l'arabe vulgaire, a des parties propres et des parties empruntées de la Liturgie copte. — Les jacobites de la Syrie vivent sous la juridiction d'un prétendu Patriarche d'Antioche, qui réside dans un monastère nommé Sophran, à deux journées de Diarbékir; leur Liturgie est en langue syriaque. — L'Eglise arménienne est présidée par un Patriarche qui prend le titre de *Catholique* et réside à Edchémiatzin, près d'Erivan. Il a sous lui trois autres Patriarches, savoir : de Sys en Cilicie, de Cachabar et d'Achtamar, dans l'Asie mineure. Leur Liturgie est en arménien. —Les arméniens-unis, ou catholiques, ont un Patriarche et quelques Evêques ; le nombre des syriens-unis, des coptes-unis et des éthiopiens-unis est peu considérable.

Les Maronites habitent le Mont Liban. Après avoir suivi les erreurs du monophysisme et du monothélisme, ils les abjurèrent au douzième siècle, et sont depuis demeurés inviolablement attachés à l'Eglise romaine. Le Patriache qui les régit reçoit du Pape le Pallium. Corrigée par le Saint-Siége, leur Liturgie, en langue syriaque, est, pour leur usage, imprimée à Rome.

Quoique différant sous beaucoup de rapports les unes des autres, les Liturgies orientales se rapprochent toutes, par certains côtés, de la Liturgie de Constantinople. Nous avons dit que les erreurs des Grecs ne se trouvent en aucune manière exprimées dans la Liturgie melchite, il n'en est pas de même des six autres Liturgies ; le nestorianisme et le monophysisme y ont laissé leur souillure. Rome ne pouvait recevoir les membres de ces familles séparées, à une réelle et durable unité, qu'après avoir pris les moyens d'arrêter le règne de l'hérésie, en réformant le texte de la Liturgie dans les endroits où il était impur.

Ce qui frappe tout d'abord dans l'ensemble des faits que nous venons de rappeler sommairement, c'est que les sept Liturgies orientales appartiennent toutes à des églises schismatiques. Il faut excepter celle des Maronites ; mais les Maronites ont eux-mêmes long-temps vécu dans le schisme et l'hérésie avec cette Liturgie. Tous ceux qui connaissent l'Orient attestent que la différence de rite est un des principaux obstacles au retour de ces nations à la vraie foi, et l'on se demande naturellement si à l'origine cette différence n'a pas contribué à faciliter le schisme, si l'unité liturgique n'eût pas été un lien de plus avec la véritable Eglise, un obstacle puissant à la séparation. Il est remarquable d'une part que toutes les nations qui ont conservé des Liturgies particulières ont fini par se séparer de l'Eglise ; d'autre part, que toutes les nations qui se sont séparées de l'Eglise, quoiqu'elles suivissent la Liturgie romaine, ont rejeté cette Liturgie en même temps que la vraie Foi. Comment expliquer ce double fait, si, comme on l'a prétendu, la Liturgie est, de soi, une chose indifférente et si la conservation de la Foi n'est intéressée en aucune manière au maintien de l'unité liturgique?

En second lieu, la situation religieuse, politique, intellectuelle et morale des nations de l'Orient, donne la raison du maintien de leurs Liturgies corrigées par l'Eglise, pour les populations qui reviennent au catholicisme. Ce maintien est vraiment une nécessité ; la langue latine se trouve tellement étrangère à ces peuples qu'on ne pourrait leur imposer la Liturgie romaine qu'en la traduisant, et même en employant ce moyen, on mettrait sur leurs épaules un fardeau que peu d'hommes soulèveraient. La correction qu'exige l'intégrité de la Foi devient toujours, quelque précaution que l'on prenne, une pierre de scandale pour les schismatiques, et souvent une occasion de rechute pour les convertis, tant ces chrétiens portent à leurs livres liturgiques, de vénération et d'amour ; que serait-ce si on prétendait leur imposer une Liturgie nouvelle, et que leurs pères ne connurent jamais? La suppression d'une seule de ces Liturgies porterait au catholicisme un coup terrible dans l'Orient; en alarmant les sectateurs de toutes les autres, une pareille mesure créerait à l'apostolat catholique un obstacle immense. Les conserver, au contraire, les respecter autant que la Foi le permet, c'est conserver et raffermir un lien par lequel ces nations peuvent un jour être ramenées. L'Eglise fait servir maintenant au triomphe de l'unité ce qui fut autrefois l'instrument de la séparation : la différence de Liturgie entre Rome et les Orientaux facilita le schisme ; la communauté de Liturgie entre les schismatiques grecs, nestoriens, ou jacobites et leurs frères devenus catholiques, facilitera le retour. Ces motifs sont graves et plus que suffisants pour justifier en ce point la conduite de l'Eglise ; mais évidemment aucune raison semblable ne peut s'appliquer aux Liturgies françaises, et lorsque leurs partisans allèguent le fait des Liturgies orientales, ils oublient qu'il n'y a entre les deux situations aucune analogie : que nous ne vivons pas dans un pays schismatique et hérétique; que nous n'appartenons pas à une famille de nations séparée de la famille latine, par les idées, les mœurs, les usages, les langues, les traditions et un génie à part ; que les Liturgies du dix-huitième siècle ne remontent pas à l'origine du christianisme parmi nous, et qu'enfin, au lieu d'être un lien, elles restent ce qu'elles furent dès le commencement, un relâchement des liens qui nous unissent à Rome. Je ne crois pas que personne puisse raisonnablement se montrer blessé de cette dernière parole ; il est clair comme le jour que lorsque la France suivait la même Liturgie que l'Eglise d'Occident, elle avait avec cette Eglise, outre tout le reste, quelque chose de commun que maintenant elle n'a plus.

Troisièmement, on ne découvre dans l'Orient aucune trace des systèmes français en fait de Liturgie : nous n'y voyons ni Liturgie purement paroissiale, ni Liturgie purement diocésaine, ni Liturgie purement métropolitaine, ni Liturgie purement nationale. Nous y voyons au contraire le principe de l'unité liturgique universelle proclamé et pratiqué. Les Liturgies s'y divisent selon les sectes et non selon les diocèses ou selon les empires; on suit la Liturgie chaldéenne parce qu'on est nestorien et non parce qu'on appartient à telle paroisse, ou à tel diocèse, ou à telle métropole. On suit la Liturgie copte ou la Liturgie syrienne, parce qu'on est jacobite et qu'on reconnaît ou le Patriarche jacobite d'Alexandrie ou le Patriarche jacobite d'Antioche. Toutes les paroisses, tous les diocèses, toutes les métropoles de la même secte ont la même Liturgie, et les Évêques, Métropolitains ou Patriarches, qui s'aviseraient de fabriquer des Liturgies nouvelles, rencontreraient une insurmontable opposition. La chose est tellement impossible que, depuis tant de siècles, personne n'a pu encore en avoir l'idée. Le principe des Liturgies françaises, loin d'être confirmé, est donc pleinement condamné par tout l'Orient : ce principe est en effet que chaque Évêque a le droit de faire de la Liturgie ce qu'il veut, et l'Orient affirme, depuis Constantinople jusqu'au fond de l'Abyssinie, que la Liturgie est immuable de sa nature, que l'Évêque n'a d'autre droit sur elle que celui de la conserver telle qu'il l'a reçue. L'Orient pousse même à l'excès et jusqu'à la superstition l'horreur du changement : voyez la Liturgie grecque, pareille à un arbre mort qui ne produit plus, elle exclut tout développement, toute fécondité, toute manifestation de la vie; bien différente en cela de notre sainte Liturgie romaine, qui, sans perdre jamais son identité, ne cesse de grandir et d'orner ses rameaux de nouveaux fruits et de fleurs nouvelles.

Quant aux Liturgies nationales, comment existeraient-elles

en Orient? les nations n'y existent pas ; et s'il en demeure quelque chose dans la servitude qui pèse sur leurs débris, c'est la religion qui conserve ce reste. Or, la religion, pour ces populations ignorantes et abruties, consiste tout entière dans la Liturgie. D'ailleurs, nestoriens ou jacobites, tous gardent fidèlement leur Liturgie, quel que soit le maître ; ils n'en changent point en changeant d'oppresseur, et quand le peuple est partagé entre plusieurs dominations, la Liturgie ne se partage pas.

Enfin, le principe de l'unité liturgique est consacré par l'Orient ; il suffit, pour s'en convaincre, de jeter les yeux sur une carte et de voir l'étendue et la diversité des pays où règne la Liturgie grecque, de l'Egypte au nouveau royaume de Grèce, de la Palestine aux dernières limites de toutes les Russies. Ce fait est digne d'attention : pourquoi la Liturgie de Constantinople s'est-elle, depuis le schisme, imposée à tant de nations, sinon parce que, depuis le schisme, ces nations ont regardé Constantinople comme l'Eglise mère et maîtresse, et son Patriarche comme le chef véritable de la religion ? Et n'est-il pas à croire que cette unité liturgique a contribué puissamment au maintien de l'union de foi et de discipline entre les différentes familles du schisme grec ; que si elles n'eussent été retenues par ce lien, le schisme et l'hérésie, produisant dans leur sein ce qu'ils ont jusqu'ici produit partout ailleurs, les auraient depuis long-temps divisées et dissoutes en mille sectes contraires ? De même, n'y aurait-il aucune raison de penser que si l'Eglise grecque a conservé jusqu'à présent la foi primitive, à l'exception de quelques articles, elle le doit à l'inviolabilité des formules liturgiques, inviolables précisément parce qu'étant universelles, on ne pourrait les changer sans exciter de toutes parts une opposition formidable? Mais, si l'unité liturgique a eu dans une Eglise schismatique de tels résultats, son action pour la conservation de la foi, le maintien de l'unité doctrinale, l'union plus étroite de tous les membres entre eux et avec le chef, ne doit-elle pas être beaucoup plus puissante, au sein de la véritable Eglise, et peut-on s'étonner dès lors de la persévérance des Souverains Pontifes à la conserver, à l'étendre, à la rendre indestructible? ne faut-il pas s'étonner plutôt de voir des catholiques la combattre?

Les Liturgies orientales sont toutes d'une haute antiquité ; les langues mêmes dans lesquelles ces Liturgies sont écrites l'attestent ; sauf les additions et corruptions introduites dans quelques-unes d'entre elles par Nestorius, Eutychès et leurs premiers sectateurs, leur origine se confond, pour les peuples qui les possèdent, avec les origines du christianisme. Les noms les plus vénérables et les plus glorieux y sont demeurés attachés; les plus grands, les plus saints docteurs : Basile, Grégoire de Nazianze, Jean Chrysostôme, Athanase, Eustathe d'Antioche, Ephrem, Cyrille d'Alexandrie, Sabbas, Jean Damascène, etc., etc., ont contribué à les former, à développer, à enrichir le fonds traditionnel qui remonte jusqu'aux Apôtres (1). Ces Liturgies que les Grecs, les Nestoriens, les Jacobites gardent, comme les Juifs gardent l'Ecriture, sont donc des témoins vivants de la foi des premiers siècles, témoins d'autant plus irrécusables en faveur de l'Eglise et d'autant plus redoutables aux sectaires modernes qu'ils sont

---

(1) On peut voir, dans les premiers chapitres des *Institutions Liturgiques*, ce que les Liturgies orientales doivent à ces grands hommes, et au chap. IX, ce qu'elles ont conservé des Liturgies apostoliques.

produits par ses ennemis. Les Liturgies françaises ont-elles un seul de ces caractères? Leur date n'est-elle pas récente? Leurs auteurs sont-ils vénérés? De quel secours peuvent-elles être dans la guerre contre les hérétiques? Quel témoignage apportent-elles, si ce n'est celui-ci : Au dix-huitième siècle on jugea, en France, que certains reproches adressés à l'Eglise étaient fondés ; que l'Eglise ne faisait pas dans sa Liturgie un emploi assez exclusif de l'Ecriture sainte ; que l'Eglise ne montrait dans sa Liturgie ni une critique assez sûre, ni un langage assez élégant ; que l'Eglise dans sa Liturgie prodiguait trop la prière aux Saints et à la Sainte Vierge ; que l'Eglise mettait dans sa Liturgie une affectation fâcheuse à rappeler les titres du Saint-Siége à la vénération et à l'obéissance des fidèles, etc., etc. ; et la Liturgie de l'Eglise fut mise au rebut.

Ajoutons que les Liturgies orientales ne sont pas nées d'une séparation. Si le schisme et l'hérésie en ont corrompu plusieurs, elles subsistaient bien avant l'hérésie et le schisme. Leur origine était sainte ; elles s'étaient formées naturellement et légitimement au sein de l'Eglise ; on ne les avait pas vues un matin sortir tout armées du cerveau d'un homme pour prendre subitement la place de la Liturgie vivante et acceptée de tous. Or, les Liturgies françaises sont ainsi sorties du cerveau des Viger, des Mésenguy, des Robinet, des Petitpied, des Rondet, des Lebrun Desmarettes, etc., pour chasser la Liturgie romaine, la Liturgie œuvre des Papes les plus grands, des Gélase, des Grégoire-le-Grand, des Grégoire VII, la Liturgie solennellement imposée par le Concile de Trente, par Saint Pie V, par ses successeurs.

De plus, les Liturgies françaises ne sont en aucune manière garanties par le Saint-Siége, qui, *vu les circonstances*, les tolère, mais qui les *déplore* au lieu de les approuver ; elles se croient indépendantes de l'autorité souveraine, et ne furent jamais soumises à son examen ; les Liturgies orientales, au contraire, en tant que suivies par des catholiques, c'est-à-dire en tant qu'elles ne sont pas tout-à-fait étrangères à la discussion présente, furent de tout temps reconnues et avouées par le souverain Pontife, et demeurent sujettes à son autorité. Les hérétiques et schismatiques convertis doivent accepter les changements introduits dans leurs Liturgies par les ordres du Saint-Siége, et depuis trois siècles il y a à Rome une Congrégation spéciale pour *la correction des livres de l'Eglise orientale*. Et le pouvoir du Pape s'exerce non-seulement sur ces Liturgies qui contiennent des erreurs positives, ou par voie d'affirmation, il s'exerce sur la Liturgie grecque elle-même, où l'erreur ne se trouve pas, mais où la vérité est quelquefois absente. En 1594, au concile de Bressici, les Evêques grecs-unis de la Lithuanie, secondant les intentions du Saint-Siége, posèrent en principe la nécessité de modifier certains rites dans le sens du concile de Florence ; les dispositions prises à ce sujet furent également adoptées et exécutées par les grecs-unis de toutes les provinces russes. Des changements analogues eurent encore lieu plus tard, à la suite du concile de Zamosk, tenu en 1720, par les soins de Léon Kiszka, métropolitain de toute la Russie ; les résolutions prises dans ce concile furent exécutées et par les Eglises russes et par le clergé de la Gallicie, de la Hongrie, de l'Esclavonie, de la Dalmatie, de la Croatie, etc., etc. Des modifications du même genre ont été faites depuis des siècles dans les rites des Grecs-unis de l'Italie, de la Corse, de la Sicile, des îles de l'Archipel, etc., etc., par l'autorité des Pontifes romains. On peut voir dans les *Institutions Liturgiques* (T. II. chap. 24, p. 724 et suivantes) le détail des principaux changements ainsi opérés dans la Liturgie grecque. On peut consulter aussi le Bullaire romain et les décrets de la Congrégation de la Propagande ; on y verra jusqu'à ces derniers temps l'exercice du pouvoir papal sur les rites des Eglises orientales, et l'on demeurera convaincu de cette vérité : qu'il n'y a pas dans le monde une seule Eglise unie au Saint-Siége qui soit indépendante de Rome dans les choses de la Liturgie.

Nous ne devons pas oublier qu'un des premiers et principaux moyens employés par l'empereur Nicolas contre l'Eglise grecque-unie, a été de ramener sa Liturgie à l'ancienne forme purement grecque et de lui interdire la Liturgie modifiée dans le sens catholique à Bressici et à Zamosk. L'empereur de toutes les Russies ne croit pas, lui, que la Liturgie soit une chose de peu d'importance, il ne regarde pas comme indifférent de resserrer ou de rompre ce lien avec Rome.

En résumé, je crois avoir établi que les Liturgies orientales ne prouvent rien pour les Liturgies françaises : comme Liturgies appartenant à des Eglises schismatiques, des catholiques ne peuvent les invoquer, et d'ailleurs, même ainsi considérées, ces Liturgies de l'Orient condamnent les Liturgies du dix-huitième siècle dans leur principe, dans leur origine, dans leurs auteurs, dans leur nouveauté, dans leurs variations, dans leurs divisions et subdivisions infinies ; comme autorisées par l'Eglise pour les catholiques retirés du schisme et de l'hérésie, les Liturgies de l'Orient prononcent d'une manière plus éclatante encore la même condamnation ; et si l'on insiste sur le fait de leur existence, elles ont, soit en elles-mêmes : dans leur origine, leur durée, la nature du témoignage qu'elles rendent à l'Eglise, etc. ; soit en dehors d'elles : dans la situation des peuples, le génie des nations, le caractère des sectes, etc., des raisons d'exister que ne peuvent alléguer les Liturgies françaises.

Les réflexions qui précèdent étaient publiées depuis longtemps (1), lorsque nous avons lu dans le *Correspondant* (2), l'analyse (signée J.-P.-O. Luquet, *Evêque d'Hésébon*, et datée de Rome, janvier 1847), d'un discours sur les Liturgies orientales (3). L'auteur de cette dissertation, M. de Ligne, prouve fort bien, qu'on ne pourrait, sans la plus insigne imprudence, essayer de détruire les Liturgies de l'Orient ; que ce serait y repousser dans le schisme les populations ; que le Saint-Siége a toujours condamné, et souvent par des dispositions expresses, tout effort tenté dans ce but, etc., etc. ; vérités incontestables, contre lesquelles nous n'avons aucune raison de nous élever, après les avoir si nettement proclamées nous-mêmes. Pleinement d'accord avec M. de Ligne sur le fond et sur les conclusions de son écrit, on comprend que nous jugions inutile de discuter la valeur de certains arguments, dont le défaut, à notre avis, serait de prouver beaucoup trop. Mais, l'analyse du discours est précédée d'un préam-

(1) V. l'*Univers* du 7 novembre 1846.

(2) N°. du 10 juin 1847.

(3) *De la Beauté des Liturgies orientales et de l'importance que l'Eglise attache à les conserver intactes ; discours prononcé à Rome, à l'ouverture de l'Académie Liturgique, par Mgr de Ligne, préfet des cérémonies de Sa Sainteté (en décembre 1846).* L'Académie Liturgique est une institution de Benoit XIV, renouvelée dans ces derniers temps. Les séances sont publiques et ont lieu le second mercredi de chaque mois, pendant une grande partie de l'année.

bule, et dans ce préambule de M. l'Evêque d'Hésébon, plusieurs choses nous surprennent, et ont, tout au moins, besoin d'être expliquées. Hâtons-nous de le remarquer, M. l'Evêque d'Hésébon ne se range point parmi les partisans des Liturgies modernes ; bien loin de là, il se met du nombre de *ceux qui voyant avec grand'peine changer arbitrairement les Bréviaires français, en certains diocèses, se sont réjouis du mouvement qui rapproche de la Liturgie romaine*, et il trouve *contraire à l'esprit de l'Eglise, de changer, de modifier, de bouleverser, sans règle ni raison, la Liturgie des diocèses*, cependant, avec *ces mêmes personnes*, il serait *affligé de voir la réforme de ces abus devenir un élément de troubles dans l'Eglise. On serait peiné surtout, si cette question pouvait devenir un prétexte pour manquer à la soumission due à ceux dont nos livres saints parlent ainsi qu'il suit* : Spiritus sanctus posuit vos episcopos regere ecclesiam dei. L'insinuation est fort claire ; nous ne craignons pas de dire qu'elle est aussi d'une souveraine injustice. On ne pourrait pas citer à l'appui un seul fait de quelque gravité, et ceux qui connaissent le clergé de France, qui l'ont étudié de près, qui ont vécu avec lui dans les divers diocèses, savent bien que partout les *Prêtres romains*, les Prêtres les plus zélés pour le retour à la Liturgie romaine, sont en même temps les plus fidèles à leurs devoirs, les plus empressés dans la soumission et dans l'obéissance aux premiers Pasteurs (1).

(1) Quant aux écrivains, M. l'Evêque d'Hésebon proclame, avec M. l'Evêque de Langres, que *la question est ouverte à l'examen de tous*, mais il reproche aux deux parties contendantes de s'être heurtées par des *personnalités blessantes, des épigrammes acérées, des reproches amers*, etc., et au lieu d'*approfondir la question principale, la question de droit et de*

On voit que M. l'Evêque d'Hésébon écrit loin de sa patrie, et qu'il a été trompé par de faux renseignements. Les paroles suivantes en sont une preuve nouvelle : « On s'écarte « de ce même esprit (de l'Eglise) en se réduisant à une telle « uniformité que les Offices des Saints propres aux diocèses « soient, par exemple, omis pour les remplacer par ceux « de l'Ordre commun, ou simplement privés de la solennité « spéciale attribuée de tout temps à ces fêtes. Le bruit s'est « répandu à Rome qu'en certaines églises revenues à la « Liturgie romaine on avait tellement mis de côté les Offices « des Saints locaux, que parmi le jeune clergé, plusieurs « n'en avaient déjà, pour ainsi dire, plus conservé de sou- « venir. Nous croyons ce fait impossible, tant il serait con- « traire à l'esprit et aux désirs du Saint Siége. Nous, en « effet, qui suivons le Propre du diocèse de Rome, nous sa- « vons *qu'un jour sur trois au moins*, nous avons un office « différent de celui que récitent les personnes réglées d'a- « près l'*Ordo* commun. » — Au moins de janvier 1847, date de l'article de M. l'Evêque d'Hésébon, trois églises seulement : Langres en 1839, Périgueux en 1844, Gap en 1845,

pratique de s'être jetées sur des incidents, etc. — Nous nous permettrons de faire observer que cette manière de condamner ainsi tout le monde à la fois et sans distinction, n'est pas équitable ; nous aurions voulu que le Prélat exceptât, par exemple, des personnes dont il parle, l'auteur des *Institutions Liturgiques*. Si quelqu'un en France *a approfondi la question principale*, c'est bien lui, je crois? Les *Institutions* sont un livre d'histoire, pas un homme vivant ne s'y trouve attaqué, on n'y rencontre donc pas de *personnalités*. Plus tard l'auteur a dû repousser (et il l'a fait avec autant de modération et de dignité que de force), des accusations odieuses; mais de bonne foi, peut-on le rendre responsable de ces accusations ? On trouve commode de les lui reprocher afin d'avoir le droit de les reprocher en même temps aux accusateurs, mais ce n'est pas là de l'impartialité, c'est de la complaisance, c'est de l'injustice.

étaient revenues à la Liturgie romaine ; or, toutes trois ont un *Propre des Saints* et conservent avec un soin jaloux *les Offices des Saints locaux*. Le *bruit répandu à Rome* n'avait donc pas le moindre fondement et non seulement *le fait est impossible,* il n'est pas, ce qui vaut beaucoup mieux. Disons à ce propos, qu'au dix-huitième siècle, en beaucoup d'Eglises, on inscrivit au rang des Saints, dans la Liturgie, un assez grand nombre de personnages, dont personne n'a jamais connu ni les vertus ni les miracles, et auxquels, jusqu'alors, aucun culte public n'avait été rendu. Cette nouvelle manière de canoniser nous semble peu régulière, et nos Eglises seraient peut-être excusables de rayer de leurs diptyques tous ces Saints apocryphes.

M. l'Evêque d'Hésébon ajoute : « Il faut le dire aussi, s'il
« existait encore en France des Liturgies placées dans les
« conditions indiquées par Pie V, ce serait un véritable mal-
« heur de les changer, même pour la Liturgie romaine.
« Rien n'attache à la Foi comme les souvenirs locaux des
« vieilles Liturgies ; rien ne tient tant au cœur du peuple.
« Et je ne sais s'il est possible de faire un changement de ce
« genre, même dans les meilleures conditions, sans affaiblir
« la Foi chez plusieurs; ceux qui autrefois en France ont dé-
« truit celles de nos Liturgies locales dont l'usage se trou-
« vait sanctionné par la déclaration du Saint Concile de
« Trente, ces malheureux novateurs ont donc doublement à
« se reprocher leur imprudence ou leur mauvais vouloir. »
— *Il faut le dire aussi !* ces mots indiqueraient que les défenseurs de l'unité liturgique n'ont jamais rien dit de semblable ? Il est vraiment fâcheux que M. l'Evêque d'Hésébon n'ait pas lu leurs écrits, il y aurait trouvé chaleureusement

exprimés à chaque page ses propres sentiments d'amour pour nos *vieilles Liturgies*, d'indignation contre ceux qui en ont dépouillé nos Eglises. Il y aurait appris de plus que ces vieilles Liturgies étaient pour le fond toutes romaines (1) et que par conséquent on aurait pu les garder sans nuire à l'unité. C'est précisément pour cela que Saint Pie V les avait maintenues, et c'est pour cela aussi que *ces malheureux novateurs* du dix-huitième siècle *les abolirent* toutes sans en excepter une seule, à commencer par celles de Vienne et de Paris, pour finir par celles de Sens et de Lyon. Il n'existe donc plus *en France des Liturgies placées dans les conditions indiquées par Pie V*, le doute sur un fait aussi constant et

---

(1) Cette identité de nos vieilles Liturgies avec la Liturgie romaine, depuis Charlemagne jusqu'à Saint Pie V, a été démontrée jusqu'à l'évidence dans les *Institutions Liturgiques*. Nous indiquerons ailleurs les preuves principales de cette démonstration et nous aurons occasion de rapporter quelques-uns des témoignages d'admiration et d'amour pour nos antiques Liturgies nationales, dont sont remplis les écrits de l'Abbé de Solesmes. Le même écrivain s'est attaché également à mettre dans tout leur jour les titres qu'ont au respect des chrétiens les Liturgies orientales, et à constater la sollicitude avec laquelle le Saint-Siège a toujours veillé au maintien de ces Liturgies. Sur ce point, nous avons déjà renvoyé le lecteur au 1er volume des *Institutions*, citons encore le passage suivant de la *Lettre à M. l'Archevêque* de Rheims (p. 30):

« Rome a su mieux que tout autre puissance, concilier la discrétion
« du gouvernement avec la plénitude de l'autorité; et c'est elle encore
« que je citerai comme modèle du respect sincère et éclairé pour les tra-
« ditions liturgiques des peuples, toutes les fois qu'il y a lieu de craindre
« d'offenser trop gravement leurs susceptibilités religieuses. N'a-t-elle
« pas cédé avec une maternelle condescendance, à l'opposition que fit l'E-
« glise de Milan, pour ne pas recevoir la Liturgie romaine? Au seizième
« siècle, n'a-t-elle pas excepté de l'obligation d'adopter le Bréviaire et le
« Missel de Saint Pie V, toutes les Eglises qui étaient en possession d'un
« Bréviaire et d'un Missel antérieur à deux cents ans? Pour l'Orient
« ne veille-t-elle pas à la conservation des rites grecs, arméniens, syriens,

aussi connu n'est vraiment pas permis. — Nous ignorons quelle est *la déclaration du Saint Concile de Trente* qui a *sanctionné* quelques-unes *de nos Liturgies locales* ; M. l'Évêque d'Hésébon aura cru peut-être que le Concile avait porté lui-même les prescriptions de Saint Pie V relatives aux Bréviaires et Missels d'une date certaine antérieure à deux cents ans ; dans les Actes du Concile on ne trouve rien de semblable : une commission avait été chargée de préparer l'Index, et son travail était fort avancé ; mais, reconnaissant que la multitude et la variété des ouvrages à examiner ne permettaient guère d'en décider en Concile, le Concile ordonna de remettre tout ce qui avait été fait au Pontife romain, afin que

« coptes, jusqu'au point d'interdire, sous des peines graves, aux Evêques
« et aux Prêtres de ces divers rites, quoique unis au Saint-Siége, la célé-
« bration de la Messe et des Sacrements d'après le rite latin ? Enfin, n'a-
« vons-nous pas vu Grégoire XVI, après avoir flétri et déploré la destruc-
« tion de l'unité catholique dans les malheureuses provinces gréco-russes,
« que l'autocrate Nicolas vient d'enchaîner à son détestable schisme, à la
« faveur d'une Liturgie qui n'étant ni universelle ni romaine, laisse sans
« défense la foi des Eglises, en présence de la violence et de l'astuce ; n'a-
« vons-nous pas vu, dis-je, il y a peu de jours (Bref. du 13 juillet 1841),
« le même Grégoire XVI interposer son autorité pontificale pour arrêter
« la destruction de la Liturgie grecque, au profit du rite romain, dans la
« Pologne autrichienne, et traverser ainsi les desseins d'une politique
« profane à laquelle il importait peu que les Eglises Ruthéniennes, situées
« dans les domaines de sa Majesté Apostolique, fussent blessées ou non
« dans les traditions de la prière, pourvu qu'un nouveau mur de sépa-
« ration s'élevât entre elles et les Eglises soumises au Czar de toutes les
« Russies. Une si grande et si auguste question que celle de l'unité Litur-
« gique réduite à des termes si mesquins devenait triviale ; la fusion vio-
« lente des Eglises, dans la forme grégorienne, soulevait avec raison les
« populations; le pontife romain a dû intervenir ; il a montré solennelle-
« ment que la foi des peuples ne doit point être mise à de semblables
« épreuves, dans un but purement politique, et, une fois encore, la sa-
« gesse du Siége Apostolique a été justifiée aux yeux de l'univers. »

l'Index fût terminé et promulgué par son jugement et son autorité : *Sacrosancta synodus..... præcipit, ut, quidquid ab illis præstitum est, Sanctissimo Romano Pontifici exhibeatur ; ut ejus judicio atque auctoritate terminetur et evulgetur.* Puis le Concile commande qu'il soit fait de même par la commission chargée du Catéchisme et aussi pour le Missel et pour le Bréviaire : *Idemque de Catechismo, a patribus, quibus illud mandatum fuerat, et de Missali et Breviario fieri mandat* (1). Il n'y a pas autre chose sur le Missel et le Bréviaire dans le Concile de Trente (2), et on n'y trouve aucune trace de la *déclaration* dont parle M. l'Evêque d'Hésébon.

(1) Sess. XXV, *continuatio Sessionis Decretum tertium de Indice librorum, et Catechismo, Breviario et Missali.*

(2) On ne peut pas supposer que M. l'Evêque d'Hésébon ait voulu faire allusion à la session XXII⁰: *de sacrificio missæ.* Au chapitre VIII de cette session: *de missa vulgari lingua passim non celebranda et mysteriis ejus populo explicandis,* on lit bien: *etsi Missa magnam contineat populi fidelis eruditionem, non tamen expedire visum est ut vulgari passim lingua celebraretur. Quamobrem,* RETENTO UBIQUE CUJUSQUE ECLESIÆ ANTIQUO ET A SANCTA ROMANA ECLESIA OMNIUM ECCLESIARUM MATRE ET MAGISTRA PROBATO RITU... *mandat S. synodus* etc; mais ces paroles s'appliquent évidemment à l'usage antique et approuvé par l'Eglise romaine de certaines langues, comme la langue grecque, la langue slave, la langue syriaque etc., en vigueur dans certaines Eglises. Du reste, si l'on veut entendre ce texte non seulement de la langue dans laquelle se célèbre la Liturgie, mais encore de la Liturgie même, les expressions: *Antiqua et a sancta Romana Ecclesia probato ritu,* n'en demeurent pas moins dans toute leur force et prouvent que selon le Concile, *l'antiquité et l'approbation de l'Eglise romaine* sont deux conditions essentielles et requises pour toute Liturgie. Indépendamment du texte en question, l'histoire atteste que les Liturgies, dans l'Eglise, ont depuis les temps apostoliques toujours rempli ces deux conditions ; M. l'Evêque d'Hésébon a trop de savoir pour le méconnaître ; ses paroles supposent, au contraire, que quelques-unes de nos Liturgies françaises sont *antiques* et comme telles *approuvées* ; il ne les défend que dans cette hypothèse ; son erreur n'est donc qu'une erreur de fait.

Le Prélat remarque que « les vieilles Liturgies contri-
« buèrent beaucoup autrefois à entretenir parmi le peuple
« cet esprit *paroissial* qui fut si long-temps l'objet de l'ad-
« miration des autres Eglises, et qu'on ne saurait jamais
« trop regretter. » Nous appartenons à un diocèse qui ne
quitta jamais la Liturgie romaine, et nous pouvons assurer
que cet esprit *paroissial* s'y est conservé dans toute sa force ;
pas plus que la Liturge romaine une Liturgie diocésaine ne
distingue les paroisses les unes des autres ; pour que la Liturgie pût influer sur l'esprit *paroissial*, il faudrait qu'elle
fût *paroissiale*, ce que personne jusqu'ici n'a songé à demander.

Tout cela n'a guère de rapport avec les Liturgies de l'Orient,
mais le Prélat ne semble pas distinguer nettement la question orientale de la question française et cette confusion ir-
réfléchie l'a conduit à faire précéder la dissertation de M. de
Ligne du préambule que nous venons de voir, il l'y rattache
par la transition suivante : « Quoiqu'il en soit des faits re-
« grettables que nous venons de signaler par rapport au
« nouvel ordre établi dans quelques Liturgies françaises, il
« est certain, et tel est le sujet du discours de Mgr. de Ligne,
« il est certain que dans l'Orient, on a trop souvent dû re-
« procher avec raison au clergé latin ce manque d'intelli-
« gence du sentiment du peuple pour les Liturgies natio-
« nales. »

La prétendue suppression *des Saints locaux* dans les Eglises
revenues à la Liturgie romaine ; l'abolition des *vieilles Liturgies locales, placées dans les conditions indiquées par Pie V*,
sont les seuls *faits signalés* par M. l'Evêque d'Hésébon. Le
premier fait n'est pas ; le second n'est imputable qu'aux no-

vateurs du dix-huitième siècle, lesquels n'ont pas laissé une seule *vieille Liturgie* à détruire ; ces faits ne donnent donc pas le droit de reprocher aux propagateurs de l'unité liturgique : *Ce manque d'intelligence du sentiment du peuple pour les Liturgies nationales.* Cependant, le lecteur inattentif ou peu au courant de ces matières conclut naturellement des paroles citées qu'ils méritent ce reproche ; il est de plus entraîné par tout ce qui précède à appliquer aux Liturgies françaises ce qu'on va lui dire en faveur des Liturgies orientales.

M. de Ligne parlait pour des orientaux (4), il parlait à Rome où l'unité liturgique latine ne souffre aucune atteinte, il n'avait nul besoin d'expliquer que la variété orientale ne légitime en rien la variété française, il ne pouvait pas même y songer ; mais c'est dans un recueil et pour des lecteurs français que M. l'Evêque d'Hésébon écrit ; il ne se contente pas de traiter à part l'une ou l'autre question, il les joint et les mêle. Dans sa pensée, nous en sommes convaincus, cette confusion n'existe pas, mais elle est dans son écrit, au moins en apparence ; plus d'un lecteur s'y est déjà trompé, il est donc utile de montrer combien les deux questions sont distinctes.

Les arguments que fait valoir M. de Ligne sont de divers ordres ; dans son analyse, M. l'Evêque d'Hésébon insiste particulièrement sur ceux que l'auteur croit pouvoir tirer des charmes et des avantages de la *variété*, et nous voyons par

---

(4) « Le discours de M. de Ligne fit une telle impression sur M. l'Archevêque grec, présent à la séance, qu'il vint ensuite visiter le vénérable Prélat dans le but unique de lui en adresser de solennels remerciments, au nom de tous les orientaux. » (*Correspondant* du 10 juin p. 716).

un n° postérieur du *correspondant* (1) que d'autres personnes ont été presque tentées de s'en servir pour défendre la cause des Liturgies Françaises. Quant à nous, nous convenons que la variété a ses agréments ; que l'on peut appliquer à la Liturgie les paroles du Psaume : *cicumdata varietate, circumamicta varietatibus* (2) ; que Saint Ambroise a exhorté Saint Augustin à ne pas trop se formaliser des rites différents qu'il rencontrait dans certaines Eglises, etc. etc ; mais nous prétendons que ces textes et ces autorités trouvent leur application même au sein de l'unité romaine. Et d'abord le mot variété est équivoque; il s'agit d'en déterminer le sens : ainsi on peut dire avec vérité qu'il n'y a pas de Liturgie plus *variée*, moins monotone que la Liturgie romaine, ni de Liturgie moins variée, d'une monotonie plus désespérante que la Liturgie parisienne ; c'est de cette variété qu'il est question

---

(1) Article sur l'*impression et la réimpression des livres liturgiques*, n° du 10 juillet.

(2) Ps. 44, v. 10 et v. 15. — Il est étonnant qu'on n'ait pas songé à argumenter aussi des textes de l'Exode relatifs au voile qui séparait le *Saint du Saint des Saints* : *velum... pulchra varietate contextum* (ch. XXVI, 30) et à l'Ephod d'Aaron : *cuncta operis varietas erit ex auro* etc. (XXVIII, 8), mais l'Ephod est un, le voile du *Saint des Saints* est un, et la *variété* des ornements que porte *la Reine, la fille du Roi*, ne détruit pas l'unité et l'harmonie de sa parure. Semblablement, il y a unité, harmonie, et tout à la fois variété dans la Liturgie romaine, cette magnifique parure de l'Eglise; et afin de la conserver dans tout son éclat, l'Eglise tantôt y ajoute des ornements nouveaux, tantôt en délaisse qu'elle avait gardés longtemps, et toujours rejette ceux que voudrait lui imposer le bon goût humain. La beauté de l'Eglise procède toute d'elle-même: *omnis gloria ejus filiæ Regis ab intus*, et c'est de cette beauté intérieure que vient la beauté extérieure de sa parure, de sa Liturgie ; les ornements que l'Eglise ne porte pas, les Liturgies qu'elle n'a pas approuvées peuvent avoir une valeur propre, mais il y a toujours l'infini entre leur éclat et l'éclat que donne à tout ce qu'elle porte, la beauté de la *fille du Roi*. On ne peut donc

dans les textes de l'Ecriture qu'on a appliqués sous ce rapport à la Liturgie. En second lieu, dans le sens même adopté par M. de Ligne, les usages propres à chaque Eglise usages que la Liturgie romaine encourage, loin de les proscrire, et qui se fondent, s'harmonisent si bien avec elle, forment également dans cette Liturgie une variété réelle et d'autant belle qu'elle n'altère en rien l'unité du fond ; c'est là ce qu'il faut entendre par la diversité de rites dont parle Saint Ambroise. Mais les Liturgies orientales constituent une variété d'une autre nature, et il nous semble que ce n'est pas précisément par amour pour cette variété que l'Eglise veille avec tant de sollicitude à leur conservation. Si tel était le motif déterminant de cette conduite, l'Eglise ne proscrirait pas dans le reste du monde cette même variété qu'elle protége en Orient.

en aucune manière assimiler la *variété* des Liturgies françaises à la variété dont il est question dans le Psaume: tout au plus pourrait-on en trouver une image dans le pavé de la salle où Assuérus rassemblait ses convives: *pavimentum... quod mira varietate pictura decorabat* (Esther c. 1. v. 6); mais il serait peut-être plus juste de la comparer à la variété des langues dans lesquelles écrivaient les secrétaires du même roi, à cause de la variété des idiomes que parlaient ses sujets : *pro varietate linguarum* (ibid c. 3. v. 12); et alors on demanderait pourquoi les catholiques des divers diocèses étant tous de même langue, on croit nécessaire d'employer avec eux des langages différents, car la Liturgie est un véritable langage. Nous ne nous rappelons aucun autre symbole tiré de l'Ecriture qui soit applicable à la variété de nos Liturgies; car l'Aigle dont parle Ezéchiel: *Aquila grandis... plena plumis et varietate* (c. XVII, 3), est un aigle unique, et nos Liturgies ne sont pas une seule Liturgie ; d'ailleurs cet aigle figurait le roi de Babylone, avec lequel nos Liturgies n'ont aucun rapport. Quant au Léopard dont il est question dans Jérémie, il ne peut changer la variété de ses couleurs: *si mutare potest œthiops pellem suam aut pardus varietates suas* (ch. XIII, 23) et, grâces à Dieu, nos diocèses peuvent dépouiller leurs robes, leurs Liturgies diverses, pour prendre le glorieux vêtement de la Liturgie romaine.

L'argument tiré des avantages de la variété n'a donc qu'une valeur purement relative et ne peut être présenté que comme ornement d'un discours appuyé sur des preuves plus sérieuses.

Ces preuves que M. de Ligne expose avec talent et savoir, nous les avons déjà indiquées; elles sont tirées de l'origine, de l'antiquité, de la longue possession, des droits acquis des Liturgies orientales; de la nature et de la valeur des témoignages que ces Liturgies rendent à l'Eglise. Toutefois cela seul ne suffirait pas encore ; l'Eglise a le droit d'abolir et elle a aboli en effet des Liturgies qui réunissaient tous ces avantages : en France et en Espagne, par exemple, la Liturgie gallicane et la Liturgie gothique. Ce qu'elle a fait en Occident, elle pourrait le faire en Orient : la grande raison, la vraie raison est dans la situation religieuse des peuples, et c'est aussi sur celle-là que M. de Ligne insiste avec le plus de force.

L'unité de la Liturgie est subordonnée à l'unité de la Foi : c'est pour affirmer l'unité de la Foi en Europe que l'Eglise a aboli les Liturgies occidentales ; et c'est pour préparer le retour de l'Orient à l'unité de la Foi que l'Eglise conserve les Liturgies orientales. La différence de ces Liturgies avec la Liturgie romaine a contribué puissamment à la séparation : qui ne sait quel rôle joua dans le schisme grec la question des *Azymes*, celle de *l'Alleluia*, celle du mot *filioque* ajouté au Symbole, alors même que le dogme exprimé par ce mot n'était pas nettement et formellement nié ? Si de nos jours une théologie infectée de rationalisme attache à la Liturgie trop peu d'importance, l'Orient est depuis long-temps plongé dans l'excès contraire. La diversité de Liturgie est donc encore maintenant un des obstacles les plus grands à la conversion des Orientaux, et cela explique les imprudences que l'on peut reprocher, non pas, il faut bien le remarquer, au Clergé latin chargé de travailler dans le Levant à la propagation de la vraie Foi, mais à quelques membres de ce Clergé : il est si naturel à l'homme de chercher à détruire ce qui résiste à ses desseins. L'Eglise ne raisonne pas comme l'homme : entre ses mains, dit de Maistre, tout est moyen, même l'obstacle ; et c'est pourquoi elle n'a pas besoin de renverser l'obstacle par la violence. Les schismatiques lui résistent par amour pour leurs Liturgies ; autant que la foi le permet, l'Eglise fait siennes ces mêmes Liturgies, afin que cet amour si puissant cesse d'être incompatible avec l'amour de la vérité, et ne soit plus pour les âmes droites une tentation, un lien qui les retienne attachées à l'erreur.

Ceux-là donc qui argumentent des Liturgies orientales pour les Liturgies françaises, ne tiennent aucun compte de tout ce qui sépare l'Orient de la France ; lorsqu'ils nous citent les décisions par lesquelles le Saint-Siége a si souvent garanti le maintien et l'inviolabilité des Liturgies de l'Orient, ils raisonnent absolument comme ces Latins (contre lesquels s'élèvent avec tant de raison et de justice M. de Ligne et M. l'Evêque d'Hésébon), qui citent dans le Levant les Bulles de Saint Pie V et tout ce que le Saint-Siége a fait pour établir, maintenir et fortifier dans l'Eglise latine, l'unité liturgique.

Remarquons-le, en finissant, le nombre des catholiques qui suivent les Liturgies orientales n'est pas, à beaucoup près, aussi considérable qu'on se le figure d'ordinaire. Le grand mot d'Orient en impose à l'imagination, et nous met devant les yeux une multitude d'Eglises ; malheureusement la réalité est loin de ce rêve : on l'a vu par l'énumération des Eglises soumises à chacun des rites-unis (1) ; cinquante ou soixante diocèses en tout, la plupart d'une vaste étendue, presque tous dépeuplés de fidèles. Mais ces Eglises désolées sont pour l'Eglise mère un glorieux souvenir et une espérance : là fut le berceau du christianisme ; là surgiront de nouveau quelque jour des chrétientés florissantes. Les antiques Liturgies peuvent contribuer à cette résurrection : reliques vénérables du passé, que l'Eglise garde pieusement ; germes maintenant stériles, mais que le souffle de Dieu fécondera dans l'avenir. Quel passé nous rappellent les reliques du dix-huitième siècle et quelle peut être leur vertu future ? Si nous les perdions, la gloire des Eglises de France serait-elle obscurcie ? L'action de la religion sur les peuples serait-elle compromise ? Est-ce pour l'amour d'elles que l'on se convertit ? Les populations y tiennent-elles ? Verrait-on un seul homme quitter l'Eglise plutôt que de les abandonner ? Peut-on en quoi que ce soit les assimiler aux Liturgies de l'Orient ?

(1) Voyez ci-dessus, p. 109 et suivantes.

CHAPITRE VI.

LITURGIES DES ORDRES RELIGIEUX.

« Certains Ordres religieux ont leurs Liturgies particulières ; pourquoi les Eglises de France n'auraient-elles pas aussi les leurs ? » — Pourquoi ? Tout simplement parce que les Eglises ne sont pas des Ordres et que les Ordres ne sont pas des Eglises. Tout le monde comprend, en effet, que des hommes voués au culte de Dieu d'une manière spéciale aient une manière spéciale d'exercer ce culte. Nous pourrions nous borner à cette réponse : il s'agit uniquement du Clergé séculier ; le Clergé régulier est complétement en dehors de la question, et l'objection ne porte pas. Voyons cependant ce que sont les Liturgies des Ordres religieux, et si elles ont quelque chose de commun avec les Liturgies françaises.

Une même Liturgie, la *Liturgie monastique*, est commune à toutes les familles de Moines qui gardent la règle de Saint-Benoît, c'est-à-dire non seulement aux Moines noirs, ou Bénédictins proprement dits, mais encore aux Camaldules, Olivétains, Célestins, moines de Vallombreuse, etc. Les religieuses Bénédictines de ces diverses Congrégations la suivent également, sauf quelques monastères qui ont obtenu le privilége de suivre la Liturgie romaine. La Liturgie monastique a pour auteur Saint Benoît : le Missel n'est autre que le Missel romain ; le Bréviaire comprend tout le corps du Bréviaire romain, seulement il est plus long. « Le Bienheureux Père
« Benoît a voulu, dit Walafride-Strabon, que ceux que leur
« profession sépare du reste des hommes, s'appliquassent

« aussi à payer, dans une plus forte proportion que les au-
« tres, le tribut accoutumé du service divin (1). » — « Cet
« homme rempli de l'esprit de tous les justes, ajoute Hono-
« rius d'Autun, a voulu que de même que la vie contempla-
« tive est distinguée de la vie active par l'habit, elle en fût
« aussi distinguée par l'Office divin (2). » — « Et de même, dit
« encore Amalaire-Fortunat, que l'Office des Clercs ne porte
« aucun préjudice à celui des Moines, de même, réciproque-
« ment, l'Office monastique confirme celui des Clercs (3). »

Le Saint-Siége a, dans tous les temps, sanctionné la forme de l'Office Bénédictin, magnifique monument de l'antique piété monastique qui aime surtout à s'épancher dans la célébration incessante des saints Offices. La Bulle de Saint Pie V portant suppression de Bréviaires dont l'origine ne remontait pas au-delà des deux cents dernières années, n'atteignait pas un ordre d'Office qui datait de mille ans. Néanmoins, des usages différents s'étant introduits par le laps du temps dans les diverses Congrégations bénédictines, quoique le fonds fut resté partout identique, elles voulurent revenir à une plus parfaite unité, non pas en abandonnant ou transformant leurs Bréviaires, mais en les réformant, toutes d'un commun accord, d'après celui de Saint Pie V. C'est ce qu'exécutèrent les Procureurs-généraux de ces Congrégations, en résidence à Rome, dont le travail fut approuvé par un Bref de Paul V, du 1ᵉʳ octobre 1612, qui attribue à la récitation du nouveau Bréviaire monastique, les mêmes In-

---

(1) Walafrid strabo. *de rebus ecclesiasticis*, c. XXV.

(2) Honorius Augustudon, *gemma animæ*. Lib. II. c. LXV.

(3) Amalarius. *De Officiis divinis*. Cap. XLVIII. D. Mabillon. *vet. Analecta*. T. 2. p. 96.

dulgences dont Saint Pie V avait encouragé l'usage du Bréviaire romain. Le Bréviaire de Paul V est suivi par tous les Ordres et toutes les Congrégations soumis à la Règle de Saint Benoît; sauf par les Cisterciens et Cisterciennes (ou Trappistes et Trappistines) de France, et par les Cisterciens et Cisterciennes de Belgique et d'Allemagne, qui, profitant de la liberté laissée par Saint Pie V et par Paul V, gardent l'ancien Bréviaire de l'Ordre de Cîteaux. Les Cisterciens et Cisterciennes d'Italie ont pris celui de Paul V.

La Liturgie des Chartreux (que suivent les religieuses du même Ordre), n'est qu'une forme de l'ancienne Liturgie monastique, et n'en diffère que par certains usages et coutumes propres aux enfants de Saint Bruno.

La Liturgie des Carmes est celle que suivait, après la prise de la ville sainte par les croisés, l'Eglise latine de Jérusalem. Les Carmes la reçurent de Saint Albert, leur Restaurateur, et l'apportèrent avec eux en passant en Occident. Cette Liturgie est d'origine française; Guillaume de Tyr rapporte expressément que Godefroy de Bouillon, instituant le rite latin dans l'Eglise du Saint-Sépulcre, établit l'Office divin et les cérémonies comme dans les grandes Eglises de France, et nomma chantre de la Basilique, Anselme, chanoine de Paris. La comparaison des livres français de cette époque avec les livres des Carmes, prouve d'ailleurs cette origine jusqu'à l'évidence. Les Carmes et les Carmélites de l'ancienne observance ont seuls gardé cette Liturgie; les Carmes et les Carmélites Déchaussés suivent la Liturgie romaine.

Saint Norbert, en fondant les Chanoines-réguliers de Prémontré, dans les premières années du douzième siècle, leur donna la Liturgie alors en usage dans les Eglises de France, et que suivent encore les religieux et les religieuses de cet Ordre.

La Liturgie des religieux et religieuses de l'Ordre de Saint-Dominique fut pareillement empruntée à nos Eglises, surtout à celle de Paris. Le texte du Missel est le Romain pur, sauf quelques légères différences, consistant en certains rites et certaines prières, dont la plupart se retrouvent dans les Missels français du treizième au quinzième siècles. Le Bréviaire fut rédigé à Paris en 1253, par Humbert de Romans, depuis Général de l'Ordre; à l'exception des fêtes d'Ordre et de quelques rites peu nombreux, presque tout ce qui paraît surajouté au Romain se retrouve dans l'ancien Parisien (1).

On voit que les Liturgies des Carmes, des Prémontrés et des Dominicains sont toutes trois d'origine française : or, dans les onzième, douzième et treizième siècle, les Liturgies des Eglises de France n'étaient autres que la Liturgie romaine à laquelle chaque Eglise ajoutait, sans en altérer le fond, soit des débris de l'ancien Gallican aboli par Charlemagne, soit des usages nouveaux inspirés par le génie du temps. Si donc la France veut jamais recouvrer quelque chose de son antique Liturgie, ce n'est point dans les Liturgies fabriquées au dix-huitième siècle, mais dans les Liturgies des Ordres de Saint Albert, de Saint Norbert et de Saint Dominique qu'elle devra chercher.

Tous les autres Ordres et Congrégations d'hommes ou de femmes, suivent purement et simplement les livres de Saint Pie V.

___

(1) Nous empruntons les détails qui précèdent aux *Institutions Liturgiques*, où on les retrouvera beaucoup plus complets. Tom. 1. p. 217 et suivantes; p. 338 et suivantes, et tom. 11. p. 15 et suivantes.

Voilà les les faits ; voyons maintenant ce qu'ils nous apprennent : 1°. Les Ordres religieux nous donnent en tout six Liturgies qui ne sont pas identiques à la Liturgie Romaine, mais d'abord tout le corps de la Liturgie romaine se retrouve dans chacune d'elles. 2°. Elles sont toutes approuvées, confirmées et prescrites aux religieux qui les suivent, par le Saint Siége. 3°. Elles sont toutes d'une haute antiquité, puisque les trois Liturgies monastiques, qui au fond ne sont qu'une même Liturgie, se composent d'une part du Romain ; de l'autre, de formes et d'usages dont la plupart remontent à Saint Benoît ; puisque les trois autres, également d'une même famille, se composent d'une part du Romain, de l'autre, de formes et d'usages dont la plupart furent empruntés aux Eglises de France, lesquelles les tenaient elles-mêmes d'une longue tradition. 4°. Jamais hérétique ne mit la main à ces Liturgies, elles furent l'œuvre des Saints. 5°. Leur caractère distinctif est d'ajouter à la prière commune, comme il convient à des Liturgies faites pour les hommes de la prière. On ne peut donc sous aucun rapport les comparer aux Liturgies du dix-huitième siecle.

Si les Ordres religieux changeaient perpétuellement leurs Liturgies, s'ils les multipliaient indéfiniment, si chaque monastère s'arrogeait le privilége d'avoir sa Liturgie propre, les partisans de la variété pourraient peut-être invoquer l'autorité de semblables scandales ; mais personne ne l'ignore, dans tous les Ordres, la stabilité et l'unité sont au contraire, et spécialement en tout ce qui touche à la Liturgie, des lois inviolables. C'est donc bien vainement que les défenseurs des Liturgies françaises se jettent hors de la question : sur tous les points les faits auxquels ils en appellent condamnent leur cause.

CHAPITRE VII.

ANCIENNES LITURGIES DES ÉGLISES D'OCCIDENT.

« L'unité Liturgique n'a pas toujours existé. Cette unité n'a donc rien de nécessaire, et l'on ne voit pas pour quelle raison ce qui était bon et légitime autrefois, serait aujourd'hui mauvais et illégitime. » — Personne ne soutient que l'unité liturgique soit *nécessaire*, en prenant ce mot dans le sens absolu et métaphysique ; si, la Foi et la constitution de l'Eglise étant données, l'unité liturgique était *nécessaire*, cette unité aurait existé dans tous les temps et dans tous les lieux : on n'a jamais rien prétendu de semblable ; mais on a prétendu que, dans tous les temps et dans tous les lieux, les Eglises particulières ont dû se soumettre aux lois de l'Eglise, quelle que fût la date de ces lois. La question n'est donc pas de savoir si l'Eglise a autrefois permis et autorisé la variété des Liturgies, la question est de savoir si aujourd'hui elle l'autorise dans l'Eglise d'Occident : que deviendrait l'autorité de l'Eglise si chacun avait le droit de lui refuser obéissance toutes les fois qu'elle commande des choses qu'elle n'a pas toujours et partout commandées ? En Orient, l'Eglise n'impose pas le célibat au Prêtre, sera-ce une raison pour qu'en Occident le Prêtre puisse regarder la loi de l'Eglise comme non avenue ? L'Eglise n'a pas toujours obligé les fidèles à se confesser au moins une fois l'an ; sera-ce une raison pour que l'on puisse, en sûreté de conscience, violer le canon : *Omnis utriusque sexûs*, etc., du quatrième Concile de Latran ? De même, l'Eglise autorise en Orient d'autres Liturgies que la

Liturgie romaine ; l'Eglise, dans les premiers temps, a permis même en Occident, la variété des Liturgies ; s'ensuit-il qu'au temps où nous sommes, les Bulles de Saint Pie V ne soient pas obligatoires dans toute l'étendue de l'Eglise latine?

Il serait superflu d'ajouter un mot de plus contre une objection aussi manifestement sophistique, mais il n'est pas inutile de rechercher dans l'histoire quel est le caractère de la loi violée par les auteurs des Liturgies françaises. C'est ce que nous allons essayer.

Les lois de discipline ecclésiastique peuvent se ranger sous trois catégories : les unes sont *nécessaires*, immuables, universelles, parce qu'elles tiennent à l'essence même du dogme et de la constitution de l'Eglise; les autres sont *contingentes*, passagères et particulières, parce qu'elles tiennent à des circonstances de temps et de lieu purement transitoires. La troisième classe comprend les lois, qui, sans être essentielles et absolument nécessaires, sont cependant d'une importance immense, parce qu'elles ont leur raison, non pas seulement dans les rapports particuliers de l'Eglise avec tel siècle ou avec tel peuple, mais dans les rapports généraux de l'Eglise avec la nature humaine. Ces lois n'étant pas essentielles, l'Eglise peut exister sans elles : de là vient qu'elle ne les établit pas tout d'abord, qu'elle attend pour cela le moment favorable, qu'elle souffre des exceptions, etc. ; mais ces lois étant de la plus grande utilité pour le maintien et l'accroissement de l'unité catholique, l'Eglise les établit aussitôt qu'elle le peut, dans la mesure où elle le peut, partout où elle le peut, sans froisser trop violemment les cœurs, sans compromettre le salut des âmes. La loi que je citais tout à l'heure sur le célibat ecclésiastique, la loi qui prohibe les Liturgies en langue vulgaire, etc. etc., rentrent dans cette catégorie. Elles ne sont ni *essentielles*, ni *nécessaires*, ni tout-à-fait *immuables*, ni complètement *universelles*, et pourtant, quel catholique oserait en contester l'importance, en nier l'utilité ? Quel catholique, tout en bénissant l'Eglise de sa condescendance pour le Clergé des Eglises orientales, ne considère comme un malheur, la faiblesse qui mit et retient ce Clergé dans les liens du mariage ? Quel catholique, tout en reconnaissant qu'à l'origine, l'Eglise dut parler dans sa Liturgie, la langue d'Athènes et de Rome, bien qu'à cette époque, le grec et le latin ne fussent pas des langues mortes, n'admire l'Eglise et ne lui rend grâces d'avoir proscrit pour la Liturgie l'usage des langues vulgaires ? Quel catholique, tout en se rendant compte des graves motifs pour lesquels l'Eglise permet, en Orient, le grec, l'éthiopien, le copte, l'arménien, le syriaque et le slavon, ne comprend la sagesse de la loi qui oblige à la langue latine toutes les Eglises d'Occident ? Ces exemples suffisent et mettent hors de doute ma proposition : *Il est des lois qui, pour n'être pas absolument nécessaire, pour n'avoir pas été en vigueur dans tous les temps et dans tous les lieux, n'en sont pas moins de la plus haute importance.* Or, je dis qu'une de ces lois est celle qui impose au Patriarchat d'Occident l'unité liturgique ; pour le prouver, je n'ai besoin que de rappeler quelques faits.

Durant les quatre premiers siècles, l'Eglise occupée à conquérir le monde, en proie aux persécutions, en lutte avec la puissance temporelle etc. etc., ne put pas, ne dut pas songer à établir l'unité Liturgique dans le sens où nous prenons aujourd'hui ce mot. Néanmoins tous les monuments nous montrent dès cette première époque, 1· L'unité de cette partie de la Liturgie que nous avons nommée *essentielle* ;

2° L'unité de cette autre partie que nous appelons *universelle*; 3° La Liturgie partout considérée comme faisant partie de la tradition et partout inviolable à ce titre ; l'Evêque gardant toujours fidèlement la Liturgie établie dans son Eglise, la développant, l'enrichissant, la complétant, mais sans la changer, et les fondateurs d'Eglises nouvelles leur donnant, sauf les modifications nécessitées par les temps, les lieux, les circonstances, la Liturgie des Eglises mères d'où ils étaient sortis (1) ; 4° Le droit en tous lieux reconnu et incessamment exercé par le Pontife romain de régler les choses de la Liturgie. Aucun de ces quatre points n'est contesté par les défenseurs des Liturgies françaises, le lecteur peut d'ailleurs en chercher les preuves au 1er tome des *Institutions Liturgiques*, nous devons nous contenter d'énoncer le fait.

Il y avait donc variété dans les premiers siècles, mais cette variété ne ressemblait en rien à celle que le dix-huitième eut l'honneur d'inventer : on respectait la Liturgie traditionnelle, on y ajoutait, il est vrai, tantôt une chose, tantôt une autre, mais on ne la répudiait pas dédaigneusement à jour marqué pour épouser une Liturgie toute neuve sortie du cerveau de quelque faiseur. On ajoutait, on modifiait, on usait en un mot, on finit même par abuser, de la liberté laissée par l'Eglise et par son Chef, mais on ne violait pas ses lois. Cependant comme par le laps du temps cette

---

(1) « Bingham a voulu en imposer, dit Bergier, lorsqu'il a soutenu que dans les premiers siècles, chaque Evêque avait la liberté de composer une Liturgie pour son Eglise, et d'y arranger le culte divin comme il le trouvait bon. Pour prouver cette prétendue liberté, ce n'était pas assez d'alléguer quelque légère diversité entre les Liturgies ; la variété aurait été beaucoup plus grande si chaque Evêque s'était cru en droit de l'arranger selon son goût. » (*Diction. Théolog.* au mot *Liturgie*).

variété s'accroissait et devenait pour les peuples une pierre de scandale, l'Eglise s'empressa d'y mettre des bornes, et dans le cours des cinquième et sixième siècles, une foule de Conciles provinciaux, en Afrique, en Espagne, dans les Gaules, obligèrent les Eglises particulières à conformer leurs Liturgies aux Liturgies de leurs Métropoles respectives. Ces faits ne sont pas contestés, et c'est uniquement sur les canons des Conciles dont nous venons de parler (1) que se fondent M. l'Archevêque de Toulouse et M. l'Evêque de Carcassonne, pour proposer aujourd'hui le rétablissement de l'unité métropolitaine. Ces faits prouvent du reste que la diversité entre les Eglises de chaque Province n'était pas aussi grande que pourraient le croire les défenseurs de nos Liturgies; si les Liturgies eussent été complètement différentes, les Evêques qui formaient les Conciles n'auraient pas été si facilement et si promptement d'accord sur un point aussi délicat, et leurs ordonnances auraient rencontré des difficultés d'exécution dont l'histoire ne nous montre aucune trace. M. l'Archevêque de Toulouse atteste qu'au dix-neuvième siècle il n'est pas facile de faire accepter à toute une Province le Bréviaire de sa Métropole; la chose aurait-elle été plus aisée dans les Provinces composées d'un bien plus grand nombre d'Eglises, et à une époque où l'imprimerie n'existant pas, ce n'était pas une petite affaire que de changer les livres Liturgiques? Il est donc infiniment probable que les Liturgies diocésaines étaient identiques pour le fond et ne différaient que dans les détails.

(1) On trouve le texte de la plupart de ces canons au t. 1ᵉʳ des *Institutions Liturgiques*, ch. VI. p. 127, et dans la *troisième lettre à M. l'Evêque d'Orléans*.

On doit en dire autant des Liturgies métropolitaines, car nous les voyons bientôt se confondre dans une seule Liturgie, commune à toutes les Métropoles d'une même nation. Nouveau progrès, pas décisif vers l'unité qui produisit dans les Gaules la Liturgie gallicane, dans les Espagnes la Liturgie gothique. Parcourons rapidement l'histoire de ces diverses Liturgies nationales (1).

Remarquons d'abord que l'Italie et les Iles adjacentes, domaine primatial de l'Eglise de Rome, comme l'Occident entier forme sa circonscription patriarcale (2), suivirent toujours la Liturgie romaine, sauf bien entendu les quelques Eglises soumises à celle de Milan. Il en fut de même de l'Afrique d'après les auteurs les plus graves (3), et en effet on ne trouve nulle part dans l'antiquité la trace d'une Liturgie africaine. Quant aux Eglises du Nord, de l'Allemagne entière, de la Suède, du Dannemarck, de la Norvége, de la Bohême, de la Hongrie, de la Pologne etc., de toutes les régions germaniques, slaves ou scandinaves; fondées par Saint Boniface, Saint Adalbert, Saint Anschaire, Saint Rembert, etc., etc., elles

---

(1) V. les *Institutions Liturgiques*, T. I. ch. VIII. p. 194.

(2) Les Evêques de ces Eglises qui étaient obligés d'aller recevoir à Rome la consécration épiscopale, devaient promettre avec serment *de célébrer toujours les divins Offices selon le rite romain*, et cette loi remonte à saint Grégoire le Grand, d'après Mabillon. (*Musæum italicum*. T. 1. p. 106).

(3) Bona. *Rerum Liturgicarum*. Lib. 1. cap. VII. §. III. — Lebrun, *explication de la messe*. Tom. 11. p. 137. — On a prétendu, mais sans preuve, que saint Augustin avait introduit en Afrique la Liturgie de Milan. En tous cas, ce fait ne démontrerait nullement que la Liturgie romaine ne fut pas suivie dans ces contrées avant saint Augustin, et d'ailleurs, il ne dépendait pas du seul Evêque d'Hippone, de changer les usages de toutes les Eglises d'Afrique.

naquirent toutes au chant de la Liturgie romaine et n'en connurent jamais d'autre, des jours de leur naissance jusqu'aux jours de Luther. Ce fait n'a été contesté par personne; les annales ecclésiastiques des nations que nous venons d'énumérer le proclament; si haut que l'on remonte on y trouve l'usage de la Liturgie romaine, et nul vestige de son introduction à des époques plus récentes. Ces nouvelles Eglises qui s'élevèrent avec une si admirable rapidité aux septième, huitième, neuvième et dixième siècles, étaient l'œuvre des envoyés du Pontife romain, et le Pontife romain n'aurait pu y souffrir les dissonnances fâcheuses qu'il allait bientôt abolir dans les Gaules et dans les Espagnes. Le Pape appliquait le droit revendiqué dès l'an 416, par Saint Innocent Ier : « Il est manifeste que dans « toute l'Italie, les Gaules, les Espagnes, l'Afrique, la Sicile « et les îles adjacentes, nul n'a institué les Eglises, sinon ceux « qui ont été constitués Prêtres par le vénérable Apôtre Pierre « et par ses successeurs. Que ceux qui voudront lisent, qu'ils « recherchent si dans ces provinces un autre Apôtre a enseigné. « Que s'ils n'en trouvent pas d'autre, ils sont donc obligés « de se conformer aux usages de l'Eglise romaine, de laquelle « ils ont tiré leur origine, de peur qu'en se livrant à « des doctrines étrangères, ils ne semblent se séparer de la « source de toutes les institutions (1). »

On n'a rien de certain sur les premières origines des Eglises de la Grande-Bretagne. Saint Bernard rapporte, dans la vie de Saint Malachie, que ce grand Evêque changea *les coutumes de l'Irlande pour les usages romains*, et Mabillon

---

(1) S. *Innocentii* 1. *ad Decentium Eugub. apud D. Coustant.* — Le but de cette décrétale est de corriger les abus, introduits dans l'Eglise d'Egubium, en matière de Liturgie.

croit que par ces coutumes barbares il faut entendre un rit particulier. Toujours est-il que depuis ce changement, l'Irlande est demeurée fidèle à la Liturgie romaine. L'Evangile fut porté, dès le second siècle, dans les îles Britanniques par des Missionnaires que leur envoya le Pape Saint Eleuthère : la Liturgie romaine n'avait pas encore alors tous les développements qu'elle reçut depuis; d'ailleurs promptement isolée de sa source, elle dut, comme le Christianisme même, subir plus d'une altération dans ces contrées lointaines. Peut-être aussi la Liturgie gallicane lui donna-t-elle quelques-unes de ses formes ; on sait quelle influence exercèrent sur la Grande-Bretagne Saint Patrice, Saint-Germain d'Auxerre, Saint Loup de Troyes qui étaient Gaulois, ou qui du moins avaient été élevés dans les Gaules. Lorsque Saint Augustin fut envoyé en Angleterre par Saint Grégoire-le-Grand, il rencontra sans doute au milieu de ces peuplades replongées dans l'idolâtrie quelques débris de l'ancienne Eglise des Bretons, et parmi ces débris quelques vestiges de leur vieille Liturgie mélangée et corrompue. Quoi qu'il en soit, le saint apôtre y établit la Liturgie romaine. Depuis cette époque on ne voit aucune trace de l'introduction des livres romains en Angleterre, et tous les monuments postérieurs s'accordent à nous les montrer en usage. Voici, par exemple, ce que porte le troisième Canon du second Concile de Cloveshoé, tenu en 747 : « Les saintes
« et sacrées solennités de notre Rédemption, seront célé-
« brées suivant la règle que nous tenons par écrit de l'Eglise
« romaine, dans tous les rits qui les concernent, soit pour
« l'office du Baptême, soit pour la célébration des Messes,
« soit pour la manière du chant. De même, pendant tout le
« cours de l'année, les fêtes des Saints seront vénérées à

« jour fixe, suivant le Martyrologe de la même Eglise ro-
« maine, avec la psalmodie et le chant convenables (1). »

Ainsi, voilà toute une grande moitié de l'Europe où la variété, en fait de Liturgie, a toujours été inconnue, et il en faut dire autant de tous les pays conquis à la foi chrétienne dans le Nouveau-Monde, dans les Indes, en Océanie, etc., etc., où il n'a jamais été permis aux Missionnaires de donner aux chrétientés nouvelles une autre Liturgie que la Liturgie romaine. Il ne reste donc que les Gaules, l'Espagne et Milan, qui aient conservé, plus ou moins long-temps, une Liturgie propre : *L'Eglise latine*, dit Bergier, *ne connaît que quatre Liturgies anciennes, savoir, celles de Rome, de Milan, des Gaules, de l'Espagne.*

Les premiers apôtres des Gaules étaient presque tous venus de l'Orient ; ils passèrent par Rome et y reçurent leur mission, telle est la tradition de toutes nos Eglises ; mais il n'était pas naturel qu'à cette époque de conquêtes, le Siége

(1) Labb. T. VI. p. 1577. — Une lettre de Saint Augustin, qui se plaint à Saint Grégoire du peu d'accord qu'on remarque entre les rites romains et les rites gallicans, et qui demande s'il peut autoriser ces derniers, et la réponse du Pape qui permet d'établir dans la nouvelle Eglise des Anglais, les coutumes bonnes et louables, recueillies dans les diverses Eglises, etc., ont servi de texte aux défenseurs des Liturgies françaises, mais ils oublient de rappeler que la Liturgie romaine pure a constamment régné en Angleterre depuis la prédication de saint Augustin, ce qui prouve ou que le saint apôtre et les Evêques établis par lui, ne jugèrent pas à propos de profiter de la permission accordée, ou, ce qui paraît plus probable, que cette permission n'avait trait qu'à des usages de peu d'importance. Ils ne veulent pas voir non plus, que si à cette époque la variété avait été de droit, saint Augustin n'aurait pas cru nécessaire de demander et d'attendre la permission du Pape. Comme en attendant il célébrait la Liturgie, il est évident que les points sur lesquels il consultait, ne touchaient ni au fond ni à l'ensemble.

Apostolique suscitât des entraves indiscrètes aux courageux prédicateurs que l'Asie dirigeait sur l'Europe, et leur imposât des usages différents de ceux qu'ils avaient puisés dans les régions d'où ils étaient partis pour évangéliser avec tant de zèle. De là les analogies de la Liturgie gallicane avec les Liturgies des Eglises d'Orient. Ce fait montre une fois de plus que la Liturgie a toujours été considérée comme affaire de tradition et non pas d'invention. Ramenée à l'unité nationale par les Conciles, la Liturgie gallicane se maintint jusqu'au huitième siècle : à cette époque, Saint Chrodegand, Evêque de Metz introduisit la Liturgie romaine dans les Gaules (1); sur la demande de Pépin-le-Bref, le Pape Etienne l'y répandit pendant son séjour en France (2); puis Pépin, de concert avec le souverain Pontife et avec les Evêques, supprima l'Office gallican pour que la France fût en tout d'accord avec le Siége Apostolique, et qu'une pacifique concorde régnât dans l'Eglise de Dieu : *Ob unanimitatem Apostolicæ Sedis et sanctæ Ecclesiæ Dei pacificam concordiam* (3). Enfin, Charlemagne, *pour obéir aux salutaires exhortations du Révérendissime Pape Adrien* (4), compléta l'œuvre de son père et assura dans toute l'étendue de son vaste empire le règne de la seule Liturgie romaine. Quelques débris de la Liturgie gallicane, que les diverses Eglises, et surtout les Eglises de Paris et de Lyon, fondirent dans les usages romains, et que les Litur-

---

(1) *Paulus diaconus, apud Duchesne, hist. Franc.* Tom. 2. p. 204.

(2) Walafridi strabonis *opp. De rebus ecclesiasticis.* cap. XXV. *max. Biblioth. vet.* PP. Tom. XV. p. 195.

(3) *Balusii Capit.* — Aquisgranen. 789. c. XC.

(4) Livres carolins. — *contra synodum græcorum de imagin.* Lib. 1.

gies modernes ont fait disparaître, survécurent seuls (1). Ces précieux restes de l'antiquité et les développements, les variantes, surajoutées de loin en loin par le génie français, marquèrent la Liturgie en France, du huitième au dix-huitième siècle, d'un caractère particulier, et justifient le nom de *Romaine-française* que lui donne l'auteur des *Institutions Liturgiques*. Néanmoins un examen attentif des livres Liturgiques de ces temps prouve jusqu'à l'évidence que ces variantes n'affectent point le fond et qu'on ne peut contester aux Eglises de France la gloire d'avoir eu, pendant cette période de mille ans, une seule et même Liturgie avec l'Eglise mère et maîtresse.

Vénérable par son origine, apportée du berceau même de la religion par les premiers apôtres des Gaules, rédigée par les plus saints docteurs, demeurée constamment pure de toute erreur, autorisée par une longue possession, reconnue et avouée par le Saint-Siège, identique pour le fond dans toutes les Eglises d'un grand peuple, la Liturgie gallicane réunissait précisément tous les titres, tous les avantages qui manquent aux Liturgies modernes ; celles-ci ne peuvent donc l'invoquer, mais si le fait de son existence ne prouve rien pour elles, le fait de son abolition prouve immensément contre ; il faut que l'Eglise attache un bien grand prix au principe de l'unité Liturgique pour avoir cru nécessaire de lui

---

(1) « Lorsque au xvııe siècle, Dom Mabillon voulut recueillir les débris de la Liturgie gallicane, les recherches les plus minutieuses ne purent jamais lui faire découvrir le plus léger fragment du Bréviaire en usage dans nos Eglises avant Charlemagne ; il dut se borner à publier quelques lambeaux de Missels, qui ne sauraient même nous donner une idée complète de l'ordre et des cérémonies du saint Sacrifice à cette époque. » (Dom Guéranger, *troisième lettre à M. l'Evêque d'Orléans*.)

sacrifier une Liturgie digne à tous égard de la vénération et de l'amour des peuples : *si le bois vert est traité ainsi, que sera-ce du bois sec?*

L'Eglise d'Espagne dut sa fondation aux sept Evêques que lui envoya Saint Pierre, et qui lui donnèrent avec la lumière de l'Evangile, la Liturgie de l'Eglise romaine, fidèlement suivie dès les premiers temps. Tel est le sentiment du P. Lebrun, du P. Pinius, de Floron, etc., etc. (1) D'autres auteurs et particulièrement le Jésuite Leslius (2), soutiennent cependant que la Liturgie primitive des Espagnes fut d'origine orientale. On pourrait peut-être adopter à la fois les deux sentiments et dire que les deux Liturgies furent simultanément introduites dans la péninsule par ses premiers apôtres, dont quelques-uns, bien qu'ayant reçu leur mission de Rome, pouvaient, comme plusieurs des premiers apôtres des Gaules, être originaires des Eglises de l'Asie. Leslius, en effet, montre dès le commencement des traces orientales, et ses adversaires en signalent de toutes romaines ; l'Orient et Rome s'étaient donc rencontrés en Espagne. Ajoutons cependant que l'affinité des usages liturgiques entre Rome et l'Espagne, est énergiquement attestée par l'envoi que fit, en 538, le Pape Vigile, à Profuturus, Evêque de Brague, de l'Ordinaire de la Messe romaine. Assurément jamais un Pape n'a fait pareil envoi au Patriarche de Constantinople ou d'Alexan-

---

(1) *Explication de la messe.* Tom. 2. Dissert. v. art. 1. — *Tractatus historico-chronologicus de Liturgia antiqua hispanica* (c. 1.) en tête du sixième tome des *Actes des Saints* du mois de juillet. — Spagna sagrada. tom. III. p. 187 et suiv.

(2) *Missale mixtum secundum regulam Beati Isidori, dictum mozarabe*, etc. Romæ. 1755.

drie. Il fallait que les Evêques d'Espagne eussent eu recours au Saint-Siége comme à la source de leurs traditions Liturgiques ; et cette conjecture est d'autant plus certaine, que nous voyons trente ans après, en 1663, un Concile de Brague obliger tous les prêtres à célébrer les Saints Mystères dans la forme donnée par le Siége apostolique à l'Evêque Profuturus (1).

En tout cas il est certain que les Goths se rendirent maîtres de l'Espagne au commencement du ve siècle ; que ces barbares avaient embrassé le Christianisme dans l'Asie mineure, que leur fameux Evêque Ulphilas avait visité Constantinople ; que Saint Jean-Chrysostôme avait pris un soin tout particulier de l'Eglise des Goths et lui avait donné un Evêque, nommé Unilas (le saint docteur le déclare lui-même) (2) ; que les Goths une fois établis en Espagne, des relations jusqu'alors inconnues se forment entre les Eglises de la péninsule et celle de Constantinople ; que Saint Martin de Brague, Jean, Evêque de Gironne, Saint Léandre, etc., etc., avaient longtemps vécu dans cette capitale de l'empire grec ; que la Liturgie espagnole prit le nom même des Goths, et s'appela *gothique* (comme plus tard on l'appela Mozarabe, du nom sous lequel on désignait les chrétiens soumis à la domination des Maures) ; et enfin que cette Liturgie ne prévalut universellement dans les Espagnes qu'après la conversion totale de la nation des Goths à l'orthodoxie. Soit donc qu'ils l'aient trouvée déjà préexistante en Espagne, dans ses principaux éléments, soit qu'ils aient eux-mêmes apporté ces éléments

---

(1) Can. 4. — Labb. Tom. v. p. 840.
(2) Ad Olympiadem Epist. XIV. Tom. III, p. 722, édit, Gaume.

de l'Orient, soit qu'à des éléments antiques ils aient joint les leurs propres, on ne peut guère douter que la domination des Goths n'ait déterminé le caractère et la nature de la Liturgie gothique.

Ce fut en 589, au troisième Concile de Tolède, que les Goths renoncèrent à l'Arianisme. Saint Léandre, qui fut pour ainsi dire l'auteur de ce grand œuvre, est en même temps le principal rédacteur de la Liturgie gothique, laquelle dès cette époque, devint l'unique Liturgie de l'Espagne (son frère, Saint Isidore de Séville, et, plus tard, Saint Eugène, Saint Ildéfonse, Saint Julien, etc., etc., l'enrichirent de leurs chants). On y trouve des Oraisons, des Répons, des Fêtes d'une origine évidemment romaine, qui montrent la première source des rites sacrés dans la péninsule ; mais les formes orientales dominent partout. Les Goths n'en connaissaient pas d'autres, l'Eglise dans sa maternelle condescendance dut les adopter, afin de les rallier plus sûrement à la véritable Eglise en écartant tout ce qui aurait pu être une source de tentations pour leur foi encore chancelante.

La Liturgie gothique ne put pas toujours garantir l'entière pureté, l'orthodoxie de ses prières. Vers la fin du VIIIe siècle, Félix, Evêque d'Urgel, et Elipand, Archevêque de Tolède, troublèrent un moment l'Eglise par une hérésie qui aurait fait rétrograder le christianisme jusqu'aux dogmes impies d'Arius. Ils s'appuyaient sur l'autorité de leur Liturgie : les Evêques du Concile tenu à Francfort, en 794, leur répondirent que la Liturgie romaine seule, est nécessairement pure et orthodoxe (1). Les passages allégués se trouvaient-

---

(1) *Concil. francofordiense.* Labb. Tom. VII, p. 1034.

ils réellement dans la Liturgie gothique, ou bien les deux Evêques hérétiques les avaient-ils falsifiés ? Peu importe, l'une et l'autre hypothèse montre le danger des Liturgies nationales. Cet évènement porta les Evêques d'Espagne a veiller sévèrement sur la pureté de leur Liturgie qui bientôt ne garda plus aucune trace des erreurs ou incorrections qu'on avait eues à lui reprocher. Rome s'en était émue ; en 918, il ne fallut rien moins que le jugement d'un Concile romain tenu devant le Pape, pour certifier, après un long examen, l'orthodoxie du Missel gothique.

En 801, la Catalogne conquise par Charlemagne avait adopté la Liturgie romaine ; toutefois la Liturgie gothique s'était maintenue en divers lieux de cette province, elle fut complètement abolie en 1068, par les soins du Cardinal Hugues-le-Blanc, Légat d'Alexandre II. En 1063, un Concile tenu à Jacca, en Aragon, rendait un décret portant qu'on ne célébrera plus à la manière gothique, mais à la romaine (1). En 1074, Saint Grégoire VII, écrit à Sanche Ramirez, roi d'Aragon, pour le féliciter de *son zèle et des ordres qu'il a donnés afin d'établir l'Office suivant l'ordre romain dans les lieux de sa domination.* La même année, le même Pape écrit à Alphonse VI, roi de Castille, et à Sanche IV, roi de Navarre, pour les exhorter à *recevoir l'ordre et l'Office de la sainte Eglise romaine*, ajoutant que *les Evêques d'Espagne eux-mêmes l'ont promis par écrit et signé entre ses mains après la décision d'un Concile.* Dans une autre lettre de Saint Grégoire VII, *à Siméon, Evêque en Espagne*, on lit : *Que les décrets rendus ou confirmés par Nous, ou plutôt par l'Eglise*

(1) Labb. Tom. IX. p. 1112.

romaine, portant pour vous l'obligation de vous conformer aux Offices de cette même Eglise demeurent inébranlables.... L'*Eglise romaine veut que vous sachiez qu'elle n'a point l'intention d'allaiter à diverses mamelles, ni d'un lait différent, les enfants qu'elle nourrit pour le Christ, afin que selon l'Apôtre, ils soient un* (1) En 1085, dans un Concile tenu à Burgos, le Cardinal légat Richard, Abbé de Saint Victor de Marseille, que Grégoire VII avait envoyé deux fois en Espagne pour cette grande affaire, et que le Roi Alphonse VI appuyait de tout son pouvoir, promulgua solennellement l'abolition de la Liturgie gothique dans les royaumes soumis à ce grand prince. Toutefois Alphonse ne parvint à l'abolir à Tolède qu'après de longues et d'énergiques résistances. Mais, lorsque Tolède eut cédé, le Gothique disparut bientôt du reste de l'Espagne, où la Liturgie romaine régna seule désormais comme dans toute l'Europe.

Telle est l'histoire de la Liturgie gothique ou mozarabe ; sa formation et son existence prolongée s'expliquent par la nécessité de ménager la faiblesse d'un peuple nouvellement affranchi du joug de l'hérésie, nécessité que ne peuvent nullement alléguer nos Liturgies modernes. Elle se recommandait d'ailleurs par la beauté de ses formules, par les travaux des plus illustres et des plus saints Evêques de l'Espagne ; elle était enfin d'une antiquité respectable, soit qu'on la fasse remonter directement aux premiers apôtres de la péninsule, soit que les Goths l'eussent apportée de l'Orient ; et malgré tous ces mérites, que nos Liturgies ne possèdent pas, l'Eglise

---

(1) V. ces diverses lettres au T. 1. des *Institutions Liturgiques*, p. 282 et suiv.

a trouvé bon de l'abolir ! — On répond que l'hérésie à laquelle cette Liturgie avait fourni des armes, fut une des causes qui déterminèrent l'Eglise à prendre cette mesure ; on oublie que depuis long-temps elle avait été corrigée, et qu'après l'avoir examinée, Rome avait reconnu son orthodoxie, ce que Rome n'a encore fait, que je sache, pour aucune des Liturgies françaises ; on oublie surtout, que si la Liturgie des Saints Léandre, Isidore, Eugène, Ildéfonse, Julien, etc., etc., a pu servir des hérétiques, rien ne garantit que les Liturgies des Viger, des Mésenguy, des Coffin, des Santeuil, des Rondet, des Le Brun-Desmarettes, etc., etc., soient nécessairement à l'abri d'un pareil accident.

Mais, dit-on, la Liturgie mozarabe existe encore ; le cardinal Ximénès obtint de Jules II, son rétablissement. — Oui, la Liturgie mozarabe existe encore, mais elle n'est plus la Liturgie ni d'une nation, ni d'une métropole, ni d'un diocèse, ni même d'une paroisse en tant que paroisse ; à la prière de Ximénès, Jules II rendit deux bulles, en 1508, où il la qualifie de *très ancienne et remplie d'une grande dévotion*, et par lesquelles il institue canoniquement le rite gothique dans les quelques Eglises qui lui furent désormais affectées. Précieuse relique du passé, on la garde avec un pieux respect, conformément à ces bulles, dans une chapelle de la Cathédrale et dans six autres Eglises de Tolède ; on l'expose à certains jours, à Salamanque, dans la petite Eglise du Saint Sauveur ; à Valladolid, dans l'Eglise paroissiale de Sainte-Marie-Madeleine, et c'est tout ; elle n'est point vivante. Les Liturgies françaises voudraient-elles d'un sort pareil ? Leurs partisans consentiront-ils à les ensevelir pourvu qu'on leur permette d'en vénérer les restes ?

Nous n'avons plus à parler que de la Liturgie ambrosienne, la seule que l'Eglise ait consenti à conserver. Gardée, non pas dans toute la Province de Milan, non pas même dans toutes les Eglises de cette ville (car plusieurs de ces Eglises et plusieurs des diocèses de la Province suivent la Liturgie romaine), la Liturgie ambrosienne est la plus ancienne de l'Occident après celle de Rome, et son origine se confond avec l'origine même du christianisme dans ces contrées. S'il faut en croire Jean Visconti, saint Barnabé, que les Milanais, depuis plusieurs siècles, vénèrent comme leur apôtre, aurait disposé l'ordre de la Messe ; Saint Miroclès, Evêque de la même Eglise, aurait réglé la psalmodie, et enfin saint Ambroise aurait complété et perfectionné cet ensemble. Si les deux premières assertions sont douteuses, la dernière du moins ne l'est pas : le nom attribué de tout temps à la Liturgie de Milan, ce nom glorieux d'ambrosienne, l'atteste. Mais saint Ambroise avait reçu le fonds sur lequel il travailla, mais saint Ambroise ne chassa pas des Eglises de Dieu la Liturgie de ses pères, la Liturgie dès long-temps établie et confirmée dans cette possession par les décrets des Conciles œcuméniques et les constitutions des souverains Pontifes, mais saint Ambroise n'était pas un Viger ou un Mésenguy. Oh ! si les Eglises de France avaient, comme celle de Milan, gardé leurs antiques Liturgies, qui les blâmerait ? Cela leur était facile, personne n'y mettait obstacle, et en le leur permettant, le Pape semblait les y engager. On ne l'a point voulu : en déchirant l'unité, on répudia l'antiquité. Que sont devenues les vénérables Liturgies de Lyon, de Sens, de Vienne, de Paris, etc., etc. ? Certes, si elles existaient encore, et qu'un amour exagéré de l'unité en fît demander la destruction, elles pourraient à bon droit invoquer, pour leur défense, la Liturgie ambrosienne ; la question est de savoir si les Liturgies qui les détrônèrent ont, en usurpant leur place, hérité de leurs droits, et si ce n'est pas une dérision de comparer à l'œuvre des premiers apôtres et des saints docteurs de Milan l'œuvre des liturgistes du dix-huitième siècle?

Un fait digne de remarque dans la Liturgie ambrosienne est sa fréquente conformité avec la Romaine. Non seulement le Canon est presque entièrement semblable, mais un grand nombre d'Introïts, d'Oraisons, d'Epîtres, d'Evangiles sont identiquement les mêmes dans les Missels des deux Eglises; le Bréviaire offre aussi plusieurs ressemblances du même genre.

Le zèle des Milanais a toujours été grand pour la conservation de leur rite et, sauf l'addition d'un grand nombre de fêtes de Saints, ils l'ont fidèlement gardé dans son intégrité. Jamais les Archevêques de Milan ne crurent que la possession de cette Liturgie leur donnât le droit de la transformer et d'en disposer comme d'un bien personnel. Du reste le double inconvénient des Liturgies particulières s'est fait sentir là comme partout ailleurs : d'un côté, la puissance temporelle a prétendu et de fait y a exercé une surveillance peu compatible avec la dignité et la liberté de l'Eglise. Pour n'en citer qu'un exemple, il est interdit à l'Eglise de Milan de célébrer la fête de saint Grégoire VII, que célèbrent tout près d'elle, au grand déplaisir de leurs gouvernants, Naples, Florence, Venise, etc., protégées qu'elles sont par l'unité et l'universalité des formes du Bréviaire romain. D'autre part, le rite ambrosien servit long-temps de drapeau aux factions les plus turbulentes et les plus audacieuses dans leur opposition au Saint-Siége ; l'histoire de Milan est remplie de ces révoltes et atteste qu'à l'ombre de leur Liturgie dont ils se montraient si fiers, les Milanais ne tendaient à rien moins qu'à constituer une espèce de petite Eglise nationale. Aussi les Papes cherchèrent-ils à abolir cette Liturgie comme toutes les autres. Encore au quinzième siècle, en 1440, Eugène IV renouvelait, dans ce but, les efforts de ses prédécesseurs, et notamment de Nicolas II aidé par saint Pierre-Damien, de saint Adrien Ier soutenu par Charlemagne (1). Le danger et les inconvénients que redoutait le Saint-Siége ayant enfin cessé en très grande partie, l'Eglise de Milan ne fut plus troublée dans sa possession ; Rome se plut au contraire à la reconnaître, à la confirmer, et saint Charles Borromée put dire : *La Liturgie ambrosienne est moins milanaise encore que romaine, ayant reçu tant de fois l'approbation expresse des souverains Pontifes* (2). Peut-on en dire autant de nos Liturgies ?

Nous venons de parcourir l'histoire des Liturgies occidentales, et il nous a été impossible d'en rencontrer une seule qui par ses caractères d'antiquité, de stabilité, de sainteté, non seulement dans ses formules, mais encore dans ses auteurs, de conformité aux lois en vigueur dans l'Eglise lors de sa formation, de dépendance à l'égard du Saint Siége qui, en les reconnaissant et les approuvant, garantissait leur orthodoxie, ne soit sous tous les rapports une condamnation éclatante de la révolution liturgique du xviiie siècle. Cette histoire contient en outre un enseignement plus général ;

---

(1) V. les *Institutions Liturgiques*, Tom. 1. p. 194 et suiv. et la *troisième lettre à M. l'Evêque d'Orléans*, p. 65 et suiv.

(2) Sala. *in Bonæ*, etc, Lib. 1. cap. X. p. 183.

deux grands faits la dominent : 1° dans toutes les Eglises fondées après le quatrième siècle, l'Eglise ne souffre pas d'autre Liturgie que la Liturgie romaine; pas un apôtre, pas un missionnaire n'a même l'idée de créer une Liturgie nouvelle, de donner une Liturgie différente aux contrées qu'il évangélise ; 2° dans les Eglises fondées à une époque antérieure, à l'époque où les persécutions et tous les obstacles qui s'opposaient à la diffusion de l'Evangile nécessitaient plus de condescendance et de liberté, l'Eglise, après le IV° siècle, travaille constamment à établir l'unité liturgique, astreignant d'abord les diocèses à suivre la Liturgie de la Métropole, puis les Métropoles d'une même nation à n'avoir qu'une même Liturgie, puis les royaumes à quitter leurs Liturgies nationales pour la Liturgie de l'Eglise souveraine. Et ce ne sont pas les Papes seuls qui amènent ce résultat ; les Conciles, les Evêques, les Rois, les plus grands et les plus saints personnages les secondent ou même prennent l'initiative. Au VIII° siècle, Charlemagne, obéissant aux exhortations de saint Adrien 1er, soumet à la Liturgie romaine tout son vaste empire, et l'Espagne reste seule en dehors de l'unité liturgique; au XI° l'Espagne y entre à son tour par les soins d'Alphonse VI, que guide saint Grégoire VII. Du XI° au XVI° l'unité règne dans tout l'Occident, car Milan n'est dans ce vaste ensemble, qu'une exception trop minime pour qu'on en tienne compte.

Au XVI° siècle, les développements particuliers donnés dans les diverses Eglises à la Liturgie universelle et commune, et qui jusque là avaient pu être autorisés parce qu'ils n'en affectaient pas le fond, menacent de compromettre l'unité ; l'Eglise entière s'émeut de ce péril ; au milieu de la lutte avec le protestantisme, le Saint Siège et le Concile de Trente en sont préoccupés: le Concile veut que le Missel et le Bréviaire soient réformés. Quel missel et quel Bréviaire ? il n'y en avait pas deux : si chaque nation eût eu le sien, le Concile eût laissé aux Evêques de chaque nation le soin d'exécuter leur réforme particulière ; mais comme c'était partout le même Missel et le même Bréviaire diversement modifiés, diversement altérés, le Concile put renvoyer à une seule commission le travail préparatoire d'une réforme qui devait être tout à la fois unique et universelle. Puis, le Concile qui avait reçu de Paul IV les matériaux de cette grande œuvre, voyant qu'elle ne pouvait pas être convenablement terminée par une assemblée, qu'elle ne pouvait l'être qu'à Rome, où se trouvaient les sources de la Liturgie, puisqu'il ne s'agissait pas de refaire cette Liturgie, mais de la réformer, c'est-à-dire, de la ramener à sa pureté primitive, ordonne que le travail de sa commission sera remis au Pontife romain, afin que la réforme soit exécutée par son autorité (1). Saint Pie V l'exécute en effet, et toute l'Eglise, y compris la France, se soumet à ses Bulles unanimement, sans opposition. Clément VIII, Urbain VIII, les renouvellent et les confirment, tous leurs successeurs y tiennent la main. Au xviiie siècle, les Eglises de France se séparent sur ce point de toutes les autres. Des temps malheureux obligent l'Eglise à fermer les yeux sur ce désordre; cependant elle condamne les principes qui le justifiaient, et dès que les circonstances le permettent, elle donne par la bouche de Grégoire XVI et de Pie IX, des avertissements tout paternels, il est vrai, mais sur le sens

_____
(1) V. ci-dessus, p. 126, le texte du Concile.

desquels personne ne peut se méprendre (1). Depuis saint Innocent 1ᵉʳ, en 404, jusqu'à Pie IX, en 1847, le langage des successeurs de saint Pierre, des Vicaires du Christ est toujours le même. En tout temps, en tout lieu, en toute circonstance, ils proclament l'obligation, pour toutes les Eglises du Patriarchat d'Occident, de suivre la Liturgie romaine ; les amener à remplir ce devoir, tel est le but constant de leurs efforts. *Unir dans l'observation d'un même rit et d'un même Office, d'une même forme du Saint Sacrifice, tous ceux qui sont unis comme membres d'un même corps, l'Eglise, tous ceux qui reçoivent à la table sainte un même corps, le Christ, voilà, dit Clément VIII, ce qu'ont toujours ardemment désiré les Pontifes romains, voilà le résultat pour lequel ils ont si longtemps prodigué leurs sueurs* (2).

C'est donc un fait historique et incontestable que la tendance et les efforts persévérants de l'Eglise pour faire entrer

---

(1) Bref de S. S. Grégoire XVI à M. l'Archevêque de Reims ; Brefs de S. S. Pie IX à M. l'Evêque de Saint-Brieuc, à M. l'Évêque de Troyes, à M. l'Archevêque de Rheims.

(2) Cum sanctissimum Eucharistiæ Sacramentum, quo nos Christus Dominus Sacri Sui Corporis participes efficit, atque apud nos, usque ad consummationem sæculi permanere decrevit, maximum sit omnium Sacramentorum, illudque in sacra Missa conficiatur, ac pro peccatis totius populi Deo Patri offeratur, sane omninò conveniens est, ut qui omnes unum sumus in uno corpore, quod est Ecclesia, et de uno Corpore Christi participamus, una et eadem celebrandi ratione, uniusque Officii, et ritus observatione, in hoc ineffabili et tremendo Sacrificio utamur. Quod cùm Romani Pontifices prædecessores nostri semper optarint, atque in hoc diu multumque desudarint, tum in primis fœl. record. Pius Papa V. Missale romanum ex decreto sacri Concilii Tridentini, ad veterem et emendatiorem normam restitui, Romæque imprimi curavit. (*Bullarium*, Clemens VIII, Bulla *Cum sanctissimum*). Rapprochez de cette Bulle sur le Missel (elle est du 7 juillet 1604) la Bulle du même Pape sur le Bréviaire, dont nous avons donné un passage ci-dessus, p. 18.

dans l'unité de la Liturgie romaine toutes les Eglises de l'Occident. Deux exceptions à cette loi ne font que la confirmer. Tout le monde comprend en effet que la Liturgie mozarabe, conservée dans sept à huit chapelles ou églises paroissiales d'Espagne, que la Liturgie ambrosienne, maintenue à Milan et dans une partie de la province ecclésiastique qui relève de cette Métropole, ne sont pas des Liturgies nationales et ne font courir aucun danger sérieux à l'Unité, tandis qu'une Liturgie française, par exemple, ou une Liturgie espagnole, auraient l'immense inconvénient d'établir entre ces nations et les autres nations chrétiennes une différence d'autant plus redoutable que le caractère et le génie de ces peuples est plus tranché, plus original, plus contraire au caractère et au génie des autres peuples. Règle générale : moins les nationalités se tiennent par les liens humains, plus il importe de les unir par les liens religieux, plus il est nécessaire de multiplier et de resserrer ces liens, les seuls qui soient assez puissants pour détruire à la longue les antagonismes de pays et de race, pour réaliser le but que poursuit l'Eglise, la réunion fraternelle de toutes les nations dans la grande nation chrétienne, dans le même bercail, sous le même Pasteur. Laissant ces considérations, qui m'entraîneraient trop loin, je demande seulement s'il est permis à des Eglises particulières, ou même à une réunion d'Eglises, de chercher à rétablir un état de choses que l'Eglise a jugé dangereux et nuisible, qu'elle a constamment cherché à abolir ; s'il est permis de s'opposer à une action constante de l'Eglise et de travailler à accroître ou à maintenir la variété liturgique, lorsque l'Eglise travaille, depuis plus de quatorze siècles, à accroître l'empire de l'Unité ?

CHAPITRE VIII.

LITURGIES TOLÉRÉES.

« Le Saint Siége tolère les Liturgies françaises, on n'est donc pas obligé de les abandonner. » — Le Saint Siége tolère le fait, je l'accorde ; le Saint Siége tolère le principe, je le nie. Le principe fut nettement formulé par un Prélat français, Percin de Montgaillard, Evêque de Saint-Pons, dans son *Traité du droit et du pouvoir des Evêques de régler les Offices divins dans leurs diocèses*, et ce livre a été condamné par décret du 27 avril 1704, condamnation maintenue dans la dernière édition de l'*Index*. En tête de cette édition, comme des précédentes, figure en outre le décret par lequel sont prohibés d'une manière générale, sans distinction et sans qu'il soit besoin d'une sentence spéciale, les Offices de la Sainte Vierge et des Saints publiés ou à publier, par les Ordinaires sans l'approbation de la sacrée Congrégation des Rites. Les bulles de Saint Pie V, depuis le jour de leur promulgation jusqu'au moment où j'écris, sont reproduites en tête de toutes les éditions du Missel et du Bréviaire romains. La Bulle *Auctorem fidei* condamne formellement la doctrine qui attribue à l'autorité épiscopale le droit *de statuer et décréter comme il lui plaît contre les coutumes, exemptions et réserves qui ont lieu dans l'Eglise universelle, ou dans chaque Province, sans avoir obtenu la permission ou l'intervention du pouvoir hiérarchique supérieur par lequel elles ont été établies, approuvées et obtiennent force de loi* (1), et par conséquent le droit de *décréter* une Liturgie particulière, contre les *réserves apostoliques* que les Bulles de Saint Pie V proclament, sans la permission ou l'intervention du Saint-Siége. Enfin, Grégoire XVI, dans le Bref à M. l'Archevêque de Reims *déplore la variété de nos livres liturgiques*, la déclare *périlleuse* et de nature à *offenser les fidèles*. Il est donc bien évident qu'en principe les Liturgies françaises sont condamnées par le Saint-Siége.

Les Liturgies françaises sont tolérées en fait, c'est-à-dire que le Saint-Siége, se contentant de rappeler les Bulles de Saint Pie V, et de manifester son désir de voir ces Bulles *observées partout*, s'abstient *pour le moment*, ainsi s'exprime Grégoire XVI, de presser l'affaire avec plus de vigueur : *Abstinendum in præsens visum est a re plenius urgenda* ; mais on s'abuse étrangement si l'on croit que cette tolérance laisse toute liberté et n'impose aucun devoir. Pourquoi le souverain Pontife tolère-t-il une coutume que Saint Pie V qualifiait de détestable : *Prava illa consuetudo*, dont Grégoire XVI gémissait : *Tecum una dolentibus;* dans laquelle il voyait une source de périls et de scandales, *periculosissima, non sine fidelium offensione crevit?* Le souverain Pontife tolère, 1° à cause du malheur des temps et des circonstances qui rendent difficile la réforme de cet abus : *Difficile arduumque opus morem illum convellere*; 2° parce qu'il craint : *Graviora inde dissidia reformidantibus*; 3° enfin, parce qu'il espère : *Confidimus*

---

(1) Voyez la *Lettre à M. l'Archevêque de Reims sur le droit de la Liturgie*, p. 113, et la *troisième Lettre à M. l'Evêque d'Orléans*, p. 27, où se trouvent rapportées et discutées plusieurs des propositions condamnées par la Bulle *Auctorem fidei*.

equidem, Deo benedicente, futurum ut alii deinceps atque alii Galliarum Antistites memorati Episcopi exemplum sequantur.

Pour toute conscience droite, la tolérance du Saint-Siége, bien loin de justifier, rend beaucoup plus coupables ceux qui, au lieu de chercher à diminuer les obstacles, travaillent à les multiplier, ceux qui se rangent avec les hommes dont les sentiments et la conduite inspirent la crainte au lieu d'accroître la troupe fidèle des chrétiens dévoués dont les sentiments et la conduite font la joie du souverain Pontife et le remplissent d'espérance.

C'est surtout à l'occasion d'une circulaire de M. l'Evêque de Nevers, que les partisans de la variété liturgique ont argumenté de la tolérance accordée à nos Liturgies, comme si cette tolérance même ne les condamnait pas. Est-ce que l'on a besoin de *tolérer* ce qui est bon, ce qui est légitime? En réponse aux félicitations que le Prélat s'était empressé de faire parvenir à sa Sainteté au moment de son exaltation, il reçut un Bref où il n'est pas question de Liturgie, mais en communiquant ce Bref au clergé de son diocèse, M. l'Evêque de Nevers disait:

« Nous profitons de cette occasion pour vous informer des
« démarches que nous avons faites auprès de Sa Sainteté
« afin de tranquilliser pleinement notre conscience sur l'em-
« ploi de la Liturgie parisienne dans notre diocèse. Nous
« avons reçu l'assurance formelle que le Saint-Siége ne trou-
« vait pas mauvais, vu les circonstances, que nous main-
« tinssions l'usage absolu de cette Liturgie. Son Excellence
« le Nonce apostolique, que nous avons consulté tout récem-
« ment à ce sujet, nous a renouvelé la même assurance. »

La polémique s'engageant sur ce texte, M. l'Evêque de

Nevers comprit que des explications étaient nécessaires et son Vicaire-général, M. l'Abbé de Cossigny adressa au journal l'*Univers* une lettre de laquelle il suit que *l'assurance*, dont parlait le prélat dans sa circulaire a été donnée *verbalement* à cet ecclésiastique par Grégoire XVI ; que le Pontife n'oublia pas dans cette conversation d'exprimer son désir de voir *tous les diocèses de France entrer successivement dans l'unité de la Liturgie Romaine*, mais que, attendu *les difficultés*, il ne croyait pas devoir *l'ordonner*, s'en rapportant, quant au diocèse de Nevers, *au zèle et à la prudence* du Prélat (1). M. l'Evêque de Nevers était donc pleinement autorisé à conclure que, *vu les circonstances*, Grégoire XVI *ne trouvait pas mauvais* le maintien dans le diocèse de Nevers de la Liturgie parisienne. Il en résulte que tout en *désirant* le retour à l'unité liturgique dans les diocèses où ce retour est devenu possible, le Saint-Siége ne *trouve pas mauvais* et tolère le maintien des Liturgies particulières dans les dio-

(1) La lettre datée de Nevers, le 31 janvier 1847, a paru dans le numéro de l'*Univers* du 3 février. Après un préambule sur la situation liturgique du diocèse de Nevers, M. de Cossigny s'exprime ainsi :

« Des raisons graves m'ayant fait entreprendre le voyage d'Italie, Monseigneur me chargea d'exposer au Saint-Père lui-même la position où il se trouvait par rapport à cette question. Ce fut le 18 mars 1846 que j'eus l'honneur d'être admis à l'audience particulière de Sa Sainteté, sans autre témoin qu'un Religieux particulièrement aimé de l'auguste Pontife, et qui m'avait servi d'introducteur.

« Après les cérémonies d'usage, j'entrai en matière et je demandai au Saint-Père de vouloir bien me donner *ses décisions*, l'assurant, au nom de mon Evêque et de son clergé, que ses volontés, quelles qu'elles fussent, seraient exécutées avec autant d'empressement et d'amour que de respect et de fidélité. « Dites à votre Evêque, me répondit le saint vieillard,
« que je verrais sans doute avec grand plaisir tous les diocèses de France
« entrer successivement dans l'unité de la liturgie romaine, mais je com-
« prends les difficultés qui s'y opposent, et *je ne peux pas l'ordonner : je*

cèses où *les circonstances* font de ce maintien une nécessité. Il en résulte encore manifestement que, lorsque *les circonstances* auront changé, le Saint-Siége *trouvera mauvais* ce qu'il ne tolère, quant à présent, que *vu les circonstances*. Du reste on doit remarquer que le Saint-Siége n'a jamais consenti à donner de sa tolérance pour nos Liturgies une *assurance officielle*. Quand il s'agit d'exprimer le désir du retour à l'unité, Grégoire XVI, Pie IX adressent des Brefs à M. l'Archevêque de Reims, à M. l'Evêque de Troyes, la sacrée congrégation du Concile écrit officiellement à M. l'Evêque de Saint Brieuc. Mais si un Evêque représente *les difficultés* qui s'opposent dans son diocèse à la réalisation de ce désir, Grégoire XVI se contente de dire au Vicaire-général de ce Prélat : *dites-lui de ma part*.... quoi ? qu'il peut en sureté de conscience conserver sa Liturgie particulière ? Non, pas même cela, mais seulement que le Pape *abandonne la solution de la question à la sagesse de l'Evêque*, qu'il *s'en rapporte à sa*

« *ne l'ordonnerai jamais*. J'abandonne donc la solution de cette question
« à la sagesse de l'Evêque de Nevers, et m'en rapporte à sa prudence, *di-*
« *tes-le lui de ma part.* » Je dis alors à Sa Sainteté que cette réponse
mettrait beaucoup à l'aise notre digne Prélat, car en outre des difficultés
morales, il y en avait aussi de matérielles, et qui lui paraissaient réellement très graves, et tout aussitôt le Saint-Père me répéta : « Bien, bien ;
« que votre Evêque décide ce qu'il croira le mieux, je compte parfaitement
« sur son zèle et sa prudence. » Puis, après un moment de silence, il
ajouta : « C'est une question bien importante et bien délicate que celle de
« la Liturgie, et qui ne doit pas être résolue à la légère ; on se passionne
« vivement de part et d'autre !...... Connaissez-vous M. D...? C'est là, dit-il
« en riant, un intrépide champion de la Liturgie parisienne! » Et l'entretien finit là.

« Voilà, monsieur le rédacteur, un compte-rendu parfaitement exact de ma mission auprès du Souverain Pontife défunt, et dont je puis, en conscience, attester la rigoureuse fidélité. »

prudence et compte sur son zèle. D'où il suit, si je ne me trompe, que puisque l'Evêque rencontre des difficultés, le Pape ne veut pas le contraindre, ne veut pas *ordonner*, mais que, d'un autre côté, le Pape, ne pouvant juger par lui-même de la réalité de ces difficultés, laisse à l'Evêque le soin d'en juger d'après sa conscience et toute la responsabilité de la décision devant l'Eglise et devant Dieu. Cela suffit assurément pour *tranquilliser la conscience* de l'Evêque, lorsque, comme à Nevers, les difficultés sont réelles et les obstacles tels que le *zèle* réglé par la *sagesse et la prudence* est impuissant à les renverser ; mais une décision écrite et officielle, serait encore bien plus rassurante, tout le monde en conviendra : et par exemple, n'est-il pas évident que si au lieu des paroles rapportées par son Vicaire-général, M. l'Evêque de Nevers avait reçu un Bref du Souverain Pontife, il n'aurait pas cru nécessaire de *consulter ensuite son excellence le Nonce apostolique.* Tout le monde comprend parfaitement que sur de pareilles questions un Evêque tienne à avoir l'avis d'un des hommes les plus éminents de la Cour romaine par la vertu et par la science, qui représente si dignement le Saint-Siége et dont les vœux pour le retour des Eglises de France à l'unité liturgique sont si connus, mais on ne comprendrait pas une semblable démarche après un acte officiel du Souverain Pontife qui eût levé tous les doutes.

Quel est donc en définitive le résultat de la tolérance du Saint-Siége ? cette tolérance a pour résultat, d'abord : de *tranquiliser la conscience* des Evêques lorsqu'ils sont obligés par *les circonstances* de garder provisoirement des Liturgies particulières ; et, en second lieu, d'apprendre au Clergé, comme l'explique si nettement l'auteur des *Institutions li-*

turgiques, qu'il doit attendre le retour à l'unité de la sagesse des premiers Pasteurs et de leur dévouement au Vicaire de Jésus-Christ (1). Cette mesure présente en beaucoup de lieux des *difficultés* réelles ; ce n'est pas au Prêtre, mais à l'Evêque qu'il appartient de juger de la nature et de l'étendue de ces difficultés. Dans chaque diocèse, les fidèles et le Clergé doivent respecter la décision du Pontife, quelle qu'elle soit. Le Pape *s'en rapporte à son zèle et à sa prudence;* quel catholique, quel prêtre, quel vicaire ou quel curé serait assez téméraire pour se montrer plus exigeant que le Pape ? Presque partout les Evêques prouvent, d'ailleurs, par leurs actes combien ils sont dignes de cette confiance ; ici on rétablit déjà la Liturgie romaine, là on en prépare le retour publiquement et pour un avenir prochain ; dans beaucoup de diocèses l'Evêque exhorte lui-même ses Prêtres à prendre le Bréviaire romain, en attendant qu'il puisse le donner à son Eglise. Dans quelques autres, il est vrai, on a cru pouvoir l'interdire, mais je ne crois pas qu'on en compte plus de deux ou trois, et ce ne peut être que l'effet d'un mal-entendu; il est impossible d'ignorer que l'usage du Bréviaire romain est de droit commun : chacun, dit Fleury lui-même, cité par Bergier, *chacun doit réciter le Bréviaire du diocèse dans lequel il est domicilié, à moins qu'il n'aime mieux dire le Bréviaire romain, duquel il est permis de se servir dans toute l'Eglise latine* (2).

La circulaire de M. l'Evêque de Nevers nous remet en

---

(0) *Troisième Lettre à M. l'Evêque d'Orléans*, p. 90.

(2) *Dictionnaire de Théologie*, au mot *Office divin*. Bergier renvoie à Fleury : *Instit. au Droit ecclés.*, T. I, 2e part., c. 2, p. 275; et à Thomassin : *Disciplin. ecclés.*, 1re part., l. I, c. 34 et suiv.

mémoire le passage suivant d'une circulaire de S. Em. le Cardinal de Bonald : *Lorsque nous fumes à Rome, en 1814, nous crumes devoir demander à Pie VII la permission de continuer à nous servir du Bréviaire de Paris. Sa Sainteté nous répondit qu'il n'y avait aucune difficulté* (1). Nous venons de voir que M. l'Evêque de Nevers a fait *des démarches auprès de Sa Sainteté afin de tranquilliser pleinement sa conscience ;* on sait que le Bref de Grégoire XVI à M. l'Archevêque de Reims était une réponse à *deux lettres du pieux et prudent Archevêque, renfermant ses plaintes au sujet de la variété des livres liturgiques introduits dans un grand nombre d'Eglises de France.* Nous demandons si la situation liturgique d'un pays où un homme comme M. de Bonald a pu se croire obligé de *demander* au Pape la *permission* de garder le Bréviaire de son Eglise ; où un Archevêque comme M. de Reims juge nécessaire d'adresser au Souverain Pontife des *plaintes* au sujet de la variété des livres liturgiques ; où un Evêque comme M. Dufêtre *consulte* à la Nonciature et *fait des démarches à Rome afin de tranquilliser pleinement sa conscience,* et où le Pape fait répondre que, *vu les circonstances, il ne trouve pas mauvais* le maintien des Liturgies en usage ; nous demandons si une telle situation est régulière, si l'on trouve quelque chose d'analogue dans les autres parties de l'Eglise ? Se figure-t-on un Prêtre de l'Eglise de Milan, demandant la permission de garder le Bréviaire ambrosien, ou un Evêque de l'Eglise grecque-unie consultant pour savoir s'il peut, en sûreté de conscience, maintenir la Liturgie de Constantinople ? Ils ne pourraient pas

(1) *Circulaire à l'occasion de la réimpression du Bréviaire,* du 18 novembre 1843.

même en avoir la pensée. Puisque de telles choses sont possibles chez nous, il est manifeste que nous ne sommes pas dans l'ordre. Il est donc très souhaitable de voir cette situation changer ; c'est donc un devoir de faire des efforts, et surtout de prier pour obtenir de Dieu que d'*autres circonstances* viennent enfin rendre possible dans tous les diocèses ce qui n'est encore possible que dans quelques-uns.

Le lecteur aura remarqué que les assurances données à M. l'Evêque de Nevers n'apprennent, au fond, rien de nouveau. Tout ce qu'on en peut conclure se trouve déjà très nettement exprimé dans le Bref de Grégoire XVI à M. l'Archevêque de Reims : « Rien ne nous semblerait plus désira-
« ble, disait ce Souverain Pontife, que de voir observer par-
« tout, chez vous, les Constitutions de saint Pie V... Mais
« vous comprendrez parfaitement combien c'est une œuvre
« difficile et embarrassante de déraciner cette coutume, im-
« plantée dans votre pays depuis un temps déjà long ; c'est
« pourquoi, redoutant les graves dissentions qui pourraient
« s'ensuivre, nous avons cru devoir, pour le présent, nous
« abstenir (*abstinendum in præsens*) non seulement de pres-
« ser la chose avec plus d'étendue, mais même de donner
« des réponses détaillées aux questions que vous nous avez
« proposées. » En d'autres termes, nous croyons prudent, vu les circonstances, de tolérer provisoirement, et jusqu'à nouvel ordre, les liturgies françaises. L'assurance verbale, donnée au Vicaire-général de M. l'Evêque de Nevers en dit beaucoup moins et n'a pas, il s'en faut, la même autorité.

Ainsi, d'une part, vu les circonstances, le Saint-Siége tolère, pour le moment, l'usage des Liturgies du dix-huitième siècle ; et, d'autre part, vu les bulles de saint Pie V, les lois générales de l'Eglise et l'intérêt de la religion, le Saint-Siége désire le rétablissement de la Liturgie romaine dès que les circonstances le permettront ; ce sont là deux faits également certains et incontestables, depuis long-temps établis l'un et l'autre et acquis à la discussion.

Cette tolérance ne suffit pas aux partisans des Liturgies françaises ; malgré tout leur gallicanisme, ils voudraient bien avoir l'approbation d'un Pape. Ils sentent que cela leur manque, et ils y suppléent de leur mieux par des anecdotes plus ou moins curieuses. Un journal rapportait dernièrement que Benoît XIV trouvait fort beau le Bréviaire de Paris ; donc il l'approuvait, conclut le journaliste : comment désapprouver ce qui est beau ? Je ne m'inquiète pas de cette conclusion originale ; mais comment sait-on que Benoît XIV jugeait si favorablement ledit Bréviaire ? Ce grand Pape le déclara lui-même dans le temps à un Monsieur dont la tradition nous a conservé le précieux témoignage. Je ne puis certes pas prouver le contraire ; mais j'avoue que j'ai plus de confiance aux paroles que voici, tirées du livre *de la Canonisation des Saints:*

« Apres les Bulles de Saint Pie V, de Clément VIII, d'Ur-
« bain VIII ; après les décisions des Conciles de France pour
« l'exécution de ces Bulles, décisions conformes à l'antique
« discipline de l'Eglise gallicane, qui, sous Pépin et Charle-
« magne, prit la Liturgie romaine, pour rendre plus parfaite
« son union avec le Siége Apostolique, on ne comprend pas
« comment il se peut faire qu'au-delà des monts de nouveaux
« Bréviaires soient publiés chaque jour dans divers diocèses.
« Il y a peu d'années, un livre a été publié en France, par
« un Evêque dont j'épargnerai le nom, sous ce titre : *Du*
« *droit et du pouvoir des Evêques de régler les Offices divins*

« *dans leurs diocèses*, etc. Grancolas, dans son *Commentaire*
« *historique sur le Bréviaire romain*, affirme audacieusement
« contre la lettre même, si claire et si précise, de la Consti-
« tution de Saint Pie V, que l'intention de ce Pontife ne fut
« jamais de faire prendre partout le Bréviaire romain corrigé
« par lui, et d'abolir ainsi tous les Bréviaires diocésains. On
« ne peut admettre une pareille proposition que quant aux
« Bréviaires dont l'usage certain était antérieur de deux
« cents ans à la Bulle et quant à ceux qui, dans leur pre-
« mière institution, ont reçu l'approbation du Siége Aposto-
« lique : tels sont presque tous les Bréviaires des Moines.
« Si Grancolas mérite l'épithète d'audacieux pour avoir osé
« écrire ce que nous venons de voir, Jean Pontas doit être
« qualifié plus sévèrement encore ; car, dans son *Dictionnaire*
« *des cas de conscience*, il attribue aux Evêques le droit de
« publier et de réformer de nouveaux Bréviaires. Van Espen
« enseigne que l'examen et la correction des Bréviaires et
« des autres livres relatifs à l'Office divin appartient aux Evê-
« ques ; mais le Bréviaire romain ayant été reçu dans les
« Eglises de Belgique, il ajoute qu'on doit, dans ces Eglises,
« s'en tenir à la Bulle de Saint Pie V. Après avoir remarqué
« que cette Constitution défend de changer jamais le Bré-
« viaire, ni en totalité ni en partie, d'y rien ajouter, d'en
« rien retrancher, il dit, en parlant toujours des Eglises qui
« ont reçu le Bréviaire romain, que si on voulait y ajouter,
« ou corriger, ou changer quelque chose, il serait nécessaire
« de demander l'autorisation du Siége Apostolique. Il n e
« manque pas d'auteurs qui, avec Baldellus, déclarent légi-
« time l'usage des Bréviaires particuliers, et attribuent aux
« Evêques le droit de l'imposer, dans les diocèses où les

« Bulles des Pontifes romains, prescrivant l'usage du Bré-
« viaire corrigé, n'ont été ni reçues, ni exécutées, les Pon-
« tifes romains le sachant et le tolérant. Mais cela suffit-il ?
« que d'autres en jugent. Ce qu'on peut affirmer, c'est qu'il
« serait beaucoup plus sûr pour les Evêques qui, même après
« la Bulle de Pie V, croient pouvoir ajouter ou changer quel-
« que chose au Bréviaire, ou publier un Bréviaire nouveau,
« de demander le jugement préalable du Siége Apostolique,
« l'expérience nous apprenant que dans plusieurs Bréviaires,
« ainsi publiés par eux, se sont glissées, quelquefois, non par
« leur faute peut-être, mais par la faute d'autres personnes,
« des erreurs contraires à la saine doctrine, de telle sorte
« qu'il a été nécessaire ou de prohiber les Bréviaires publiés,
« ou d'en ordonner la correction (1). » — Je ne sais si réel-
« lement Benoît XIV a trouvé très beau le Bréviaire de Paris,
mais il me paraît clair qu'il ne trouvait ni très bonne, ni très
belle, ni très sûre, la conduite des Evêques français auteurs
des nouveaux Bréviaires.

A l'autorité de Benoît XIV, les défenseurs de la Liturgie
parisienne aiment à joindre celle de Pie VI. D'après un ancien Vicaire-général, dont le journal, confident de ses pensées, ne dit pas le nom, Pie VI aurait un jour avoué, on ne
sait à quel Chanoine, que le Bréviaire de Paris lui semblait
édifiant. Pour un Bréviaire, on en conviendra, l'éloge est
singulier. On raconte encore, je crois, d'autres histoires du
même genre, et on en tire des conclusions surprenantes à
l'aide de raisonnements qu'il est inutile d'apprécier, car M. l'E-
vêque d'Orléans les réfute admirablement par cette simple

---

(1) *De Canonizat. Sanctorum.* Lib. IV. part. II. cap. XIII. n° 6.

question : *De bonne foi, l'Eglise se gouverne-t-elle par des on-dit et par des chuchottements ? Vivons-nous de conversations ou de lois* (1) ?

Les défenseurs des Liturgies françaises sont en vérité des hommes étranges, ils ont les Brefs et les Bulles des Papes, les décisions formelles des Conciles provinciaux, nationaux et œcuméniques, ils refusent de s'y soumettre. Puis par compensation sans doute, ils répètent comme autant d'oracles infaillibles des propos plus ou moins heureux qu'il leur plaît d'attribuer à tel ou tel Pontife. Je ne dis rien du peu d'authenticité de ces anecdotes ; je veux admettre que les Papes ont parlé comme on les fait parler, qu'en passant de bouche en bouche leurs expressions n'ont pas été altérées, que la mémoire de leurs interlocuteurs a toujours été fidèle, qu'ils ont parfaitement saisi et parfaitement rendu la pensée du Saint-Père, qu'ils n'ont laissé échapper aucune de ces nuances qui dans la conversation modifient la parole par l'accent, par le geste, par la physionomie, par ce qu'on vient de dire, par ce qu'on va ajouter; mais je fais observer que la parole d'un Pape au coin de son feu, ou même en audience solennelle, n'a pas la même valeur, ne saurait avoir la même autorité qu'un Bref, qu'une Bulle. Prenons pour exemple *l'assurance* donnée *de la part* de Grégoire XVI à M. l'Evêque de Nevers ; personne assurément ne révoque en doute la véracité de M. l'Abbé de Cossigny, néanmoins tout le monde comprend que la lettre où il rapporte sa conversation avec Grégoire XVI, n'est pas un acte officiel et ne peut par conséquent pas être alléguée dans une discussion de droit. Ce n'est

---

(1) *Examen des Institutions Liturgiques*, p. 483.

pas pour rien que le Saint-Siége a prescrit les règles et les formalités qui donnent à ses décisions leur caractère authentique. Le Pape avant de parler comme Chef de l'Eglise examine, consulte, délibère, prie ; mais le Pape parle quelquefois comme docteur particulier, il faut que l'on puisse distinguer à des signes certains et connus de tous, la parole de l'homme de la parole du Pontife. Où en serions-nous d'ailleurs, si chacun pouvait dire : je suis allé à Rome, j'ai été reçu par le très Saint-Père, il a décidé ceci, il a décidé cela, tenez-vous-en à sa décision telle que je vous la transmets ? Sans doute, une décision ainsi donnée par le Pape peut suffire pour la conscience d'un particulier qui la connaît d'une manière moralement certaine, mais rien de pareil ne suffit dans une discussion publique sur des questions de droit ecclésiastique ; les pièces qu'on apporte en de tels procès doivent être authentiques et avoir une valeur canonique incontestable.

Il semble inutile d'insister sur une vérité aussi simple ; néanmoins rien de plus commun que cette confusion dont je parle entre les paroles, à tort ou à raison, attribuées au Pape et ses actes souverains ; rien de plus répandu que cette tendance à préférer les paroles incertaines mais qui flattent le préjugé ou la passion, aux actes authentiques, mais qui condamnent des opinions enracinées. Et ce n'est pas seulement quand il s'agit du Pape que l'on tombe dans ce travers : la même chose a lieu, toute proportion gardée, à tous les degrés de la hiérarchie ; que de gens ont pour leur curé la plus grande confiance, qui ne l'écoutent plus dès qu'il est en chaire ; c'est-à-dire dès que, au lieu de parler comme homme, il parle comme ministre de Dieu ! Que de gens épousent, sur des questions controversées les opinions particulières de leur Evêque, et combattent comme de vrais hérétiques les hommes assez mal avisés pour soutenir des opinions différentes, qui ne lisent même pas les actes publics du Pontife! Que de gens ne tiennent aucun compte des décisions des Conciles, qui vous feront un crime de ne pas partager les sentiments exprimés par une simple réunion d'Evêques! Voyez l'assemblée de 1682, elle ne formait pas plus un Concile qu'une simple réunion de magistrats ne forme un tribunal, sa fameuse Déclaration, lors même que les Papes ne l'auraient pas cassée et annullée, n'avait aucune espèce de valeur canonique, et pourtant c'est encore pour un certain nombre d'esprits, même chrétiens, la loi des lois. On pourrait citer d'autres exemples; mais pour rentrer dans le sujet spécial que nous traitons, que n'a-t-on pas dit de l'autorité des *commissions* chargées, au dix-huitième siècle, de revoir le travail des faiseurs de Liturgie ? Comme si lesdites commissions étaient des corps canoniquement institués, comme si la plupart n'avaient pas fait prévaloir leur avis contre l'avis des Chapitres auxquels l'Eglise a plus spécialement confié la garde de la tradition liturgique? Comme si ces commissions n'avaient pas détruit d'un seul coup l'œuvre des Papes, l'œuvre du Concile de Trente, l'œuvre de huit Conciles provinciaux français. Ecoutons sur ce point M. l'Evêque de Montauban :

« La *forme* dans laquelle le Romain fut adopté, après la
« Bulle de Saint Pie V, forme *canonique* et prise dans les prin-
« cipes même qui président au gouvernement de l'Eglise, est
« autant au-dessus de la *forme* employée pour la création
« et l'établissement des nouveaux Bréviaires, du Bréviaire
« parisien ou *français*, qu'un *Concile provincial*, composé de

« tous les Evêques d'une province ecclésiastique, ayant les
« garanties d'assistance divine qui appartiennent à toutes
« les institutions générales de l'Eglise, est au-dessus d'une
« *commission particulière*, formée par l'ordre d'un Evêque,
« et composée même des personnages les plus doctes, des
« théologiens les plus exacts, des latinistes et des poètes les
« plus habiles, fussent-ils tous des Robinet, des Coffin ou des
« Santouil (1). »

Concluons donc, avec M. l'Evêque d'Orléans, que *l'Eglise ne
vit ni de chuchottements ni de conversations*, que l'Eglise *vit
de lois*; respectons, aimons ces lois saintes ; gardons-nous de
les profaner, en attribuant à ce qui n'est pas elles, leur autorité souveraine, leur caractère sacré ; défendons autant
qu'il est en nous ce que leur inviolabilité protége, condamnions ce qu'elles condamnent ; plaignons nos Liturgies de
tomber sous le coup de ces lois, et de ne trouver d'abri contre elles que dans le vague souvenir de quelques conversations fugitives.

(1) Lettre au journal *l'Univers*, insérée dans le n° du 10 février 1846.

CHAPITRE IX.

LITURGIES PROTESTANTES.

Le Souverain Pontife a le droit, lorsqu'il le juge nécessaire au bien de l'Eglise, d'abolir les Liturgies, même générales ; les Eglises peuvent donc, en certains cas, passer d'un rite à un autre : ainsi la France, sous Charlemagne, ainsi l'Espagne, sous Alphonse VI, passèrent du rite gallican, du rite gothique au rite romain ; ainsi, de nos jours, le Saint-Siége autorise, quoique rarement, des églises du rite grec-uni à embrasser celui de l'Eglise latine. Mais ces changements se sont faits et se font toujours par l'autorité du Saint-Siége ; mais il est sans exemple que des Eglises aient quitté leur Liturgie ancienne et traditionnelle pour prendre une Liturgie de création nouvelle ; il est sans exemple qu'une Eglise se soit soustraite à la Liturgie romaine pour embrasser une Liturgie différente ; il est sans exemple qu'une Eglise se soit permis de quitter une Liturgie que le Saint-Siége lui avait donnée, dont le Souverain Pontife lui avait imposé récemment la Conservation par des Constitutions expresses et formelles, pour se faire à elle-même une Liturgie, ou pour adopter la Liturgie nouvellement inventée par une autre Eglise. L'Eglise grecque, l'Eglise de Milan, etc., etc., ont eu de tout temps la Liturgie qu'elles suivent encore ; elles n'ont pas laissé le Romain pour la prendre. On peut renoncer à une tradition particulière, si vénérable qu'elle soit, afin d'accroître, de fortifier l'unité ; on ne peut jamais, ni sous aucun prétexte, renier ses traditions légitimes, et tout à la fois détruire ou seulement diminuer l'unité déjà réalisée. A aucune époque, en aucun lieu, aucune Eglise ne tenta rien de semblable.

Je me trompe, il y a des exemples de tout cela. Les hérétiques de tous les temps ont fait ce que ne firent jamais les catholiques : au seizième siècle surtout, des Liturgies nouvelles œuvres des sectaires, remplacèrent, en maint pays, la Liturgie ancienne, œuvre des Saints, la Liturgie de l'Eglise romaine, et cela en dépit des Bulles et des Constitutions des Papes. Spectacle vraiment nouveau pour l'Europe chrétienne, on vit l'unité remplacée par la confusion ; au lieu d'une seule Liturgie, depuis lors, on a la gloire d'en posséder par vingtaines : la Liturgie anglicane, la Liturgie presbytérienne, la Liturgie réformée des calvinistes français, la Liturgie luthérienne allemande, la Liturgie suédoise, la Liturgie du roi de Prusse, etc., etc. Rien de plus naturel : on se séparait de Rome, on devait changer de Liturgie; on renonçait à prier avec elle, on devait renoncer à prier comme elle.

L'auteur des *Institutions Liturgiques* a signalé, avec le talent et l'érudition qui le distinguent, les principaux caractères des Liturgies hérétiques (1) : je n'essaierai pas d'analyser ce beau chapitre de son livre ; je ne veux pas non plus entreprendre l'histoire, même abrégée, des variations protestantes en fait de Liturgie; ce serait recommencer l'œuvre immortelle de Bossuet, qu'il suffit de parcourir pour constater entre les variations de la croyance et les variations du culte extérieur le plus exact parallélisme. Il en fut ainsi de tout temps;

(1) Tom. I. p. 405.

Saint Epiphane, en son catalogue des hérésies, après avoir montré les sectaires enseignant leurs nouveaux dogmes par la parole, les fait paraître mettant ces dogmes en action et les réalisant dans le culte public; tant il est vrai que la Liturgie est l'expression de la religion, le langage par lequel se révèle la croyance de la société religieuse.

Je me contente de rappeler brièvement quelques faits généraux : 1°. Les sectes protestantes ont toutes rejeté la Liturgie romaine, et, après l'avoir rejetée, elles n'ont cessé de l'attaquer, de la calomnier. Il est remarquable, du reste, que jamais les prétendus réformés n'aient songé à attaquer les Liturgies françaises : d'un côté ils se sentaient pour elles, à cause de leur origine, de leur multiplicité et de leur isolement, de la sympathie; de l'autre, ils voyaient bien qu'attaquer la Liturgie d'un diocèse, ce n'est point attaquer l'Eglise, tandis qu'on frappe véritablement sur l'Eglise en attaquant la Liturgie romaine.

2°. Sur ce point comme sur tous les autres, les protestants ont prétendu enlever au Pape, pour l'attribuer à chaque Eglise, l'autorité souveraine. L'Eglise anglicane est de toutes les sectes réformées celle qui a conservé le plus de cohésion et d'unité; néanmoins le 34° article de sa Confession-de-foi porte que, pour le bon ordre, il faut se conformer aux usages et aux cérémonies établis par l'autorité publique, mais que chaque Eglise peut *les instituer, les changer ou les abolir à son gré*; c'est exactement le droit que les défenseurs des Liturgies françaises attribuent à chaque Evêque dans son diocèse. Le fameux génovéfain, le Père Le Courrayer, fut conduit, dans son apologie des *ordinations anglicanes*, à justifier les innovations liturgiques de l'Eglise qu'il défendait. Voici un de ses principaux arguments :

« Chaque Evêque a le droit de corriger, de transformer
« la Liturgie de son diocèse, et d'établir une Liturgie nou-
« velle (il le prouve par l'exemple des Evêques français); or,
« le même droit appartient à plus forte raison aux Evêques
« réunis de tout un royaume; donc l'Eglise anglicane a eu
« le droit de rejeter la Liturgie romaine et d'en prendre une
« autre. Si elle avait ce droit, elle avait par là même celui
« de faire son choix, et d'arranger sa Liturgie comme il lui
« convenait Le droit serait illusoire, si une autorité quel-
« conque pouvait lui dire : Vous choisirez telle Liturgie et
« non pas telle autre, vous ferez votre Liturgie de telle fa-
« çon, vous y mettrez ceci et non pas cela, etc. L'Evêque de
« Comminges fait un Bréviaire, un Missel commingeois ; l'Ar-
« chevêque de Paris fait un Bréviaire, un Missel parisiens,
« et ainsi des autres Evêques de France ; chacun le fait comme
« il l'entend ; il n'a garde de consulter Rome là-dessus, car
« il sait que Rome le prierait de conserver le Bréviaire et le
« Missel romains, les Bulles de Pie V ne lui sont pas incon-
« nues ; il ne s'en rapporte pas même au Concile de Trente,
« le Concile ne veut qu'un seul Bréviaire et qu'un seul Missel
« pour toutes les Eglises, et ordonne que ce Bréviaire et ce
« Missel seront le Bréviaire et le Missel romains réformés par
« l'autorité du Souverain Pontife. L'Evêque ne l'ignore pas;
« mais il sait aussi que, malgré le Pape et malgré le Concile,
« son droit à lui est certain, plein, entier, sans limite et sans
« réserve. Le droit qu'ont les Evêques de France, les Evê-
« ques d'Angleterre l'ont également ; et si chacun d'eux le

« possède, comment tous ensemble en seraient-ils privés ? Il
« est évident que les Evêques de France, au lieu de faire
« chacun une Liturgie particulière, pourraient s'entendre, si
« cela leur plaisait, pour faire une Liturgie commune à toutes
« leurs Eglises ; c'est précisément ce qu'ont fait les Evêques
« de la Grande-Bretagne. L'Eglise gallicane a donc le droit
« de se donner un Bréviaire, un Missel gallicans, l'Eglise
« anglicane de se donner des livres anglicans ; et c'est en
« vertu de ce droit qu'elle a successivement adopté les Li-
« turgies de Henri VIII, d'Edouard VI, d'Elisabeth, de Jac-
« ques Ier, de Charles II, etc., etc. » — A cet argument du
Père le Courrayer, les catholiques d'Angleterre répondaient
qu'ils ne reconnaissaient ni à un Evêque, ni à une réunion
d'Evêques, ni à un diocèse, ni à une métropole, ni à une nation, mais seulement au Pape, ou à l'Eglise universelle, le
droit de changer la Liturgie établie, et de créer une Liturgie
nouvelle (1).

3°. Les Liturgies protestantes se sont multipliées indéfiniment et dans le temps et dans l'espace. Chaque secte a la
sienne, et la même secte en a de différentes, suivant le siècle et suivant le pays. L'Eglise anglicane a beaucoup moins
changé que ses rivales, et pourtant l'histoire de ses transformations serait assez longue : Henri VIII fit décréter, par acte
du parlement, le maintien des prières et des cérémonies catholiques, se contentant d'abord de retrancher du Pontifical
le serment au Souverain Pontife que tous les Evêques doivent prêter à leur sacre ; mais cela ne l'empêcha pas, à me-

---

(1) *Entreprises des hérétiques sur la Liturgie*, par l'abbé de La Tour, chanoine de Montauban, p. 9.

sure qu'il s'enfonçait dans l'erreur, d'introduire les changements liturgiques qu'exigeaient ses nouvelles doctrines. Le premier acte d'Edouard VI, son fils et son successeur, fut de donner à son Eglise un *Ordinal* et un *livre de prières communes*, c'est-à-dire un Rituel et un Bréviaire, que la Reine Marie abolit en rétablissant la religion catholique, que reprit Elisabeth en les modifiant, que corrigea et augmenta Jacques I*er*, que Cromwel remplaça par une Liturgie de sa façon, que Charles II remit en honneur en les arrangeant à son tour, etc., etc. Cependant il faut reconnaitre que l'Eglise anglicane, malgré le 34° article de sa confession de foi, a évité de se fractionner. Elle a eu plusieurs Liturgies, mais jamais deux à la fois, chaque changement a été adopté en même temps par tous ses Evêques ; ils ont cru qu'étant membres d'un même corps, ils devaient avoir une même prière ; la nation n'aurait pas souffert que l'Evêque de Lincoln eût son *livre de prières* et l'Evêque de Landof le sien ; qu'on suivît un *Ordinal* à Rochester et un autre à Londres ; une idée aussi bizarre ne pouvait pas entrer dans les têtes anglaises. Cette sorte d'unité liturgique dans l'espace est une des causes qui ont contribué à préserver l'Eglise anglicane de l'anarchie où sont tombées les autres sectes.

4°. Les sectes protestantes ont répudié l'antiquité dans leurs Liturgies. C'est ce que Bossuet reproche spécialement à l'Eglise anglicane (1), qui, sous ce rapport encore, a montré moins d'audace que ses sœurs (2). Mais si elle a moins changé la Liturgie, elle a aussi moins changé la croyance,

---

(1) *Histoire des Variations*. Liv. VII. n° 84.
(2) Voyez Bergier, *Dictionnaire de Théologie*, au mot *Anglican*.

preuve nouvelle de cette vérité démontrée par l'histoire comparée de toutes les hérésies, que toujours et partout la Liturgie s'altère dans la même proportion que la Foi. L'Angleterre devra peut-être le salut au peu qu'elle a gardé de cérémonies et d'usages romains. On sait que ces faibles débris ont suffi de nos jours pour inspirer aux puséystes le goût et l'amour de l'antiquité chrétienne, et que beaucoup d'entre eux, en suivant cette voie, ont été conduits jusqu'au sein de la véritable Eglise. Il ne faut pas croire que les premiers réformateurs aient rejeté du premier coup et en bloc la Liturgie romaine. Oh! non, ils procédaient avec plus de ménagements : Lisez la *Confession d'Augsbourg*, la *Confession Saxonne*, le *Colloque de Ratisbonne*, etc., vous y verrez qu'il ne s'agit pas du tout de changer la Liturgie, mais de la *réformer*, de retrancher ce qu'il peut y avoir çà et là de défectueux, et que ces changements ne doivent blesser personne, car, après tout, *les cérémonies et les formules de la prière sont des choses indifférentes, chaque Eglise peut conserver ses usages sans que cette diversité nuise en rien à l'unité de la foi.* « En 1523, lorsque Luther réforma la Messe et en
« dressa la formule, il ne changea presque rien de ce qui
« frappait les yeux du peuple. On y garda l'Introït, le *Kyrie*,
« la Collecte, l'Epître, l'Evangile avec les cierges et l'encens,
« si l'on voulait, le *Credo*, la Prédication, les Prières, la
« Préface, le *Sanctus*, les paroles de la Consécration, l'Elé-
« vation, l'Oraison dominicale, l'*Agnus Dei*, la Communion,
« l'Action de grâces. Voilà l'ordre de la Messe luthérienne,
« qui ne paraissait pas à l'extérieur fort différente de la
« nôtre; au reste, on avait conservé le chant et même le chant

« en latin ; et voici ce qu'on en disait dans la Confession
« d'Augsbourg : *On y mêle avec le chant en latin des prières*
« *en langue allemande, pour l'instruction du peuple.* On voyait,
« dans cette Messe, et les parements et les habits sacerdo-
« taux ; et on avait grand soin de les retenir, comme il pa-
« raissait par l'usage et par toutes les conférences qu'on fit
« alors (1). »

L'opinion de Mélanchton, soutenu des académies de Leipsick
et de Vitemberg, était qu'il ne fallait changer que le moins
qu'il se pouvait dans le culte extérieur. Il ne croyait pas que
pour un surplis, pour quelques fêtes, ou pour l'ordre des le-
çons, il fallût attirer la persécution (2). On lui fit un crime
de cette doctrine et on décida que ces choses indifférentes
devaient être absolument rejetées parce qu'elles enfer-
maient une espèce de profession du papisme. On les rejeta
donc, et peu à peu toute la Liturgie de la vieille Eglise disparut.

Calvin alla plus loin : « Il y eut un point qui lui donna
« grand crédit parmi ceux qui se piquaient d'avoir de
« l'esprit. C'est la hardiesse qu'il eut de rejeter les cérémo-
« nies beaucoup plus que n'avaient fait les luthériens ; car
« ils s'étaient fait une loi de retenir celles qui n'étaient pas
« manifestement contraires à leurs nouveaux dogmes. Mais
« Calvin fut inexorable sur ce point. Il condamnait Mélanch-
« ton, qui trouvait à son avis, les cérémonies trop indiffé-
« rentes ; et si le culte qu'il introduisit parut trop nu à quel-

(1) *Hist. des Variations*. Liv. III. n° 51.
(2) *Ibid*. Liv. VIII. n° 15.

« ques-uns, cela même fut un nouveau charme pour les
« beaux esprits qui crurent par ce moyen s'élever au-des-
« sus des sens et se distinguer du vulgaire (1). »

Socin compléta l'œuvre de Calvin en abolissant toute Liturgie. Ainsi les protestants commencèrent par *réformer* l'antique Liturgie, et cela dans son intérêt, afin de la rendre plus parfaite. Puis, sous prétexte que les *actes extérieurs*, les cérémonies et les formules sont choses *indifférentes*, les changements se multiplièrent ; ensuite, par la raison que *la variété dans la Liturgie n'empêche pas l'unité de la foi*, chacun les fit de son côté, selon son caprice ; après quoi, comme il s'aperçurent que *la Liturgie est une profession de foi*, ils rejetèrent tout ce qui rappelait la foi catholique et firent une Liturgie entièrement nouvelle pour leur nouvelle religion ; les plus conséquents, reconnaissant que *la Liturgie n'a aucun rapport nécessaire avec la vertu de religion*, crurent qu'elle était inutile et même dangereuse, ils s'en débarrassèrent.

Les plus éclairés et les plus sages parmi les protestants en furent bientôt aux regrets : « Plusieurs d'entre eux, disait
« Bergier, sont convenus que les prétendus réformateurs se
« sont trop écartés de l'ancien modèle ; mais comment en
« conserver le langage et la forme lorsqu'on en avait aban-
« donné l'esprit et la doctrine ? Ceux qui ont voulu s'en rap-
« procher comme on a fait à Neuchâtel, n'ont réussi qu'à se
« donner un ridicule de plus. » La Liturgie partage nécessairement les vicissitudes de la foi qu'elle exprime : « Dès
« qu'un peuple a été chrétien, il a reçu sans résistance une
« Liturgie qui était l'expression fidèle de la doctrine des

---

(1) *Ibid.* Liv. IX. n° 75.

« Apôtres, jamais il n'a touché à sa Liturgie sans avoir changé
« de croyance (1). » Les protestants, malgré tous leurs regrets et tous leurs désirs ne pourront donc rapprocher leur Liturgie de *l'ancien modèle*, qu'en rapprochant aussi leur doctrine de la doctrine ancienne. C'est ce que devraient comprendre les protestants de Berlin, qui dans la lettre de convocation de leur synode s'expriment ainsi: *En fait d'unité, de culte et de Liturgie, le catholicisme a produit tout ce qu'il y a de plus grandiose et de plus parfait. Sur ce domaine, il manque à notre Eglise ce qui donne au culte son principal prestige : l'antiquité immémoriale et le caractère traditionnel qui n'appartiennent qu'au catholicisme* (2). » Si toutes les Eglises catholiques, au lieu de conserver avec respect et avec amour la Liturgie romaine avaient imité les Eglises de France, ce qui manque à l'Eglise de Berlin ne manquerait-il pas aussi à l'Eglise de Jésus-Christ ?

5°. Les protestants ont accepté leurs Liturgies de toutes mains et sans trop regarder au mœurs et à la doctrine. Ils se piquaient de littérature et de beau langage ; c'était là pour eux l'essentiel. Les calvinistes français adoptèrent pour leurs Offices, si l'on peut leur donner ce nom, la traduction des Psaumes en vers français par Clément Marot, dont le talent poétique fut long-temps aussi vanté parmi eux que l'est parmi nous le talent de Santeuil ou de Coffin.

6°. Les protestants ont une foule d'objections contre la Liturgie romaine : d'abord le Bréviaire est beaucoup trop long ; c'est Calvin qui le premier a trouvé cela (3), et depuis

---

(1) *Dictionnaire de Théologie*, au mot *Liturgie*.
(2) Voir *l'Univers* du 22 avril 1846.
(3) *Instit.* Liv. III. ch. 20.

on l'a beaucoup répété. En second lieu la parole de Dieu est seule digne d'être prononcée dans l'Office divin, et l'on rencontre dans la Liturgie romaine autre chose que l'Ecriture Sainte ; ceci est de Luther et de tous les protestants dont, sur ce point, les liturgistes du dix-huitième siècle et leurs modernes successeurs, ne sont que les échos. Troisièmement, le latin de l'Eglise n'est pas le latin classique : en effet le latin de l'Eglise est une langue à part, une langue créée par le génie chrétien pour exprimer les idées chrétiennes ; ne comprenant pas cette langue, les protestants et à leur suite les amateurs de Liturgies nouvelles l'ont traitée de barbare ; les premiers l'abandonnèrent pour les langues vulgaires, les seconds pour du latin de collége qu'admirent fort les demi-savants. Ils le prennent bonnement pour la langue de Cicéron, de Virgile et d'Horace, dont il n'est qu'une grossière et plate imitation ; seulement l'expression payenne y abonde de telle sorte qu'en déshonorant la langue des vieux Romains, il a encore le malheur de profaner les divins mystères. En quatrième lieu, selon les protestants la Liturgie romaine exagère outre mesure le culte de la Vierge et des Saints. ainsi que les prérogatives du Saint-Siége, et c'est pourquoi Voetius l'appelle *l'idolâtrie papale ;* sous ce triple rapport, les Liturgies du dix-huitième siècle, tout le monde en convient, sont moins attaquables. « Les nouveaux Bréviaires,
« disait un auteur contemporain, reconnaissent bien des vé-
« rités dans les critiques des auteurs protestants. Ils suppri-
« ment, par exemple, la légende de la plupart des Saints dont
« ces auteurs se moquent, comme des Saints et Saintes Ca-
« therine Marguerite, Pétronille, Gertrude, Brigitte, Cathe-
« rine de Sienne, Ursule, George, Christophe, Théodore, etc.

« etc.; les stigmates de saint François, le Rosaire, le Scapu-
« laire, la Merci, Notre-Dame-aux-Neiges etc. etc. Les protes-
« tants ont blâmé l'usage de dire en particulier: *Dominus vo-*
« *biscum, Oremus, jube, Domne benedicere*, etc., qu'on a changé
« aussi; les protestants parlent avec mépris de la réforme de
« Pie V, de Clément VIII et de la correction des hymnes d'Ur-
« bain VIII, on l'abandonne. N'avions-nous pas raison de
« nous plaindre, disent les protestants? on a égard à notre
« critique. Que diront-ils aujourd'hui des innombrables ré-
« formations que fait chaque Evêque, et qui supposent que le
« Bréviaire romain est de tous ces livres le plus défectueux ?
« *Vide quam accuratus sit cultus publicus in papatu, ubi hæc*
« *emendari debuerunt* (1). » En résumé il n'est pas une innovation dans les Liturgies françaises qui ne soit la justification
d'un reproche adressé à l'Eglise par les protestants, et il n'est
pas une critique adressée à la Liturgie romaine par les auteurs, fauteurs ou défenseurs de ces Liturgies pour justifier
ces innovations, qui ne se trouve dans les écrits des Calvin,
Duplessis-Mornay, Aubertin, Lefaucheur, Jurieu, Daillé,
Hospinien, Voetius etc. etc., et que n'aient refutée Bellar-
min, Duperron, Stapleton, Bossuet, Clichtoue, Nicolas de
Lyra etc etc.

(1) *Entreprises des hérétiques sur la Liturgie*, p. 18.

CHAPITRE X.

LITURGIE ROMAINE.

A en croire certains écrivains, fort occupés d'ailleurs de la question liturgique, les Liturgies actuellement en usage dans les divers diocèses de France ne seraient autre chose que les anciennes Liturgies gallicanes, tandis que la Liturgie donnée à l'Eglise par Saint Pie V serait tout autre que l'antique Liturgie romaine. De pareilles affirmations révèlent une grande ignorance ; mais nous vivons dans un siècle où chacun peut, en toute assurance, parler de ce qu'il ignore, et traiter les questions les plus graves sans en connaître même les premiers éléments.

La Liturgie romaine a été revue, corrigée, réformée, ordonnée une première fois par Saint Grégoire-le-Grand, une seconde fois par Saint Grégoire VII, une troisième fois, au treizième siècle, par les Frères-Mineurs, sur l'ordre de Grégoire IX, une quatrième fois par Saint Pie V ; elle le sera probablement encore dans l'avenir. Mais une réforme n'est pas une révolution ; les Papes que nous venons de nommer, réformèrent, c'est-à-dire ils corrigèrent les livres liturgiques, en retranchèrent tout ce qui s'y était glissé par le laps du temps, d'incorrect, d'inutile ou de dangereux, tout en maintenant les développements naturels et harmonieux, amenés par le travail des siècles ; mais les livres de Pie sont au fond et substantiellement ceux de Grégoire IX, qui sont ceux de Grégoire VII, qui sont ceux de Grégoire Ier, de telle sorte que nous suivons toujours, sous le nom de Bréviaire, le *Psau-*

tier divisé pour la semaine et le *Responsorial;* sous le nom de Missel, l'*Antiphonaire*, le *Sacramentaire* et le *Lectionnaire,* dans lesquels ce dernier Pontife avait recueilli, mis en ordre, complété, perfectionné l'œuvre liturgique de Saint Gélase, de Saint Léon-le-Grand, de leurs prédécesseurs, l'œuvre dont le prince des Apôtres lui-même avait jeté les fondements, tracé le plan général, indiqué les lignes principales. C'est encore la même division du Psautier, le même partage des livres de l'Ecriture, les mêmes Antiennes et Répons, les mêmes fêtes au calendrier, les mêmes Collectes, Secrètes, Postcommunions, Préfaces, Epîtres, Evangiles, Introïts, Graduels, etc., etc., sauf, bien entendu, les additions qu'à chaque époque le Saint-Siége a fait entrer dans ce cadre immuable, sur ce fond toujours le même.

« On n'a jamais douté à Rome, dit Bergier, que la Litur-
« gie de cette Eglise ne vînt, par tradition, de Saint Pierre.
« Ainsi le pensait, au quatrième siècle, Saint Innocent, Ier,
« *Epist. ad Décent.*, et au sixième, le Pape Vigile, *Epist. ad*
« *Profut*. On ne connaît point de Liturgie latine écrite avant
« le Sacramentaire que dressa le Pape Gélase, vers l'an 496.
« Le Cardinal Thomassius le fit imprimer à Rome, en 1680,
« sous le titre de *Liber sacramentorum Romanæ Ecclesiæ*. Ce
« savant Cardinal pense que Saint Léon y avait eu beaucoup
« de part, mais que le fond est des premiers siècles. Environ
« cent ans après Gélase, Saint Grégoire-le-Grand y retrancha
« quelques prières, en changea d'autres, y ajouta peu de
« chose. Le Canon de la Messe, qui se trouve à la page 196
« de Thomassius, est le même que celui dont nous nous ser-
« vons encore; il ne renferme aucun des Saints postérieurs
« au quatrième siècle, preuve de son antiquité. C'est ce que

« nous appelons la *Liturgie Grégorienne*. L'exactitude avec
« laquelle on la suit depuis plus de douze cents ans, doit
« faire présumer qu'on ne l'observait pas moins scrupuleu-
« sement avant qu'elle fût écrite. Cette réflexion aurait dû
« engager les protestants à la respecter davantage. (1) »

« Le rit grégorien, ce sont les cérémonies que Saint Gré-
« goire-le-Grand fit observer dans l'Eglise romaine, soit
« pour la Liturgie (2), soit pour l'administration des Sacre-
« ments, soit pour les Bénédictions, et qui sont contenues
« dans le livre nommé Sacramentaire, de Saint Grégoire.
« Ce Pape n'en est pas pour cela l'instituteur, puisqu'il n'a
« fait que mettre dans un meilleur ordre le Sacramentaire
« du Pape Gélase. On peut s'en convaincre en comparant
« l'un à l'autre, par le moyen de l'ouvrage intitulé *Codices Sa-*
« *cramentorum*, publié à Rome, en 1680, par Thomassius.
« Gélase lui-même n'est pas le premier auteur des prières, ni
« des rites principaux de la Liturgie latine : De tout temps
« on en a rapporté l'origine aux Apôtres. En 431, Saint Cé-
« lestin Ier écrivit aux Evêques des Gaules qu'il faut consul-
« ter les prières sacerdotales *reçues des Apôtres* par tradition,
« afin d'y voir ce qu'on doit croire. Saint Léon, mort l'an
« 461, ajouta seulement au Canon ces quatre mots : *Sanctum*
« *sacrificium, immaculatam hostiam*; et ce léger change-
« ment a été remarqué. Gélase, qui tint le siége de Rome

---

(1) *Dictionnaire de Théologie*, au mot *Liturgie*. — Contrairement à l'opinion de Bergier, nous croyons, avec de savants auteurs, que la Liturgie a *été écrite* bien avant saint Gélase; mais le Sacramentaire de ce Pontife n'en est pas moins le plus ancien qui nous ait été conservé, et dans tous les cas, les réflexions de Bergier demeurent dans toute leur force.

(2) Bergier prend le mot *Liturgie* dans le sens restreint des Grecs ; il entend par là proprement les cérémonies et les prières de la Messe.

« depuis l'an 496, plaça le Canon à la tête de son Sacramen-
« taire, sans y rien changer. En 538, le Pape Vigile, en l'en-
« voyant à un Evêque d'Espagne, lui dit qu'il l'a reçu de
« tradition apostolique. Saint Grégoire, élevé au pontificat
« en 590, ne fit au Canon que deux légers changements : il y
« ajouta la phrase : *Diesque nostros in tua pace disponas*, et il
« plaça la récitation du *Pater* avant la fraction de l'hostie, au
« lieu que dans les autres Liturgies on ne le récite qu'après.
« Ce changement, quoique très léger, ne laissa pas de faire
« du bruit. Depuis Saint Grégoire, ou depuis l'an 600, on n'y
« a pas touché : l'on a seulement ajouté le mot *Amen* à la fin
« de plusieurs Oraisons C'est donc uniquement aux prières
« qui précèdent ou qui suivent le Canon que plusieurs Papes
« ont travaillé ; ils ont choisi des Epîtres et des Evangiles ;
« ils ont fait des Collectes, des Secrètes, des Préfaces, des
« Post-communions propres aux Mystères ou aux Saints dont
« ils établissaient l'Office. Saint Léon en avait fait plusieurs ;
« Gélase en augmenta le nombre, Saint Grégoire abrégea le
« travail de Gélase, et y ajouta ou changea peu de chose :
« c'est ce que nous apprend Jean le Diacre, dans la vie de
« Saint Grégoire, liv. 2., chap. 15, et on le voit par la com-
« paraison des deux Sacramentaires. Les Protestants, qui
« ont imaginé que les Papes ont été les créateurs d'une reli-
« gion nouvelle dans l'Eglise latine, sont bien mal instruits
« de l'antiquité. Lorsqu'il fallut faire des Messes pour de nou-
« veaux Saints, l'on prit les prières du Sacramentaire Géla-
« sien, qui n'avaient pas été employées par Saint Grégoire ;
« souvent l'on emprunta les matériaux de l'un et de l'au-
« tre. (1) »

(1) *Dictionnaire de Théologie*, au mot *Grégorien*.

« Saint Paul recommande aux fidèles de s'exciter et de
« s'édifier les uns les autres par des Psaumes, des Hymnes
« et des Cantiques spirituels, et de chanter de tout leur cœur
« à l'honneur de Dieu. *Ephes.*, c. 5., v. 19 ; *Coloss.*, c. 3.,
« v. 16. Il est dit qu'après la dernière Cène, Jésus-Christ
« lui-même dit un Hymne avec ses Apôtres, *Matth.*, c 26,
« v. 30. Nous lisons dans les *Actes des Apôtres*, c. 6, v. 4,
« qu'ils se déchargèrent sur les Diacres du soin des pauvres
« et de la distribution des aumônes, afin de vaquer plus li-
« brement à la prière et à la prédication ; il est très probable
« qu'ils entendaient la prière publique, la Liturgie, et ce que
« nous appelons l'*Office divin*. Dans l'*Apocalypse*, c. 5, v. 19,
« où nous voyons le plan de la Liturgie apostolique, les vieil-
« lards ou les Prêtres chantent un Cantique à la louange de
« Jésus-Christ. Pline le jeune, après s'être informé de ce qui
« se passait dans les assemblées des chrétiens, dit qu'ils y
« adressaient des louanges à Jésus-Christ comme à un Dieu ;
« Eusèbe, *Hist. Ecclés.*, liv. 5, chap. 28, cite les Cantiques
« composés dès le commencement par les fidèles, et dans
« lesquels la divinité était attribuée au Sauveur. Dans le
« Concile d'Antioche, tenu l'an 252, l'on voit déjà le chant
« des Psaumes introduit dans l'Eglise. L'institution de cet
« usage est attribuée à Saint Ignace, disciple des Apôtres ;
« Socrate, *Hist. Ecclés.*, liv. 6, ch. 8, Saint Justin, Tertul-
« lien, Saint Clément d'Alexandrie, Origène, Saint Basile,
« Saint Epiphane, Théodoret et d'autres Pères ont parlé de
« l'*Office* ou de la prière publique de l'Eglise ; *Bingham*, liv.
« 13, ch. 5. Aussi, Saint Augustin assure que le chant de
« l'*Office divin* n'a été établi par aucune loi ecclésiastique,

« mais par l'exemple de Jésus-Christ et des Apôtres. Saint
« Jérôme, Saint Ambroise, le Pape Gélase, Saint Grégoire, y
« ont ajouté quelques parties, ont composé des Hymnes, des
« Antiennes, des prières nouvelles sur le modèle des ancien-
« nes, ils y ont mis de l'ordre et de l'arrangement ; mais
« ils ne sont pas les premiers auteurs de l'Office divin, le
« fond existait avant eux ; cet Office fut une des principales
« occupations des premiers moines, aussi bien que des
« clercs (1). »

Ainsi Saint Léon, Saint Gélase, Saint Grégoire-le-Grand, ne touchèrent à la Liturgie que pour la conserver dans sa pureté primitive, que pour mettre en harmonie avec ce fond immuable et sacré, les additions nécessitées par les besoins nouveaux de l'Eglise. Les réformes opérées par Saint Grégoire VII, par Grégoire IX, par Saint Pie V eurent le même caractère. Et si, comme cela est dans l'ordre des choses possibles, Rome entreprenait en ce siècle une réforme nouvelle, cette réforme, pas plus que les précédentes, n'aurait pour effet de créer une nouvelle Liturgie, mais bien de développer, de perfectionner par l'action de l'autorité souveraine, et selon les règles consacrées, la Liturgie antique, invariablement et fidèlement transmise de siècle en siècle, et cependant de siècle en siècle toujours développée, ornée, enrichie par les souverains Pontifes.

Nous n'entreprendrons pas de démontrer en détail, cette perpétuelle identité de la Liturgie romaine avec elle-même. Ceux qui en doutent n'ont qu'à mettre les livres de Saint

---

(1) *Dictionnaire de Théologie*, au mot *Office divin*.

Pie V en regard des livres de Grégoire IX, de Saint Grégoire VII, de Saint Grégoire-le-Grand et à comparer. Ce travail a été fait, en France, par l'auteur des *Institutions liturgiques*; il l'a été aussi, en Angleterre, par les Puseyistes, et n'a pas peu contribué à ramener dans le sein de la véritable Eglise leurs chefs les plus savants. Voici comment ils s'exprimaient dans les *Traités pour le temps présent*, publiés, on le sait, bien avant la conversion de M. Newman et de ses amis : « Le service de prière du Bréviaire est d'une telle excellence « et d'une telle beauté, que si les controversistes romains « étaient *assez avisés* pour le présenter aux protestants comme « le livre de prière de leur Eglise, ils produiraient infailli- « blement sur l'esprit de tout dissident non prévenu un pré- « jugé en leur faveur. » En conséquence, les Puseyistes proposaient à l'Eglise anglicane de reprendre ce *service de prière*, qui jadis avait été le sien comme celui de toute l'Europe. « Nous essaierons donc d'arracher cette arme aux « mains de nos adversaires (les catholiques romains); nous « la leur avons abandonnée autrefois, comme bien d'autres « trésors qui nous appartiennent aussi bien qu'à eux. » Suit une courte histoire du Bréviaire romain, dans laquelle il est expressément établi que, quant aux parties principales, ce Bréviaire est aussi ancien que le christianisme lui-même. Parlant de la réforme liturgique de Saint Grégoire VII au onzième siècle, l'écrivain anglican s'exprime ainsi : « Gré- « goire VII n'a fait que restaurer et adapter plus parfaite- « ment aux Eglises le service de prière du Bréviaire, en sorte « que, dans sa forme actuelle, tant pour la distribution des « Heures que dans sa substance, il n'est autre chose que la

« continuation d'un système de prière qui date des temps
« apostoliques, (1) »

Nous avons vu que les Liturgies orientales, et la Liturgie ambrosienne remontent également, pour la substance et le fond, aux premiers temps du christianisme ; nous avons vu qu'immuablement conservées dans leur essence, elles ont été corrigées, développées, agrandies, enrichies, réformées, ordonnées par les Evêques les plus saints et les plus illustres, de même que les travaux faits sur le fond invariable de la Liturgie romaine sont dus aux Papes les plus éminents par le génie, la science et la sainteté. Nous trouvons donc ce triple caractère commun à la Liturgie universelle et aux Liturgies particulières reconnues et autorisées dans l'Eglise par le souverain pouvoir, savoir : qu'elles remontent toutes à l'antiquité la plus reculée, que le fond en demeure immuable, que les additions, les développements qu'elles prennent, sont dus aux plus saints, aux plus vénérables personnages, à ceux que l'Eglise a placés sur ses autels. Or, les Liturgies françaises manquent à la fois de ces trois caractères, pour le fond comme pour la forme, elles sont tout-à-fait modernes ; les plus anciennes ne remontent pas au-delà des premières années du dix-huitième siècle. En vertu du principe même qui les a tirées du néant pour les mettre à la place soit de la Liturgie romaine, soit des anciennes Liturgies gallicanes, elles peuvent changer et changent en effet perpétuellement. Enfin, leurs auteurs sont de simples prêtres, des dia-

---

(1) *Traités pour le temps présent*, tome III, paragraphe 73 : *Du Bréviaire romain considéré comme renfermant l'essence du culte de prière de l'Eglise catholique.*

cres, des acolytes, des laïques même, la plupart infectés du levain de l'hérésie et dont plusieurs sont morts hors du sein de l'Eglise.

La réforme de Saint Grégoire VII n'eut d'abord pour objet que la chapelle papale ; le grand Pontife laissa aux Eglises la liberté d'adopter ou de ne pas adopter cette révision. Mais bientôt elle s'établit dans toutes les Eglises de Rome. Plus tard, l'ordre de Saint-François, qui gardait exclusivement cette forme de la Liturgie, la fit connaître en tous lieux, et ceux de ses membres qui furent élevés à l'Episcopat l'introduisirent dans leurs diocèses ; peu à peu ces exemples furent suivis partout, et au quatorzième, au quinzième siècle, dans la première moitié du seizième, la Liturgie romaine selon la forme de Saint Grégoire VII est en usage dans presque toutes les églises de l'Europe.

Les Franciscains ne furent pas seulement les propagateurs de la Liturgie de Grégoire VII ; Haymon, leur quatrième général, fut chargé par Grégoire IX de la revoir et de la corriger, et Nicolas III imposa cette nouvelle révision aux Eglises de Rome ; mais les modifications introduites à cette époque ont peu d'importance, et les Eglises des diverses parties de la chrétienté ne furent pas astreintes à les suivre.

La chrétienté se trouva un jour à la veille de voir périr l'unité liturgique ; ici la Liturgie se rapprochait davantage de la forme purement grégorienne, là on avait adopté la réforme de Saint Grégoire VII, ailleurs celle des Franciscains ; chaque nation avait en outre retenu une partie de ses anciens usages, une dévotion ardente chargeait de jour en jour le Calendrier de nouveaux Saints, avec des Offices plus ou moins corrects. L'ancien fond de la Liturgie romaine restait toujours, ainsi qu'on peut s'en convaincre en feuilletant les livres que nous avons encore, mais il est aisé de comprendre quelle anarchie devait régner dans le détail. Puis, l'imprimerie n'existant pas, il fallait subir les incorrections des copies manuscrites, que surchargeaient en outre quelquefois des additions grossières ou même superstitieuses, ainsi qu'on peut le voir par les ordonnances des Conciles contre ces abus. Le recueil d'hymnes publié sous Léon X, par Ferreri de Vicence, Evêque de la Guarda, et le nouveau Bréviaire dû au cardinal Quignonez, sous Paul III, ne firent qu'accroître la confusion. L'usage de ce dernier livre, qui altérait d'ailleurs profondément et dans son fond l'antique Liturgie, et qui était inspiré par un esprit nouveau, fut pendant quarante ans permis, encouragé même, plusieurs Eglises l'adoptaient, bien que les souverains Pontifes ne l'eussent accordé que pour l'Office récité en particulier et hors du Chœur. Si l'existence de cette Liturgie eût été moins courte, on l'eût peut-être vue remplacer en tous lieux l'ancienne forme des Offices romains et briser le lien qui unit les siècles de l'antiquité aux âges modernes, malgré la résistance d'un grand nombre d'Evêques, les censures de la Sorbonne et les répulsions des plus saints personnages, de Saint François-Xavier, par exemple. Du reste, le Bréviaire de Quignonez n'avait reçu des Papes qu'une approbation domestique, n'avait jamais été promulgué dans l'Eglise, et fut enfin solennellement improuvé et aboli sauf retour.

Les causes que nous venons d'énumérer se multipliant l'une par l'autre, avaient mis la Liturgie dans un tel état d'anarchie, qu'un seul cri s'élevait de toutes les parties de l'Eglise pour appeler une réforme, Paul IV l'entreprit; mais il mourut avant d'achever son œuvre. Pie IV appela sur ce point l'attention du concile de Trente. Comprenant, comme le souverain Pontife lui-même, qu'il ne s'agissait pas de faire une Liturgie nouvelle, mais seulement d'épurer la Liturgie existante et de la ramener à la forme antique, le concile, nous l'avons déjà dit, ne crut pas que cette correction pût se faire ailleurs qu'au sein de l'Eglise mère et maîtresse, où cette Liturgie avait ses sources. En remettant au Pontife romain le soin d'une telle réforme, l'Eglise assemblée reconnut et proclama une fois de plus l'obligation où, sauf les exceptions autorisées, sont toutes les Eglises d'Occident de suivre la Liturgie romaine.

Dans la Bulle rendue en exécution de ce Décret du Concile de Trente, saint Pie V fait connaître en ces termes les altérations et les abus qui l'avaient rendu nécessaire : « La forme de
« l'Office divin, établie autrefois avec piété et sagesse par les
« souverains Pontifes Gélase Ier, et Grégoire Ier, réformée en-
« suite par Grégoire VII, s'étant, par le laps du temps, écar-
« tée de l'ancienne institution, il est devenu nécessaire de la
« rendre de nouveau conforme à l'antique règle de la prière.
« Les uns, en effet, ont déformé l'ensemble si harmonieux
« de l'ancien Bréviaire, le mutilant en beaucoup d'endroits,
« et l'altérant par l'addition de choses incertaines et nou-
« velles ; les autres, en grand nombre, attirés par la commo-
« dité plus grande, ont adopté avec empressement le Bréviaire
« nouveau et abrégé qui a été composé par François Quigno-
« nez, Cardinal-prêtre du titre de Sainte-Croix-en-Jérusa-
« lem. En outre, *cette détestable coutume* s'était glissée dans
« les provinces, savoir, que dans les églises qui, dès l'ori-
« gine, avaient l'usage de dire et psalmodier les Heures ca-

« noniales, suivant l'ancienne coutume romaine, aussi bien
« que les autres, *chaque Evêque se faisait un Bréviaire par-*
« *ticulier; déchirant ainsi, au moyen de ces nouveaux Offices*
« *dissemblables entre eux, et propres, pour ainsi dire, à cha-*
« *que évéché, cette communion qui consiste à offrir au même*
« *Dieu des prières et des louanges en une seule et même forme.*
« De là, dans un si grand nombre de lieux, le bouleverse-
« ment du culte divin, etc., etc. »

On le voit, le mal dont nous nous plaignons aujourd'hui s'était dès lors introduit, mais *cette détestable coutume*, comme la qualifie saint Pie V, ne pouvait être attribuée qu'au malheur des temps, l'Eglise ne l'avait jamais autorisée et c'était pour la détruire que, se conformant aux intentions du Concile de Trente, le grand Pontife saint Pie V promulguait, en 1568 et 1570, les Bulles *Quod a nobis* et *Quo primum tempore*.

Ces Bulles portent l'abolition générale du Bréviaire de Quignonez. Elles établissent en tous lieux la forme d'Office contenue au Bréviaire et au Missel romains, sans y astreindre cependant les Eglises qui sont depuis deux cents ans en possession d'un Bréviaire ou d'un Missel particuliers, leur laissant toutefois la faculté de passer aux Bréviaire et Missel nouveaux, moyennant certaines formalités. Inutile de répéter que cette nouvelle Liturgie n'était qu'un renouvellement de la Liturgie antique: « Nous étant fait rendre compte plu-
« sieurs fois, dit le saint Pape, de la méthode suivie par ceux
« que nous avions préposés à cette affaire, nous avons vu
« que dans l'accomplissement de leur œuvre ils ne se sont
« point écartés des anciens Bréviaires des plus illustres égli-
« ses de Rome et de notre bibliothèque vaticane. » Et encore : « Ayant choisi plusieurs hommes doctes, nous leur

« avons confié ce travail, et ceux-ci, ayant conféré avec
« grand soin tous les plus anciens manuscrits de notre bi-
« bliothèque vaticane, et d'autres apportés d'ailleurs, les
« plus purs et les mieux corrigés ; ayant aussi consulté les
« ouvrages des auteurs anciens et approuvés, qui ont laissé
« des ouvrages contenant la science des rites sacrés, ils ont
« restitué le Missel lui-même, suivant l'antique règle et rite
« des Saints-Pères. »

Nous avons vu quels désordres et quels faits anarchiques
avaient motivé aux yeux du concile de Trente et du Saint-
Siége la réforme accomplie par saint Pie V. Il ne faut pourtant pas croire que même alors les Liturgies particulières se
fussent éloignées de la Liturgie romaine au point d'en différer essentiellement. L'œuvre de saint Adrien Ier et de saint
Grégoire VII était compromise, elle n'était pas détruite lorsque saint Pie V la rétablit dans toute sa puissance et dans
toute sa majesté. Des abus s'étaient introduits, on remarquait
çà et là des variantes, des incorrections, parfois des additions fâcheuses, mais le fond n'était pas atteint et l'Occident
tout entier louait Dieu dans une seule et même Liturgie.

Toutes les Eglises se conformèrent aux Bulles de saint
Pie V : l'on vit même un grand nombre de celles qui pouvaient aux termes de ces Bulles, garder leurs Missels et leurs
Bréviaires, dont la date certaine remontait à plus de deux
cents ans, adopter les livres romains. Ainsi Aquilée renonça à sa Liturgie appelée *Rite patriarchin*, de la dignité
patriarchale qu'avait autrefois cette antique Métropole. Les
églises de Sicile renoncèrent de même à leurs livres particuliers, ainsi que les Eglises d'Espagne, comme Tolède et Séville. Répétons encore une fois que ces Eglises et les autres,

qui se trouvaient depuis deux cents ans en possession d'une Liturgie décorée de leur nom, avaient simplement mêlé quelques usages locaux à la Liturgie romaine et donné à cet ensemble un titre d'Eglise particulière; au fond ces Liturgies ne différaient pas plus du Romain que ne diffèrent aujourd'hui du Parisien les Liturgies des divers diocèses où s'est implanté le rit moderne de la capitale française. Seule, en Occident, l'Eglise de Milan avait une Liturgie propre. Saint Charles Borromée la gouvernait alors : il maintint avec un grand zèle la Liturgie ambrosienne, mais en même temps il tint exactement la main à ce que les livres de saint Pie V fussent adoptés dans toutes les Eglises de sa ville, de son diocèse et de sa Métropole, qui étaient obligées par le droit ou la coutume a suivre l'Office romain.

Dans toute l'Italie, en Espagne, en Portugal, dans les possessions alors si vastes de ces deux royaumes, on prit purement et simplement les livres de saint Pie V. La seule Eglise de Brague profita du droit que lui laissait la Bulle en conservant sa Liturgie propre, qui n'était autre que le Romain avec quelques particularités. La Belgique, l'Autriche, la Hongrie, la Pologne, le Tyrol, etc., etc., embrassèrent immédiatement les livres réformés. Les villes des bords du Rhin, Cologne, Trèves, Mayence, Constance, Wurtzbourg, Worms, Spire, etc., qui, la plupart, aujourd'hui, suivent le Romain pur, réformèrent leurs livres d'après ceux de saint Pie V. Il en fut de même en Suisse et dans la Franche-Comté. Maintenant toute la Suisse catholique suit le Romain pur; Lausanne vient de le reprendre et de rejeter le Parisien qu'elle avait adopté jadis dans un accès de gallomanie. En Franche-Comté, Besançon garda le titre diocésain en tête de ses livres, qui retinrent beaucoup d'usages particuliers, et que la révolution liturgique du dix-huitième siècle a fait disparaître.

En France, les huit Conciles provinciaux de Rouen, de Reims, de Bordeaux, de Tours, de Bourges, d'Aix, de Toulouse et de Narbonne, procurèrent par leurs ordonnances l'exécution des Bulles de saint Pie V. Les autres provinces, sans se réunir en Concile, adoptèrent des mesures analogues pour la réforme liturgique. Auch, Avignon, Embrun, la plupart des diocèses de la province de Vienne, prirent le romain pur. La métropole de ce nom ne fit qu'épurer ses anciens livres à l'aide de ceux de saint Pie V. Sens et les églises qui en dépendaient, Paris, Meaux, Chartres, etc., suivirent cet exemple ; si bien qu'avant la fin du seizième siècle les bulles de saint Pie V étaient exécutées en fait et fidèlement gardées dans toute la France comme dans toute l'Eglise d'Occident. A part la Liturgie ambroisienne, il n'y avait qu'une seule et même Liturgie, sauf les particularités propres aux Eglises qui, à ce fond commun, étaient en possession depuis plus de deux cents ans de surajouter certains usages, certaines formes antiques. L'Eglise d'Occident a depuis lors fidèlement conservé l'unité ; en France un grand nombre d'Eglises crurent pouvoir la rompre, nous verrons ce qu'elles mirent à la place. Du reste, cette défection n'empêche pas la Liturgie romaine d'être véritablement la Liturgie universelle : toutes les Eglises catholiques du monde la suivent, sauf cinquante ou soixante diocèses en Orient, où cependant elle est célébrée tous les jours par les missionnaires latins ; sauf encore soixante diocèses de France, où pourtant elle persiste dans nombre de paroisses et dans de vastes corporations religieuses ; sauf enfin quelques diocèses de la province de Milan, au sein desquels néanmoins elle demeure établie dans beaucoup d'Eglises séculières ou régulières.

« En résumé, sur environ neuf cents Evêques en commu« nion avec le Saint-Siége, sept cent cinquante au moins
« suivent une même Liturgie, qui est celle de l'Eglise romaine.
« Les Evêques orthodoxes qui en suivent une autre, tant en
« Orient qu'en Occident, ne s'élèvent pas au nombre de cent
« vingt-cinq ; c'est-à-dire à un peu plus du dixième de l'Epis« copat catholique. Un Concile où il ne manquerait que cent
« vingt-cinq Evêques sur tout l'Episcopat catholique ne se« rait-il pas le plus œcuménique de tous les Conciles ? On
« sait que celui de Trente, dont l'œcuménicité n'est pas dou« teuse, ne réunit, dans toute sa duré, que deux cent soixante« dix Evêques, et que les Orientaux n'y furent même pas
« représentés (1). »

Aux trois caractères de l'antiquité, de la stabilité, de la sainteté, la Liturgie romaine joint donc celui de l'universalité, et par conséquent aussi au degré le plus éminent celui de l'autorité. Et d'abord elle participe de l'autorité même de l'Eglise qui ne peut faillir. Cette proposition de Pierre d'Osma, *Ecclesia urbis Romæ errare potest* a été condamnée par Sixte IV, et on ne pourrait la soutenir sans encourir de graves censures. L'Eglise romaine ne peut donc pas errer dans la tradition qu'elle professe, dans les formules, les rites et les usages qui témoignent de sa croyance ; en un mot, elle ne peut pas enseigner l'erreur par sa Liturgie, et l'autorité de cette Liturgie se confond avec l'autorité de l'Eglise mère

---

(1) *Nouvelle Défense des Institutions Liturgiques*, par le R. P. Dom Guéranger, Abbé de Solesmes.—*Deuxième Lettre à Mgr. l'Evêque d'Orléans*, p. 28.

et maîtresse. En second lieu : « la doctrine *professée* dans la
« Liturgie qui est suivie par sept cent cinquante Evêques
« sur neuf cents environ, peut *moralement* être considérée
« comme la doctrine de l'Eglise universelle, et cette Liturgie
« étant la Liturgie romaine, c'est avec une entière vérité
« qu'on doit conclure que *l'autorité de la Liturgie romaine*
« *se confond avec celle de l'Eglise universelle* (1). »

Comme expression de la foi, aucune autre Liturgie ne peut donc être comparée à la Liturgie romaine ; aucune autre ne peut non plus lui être comparée comme expression de la prière. La prière est une force, elle est l'arme la plus nécessaire au chrétien ; mais combien sous ce rapport, la prière publique l'emporte-t-elle sur la prière individuelle ! Le Seigneur nous dit que lorsque nous serons réunis deux ou trois en son nom, il sera au milieu de nous. L'union des âmes dans la prière en accroît donc l'efficacité ; donc, plus les âmes unies sont nombreuses et plus l'union est parfaite, plus aussi la prière est puissante ; or, quelle prière unit les âmes plus parfaitement et en plus grand nombre que la prière publique de l'Eglise universelle ?

Ajoutons qu'une Liturgie particulière tend, par sa nature même, à se renfermer dans certaines limites que la Liturgie romaine ne connaît pas, ne peut pas connaître : par exemple, il est naturel qu'une Liturgie particulière honore presque exclusivement les Saints de la nation à laquelle elle appartient ; elle conservera la mémoire des Saints des premiers âges, ou de ceux qui, en des temps plus rapprochés,

---

(1) *Nouvelle Défense des Institutions Liturgiques*, par le R. P. Dom Guéranger, Abbé de Solesmes.—*Deuxième Lettre à Mgr. l'Evêque d'Orléans*, p 29.

ont obtenu sur la terre une gloire plus éclatante ; mais elle oubliera des serviteurs de Dieu qui sont pourtant les protecteurs spéciaux, les Patrons des nations voisines ou lointaines ; elle négligera les Saints dont la canonisation est récente, et que pourtant l'Eglise romaine aura inscrits au Bréviaire universel. De même, pour certaines fêtes établies en actions de grâces de nouveaux bienfaits accordés par le Seigneur à son Eglise, ou pour obtenir des secours que réclame la nécessité des temps. En un mot, les Liturgies particulières s'immobilisent dans un coin de l'Eglise, elles ne participent que de loin et dans un degré moindre, au mouvement, à la vie que communique l'Eglise romaine à toutes les Eglises unies avec elle dans la prière comme dans la Foi. Je trouve au Bréviaire romain plusieurs fêtes de la Sainte Vierge, que n'ont pas nos Liturgies françaises ; croit-on que si elles célébraient ces fêtes, nos Eglises n'obtiendraient pas un accroissement de grâces ? Quant aux Saints, je ne citerai qu'un exemple : Le Bréviaire romain contient les Offices de plusieurs Saints Polonais, complètement délaissés par nos Liturgies, croit-on que la Pologne ne gagnerait rien aux prières de nos Eglises ? Il y aurait beaucoup à ajouter sur ce sujet : je crois en avoir dit assez pour faire comprendre que la multiplicité des Liturgies tend à isoler les Eglises les unes des autres, à relâcher le lien de la fraternité chrétienne entre les nations, à ôter à la prière publique quelque chose de son efficacité, tandis que l'unité liturgique est un lien entre les Eglises et entre les peuples, et donne à la prière publique le plus haut degré de puissance qu'elle puisse avoir ici-bas.

CHAPITRE XI.

LITURGIES ROMAINES-FRANÇAISES.

Les partisans des Liturgies du dix-huitième siècle cherchent à intéresser dans leur cause l'amour-propre national; ils disent aux défenseurs de la Liturgie romaine : Vous n'êtes pas bons Français, ou même vous n'êtes pas Français (1); vous répudiez le glorieux héritage de l'antique Eglise gallicane, vous reniez ses traditions, etc., etc. Sur ce point, il faut s'entendre : si l'on fait commencer la tradition de l'Eglise gallicane au dix-huitième siècle, les apologistes des Liturgies créées à cette époque peuvent avoir raison ; mais si l'on tient compte des mille ans qui l'ont précédée, ils ont vraiment grand tort, car pendant ces mille ans la Liturgie en France a toujours et partout été romaine. Elle fut française aussi, en ce sens que nos Eglises conservèrent quelques débris de l'antique Liturgie gallicane abolie par Saint Adrien Ier et par Charlemagne, et les fondirent dans les usages romains ; en ce sens encore qu'elles enrichirent la Liturgie universelle, mais sans jamais la dénaturer, et c'est pourquoi l'auteur des *Institutions Liturgiques* donne aux Liturgies de l'Eglise gallicane, pendant cette période, le nom de *Liturgies romaines-françaises*. Quiconque a seulement parcouru les livres de l'Abbé de Solesmes, sait avec quelle admiration, avec quel

---

(1) On sait que l'auteur des *Institutions Liturgiques* a été très sérieusement représenté comme un étranger envoyé de par delà les monts pour combattre les Liturgies nationales.

amour il parle de ces Liturgies, avec quelle chaleur il reproche aux novateurs du dernier siècle de les avoir fait disparaître, et combien il voudrait les voir revivre. Citons quelques passages ; ce sera la meilleure réponse à ceux qui accusent les admirateurs du Rite Romain de n'avoir pour le passé des Eglises de France que des paroles de haine et de mépris :

« Les usages Romains régnaient toujours. Toutefois, le res-
« pect qu'on avait pour ces formules saintes n'empêcha pas
« qu'en certains pays, mais principalement en France, on
« n'insérât par le laps du temps un certain nombre de pièces
« et d'Offices mêmes qui portaient le cachet du siècle et du
« pays qui les avait produits. Rome, comme au temps d'Ama-
« laire, continua de voir ces superfétations nationales sans
« improbation ; de même qu'aujourd'hui elle approuve en-
« core les Offices et les usages locaux dans les diocèses où
« règne le Bréviaire Romain. Bien plus, il arriva plus d'une
« fois qu'elle adopta des prières, des chants et des Offices
« empruntés aux livres de quelque Eglise particulière. Les
« diverses Eglises de l'Europe échangeaient aussi les usages
« Liturgiques qui, dans le pays de leur origine, avaient ob-
« tenu une plus grande popularité. Mais autant, parmi ces
« diverses Eglises, celle de France avait l'avantage pour la
« fécondité de son génie Liturgique et pour la beauté de ses
« chants, autant, au sein de notre patrie, l'Eglise de Paris, à
« l'époque qui nous occupe (pendant les onzième et douzième
« siècles), posséda et mérita une supériorité incontestable.
« Une des causes qui maintinrent la Liturgie romaine-pa-
« risienne dans cet état si florissant fut l'influence de la
« cour de nos rois d'alors, dont la Chapelle était desservie

« avec une pompe et une dévotion merveilleuses. Charle-
« magne, Louis-le-Pieux, Charles-le-Chauve, trouvèrent de
« dignes successeurs de leur zèle pour les divins Offices
« dans les rois de la troisième race. A leur tête nous place-
« rons Robert-le-Pieux et Saint Louis. Le premier.... grand
« amateur du chant ecclésiastique, s'appliqua à en composer
« plusieurs pièces, d'une mélodie grave et mystique, que
« l'on chercherait vainement aujourd'hui dans les livres pa-
« risiens, d'où elles furent brutalement expulsées au dix-
« huitième siècle, mais qui régnèrent dans toutes les Eglises
« de France, depuis le temps de Robert jusqu'à la régéné-
« ration gallicane de la Liturgie...... Robert lia une étroite
« amitié avec le grand Fulbert, Evêque de Chartres, si cé-
« lèbre à tant de titres, mais aussi par les admirables Répons
« qu'il composa en l'honneur de la Nativité de la Sainte
« Vierge... On les trouve dans tous les livres liturgiques de
« France antérieurs au dix-huitième siècle...... Le douzième
« siècle ne fut pas moins fécond que le onzième en heureuses
« innovations liturgiques dans la Liturgie romaine, telle que
« les Français, les Allemands, les Belges la pratiquaient....
« Ce que ce siècle produisit peut-être de plus remarquable,
« fut le complément de l'Office des morts, au moyen de plu-
« sieurs nouveaux Répons qui furent admis par toute l'Eglise
« d'Occident et par l'Eglise Romaine elle-même. Ils eurent
« pour auteur, suivant Saint Antonin et Dimocharis, cités
« par Gavanti, Maurice de Sully, Evêque de Paris, qui les fit
« chanter dans son Eglise en 1196. Ces Répons, morceaux
« du plus grand style, l'Eglise de Paris ne les connaît plus
« qu'à travers la parodie qui en fut faite au dix-huitième
« siècle,... Telle fut l'influence de l'Eglise de France sur la

« Liturgie universelle. Elle servit à compléter, à perfection-
« ner, à enrichir le répertoire Grégorien, dont le fond resta
« toujours intact : ces additions ne consistant qu'en quel-
« ques Proses et Répons pour embellir les Offices divins, ou
« encore dans l'adjonction d'un certain nombre de Fêtes de
« Saints au Calendrier romain. Le livre de Messes, tant pour
« les formules récitées que pour les parties chantées, de-
« meura toujours le même, sauf les tropes et les séquences
« que l'inspiration de ces siècles de foi et de mélodie pro
« duisit en grand nombre (1). »

Ailleurs, après avoir montré comment les Ordres religieux, les Dominicains, les Carmes, les Trinitaires, les Augustins, les Religieux de Sainte-Croix, les Ordres de Cîteaux et de Prémontré etc., etc., achevèrent de faire connaître à l'Europe les beaux chants que la France avait ajoutés aux mélodies grégoriennes, et comment les Croisés établirent la Liturgie romaine-française à Jérusalem, les princes normands et les ducs d'Anjou en Sicile, les Grands-maîtres de Malte dans les possessions de cet Ordre, etc., etc.; l'auteur ajoute : « L'on
« vit, ce qui ne s'est jamais reproduit depuis, les nations qui
« avaient mis en commun les trésors de la foi et de l'unité
« cimenter cette merveilleuse union par un échange de can-
« tiques religieux. Mais, on ne saurait trop le dire, la France
« eut la principale part dans la suprématie des chants ; il lui
« fut donné de compléter l'œuvre de Saint Grégoire, et si,
« depuis, elle a oublié cette gloire, elle pourra, quand elle
« voudra, consulter les livres liturgiques des Eglises étran-
« gères, ou ceux encore des Ordres religieux qu'elle a expul-

---

(1) *Institutions Liturgiques*. T. I. chap. XI. p. 298 et suivantes.

« sés de son sein ; elle y retrouvera les douces mélodies que
« ses Evêques, ses moines et ses rois composaient pour l'Eu-
« rope entière durant les onzième et douzième siècles (1). »

Plus loin, l'auteur raconte la tentative faite en 1583, par l'Evêque de Paris, Pierre de Gondy, pour introduire les livres romains dans sa Cathédrale : « Le Chapitre de Notre-
« Dame forma opposition contre cette intention du Prélat,
« prétendant, avec fondement, que le Bréviaire et le Missel
« de Paris se trouvaient dans le cas de l'exception prévue
« par la Bulle ; qu'on ne devait point abolir un rite dont la
« renommée s'était répandue non seulement par toute la
« France, mais dans presque toutes les autres Eglises de l'u-
« nivers ; et conclut à la simple correction des livres parisiens
« par les commissaires déjà députés à cet effet. La commis-
« sion continua donc son travail ; mais elle s'en acquitta avec
« tant de zèle pour les usages romains réformés, qu'elle y
« fit entrer la presque totalité du Bréviaire de Saint
« Pie V (2). Nous venons de voir, d'ailleurs, que le Chapitre,
« par le fait même qu'il croyait l'Eglise de Paris dans le cas
« de l'exception prévue par la Bulle, reconnaissait la valeur
« de cette Constitution. Paris doit donc être mis au rang des
« Eglises qui prirent part à la réforme liturgique de Saint
« Pie V. Quant au refus que firent les Chanoines de prendre
« le Romain pur, nous sommes loin de le blâmer. Il était trop
« juste que cette Liturgie *romaine-française*, enrichie par
« Robert-le-Pieux, Fulbert, Maurice de Sully ; que plusieurs
« Ordres Religieux avait adoptée, qui avait pénétré jusque

---

(1) *Ibid.* chap. XII. p. 341.
(2) Grancolas. *Commentaire historique du Bréviaire romain*, p. 63.

« dans les Eglises de Jérusalem, de Rhodes, de Sicile, de-
« meurât debout comme une de nos gloires nationales. Abo-
« lie déjà, dans la plupart des Cathédrales françaises, par
« l'introduction des livres romains, Paris, du moins, ne de-
« vait pas la laisser périr ; Rome elle-même avait préparé
« les voies à cette conservation par les clauses de sa Bulle.
« Si donc aujourd'hui cette belle et poétique forme du culte
« catholique n'est plus, demandons-en compte, non au Siége
« Apostolique, mais aux parisiens modernes qui, cent ans
« plus tard, se plurent à renverser l'antique et noble édifice
« que leurs pères avaient défendu avec tant d'amour (1). »

Nous pourrions citer une foule de passages analogues ; ceux-là suffisent pour prouver qu'on n'accuse les défenseurs de la Liturgie romaine de flétrir l'Eglise de France, que parce qu'ils glorifient ce que l'Eglise de France a fait pendant mille ans, que parce qu'ils flétrissent la destruction opérée, au dix-huitième siècle, des Liturgies inspirées tout à la fois par le génie catholique et par le génie national. Les Vandales n'en laissèrent pas une seule debout : toutes étaient romaines, et c'est pourquoi toutes furent abolies. En rejetant le fond commun, on rejeta aussi les ornements divers qui l'enrichissaient, et qui, sans l'altérer, distinguaient nos Eglises, soit entre elles, soit des autres Eglises du monde. Admirable variété ! variété dans l'unité, qui, bien loin de la détruire, la rendait encore plus éclatante ! Mais ce n'était pas la variété, c'était la division, l'opposition, que voulaient les novateurs. Ils ne firent pas même grâce à la vénérable Liturgie, qui était la gloire de l'Eglise de Lyon, le monu-

(1) *Institutions Liturgiques.* Chap. XV. p. 472 et 473.

ment vivant de son origine, de l'antiquité de ses traditions, du rang qu'elle avait entre toutes les Eglises des Gaules, et dont maintenant la Liturgie des Viger et des Mésenguy occupe le sanctuaire.

Les premières et les plus illustres Eglises des Gaules étaient filles de l'Orient ; les apôtres qui les fondèrent, quoique arrivés par Rome, où ils avaient reçu leur mission, venaient presque tous de l'Asie, et il est naturel de penser qu'ils établirent dans les contrées par eux conquises à l'Evangile, les usages des Eglises d'où ils étaient sortis. Ces usages gagnèrent de proche en proche ; l'influence des Eglises principales les fit prévaloir et les maintint partout. Ce qui reste de l'ancienne Liturgie gallicane, dont Mabillon a recueilli les débris (1), confirme cette conjecture et présente avec les rites des Eglises d'Orient beaucoup d'analogie. Est-il nécessaire d'ajouter qu'on n'y en trouve aucune avec les Liturgies du dix-huitième siècle, et que celles-ci n'ont vraiment rien d'oriental ? Lorsque les Papes Saint Etienne et Saint Adrien Ier, secondés par les mains puissantes de Pépin et de Charlemagne et avec le concours loyal des Evêques, abolirent cette antique Liturgie, la plupart des Eglises en conservèrent quelque chose, et, comme nous l'avons dit, ce fut de la fusion de cet élément gallican dans l'élément romain que naquirent les Liturgies romaines-françaises. Lyon et Paris, mais Lyon surtout, gardèrent un plus grand nombre de ces antiques formes gallicanes. De nos jours encore, le voyageur qui visite l'antique primatiale des Gaules, le pèlerin qu'attire le souvenir de sa gloire et la renommée catholique de ses ha-

(1) *De Liturgia gallicana*, libri III, 1685.

bitants, ont la consolation d'admirer le spectacle imposant des rites célèbres qu'elle pratique dans la solennité du Sacrifice, spectacle dont la splendeur orientale ravit l'âme pieuse et le cœur croyant. Il suffit d'assister une fois à la Messe solennelle, à la consécration des saintes-huiles, aux Offices de la Semaine-sainte, pour être frappé de ce qui distingue l'Eglise de Lyon de toutes les autres, pour remarquer que ses cérémonies pontificales ne ressemblent nullement à celles de Paris ou de nos autres Cathédrales; que plusieurs des vêtements sacrés diffèrent beaucoup des ornements en usage dans la capitale et dans les provinces; que rien ne rappelle la Liturgie parisienne ni aucune des diverses Liturgies françaises, dans ce qui se fait au chœur et à l'autel. L'Archevêque janséniste, M. de Montazet, qui, malgré l'opposition du clergé et la résistance du Chapitre primatial, chassa l'antique Liturgie pour mettre à sa place la Liturgie moderne de Paris, n'osa pas toucher aux cérémonies de la Messe, aux cérémonies pontificales ; il respecta ces formes extérieures auxquelles le peuple tenait trop pour qu'il fut prudent d'y porter la main. Mais si les antiques cérémonies restèrent, les formules sacrées qui en étaient l'âme disparurent. Sauf quelques fragments, par exemple, les prières du commencement de la Messe (1), de l'Offertoire, etc., le Bréviaire et

---

(1) A Lyon, comme chez les Dominicains, la messe commence ainsi :
Le P. Introïbo ad altare Dei.
Le S. Ad Deum qui lœtificat juventutem meam.
Le P. Pone Domine, custodiam ori meo.
Le S. Et ostium circumstantiæ labiis meis.
Le P. Confitemini Domino quoniam bonus.
Le S. Quoniam in seculum misericordia ejus.
Puis le *Confiteor* et le reste.

le Missel de M. de Montazet sont identiques pour le fond et substantiellement au Bréviaire et au Missel de M. de Vintimille. Les modifications apportées au Missel par M. l'Archevêque d'Amasie, les changements faits au Bréviaire par S. E. le Cardinal de Bonald, ont singulièrement amélioré ces livres, ils ne les ont pas transformés ; on ne peut pas dire que ce soient au fond un autre Bréviaire, un autre Missel. Dans la *Circulaire* adressée par S. E. le Cardinal de Bonald *au clergé de son diocèse, à l'occasion de la réimpression du Bréviaire*, la nature et la portée de ces corrections sont très nettement expliquées.

« Ce n'est point un nouveau Bréviaire que nous publions,
« c'est le Bréviaire de Mgr. de Montazet, édition de 1775...
« La seule partie changée est une suite de Canons suivant
« l'usage de Paris, introduite à Lyon ; mais le Bréviaire est
« le même quant au fond... La nouvelle édition du Bréviaire
« n'est pas un abandon de la Liturgie lyonnaise. Nous avons
« déjà dit qu'une pensée avait été continuellement présente
« à notre esprit, c'était de revenir, dans la nouvelle édition
« du Bréviaire, à l'*esprit* de l'ancienne Liturgie. Il ne faut
« pas perdre de vue que Mgr. de Montazet nous a donné les
« livres liturgiques de Paris, et qu'il a effacé l'ancienne ma-
« nière de prier du diocèse de Lyon. Il n'a conservé que le
« Cérémonial... Lorsque, dans les petits changements que
« nous avons introduits, nous avons voulu rappeler notre
« antique liturgie, c'est dans le Bréviaire de Mgr. de Neuville
« que nous avons puisé les formules de prières, les courts
« passages de l'Ecriture ou des Pères que nous avons subs-
« titués aux prières de l'édition de 1775. C'est dans ce

« même esprit que nous avons rétabli quelques parties du
« calendrier de l'ancien Bréviaire, etc., etc. »

Quant aux changements faits au Missel par Mgr. de Pins,
ils se réduisent au rétablissement, en tête des Evangiles, de
la préface : *In illo tempore*, et en tête des Epîtres, des mots :
Fratres ou *Carissimi*, ou *In diebus illis*, ou *Hæc dicit Dominus*,
que l'on avait fait disparaître comme un alliage impur de la
parole de l'Eglise avec la parole de la Bible. Sauf les *Proses*,
le Missel lyonnais et le Missel parisien sont à peu de chose
près identiques. Il est donc certain que le Bréviaire et le
Missel de Paris sont devenus le Bréviaire et le Missel de
Lyon ; cette Eglise n'a guère conservé de la Liturgie, dont
jadis elle était si fière, que les cérémonies au caractère oriental, qu'on ne saurait trop admirer; précieux débris de l'héritage que lui avaient légué ses Apôtres Saint Pothin, Saint
Irénée, etc. Nous nous sommes un peu étendu sur ce sujet,
parce que les cérémonies de l'Eglise de Lyon sont, avec quelques rites en fort petit nombre conservés à Paris et dans
quelques autres Eglises, tout ce que le dix-huitième siècle a
laissé subsister de nos antiques Liturgies romaines-françaises.

Nous avons expliqué, dans le chapitre précédent, comment
la Liturgie romaine s'était développée dans le cours des siècles, sans perdre jamais son identité ; on doit en dire autant
des Liturgies *romaines-françaises*, elles s'enrichissaient, se
complétaient, se développaient, elles ne changeaient pas ;
elles ne perdaient ni le fond romain qui leur était commun,
ni les caractères distinctifs qui constituaient leur individua-
lité. Le Saint-Siége laissait aux Evêques un certain droit de

correction et d'amélioration sur leurs Liturgies. Mais entre une réforme qui respecte la substance d'une Liturgie et une révolution qui la bouleverse, il y a quelque différence. C'est ce que S. Em. le Cardinal de Bonald fait voir dans la *Circulaire* si instructive que nous rappellions tout à l'heure et où nous trouvons ces paroles : « Nous pourrions citer une foule « de changements amenés par différentes circonstances et « réclamés par l'époque où l'on se trouvait, *mais qui n'al-* « *téraient pas le fond de la Liturgie de Lyon.* »

Quant à l'identité de toutes ces Liturgies avec la Liturgie romaine ; il suffit pour la reconnaître de comparer les livres Romains aux livres Romains-français qui ont survécu. C'est ce que remarquait déjà au dix-huitième siècle le savant abbé de la Tour, c'est ce qu'attestent avec lui et avec le R. P. Dom Guéranger tous ceux qui ont eu à la fois la possibilité et la volonté de faire cette étude comparée. Ceux qui ne peuvent l'entreprendre n'ont vraiment aucune raison valable de rejeter, sur un fait de cette nature, de tels témoignages ; du reste, ils ne sont pas réduits à s'en contenter, d'autres faits les confirment que chacun peut aisément vérifier. Nous avons déjà fait observer que la décision du Concile de Trente pour la réforme de la Liturgie supposait deux choses : des abus qu'il fallait faire disparaître, une unité préexistante que ces abus compromettaient et qu'il fallait préserver. S'il y avait eu autant de Liturgies que de diocèses, le Concile aurait ordonné aux Evêques de réformer chacun sa Liturgie particulière ; s'il y en avait eu autant que de Métropoles, le Concile aurait chargé de cette réforme les Conciles provinciaux ; s'il y en avait eu autant que de nations, le Concile l'eût confiée aux Conciles nationaux, sauf aux Evê-

ques, aux Conciles provinciaux ou nationaux à faire approuver leur travail par le Saint-Siége. A tout le moins, s'il y avait eu plusieurs Liturgies, le Concile eût-il ordonné la réforme *des Liturgies*; mais le Concile décrète la réforme non pas *des Missels et des Bréviaires*, mais la réforme *du Missel et du Bréviaire*: il n'y avait donc qu'un Missel et qu'un Bréviaire, une seule Liturgie commune à toutes les Eglises d'Occident, diversement altérée dans les divers pays. Et cette réforme, *une seule* commission la prépare, et le soin de l'exécuter est laissé au seul Pontife romain. Aucune discussion ne s'élève à ce sujet dans le sein du Concile : les choses se seraient-elles passées de la sorte si réellement il avait existé une foule de Liturgies particulières substantiellement différentes de la Liturgie romaine ? Tous les Evêques auraient-ils laissé rendre sans réclamation un Décret qui les eût abolies virtuellement, puisque ne parlant que d'une Liturgie, il supposait qu'il ne devait y en avoir qu'une seule. Et puis, comment la réforme eût-elle paru nécessaire, et les diversités qui s'étaient introduites intolérables et monstrueuses, si de temps immémorial les Eglises se fussent trouvées en possession chacune de sa Liturgie propre et du droit d'en changer à volonté ? Ces inductions sont décisives, et les personnes mêmes qui n'ont pu vérifier par leurs propres yeux l'identité des anciens livres liturgiques des diverses Eglises avec les livres romains, sont obligées de conclure avec l'Abbé de la Tour : « L'Europe
« entière était toute Romaine. En prenant le Bréviaire réformé
« de Pie V, l'Italie, la France, l'Espagne, la Pologne, etc.,
« n'adoptèrent point un Bréviaire nouveau, elles corrigèrent
« celui qu'elles disaient de tout temps. Ainsi parlent tous les
« Conciles provinciaux, tous les frontispices des livres : *A*

« *pio V restitutum reformatum*, etc. (1) » La manière même dont cette correction se fit d'abord presque partout, prouve le fait jusqu'à l'évidence. Nous voyons, par exemple, le sixième Concile de Milan (on sait que la Liturgie ambroisienne n'était en usage que dans une partie de cette province ecclésiastique) recommander aux Evèques *de veiller à ce que l'on corrige les livres de chœur conformément au Bréviaire nouvellement publié*. C'étaient donc de simples changements, de pures modifications qu'avait faites Saint Pie V et non une Liturgie inconnue et nouvelle. L'unité de culte avait donc toujours existé, malgré les incorrections qui s'étaient glissées dans les livres ecclésiastiques. En 1585, le Concile d'Aix, après avoir ordonné, sous peine d'excommunication, d'introduire dans toutes les Eglises de cette province le Bréviaire et le Missel réformés, s'exprime ainsi : « Et afin que les livres
« tant de l'église métropolitaine que des autres cathédrales
« ne demeurent pas inutiles, au grand préjudice de ces mêmes
« Eglises, on les adoptera et corrigera suivant l'usage ro-
« main. » — La chose aurait-elle été possible, si, entre ces Liturgies diocésaines de France et la Romaine, tant ancienne que réformée, il n'y avait pas eu une conformité presque matérielle ? Ajoutons, quant aux Eglises mêmes dont les Missels et les Bréviaires avaient deux cents ans de date et qui les gardèrent conformément aux Bulles, que toutes, les unes plus tôt, les autres plus tard, eurent soin cependant de les corriger d'après les livres de Saint Pie V. Or, conçoit-on une pareille correction si l'on suppose que les livres de ces Eglises étaient substantiellement différents des livres romains ?

---

(1) *Entreprises des hérétiques sur la Liturgie*, p. 16.

On a vu plus haut que l'Eglise romaine adopta plus d'une fois des prières, des chants, des Offices empruntés aux livres des Eglises particulières. Rien n'empêcherait encore aujourd'hui le même fait de se renouveler, si quelque Eglise venait à composer des prières, des chants, des Offices dignes d'un tel honneur, puisque chaque Eglise peut, en obtenant l'approbation du Saint-Siége, ajouter comme autrefois à la Liturgie commune des prières, des chants, des Offices qui lui soient propres. Rome, en aucun temps, ne repoussa et jamais ne repoussera ce qui étant vraiment beau et bon, peut entrer dans sa Liturgie sans en troubler l'harmonieux ensemble. De là un nouveau caractère de cette Liturgie ; non seulement elle est universelle parce qu'on la suit dans les neuf dixièmes des Eglises catholiques ; elle l'est encore parce qu'elle comprend tout ce que le génie catholique occidental a jamais produit de plus parfait, non seulement au sein de l'Eglise romaine, mais encore dans les autres Eglises. Sous ce rapport, elle est en quelque manière l'œuvre de toutes les Eglises, de même qu'elle est aussi l'œuvre de tous les siècles ; car chacun d'eux a ajouté quelque nouvel ornement à sa riche parure. Nos Liturgies françaises sont au contraire l'œuvre d'un seul temps et d'un seul pays, l'œuvre de quelques hommes.

Nous avons dit qu'avant Saint Pie V le Saint-Siége laissait aux Evêques sur la Liturgie un certain droit de correction, d'addition et de réforme. Ce fut par l'exercice de ce droit que les Liturgies romaines-françaises grandirent et se développèrent ; ce fut également l'abus de ce droit qui faillit amener au seizième siècle la ruine de l'unité liturgique, et qui obligea le Concile de Trente à rendre le Décret exécuté par le Souverain-Pontife. Afin de prévenir le retour de semblables désordres, il fut désormais défendu de rien ajouter, de rien retrancher aux livres romains sans l'autorisation formelle du Siége Apostolique. Aujourd'hui un Evêque ne peut pas introduire dans sa Liturgie un Office nouveau, il ne peut rien ajouter, rien retrancher aux livres Romains, sans avoir obtenu préalablement l'approbation expresse de la sacrée Congrégation des Rites. Mais les Evêques des Eglises autorisées par les bulles de Saint Pie V à garder leurs anciens livres, crurent que cette clause ne les regardait pas, et ne concernait que les Eglises où les livres romains avaient été purement et simplement adoptés. Ils se maintinrent donc dans leur ancien droit, et bientôt reparurent les abus que le Concile de Trente avait voulu faire cesser. On oublia que le droit dont on se prévalait avait toujours eu ses limites, qu'il n'avait jamais dispensé les Evêques de la loi générale qui oblige toutes les Eglises du Patriarcat d'Occident au rite romain; que s'il donnait le pouvoir de corriger, de compléter, d'orner et d'enrichir la Liturgie commune, il ne donnait nullement celui de la détruire et de lui substituer une Liturgie toute différente ; on oublia qu'en « exceptant de « l'obligation de recevoir le Bréviaire et le Missel corrigés « et publiés à l'usage des Eglises du rite romain, suivant l'in- « tention du Concile de Trente, ceux qui depuis deux cents « ans au moins avaient coutume d'user d'un Bréviaire et « d'un Missel différents, » le Saint-Siége n'avait pas entendu toutefois « qu'il leur fût permis de changer et de re- « manier à volonté ces livres particuliers, mais simplement « de les conserver si bon leur semblait (1) » De cet oubli na-

---

(1) Nobis... nihil optabilius foret... quam ut servarentur ubique apud

quirent les Liturgies modernes: ce furent en effet les Eglises qui avaient conservé leurs anciens livres, Vienne, Paris, Orléans, etc., qui les premières donnèrent l'exemple de l'innovation, et les Liturgies romaines-françaises, les Liturgies vraiment nationales, furent sacrifiées avant qu'on songeât à attaquer la Liturgie purement romaine. Les Evêques des Eglises qui l'avaient adoptée, entraînés par cet exemple, ne songèrent point aux devoirs particuliers que cette adoption leur imposait, ils crurent avoir les mêmes droits que leurs collègues, et pouvoir, comme eux, disposer arbitrairement de la Liturgie. D'ailleurs, le respect de l'autorité pontificale se trouvait alors singulièrement affaibli dans les esprits français : « Tel est, disait l'abbé de la Tour, grâce
« à la philosophie et à l'esprit du monde, qui a su gagner
« jusqu'au sanctuaire, tel est l'état du culte public en France.
« Chaque diocèse fait son ménage à part, n'est occupé que
« de soi, et n'entretient avec les autres et avec leur Chef
« qu'un commerce de cérémonie. C'est le renouvellement du
« gouvernement féodal ; chaque Evêque reconnaît *la tiare,*
« il se dit même Evêque *par la grâce du Saint-Siége* ; mais
« il n'en condamne pas moins ce qu'il croit défectueux ; il
« n'en rejette pas moins les fêtes, le cérémonial, les prières,
« le culte, le langage, les Saints romains, quoique établis
« chez lui depuis plusieurs siècles ; il n'en ordonne pas

---

vos Constitutiones S. Pii V. immortalis memoriæ, decessoris nostri, qui et Breviario et Missali in usum Ecclesiarum Romani ritus, ad mentem Tridentini Concilii (*Sess. XXV*), emendatius editis, eos tantum ab obligatione eorum recipiendorum exceptos voluit, qui a bis centum saltem annis uti consuevissent Breviario aut Missali ab illis diverso; ita videlicet, ut ipsi non quidem commutare iterum atque iterum arbitrio suo libros hujusmodi, sed quibus utebantur, si vellent, retinere possent. (*Bref de S. S. Grégoire XVI, à M. l'Archevêque de Reims*).

« moins authentiquement de désobéir aux Bulles des Papes,
« de mépriser leurs censures. Souverain dans son diocèse, il
« n'y connaît de maître que lui, de lois que sa volonté (1) »

« Le respect et l'attachement pour le Saint Siége fut tou-
« jours une marque distinctive de catholicité, dit ailleurs le
« même écrivain, croira-t-on que les nouveaux Bréviaires
« affaiblissent ces sentiments religieux? Non pas de front
« sans doute, ce serait s'attirer l'anathème de toute l'Eglise.
« On y trouve même des protestations respectueuses, quoi-
« que rares et sèches. Il n'en est pas moins vrai qu'il règne
« un fond d'éloignement, de défiance et d'ombrage sur Rome.
« On l'érige en principe, on s'en fait un mérite : les écoles,
« les tribunaux, les auteurs, les statuts des diocèses, les or-
« donnances des Evêques, les livres liturgiques, tout en
« France est monté sur ce ton ; c'est l'esprit du siècle (2). »

En revanche, on était patriote, et par patriotisme on reniait tout le passé de la France. Cela n'empêchait pas d'aimer l'antiquité, mais l'antiquité antérieure au christianisme, les chrétiens n'ayant vraiment été jusqu'au dix-septième siècle que des barbares. On se fit donc grec et romain : le clergé subit cette influence; l'architecture païenne présida à la construction des Eglises; Virgile et Horace inspirèrent les auteurs des nouvelles Liturgies. On ne pouvait détruire les vieilles cathédrales, on les transforma autant que possible; plus malheureusement encore les Liturgies romaines-françaises furent complètement abolies.

---

(1) *Entreprises des hérétiques contre la Liturgie*, p. 32 et 33.
(2) *Du respect dû au Saint-Siége*, p, 1.

CHAPITRE XII.

LITURGIES FRANÇAISES.

S'il fallait raconter l'origine, les progrès et les variations, non pas de toutes les Liturgies que le dix-huitième siècle a vu naître et mourir en France, mais seulement de celles qui ont survécu et de celles dont le dix-neuvième siècle peut se glorifier, nous aurions à remplir plusieurs gros volumes. Nous ne pouvons, dans ce chapitre, que rappeler les faits généraux et signaler çà et là les détails caractéristiques.

Le dix-septième siècle demeura jusqu'à la fin à peu près fidèle à l'unité liturgique ; mais ses dernières années virent éclore les principes qui devaient enfanter les Liturgies nouvelles, et dont quelques applications déjà audacieusement essayées, annonçaient et préparaient dès lors l'œuvre du siècle suivant.

L'assemblée du clergé de 1605 à 1606, trouvant *qu'il serait à propos que toutes les Eglises fussent uniformes en la célébration du service divin, et que l'Office romain fût reçu partout*, fit imprimer *les livres de l'usage romain*, et on lit dans les actes de l'assemblée de 1612 que l'Evêque de Chartres et les agents du clergé *furent priés et chargés de faire distribuer ces livres aux provinces et diocèses qui en auraient besoin*. Par ces mesures, l'assemblée du clergé proclamait, pour ainsi dire, que la Liturgie romaine était la Liturgie de l'Eglise de France en général : vérité qui résultait déjà de l'ensemble des canons portés dans les divers Conciles du seizième siècle, que nous avons cités.

Ce zèle de l'épiscopat français pour le maintien et l'accroissement de l'unité liturgique ne se refroidit guère que vers les trente dernières années du siècle, et fut dans les premières puissamment excité par les entreprises de la magistrature. L'assemblée de 1605 eut à réclamer contre un arrêt du Parlement de Paris qui ne tendait à rien moins qu'à consacrer cette maxime des libertés gallicanes : *Que le Roi a un droit spécial sur les choses du culte divin, et que les Evêques de France ne peuvent rien sur la Liturgie dans leurs propres diocèses sans la permission du Roi.* Il s'agissait de deux ordonnances de l'Evêque d'Angers, qui supprimaient le Bréviaire angevin et établissaient la Liturgie romaine dans l'Eglise de la Trinité de cette ville. *La Cour*, porte l'arrêt, *a fait et fait inhibitions et défenses audit Evêque d'innover aucune chose en l'exercice et célébration du service divin aux Eglises de son diocèse sans l'autorité du Roi.... Son promoteur et official seront ajournés à comparoir en personne au mois, et, jusqu'à ce qu'ils aient comparu, leur interdit l'exercice de la juridiction ecclésiastique.* Dans un autre arrêt du 9 août 1611, il est dit que, pour les choses qui concernent la Liturgie, *l'autorité du Roi y doit passer pour donner règle.* Du reste, la Cour *permet que l'on suive le Bréviaire romain, qui est le plus repurgé de tous.* Mais elle entend qu'on ne puisse le suivre qu'après en avoir demandé et obtenu la permission du Roi : *C'est la voie qu'il faut tenir en telle occurrence,* « laquelle, si l'Evêque d'Angers eût voulu prendre,
« lorsqu'il voulut introduire le Bréviaire romain en une
« Eglise de son diocèse, la grande controverse qui fut plai-
« dée sur ce sujet eût été abrégée promptement ; au lieu
« qu'icelui Evêque n'ayant voulu recourir au Roi en ce re-

« gard, la Cour a improuvé ce qu'il aurait fait de son mouve-
« ment, et lui a fait défense, par son arrêt du 27 février
« 1603, d'innover aucune chose en l'exercice et célébration
« du service divin, sans l'autorité royale. » En conséquence,
la permission ci-dessus fut octroyée par lettres patentes de
Louis XIII, en date du 9 juillet 1611, en termes analogues à
ceux de l'arrêt que nous venons de rapporter.

Ces luttes entre les Parlements et le corps épiscopal se renouvelèrent souvent, et il faut le dire, l'avantage restait presque toujours aux premiers ; les Evêques protestaient, mais les arrêts étaient exécutés, demeuraient et faisaient loi. On s'habituait peu à peu à porter le joug. C'est que l'Episcopat prêtait lui-même la main aux usurpations royales. Le Parlement avait fait défense d'imprimer le Missel de Saint Pie V, à moins qu'on n'y ajoutât au Canon de la Messe ces mots : *et Rege nostro N*. Le 24 avril 1606, l'assemblée du clergé sanctionna cette entreprise irrégulière, acceptant ainsi l'initiative donnée par le pouvoir civil dans une question qui intéressait la lettre même du monument de la Liturgie. En Espagne, Philippe II avait demandé et obtenu du Souverain Pontife cette addition ; en France, le Parlement la décrétait, et l'assemblée du clergé se rendait à ses ordres. En 1670, la même assemblée porta une atteinte bien plus grave au droit du Pape, et cette fois ce fut d'elle-même et sans qu'elle pût alléguer la honteuse excuse d'avoir eu la main forcée par le pouvoir temporel. Urbain VIII avait donné une nouvelle édition du Pontifical romain dans laquelle il avait, d'autorité apostolique, introduit plusieurs modifications et additions. L'une de ces additions déplut aux Prélats, qui, après en avoir délibéré dans leurs assemblées de 1650 et 1660, et après avoir réclamé auprès du Saint-Siége, sans pouvoir obtenir une décision favorable, se permirent de la supprimer et d'altérer ainsi de leur propre autorité un livre liturgique reçu dans toute l'Eglise latine. Du moins en 1606, on n'avait pas pris la peine de consulter le Siége Apostolique avant de formuler un refus positif d'obéissance à ses prescriptions. On n'avait pas dit et inséré au procès-verbal des délibérations qu'une mesure prise par l'autorité apostolique était *d'une dangereuse conséquence*; qu'un des livres les plus vénérables, les plus sacrés qui soient dans l'Eglise, un livre garanti par le Saint-Siége, renfermait des *nouveautés préjudiciables à l'autorité des Evêques*.

On comprend tout ce que ce gallicanisme ecclésiastique donnait de puissance et de force au gallicanisme politique et parlementaire; celui-ci ne peut vraiment rien contre l'Eglise que lorsqu'il trouve dans l'Eglise même un point d'appui et des complices. Mais lorsque les Evêques méconnaissent le pouvoir et les droits du Souverain Pontife, les magistrats ont beau jeu à contester le pouvoir et les droits de l'Episcopat; s'ils trouvent alors de la résistance, cette résistance, peu sûre d'elle-même, s'affaiblit bientôt et finit par céder; car un Episcopat séparé de son centre naturel ne sait où puiser la vie et la force. C'est une loi sans exception : tout Episcopat qui se soustrait à l'autorité du Pape se met, dans la même mesure, sous la dépendance du pouvoir temporel. Il y aurait beaucoup à dire sur ce point, mais ne sortons pas de notre sujet, et remarquons seulement que les principes en vertu desquels les parlements attribuaient à la puisssance temporelle le souverain pouvoir sur la Liturgie, et les principes en vertu desquels les Evêques semblaient dénier ce souverain pouvoir au Pape pour s'en revêtir eux-mêmes, justifiaient d'avance la révolution et tous les désordres liturgiques du dix-huitième siècle. Lorsque, en 1764, le Bréviaire de Paris fut adopté par les Chanoines-réguliers de Sainte-Geneviève, dits de la Congrégation de France, Le P. Charles François de Lormes, Abbé de Sainte-Geneviève et Général de la Congrégation, dans sa lettre pastorale publiée à cette occasion, s'exprimait comme il suit, en parlant du Bréviaire romain et des inconvénients qui avaient porté plusieurs Evêques de France à l'abandonner : *Il s'y était introduit plusieurs choses contraires aux maximes de notre Eglise gallicane.*

Une autre source non moins féconde de ces bouleversements se trouve dans les progrès et l'influence de la secte janséniste. Son coup d'essai en fait de Liturgie fut la publication, en 1660, d'une traduction française du Missel romain, par Joseph Voisin, docteur de Sorbonne, avec approbation des Vicaires-généraux de Paris, condamnée la même année, par l'assemblée du clergé, et, le 12 janvier 1661, par un Bref d'Alexandre VII, ce qui n'empêcha pas, après la révocation de l'édit de Nantes, d'en répandre des milliers d'exemplaires, sous prétexte de travailler à l'instruction des protestants, dont cet acte fameux avait amené l'abjuration. En 1667, Pavillon, Evêque d'Aleth, publia, pour son diocèse, un Rituel, revu par le chef de la secte, Arnaud, et où se trouvaient insérées plusieurs maximes de cet auteur et de Saint-Cyran sur la pratique des sacrements. Par un Bref du 9 avril 1668, Clément IX condamna solennellement ce livre pernicieux, ce qui n'empêcha pas, après notification du Bref, faite par le Nonce à tous les Prélats de l'Eglise de France, l'Evêque d'Aleth de maintenir son Rituel, et vingt-neuf autres Evêques français de signer de leurs noms une adhésion expresse au livre condamné et à sa doctrine L'*Année chrétienne*, que donna plus tard le janséniste Letourneux, n'eut pas le même bonheur. Censurée à Rome le 17 septembre 1691, par décret approuvé du Pape Innocent XII, elle fut également proscrite en France par plusieurs Evêques.

A l'influence janséniste, aux tentatives hardies du gallicanisme parlementaire, aux faiblesses coupables et aux prétentions du gallicanisme ecclésiastique vint se joindre ce qu'on peut appeler le génie littéraire de l'époque. Le dix-septième siècle était peu mystique, peu porté au merveilleux : grec et romain, la poésie chrétienne lui était antipathique ; épris d'amour pour l'antiquité païenne, il méprisait le moyen-âge, les institutions, les usages, les pieuses croyances de ces temps barbares que pouvait seul aimer et admirer désormais un peuple illettré. La science historique, la critique, déconcertées par les découvertes récentes, se jetaient dans les voies étroites où elles ont persévéré si long-temps et d'où les travaux du dix-neuvième siècle commencent à peine de les faire sortir. En un mot, de toutes parts se trouvait répandue la semence qui devait produire dans le siècle suivant des fruits si amers. Est-il étonnant qu'avec de pareilles idées on eût perdu le sens et l'intelligence du symbolisme catholique, et que, subissant l'influence de la société, une partie du clergé et de l'Episcopat ait cru, de bonne foi, utile à la religion de réformer la Liturgie et de la mettre, autant que possible, en harmonie avec l'esprit du siècle, avec les goûts littéraires et les préjugés philosophiques ou historiques que tout le monde acceptait alors comme la vérité même.

On vit donc, dans les trente dernières années du dix-septième siècle, un assez grand nombre d'Eglises réformer leur Liturgie. Toutefois, pour la plupart, cette réforme ne fut pas encore une révolution. D'un côté, ces Eglises étaient presque toutes dans le cas de l'exception posée par Saint Pie V, elles avaient conservé leur rit romain-français et par conséquent gardé le droit, non pas de le changer, mais de le réformer ; d'autre part, leur réformes n'atteignirent presque jamais le fond, et malgré les différences de détail, les défenseurs des livres que ces réformes produisirent ont pu, sans manquer à la vérité, en démontrer l'identité générale avec les livres romains. Du reste, toutes ces Liturgies ont été remplacées par d'autres dans le cours du dix-huitième siècle, et il n'en reste plus aucune trace. Elles étaient, certes, un premier pas dans une voie funeste, mais enfin elles ne s'éloignaient pas encore énormément de la Liturgie romaine, dont le corps demeurait à peu près intact. C'était toujours, sous le nom de Missel, le Sacramentaire et l'Antiphonaire de Saint Grégoire ; sous le nom de Bréviaire, le Responsorial du même Pontife, altérés çà et là, mais non substantiellement changés ; l'œuvre de Saint Pie V était entamée, elle n'avait pas péri.

Cependant, tout était déjà prêt pour lui porter les derniers coups. Le Bréviaire de Paris, donné en 1680 par François de Harlay, peut encore être mis au nombre de ceux dont nous venons de parler ; mais il ouvrait aux innovations une voie beaucoup plus large, et mettait au jour des principes bien plus dangereux. Toutefois, son auteur n'avait fait que suivre de loin et timidement Henri de Villars, Archevêque de Vienne, qui, dans le Bréviaire véritablement nouveau dont il gratifia cette Eglise en 1678, ne s'était nullement cru obligé de conserver la physionomie générale de la Liturgie romaine, et avait franchi les bornes posées par la tradition. Quelques années plus tard, la petite Congrégation, dernier débris de l'Ordre illustre de Cluny, répudiait la Liturgie monastique, comme l'Eglise de Vienne avait répudié son antique Liturgie romaine-française. Au lieu d'adopter le Romain pur, ou de prendre le Bréviaire monastique réformé par Paul V à l'usage de tous les Ordres de Moines, elle entreprit non une réforme de ses livres liturgiques, réforme qui lui était permise, car Cluny s'était toujours maintenu dans la possession de ses antiques usages, mais la destruction complète et violente de tout le corps des Offices monastiques et grégoriens. L'Abbé de Cluny, Général de cette Congrégation, était alors le Cardinal de Bouillon, si tristement célèbre par le relâchement de ses mœurs. Ce fut par ses soins que, dans le Chapitre de l'Ordre tenu en 1676, la révolution projetée fut résolue et confiée à D. Paul Rabusson, sous-chambrier de l'Abbaye, et à D. Claude de Vert, trésorier, le même qui, dans son *explication simple, littérale et historique des cérémonies de l'Eglise*, s'est plu à matérialiser, de la manière la plus grossière et la plus plate, aux applaudissements des protestants, ce que renferment de plus spirituel et de plus sublime les rites du catholicisme.

C'était précisément le moment où Henri de Villars publiait son Bréviaire, le moment où François de Harlay faisait exécuter le sien. Les deux Moines de Cluny, dit un auteur contemporain, *eurent de grandes liaisons*, pendant la durée de leur opération, *avec les commissaires du nouveau Bréviaire de Paris*, entre lesquels on remarquait Jacques de Sainte-Beuve, docteur de Sorbonne, connu par ses liaisons intimes avec Port-Royal, et Nicolas Le Tourneux, janséniste notoire.

Ce dernier coopéra puissamment à l'œuvre de Cluny, on peut même dire qu'il y eut la principale part : *La confiance que D. Claude de Vert et D. Paul Rabusson avaient en lui le rendit maître du terrain; il forma son plan et l'exécuta à son aise,* nous dit un autre janséniste, l'acolyte Mesenguy, l'un des auteurs de la Liturgie Vintimille. L'hymnographe du Bréviaire de Cluny fut Santeuil, Chanoine-régulier de l'Abbaye de Saint-Victor, qui avait déjà fourni plusieurs hymnes au Bréviaire de Harlay, et qui mérite à tous égards l'éloge qu'en fait Saint-Simon, en disant *qu'il était de la plus excellente compagnie, bon convive surtout, aimant le vin et la bonne chère, mais sans débauche.* Les sympathies de ce Chanoine-régulier pour les disciples de l'Evêque d'Ypres étaient par lui hautement affichées, et d'ailleurs, assure Mésenguy, Le Tourneux donnait la matière et Santeuil faisait les vers. Ainsi un Cardinal Abbé, de mœurs corrompues ; deux Moines infectés des erreurs et des préjugés jansénistes, un Prêtre, auteur de livres condamnés par le Saint-Siége, et où se trouve distillé tout le venin de cette hérésie ; enfin, un Religieux amateur de vin et de bonne chère, tels sont les auteurs du Bréviaire de Cluny, qui parut en 1686.

Le Bréviaire de Vienne avait, et largement, ouvert la voie. Beaucoup plus circonspecte, la réforme parisienne de François de Harlay retentissait au loin et réveillait le goût de la nouveauté ; le Bréviaire de Cluny devint le type liturgique, le drapeau des novateurs. Paris s'était porté jusqu'aux extrêmes limites posées par la tradition ; Vienne et Cluny les avaient audacieusement franchies : dans ces Liturgies, tout était nouveau. Les théories qui ne faisaient que poindre dans l'œuvre dont l'Archevêque de Paris avait accepté la responsabilité, rayonnaient accomplies dans celles de Henri de Villars et de Nicolas Le Tourneux. L'influence de la Liturgie de Vienne fut moindre ; peut-être ce diocèse était-il trop reculé, peut-être ce Bréviaire parut-il trop tôt ; mais il eut le triste honneur d'avoir donné l'exemple, et celui de Cluny, qui le suivit de si près, peut revendiquer la gloire d'avoir servi comme de modèle à la plupart des Bréviaires fabriqués depuis, de leur avoir fourni et le malheureux système selon lequel ils sont formés, et tout ce qu'ils renferment de meilleur dans ce système une fois donné.

Cependant, quelques années s'écoulèrent avant que cette Liturgie nouvelle eût trouvé des imitateurs ; les Prélats, comme ceux de Reims et du Mans, etc., qui avaient suivi l'exemple de François de Harlay, s'étaient bornés à réformer, suivant les idées modernes, l'ancienne Liturgie ; nulle part, sauf à Vienne et à Cluny, on n'avait songé à régénérer le culte entier de l'Eglise catholique. Dès les premières années du XVIIIe siècle, le mouvement commença, et l'on vit successivement paraître les Liturgies de Senez, en 1700 ; de Sens, par Hardouin de la Hoguette, en 1702; de Lisieux, en 1704; de Narbonne, en 1709 ; de Meaux, en 1713 ; d'Angers, en 1716; de Troyes, en 1718, etc. Toutefois, dans ces Liturgies on gardait encore quelque mesure. Mais en 1720 paraît à Paris un ouvrage portant ce titre : *Projet d'un nouveau Bréviaire, dans lequel l'Office divin, sans en changer la forme ordinaire, serait particulièrement composé de l'Ecriture sainte, instructif, édifiant, dans un ordre naturel, sans renvois, sans répétitions et très court.* L'auteur, Maurice Foinard, autrefois curé de Calais, dont d'autres écrits avaient été censurés, joignant l'exemple au précepte, publia, en 1726, *in gratiam Ec-*

clesiarum in quibus facienda erit Breviarorium editio, un Bréviaire exécuté d'après son plan, et où toute la Liturgie était refondue. L'année suivante, 1727, le docteur Grancolas, en son *Commentaire du Bréviaire romain*, donna aussi, dans un chapitre spécial, le *projet d'un nouveau Bréviaire*. On prit au sérieux ces extravagantes utopies, on les étudia, on se mit à les appliquer. L'application, du reste, était toute faite : le Bréviaire de Foinard et celui de Cluny forment le magasin où l'on a puisé la plupart des Bréviaires du dix-huitième siècle. Leur plan est nouveau, nouveau pour les matériaux qui doivent entrer dans la composition, nouveau pour les lignes générales et particulières : la Liturgie est refaite à neuf et de fond en comble ; ce n'est plus cette fois la Liturgie de Grégoire-le-Grand, c'est la Liturgie de Le Tourneux ou de Foinard. On oublie que la Liturgie c'est la tradition, et qu'on ne fait pas de la Tradition à volonté ; on ne s'inquiète que d'une chose, d'avoir une Liturgie dans le dernier goût, et par l'auteur à la mode.

La Liturgie de Sens était de 1702 ; l'Archevêque Bouthillier de Chavigny trouva que cela était trop vieux ; il lui fallait quelque chose de plus frais, et en 1725 il fit faire un nouveau Bréviaire dont le fabricateur, dit l'illustre successeur de Chavigny, Languet, s'appliqua à y faire entrer les principes jansénistes. De Caylus, Évêque d'Auxerre, l'un des champions les plus opiniâtres de cette secte, s'empressa également de doter son diocèse d'une Liturgie nouvelle, dont son grand vicaire et complice Jean-André Mignot fut le principal auteur. Celle-ci parut en 1726. — Rouen, qui, dans le Concile provincial de 1581, avait décrété si solennellement l'adoption des livres de Saint Pie V, les quitta en 1728 et se fit faire un Bréviaire par le docteur Robinet. Ce docteur du moins était orthodoxe. Il refit depuis son ouvrage, non plus pour telle ou telle Église, mais pour toutes celles qui voudraient le prendre : plusieurs Églises, comme nous le verrons, le prirent en effet ; Rouen a gardé jusqu'à ce jour sa première ébauche. — Un autre auteur de Liturgies fut Le Brun Desmarettes ; élevé par les solitaires de Port-Royal, il se porta appelant de la Bulle *Unigenitus* : Orléans lui doit la Liturgie que cette Église suit depuis 1693, et qu'on réimprima en 1731. La Liturgie de Bourges est de 1734 ; celle de Limoges, remaniée en 1782, est de 1736, c'est-à-dire de la même année que le Missel janséniste de l'Évêque de Troyes, l'indigne neveu de Bossuet ; de la même année que le Bréviaire par lequel M. de Vintimille mit au rebut le Bréviaire de son prédécesseur de Harlay, déjà revu et corrigé par le Cardinal de Noailles.

Le P. Viger, dont tout le monde connaissait les tendances jansénistes (1), s'était trouvé atteint, vers 1725, de la même maladie que Foinard ; il avait fait un Bréviaire. La question était de le placer : il l'offrit au Cardinal de Noailles, qui n'en voulut point ; il alla le porter à l'Évêque de Bayeux, qui l'eût accepté ; mais le Chapitre de cette Église, effrayé des antécédents et de la réputation de Viger, repoussa énergiquement l'œuvre de l'oratorien. Plus tard, dans un mémoire dressé par lui, comme Assistant du Général de l'Oratoire, il écartait de la Bulle le caractère et la dénomination de règle de foi, la

---

(1) Il finit par prendre le parti de la soumission, disent ses apologistes, mais cette soumission même prouve qu'il avait donné dans les erreurs du temps. On l'appelle d'ordinaire *Vigier* ; ses lettres signées portent *Viger*.

qualifiant simplement de *règlement provisoire de police.* Son Bréviaire ne démentait par une telle manière de penser. Charles de Vintimille adopta ce livre ; mais pour lui donner toute la perfection qui lui manquait encore, il adjoignit à Viger, Mésenguy et Coffin : le premier, acolyte, célèbre par ses écrits contre la Bulle et en faveur de l'Appel ; le second, simple laïque, hérétique notoire à qui l'Eglise de Paris refusa les sacrements à l'article de la mort, et chargé, par cette même Eglise, de composer les hymnes qu'elle chante encore aujourd'hui aux lieu et place des hymnes de l'Eglise romaine.

L'œuvre de ces trois hommes fut ce qu'elle pouvait être, et sa publication fit un tel scandale, qu'après beaucoup d'incertitudes et de délibérations, l'Archevêque et son conseil prirent le parti de placer des cartons aux endroits qui révoltaient le plus les catholiques. On commença donc tout de suite une nouvelle édition, toujours sous la même date de 1736, et on se mit en devoir d'arrêter le débit de la première, dont les exemplaires, par suite de cette mesure, sont devenus extrêmement rares. Les changements, du reste, furent peu nombreux et n'atteignirent pas le fond du nouveau Bréviaire (1). Un nouveau Missel était désormais nécessaire.

(1) L'auteur de la *Notice historique sur les rites de l'Eglise de Paris,* prétend que les cartons avaient été faits avant toute réclamation, et il le prouve d'une manière fort spécieuse, en comparant les dates de l'impression et de la publication des divers livres. Par malheur, toutes les inductions tirées du rapprochement de ces dates tombent devant les témoignages contemporains. L'auteur de la *Notice* produit celui du P. Viger, lequel affirme dans sa seconde lettre pour la défense du Bréviaire *que les endroits attaqués avaient été la plupart cartonnés avant qu'il s'élevât*

Mésenguy le fit, et l'Archevêque le promulgua par lettre pastorale du 11 mars 1738. Conçu dans le même esprit que le Bréviaire, le Missel était cependant beaucoup moins répréhensible. Mésenguy avait compris la nécessité des ménagements. Un de ses aides dans cette besogne fut le docteur Boursier, dès lors expulsé de la Sorbonne, et mort depuis sans avoir rétracté son appel. Le curé qui lui administra les sacrements fut exilé en punition de cet acte de schisme, et l'Eglise de Paris chante encore la Préface de la Toussaint due

aucune réclamation ; mais qui ne voit dans ce mot *la plupart* l'aveu que plusieurs ne l'avaient été qu'après. L'auteur de la *Notice* récuse le témoignage du journal janséniste les *Nouvelles ecclésiastiques*, mais il a soin de passer sous silence celui du P. Hongnant, qui, dans sa seconde lettre à M. de Vintimille sur le nouveau Bréviaire, s'exprime ainsi : « Vous-
« même, oui, Monseigneur, V. G. elle-même s'est déclarée contre cet ou-
« vrage d'une manière non équivoque. Les mouvements qu'elle se donne
« pour le corriger, s'il était possible, ces cartons qu'elle fait apposer de
« toutes parts et qui se multiplient par la recherche des erreurs, sont au-
« tant de témoins irréprochables qui justifient nos plaintes et condamnent
« hautement le Bréviaire (*). » Le P. Hougnant écrivait à Paris, au moment même où l'on cartonnait le Bréviaire. Plus tard, un autre écrivain, l'Abbé de La Tour, disait : « M. de Vintimille laissa composer un nouveau
« Bréviaire, ou plutôt trois ; car il fallut mettre cinquante cartons au pre-
« mier et en faire une édition nouvelle. Celle-ci fut encore cartonnée.
« Une troisième la rectifia (**). » Enfin, voici ce que le Cardinal de Fleury écrivait au Cardinal Quirini, Evêque de Brescia, le 22 juillet 1736 :
« A l'égard du Bréviaire de Paris, j'en enverrai volontiers à Votre Emi-
« nence un exemplaire, quand l'édition en sera achevée avec les cartons
« qu'on y a mis ; car on n'en vend plus des anciens tels qu'ils avaient paru
« il y a trois ou quatre mois (***). » Les rédacteurs des *Nouvelles ecclésiastiques* étaient admirateurs enthousiastes du Bréviaire Vintimille ; le

(*) On peut voir cette lettre en entier au tom. II *des Institutions liturgiques*, p. 550 et suivantes. Elle fut condamnée au feu par arrêt du parlement du 20 août 1736.

(**) *Du Bréviaire Romain*, par l'Abbé de La Tour, chanoine de Montauban, p. 2. Les opuscules de l'Abbé de Latour furent publiés en 1772

(***) Commentarii de rebus pertinentibus ad Aug. Mar. S. R. E. Cardinalem Quirinum. Pars secunda, lib. II, p. 293.

à cet excommunié. Malgré toutes les réclamations (1), Charles de Vintimille vint à bout d'imposer sa Liturgie à tout son diocèse; ce fut par le fait l'imposer à la moitié de la France. Trente ans après l'apparition du Bréviaire de 1736 et du Missel de 1738, la Liturgie romaine avait disparu des trois quarts de nos cathédrales, et sur ce nombre, cinquante et plus s'étaient déclarées pour l'œuvre des Viger et des Mésenguy.

Il est cependant juste de remarquer que ce triomphe de la Liturgie parisienne ne fut pas obtenu sans résistance ; pendant que le parti janséniste en masse travaillait à la propa-

---

P. Hongnant et l'Abbé de La Tour le combattaient de toutes leurs forces; le Cardinal de Fleury, premier ministre du roi de France, était indifférent : « Je n'en ai rien lu, dit-il, je ne puis que suspendre mon juge« ment. » Ainsi, de tous côtés, le fait est attesté de la même manière; on ne détruit pas un tel accord de témoignages par des conjectures et des combinaisons de dates.

Au surplus examinons : l'auteur de la notice dit : « La première lettre « critique (du P. Hongnant) est datée du 25 mars 1736 ;... le Bréviaire « était donc divulgué avant le mois de mars. Les exemplaires vendus alors « furent ceux de la première édition auxquels on avait mis les cartons. » — C'est précisément la question : d'après les *nouvelles ecclésiastiques*,

(1) Le P. Hongnant nous apprend, dans la lettre citée à la note précédente, que ces réclamations se firent jour jusqu'au sein de la commission nommée pour corriger le Bréviaire. « Il y avait parmi les examinateurs « des catholiques et des catholiques décidés. En quel nombre ? Monsei« gneur, vous le savez ; mais enfin la conduite qu'ils ont tenue ou que l'on « a tenue à leur égard, montre ce qu'ils ont pensé.... Tout Paris sait « qu'on n'eut presque aucun égard à leurs réflexions : de sorte que, à pro« prement parler, on peut dire que tous les approbateurs du Bréviaire « ont été ou les auteurs mêmes, ou des hommes connus pour être par« tisans de l'erreur. Combien d'autres représentations Votre Grandeur « n'a-t-elle pas reçues de tous les côtés ? etc. » — Parmi les réclamants on comptait deux des grands vicaires de M. de Vintimille, des curés respectables, les directeurs des séminaires de Saint-Sulpice et de Saint-Nicolas-du-Chardonnet, etc. (L'*Ami de la Religion*, tom. XXVI.)

ger, elle rencontrait au sein des populations, du clergé, des Chapitres l'opposition la plus vive. De saints Evêques la flétrirent : à Marseille, l'héroïque Henri de Belzunce la signalait dans ses Mandements ; à Lodève, le savant Félix-Henri de Fumel la bannissait de ce diocèse, où l'avait introduite son prédécesseur, M. de Souillac ; à Sens, l'illustre Languet faisait entendre d'éloquentes paroles contre la coopération des hérétiques à la rédaction des livres de la Liturgie, etc., etc. Le Docteur Robinet, le même qui avait fait le Bréviaire de Rouen, comptait au nombre *des plus zélés adversaires* de celui de Paris et du jansénisme; malheureusement il imagina de combattre la secte par ses propres armes et d'opposer Liturgie à Liturgie. En conséquence, le Docteur, marchant sur les traces de Foinard, publia dès 1744 son *Breviarium ec-*

d'après le P. Hongnant, d'après le Cardinal de Fleury, tous témoins du fait, l'édition mise en vente au mois de février ou de mars fut celle à laquelle on n'avait pas mis les cartons et dont l'on trouve encore aujourd'hui un certain nombre d'exemplaires. — *La première lettre critique* ne dit rien des cartons; il n'en est question que dans la seconde publiée quelques mois plus tard, et l'auteur n'en parle pas comme d'une chose faite, mais comme d'une chose à laquelle on travaille pendant qu'il écrit: *ces cartons que Votre Grandeur fait apposer de toutes parts*, etc. Le Cardinal de Fleury, qui certes ne s'était pas donné le mot avec le P. Hongnant, écrivait dans le même temps (le 22 juillet 1736); *J'enverrai un exemplaire* (du Bréviaire) *quand l'édition sera achevée avec les cartons qu'on y a mis.* Donc à la fin de juillet l'édition avec les cartons n'était pas encore achevée ; *car on n'en vend plus des anciens tels qu'ils avaient paru il y a trois ou quatre mois;* donc il avait paru une édition sans cartons en février ou mars, et la vente de cette édition avait été suspendue.

A cela que répond l'auteur de la *Notice ?* Il répond : 1° que les *Nouvelles ecclésiastiques* sont une *autorité bien peu sûre*, et que M. Picot, dans l'*Ami de la Religion*, a suivi *bonnement* le récit du journal janséniste. Mais le fait des cartons est de ceux qui ne s'inventent pas ; mais

clesiasticum, ouvrage que le janséniste Rondet arrangea plus tard pour en tirer les Bréviaires de divers diocèses. Un des plus saints Evêques de France à cette époque, M. de La Motte, eut la même idée que Robinet, ou du moins l'adopta; lui aussi fit son Bréviaire. Croyant apercevoir du danger dans un certain nombre de formules du Bréviaire romain, à raison des erreurs du moment, sans prendre l'avis du Saint-Siége, il l'arrangea à sa guise, et, entre autres changements, supprima les Collectes des dimanches après la Pentecôte, où il est parlé de la puissance de la grâce. Le Bréviaire d'Amiens parut en 1746 ; l'Evêque de Soissons, de Fitz-James, en avait publié un dans un sens tout différent en 1742 ; celui de Toul est de 1748. Ainsi, chacun faisait une Liturgie selon ses idées particulières, et tout le monde oubliait, délaissait, rejetait la

---

M. Picot passe à bon droit pour avoir été un modèle d'exactitude dans les récits qu'il donne des faits de ce genre, et il est probable qu'il n'a adopté la version des *Nouvelles ecclésiastiques* qu'après l'avoir contrôlée. En tout cas il n'est pas suspect. Si le P. Hongnant et l'Abbé de La Tour le sont, le Cardinal de Fleury, écrivant au Cardinal Quirini qui lui demande le nouveau Bréviaire, ne peut l'être à personne. L'auteur de la *Notice* répond : 2° *J'ai tous ces cartons, au nombre de cent environ, reliés en un volume par les soins d'un prêtre dont le nom est en tête du livre; ainsi j'en puis parler pertinemment :* soit, voyons donc comment il en parle. Il affirme que sauf quatre corrections plus importantes qu'il indique (un canon retranché du troisième concile de Tolède, une homélie substituée de saint Jean Chrystôme, dix lignes rétablies dans la légende de saint Leon-le-Grand, l'*Ave maris stella* qu'on avait indignement transformée, replacée dans son intégrité), on ne trouve dans les endroits cartonnés que des changements insignifiants : *mots supprimés ou ajoutés, fautes d'impression, transpositions de lignes, fausses indications, omissions,* etc. Il en résulte que la collection de cartons que possède l'auteur n'est pas complète, car en comparant l'édition publiée avant les cartons avec l'édition publiée après, on trouve des différences d'une tout autre nature. Citons quelques exemples : l'Office de sainte Geneviève du Miracle des Ardens, au 26 novem-

Liturgie universelle. On avait la Liturgie des jansénistes, la Liturgie des catholiques ; mais catholiques et jansénistes se piquant d'émulation et fabriquant à qui mieux mieux des Bréviaires et des Missels, les uns comme les autres semblaient ne pas même supposer possible un retour aux livres traditionnels. Rien ne prouve mieux assurément quelle désastreuse influence le gallicanisme, le jansénisme et le classicisme exerçaient à cette époque sur les hommes les meilleurs que ce spectacle de Prêtres et d'Evêques profondément dévoués à l'Eglise, et qui, pour combattre ses ennemis, ne trouvent rien de mieux que de les imiter.

Dans la seconde moitié du dix-huitième siècle, le sceptre liturgique, le sceptre des Le Tourneux et des Mésenguy tomba aux mains d'un laïque, comme eux disciples de Jansénius,

---

bre, supprimé dans la première édition, est rétabli dans la seconde; de même saint Véran, au 13 du même mois; de même saint Thibault en juillet, etc; les paroles célèbres par lesquelles saint François d'Assise exhorte ses disciples à garder la foi de l'Eglise romaine, ne sont pas dans l'édition avant les cartons, et se retrouvent dans l'autre; de même pour les paroles de saint Grégoire le Grand contre le Patriarche de Constantinople qui s'arrogeait le titre d'Evêque universel, etc., etc. L'auteur de la *Notice* dit, 3° que l'édition avant les cartons ne fut pour ainsi parler qu'un essai; qu'on ne la mit pas en vente, mais qu'on en donna seulement des exemplaires aux Chanoines et aux gens habiles que l'on consultait pour la correction; c'est ce qui reste à prouver. Qu'un certain nombre de cartons aient été faits avant les réclamations publiques, avant la première mise en vente du nouveau Bréviaire, cela est probable et personne ne prétend le contraire. Mais on en a fait encore après, tous les témoignages contemporains l'attestent, et dans son apologie le P. Viger lui-même l'avoue implicitement, comme nous l'avons vu. Cependant, poursuit l'auteur de la *Notice*, on ne trouve aucune trace de cartons dans les livres de chant, ces livres sont conformes au Bréviaire cartonné, ils ont donc été imprimés après ce Bréviaire. On doit en dire autant de deux éditions du Bréviaire publiées par Simon, l'une in-4°, l'autre in-12; et du Diurnal, in-18, de Coignard, etc.

Laurent-Etienne Rondet, visionnaire apocalyptique et dévot du diacre Pâris. L'influence de ce personnage fut immense; les Bréviaires, les Missels, les Rituels, les Processionnaux de plus de dix diocèses passèrent par ses mains ; il arrangea pour le Mans, Carcassonne et Cahors, le Bréviaire de Robinet; il travailla pour Laon, pour Soissons, pour Rheims, pour Noyon, pour Poitiers, pour Toulouse, etc., etc., et trouva le moyen d'enchérir encore sur les innovations de ses prédécesseurs.

En 1765 et 1766, l'Evêque de Poitiers publia un Bréviaire et un Missel qui laissaient bien loin derrière eux tout ce qui avait été fait jusqu'alors. L'auteur était un Lazariste nommé Jacob ; les lauriers de Rondet l'empêchaient de dormir. En 1771, pendant que le trop fameux Loménie de

Or, d'après un mandement du 17 mai, on était tenu de se servir du Bréviaire et des livres correspondants au dimanche de la Trinité 1736. Ces livres étaient donc prêts, imprimés et reliés à cette époque. Il a fallu plus de trois mois pour une telle besogne. Au mois de mars 1736, l'impression devait déjà en être fort avancée, et par conséquent l'édition du Bréviaire avec les cartons à laquelle ces livres sont tout-à-fait conformes avait paru avant ce même mois de mars. A cela on réplique : 1º il n'est pas certain que des cartons n'aient pas été mis aux livres de chant, aux Bréviaires et au Diurnal dont on parle : c'est là un fait difficile à vérifier ; 2º malgré le mandement du 17 mai, il n'est pas certain que ces livres se soient trouvés prêts pour le dimanche de la Trinité ; il est certain au contraire que ce jour-là le Bréviaire ne l'était pas encore : car nous voyons par la lettre du Cardinal de Fleury que le 22 juillet il n'était pas possible d'en avoir un seul exemplaire ; 3º la plupart des endroits cartonnés sont de ceux qui n'entrent pas dans les livres de chant, et quant au petit nombre compris dans ces livres, l'*Ave maris stella* par exemple, ils se trouvent placés à la fin des Antiphonaires et Vespéraux dont les dernières parties dans l'hypothèse même de l'auteur de la *Notice* ne devaient pas être encore imprimées à l'époque où d'après tous les documents contemporains on suspendit la vente du Bréviaire afin d'avoir le temps d'y mettre les cartons.

Brienne, ce Cardinal ami et complice des philosophes, établissait le Parisien à Toulouse et le faisait établir à Montauban et ailleurs, Bayeux se donnait une Liturgie de sa façon, et Besançon répudiait ses rites antiques. Après une longue résistance, le Chapitre de Lyon, qui avait laissé mutiler en 1737, par l'Archevêque de Rochebonne, l'antique Liturgie de l'auguste primatiale des Gaules, accepta, le 13 novembre 1776, des mains de l'Archevêque janséniste Malvin de Montazet, la substitution de la Liturgie parisienne de Viger et Mésenguy à ce dernier débris de nos saintes traditions gallicanes. Vers la même époque, Le Franc de Pompignan, transféré en 1774 de l'évêché du Puy à l'archevêché de Vienne, détruisait la Liturgie de Henri de Villars et créait cette Liturgie de Vienne qui, également éloignée du Romain et de l'antique Viennois, dure encore dans trois de nos diocèses.

En 1777 et 1778, on vit paraître une nouvelle édition du Missel et du Bréviaire de Paris, revus et corrigés par les Abbés Joubert et Symon de Doncourt.

En 1780, les Evêques de la province ecclésiastique de Tours, réunis en assemblée provinciale, décrétèrent la suppression de plusieurs fêtes dont l'observance était générale dans l'Eglise. Pour corroborer cette mesure, ils demandèrent et obtinrent du roi des lettres patentes, mais ils ne crurent pas nécessaire de s'adresser au pouvoir apostolique, le seul cependant qui ait droit d'autoriser une dérogation à la discipline générale et de dispenser des canons reçus universellement. Du reste, ce n'était pas la première fois que les Evêques de France négligeaient sur ce point de remplir leurs devoirs vis-à-vis du Souverain-Pontife, pour ne songer qu'à l'Evêque du dehors.

Dans la même assemblée, l'Archevêque de Tours convia ses collègues à embrasser la Liturgie de cette Métropole, qui, pour le fond, n'était autre que la Liturgie de Viger et de Mésenguy. L'Evêque de Rennes l'accepta pour sa cathédrale, déclarant la Liturgie romaine obligatoire, comme par le passé, dans le reste de son diocèse ; les Evêques de Vannes et de Saint-Brieuc conservèrent leur Parisien pur et simple ; le Mans garda la Liturgie de Robinet ; Angers ses livres de 1716. Nantes préféra la Liturgie poitevine du Lazariste Jacob ; Dol, Tréguier et Quimper répondirent qu'ils maintiendraient le Romain. Les Evêques de Saint-Malo et de Saint-Pol de Léon, qui n'avaient assisté à l'assemblée que par procureurs, écrivirent à l'Archevêque : *Nous ne tenons à Rome que par un fil : il ne nous convient pas de le rompre.*

En 1782 et 1783, le nouveau Parisien était arrangé par une commission dont faisait partie le fameux Abbé Siéyès, à l'usage de l'Eglise de Chartres, qui cessa ainsi tout à la fois de rappeler les saintes et patriotiques traditions sur la Vierge des Druides, et de chanter les doux et gracieux Répons dont Fulbert avait composé les paroles et Robert-le-Pieux créé la mélodie.

En 1785, la Métropole de Sens joignait au Bréviaire de 1725, dont son illustre Archevêque, Languet, a dénoncé les intentions jansénistes, un Missel de la façon de l'Abbé Monteau, espèce de philosophe qui, plus tard, prêta serment à la constitution civile du clergé, et entraîna dans le schisme, par l'autorité de son exemple, la plus grande partie du clergé de ce diocèse.

En 1786 parut le Rituel parisien, dans lequel les prières pour l'administration des sacrements se trouvaient refaites sous prétexte d'une plus grande élégance. C'était l'enseignement dogmatique des premiers siècles, le plus pur, le plus grave, le plus universel, qui disparaissait pour faire place aux périodes plus ou moins ronflantes de Louis-François Revers, chanoine de Saint-Honoré ; d'un abbé Plunkett, docteur de Sorbonne, et enfin d'un abbé Charlier, secrétaire de l'Archevêque. Cinquante ans et plus ont dû s'écouler avant que l'on ait songé sérieusement à restituer dans le Rituel parisien les formes antiques de la tradition.

Quelques Congrégations religieuses avaient suivi l'exemple de l'Ordre de Cluny. En 1777, la Congrégation de Saint-Vannes se donna un Bréviaire et un Missel dans le goût du nouveau Parisien. En 1782, l'Ordre de Prémontré, suivant les prescriptions de son dernier Abbé Général, Lecuy, renonça à sa belle Liturgie *romaine-française* pour prendre celle que lui avait fabriquée Rémacle Lissoir, prémontré, Abbé de la Val-Dieu, personnage qui avait publié un abrégé en français du livre de Fébronius et qui, ayant prêté le serment à la constitution civile du clergé, fut curé de Sedan et siégea au conciliabule de Paris en 1797. La Congrégation de Saint-Maur eut aussi son Bréviaire particulier, publié en 1787, dont le principal auteur, dom Nicolas Foulon, convulsionniste passionné, se maria en 1792, et mourut en 1813, après avoir été successivement huissier au Conseil des Cinq-Cents, au Tribunat et au Sénat de l'Empire.

« En 1791, dit l'auteur des *Institutions liturgiques*, sur cent trente Eglises, la France en comptait au delà de quatre-vingts qui avaient abjuré la Liturgie romaine. Cette Liturgie s'était conservée seulement dans quelques diocèses des Provinces d'Alby, d'Aix, d'Arles, d'Auch, de Bordeaux, de Bourges, de Cambray, d'Embrun, de Narbonne, de Tours et de Vienne. Strasbourg, qui était de la province de Mayence, l'avait gardée. Aucune Province, si ce n'est celle d'Avignon, ne s'était montrée unanime à la retenir, et elle avait entièrement péri dans les Métropoles de Besançon, de Lyon, de Paris, de Reims, de Sens et de Toulouse. De tous les diocèses qui, à l'époque de la Bulle de Saint Pie V, n'avaient pas pris le Bréviaire romain, mais avaient simplement réformé, à l'instar de ce Bréviaire, leur *romain-français*, pas un n'avait retenu cette magnifique forme liturgique. Les novateurs avaient donc poursuivi l'élément français dans la Liturgie avec la même rigueur que l'élément romain, parce que tous deux étaient traditionnels. Il n'y eut que l'insigne collégiale de Saint-Martin de Tours qui, donnant en cela la leçon à nos cathédrales les plus fameuses, osa réimprimer, en 1748, son beau Bréviaire romain-français, et qui, seule, au jour du désastre, succomba avec la gloire de n'avoir pas renié ses traditions. »

Il n'est peut-être pas inutile de remarquer que pendant toute la période que nous venons de parcourir, les Liturgies nouvelles se trouvèrent constamment sous la protection des Parlements : les écrivains les plus dévoués à l'Eglise faisaient entendre leurs plaintes, adressaient aux Evêques leurs réclamations, démasquaient les intentions perverses des liturgistes jansénistes, faisaient toucher au doigt les sens équivoques et dangereux qu'ils avaient su glisser dans la prière publique; le Parlement intervenait aussitôt et condamnait ces Prêtres, ces Religieux mal avisés qui avaient l'impertinence de critiquer les œuvres de ses amis. C'est ainsi que les *Lettres sur le nouveau Bréviaire*, par lesquelles le R. P. Claude-

René Hongnant, de la Compagnie de Jésus, l'un des rédacteurs du journal de Trévoux, obligea l'Archevêque de Paris, Vintimille, à corriger son Bréviaire et à faire les fameux cartons, furent, par arrêts du 8 juin et du 20 août 1736, condamnées à être lacérées et brûlées, au pied du grand escalier, par la main du bourreau; c'est ainsi que fut condamné au feu, par arrêt du 7 février 1777, l'écrit publié par les Chanoines de Lyon, sous ce titre : *Motifs de ne point admettre la nouvelle Liturgie de M. l'Archevêque de Lyon*, etc., etc.

On ne doit pas oublier non plus les sympathies que le synode schismatique de Pistoie témoigna pour les principaux auteurs des Liturgies françaises et l'adoption qu'il fit de leurs principes. Citons d'abord ce passage de la sixième session : *Avant tout nous jugeons devoir coopérer avec notre Prélat à la réforme du Bréviaire et du Missel de notre Eglise, en variant, corrigeant et mettant dans un meilleur ordre les Offices divins.* Suit une tirade qu'on dirait empruntée à nos Liturgistes sur les *choses fausses, ou peu utiles, ou moins édifiantes* qu'on trouve dans le Bréviaire romain, et sur la nécessité de mettre partout l'Ecriture Sainte à la place des paroles de l'Eglise. On voit que l'éditeur des *Mémoires* de l'Evêque de Pistoie, le voltairien de Potter, ne nous trompe pas lorsqu'il dit, en parlant des plans liturgiques de Scipion de Ricci : *Ses amis de France s'étaient hâtés de lui communiquer leurs idées et leurs lumières pour opérer une réforme complète du Bréviaire et du Missel.* Au reste, la prédilection de Ricci pour cette école liturgique paraît assez clairement dans le choix de livres que le synode prescrit aux curés : *l'Année chrétienne*, de Nicolas Le Tourneux, et *l'Exposition de la doctrine chrétienne*, de Mésenguy, figurent sur le catalogue à côté du

Rituel d'Aleth et des *Réflexions morales* de Quesnel.—L'Eglise constitutionnelle de la République ne tient pas une autre conduite : son Concile de 1797, dans sa *Lettre synodique aux pères et mères et autres chargés de l'éducation de la jeunesse*, après avoir témoigné de sa vénération pour les auteurs de la Liturgie parisienne, recommande, comme le synode de Pistoie, parmi les livres *les plus intéressants pour la foi et les mœurs*, les deux ouvrages de Le Tourneux et de Mésonguy que nous venons de nommer. Dans ce Concile il fut question d'imposer aux Eglises de France une seule et même Liturgie, et les livres de Viger et de Mésenguy furent mis en avant comme dignes à tous égards de servir d'expression aux besoins religieux de l'Eglise gallicane régénérée (1).

Après le rétablissement de la religion en France, sous l'Empire, des besoins plus pressants attirant la sollicitude de l'Episcopat, il était bien impossible que l'on s'occupât beaucoup de Liturgie, et sous certains rapports cela fut heureux, car avec la puissance dont Bonaparte disposait et l'énergie par laquelle il imposait ses volontés, il n'eût pas manqué de faire prévaloir la Liturgie parisienne, et de la transformer en Liturgie nationale. Sous la Restauration, il sembla un moment que l'on allait continuer le dix-huitième siècle. On vit de toutes parts apparaître des Rituels, des Missels, des Bréviaires, réimprimés, corrigés, refondus, ou même de création tout-à-fait nouvelle. Alby et Arras quittent le Romain, qu'ils avaient conservé jusque-là, pour prendre le rit de Paris. Angers l'adopte aussi en 1824, et lui sacrifie son Bréviaire de 1716. La même année, Autun remanie le

---

(1) *Annales de la Religion*. Tome I, 9 messidor an III, pag. 206-212.

Parisien, implanté dans ce diocèse en 1803. En 1827, Nîmes quitte le Romain pour une Liturgie toute neuve, de la composition de M. l'abbé Larèche, Vicaire-général de M. de Chaffoy. En 1828, M. Borderies dote Versailles d'une Liturgie nouvelle, et M. Feutrier remanie de fond en comble celle de Beauvais. Ce mouvement se continue quelque temps après 1830 : ainsi, en 1834, le diocèse de Meaux adopte une Liturgie faite par M. l'abbé Pruneau, chanoine de cette cathédrale, et en 1835 MM. Tresvaux, chanoine de Paris, et Quilien, chanoine de Quimper, font un Bréviaire que l'on installe dans la cathédrale de Quimper à la place du Bréviaire romain (il n'y est pas resté long-temps); en 1842, le diocèse de Carcassonne échange la Liturgie du Mans, œuvre de Robinet, contre la Liturgie de Paris, œuvre de Viger et de Mésenguy, etc., etc. Nous ne comptons ni ces changements de Bréviaire qui se sont répétés jusqu'à deux et trois fois en moins de vingt ans pour un même diocèse ; ni ces usages vénérables maintenus par une administration, supprimés par celle qui la suivit, rétablis avec modifications par une troisième ; ni ces cérémonies transportées sans discernement d'un diocèse dans l'autre, sans nul souci de la dignité respective des Eglises, qui s'oppose à de pareils emprunts ; ni ces réimpressions de Bréviaires en contradiction avec le Missel, de Missels en contradiction avec le Bréviaire, de livres de chœur sans harmonie entre eux ; ni ces rubriques inouïes, ni ces fêtes sans antécédents, ni ces plans généraux de Bréviaires, qui ne ressemblent à rien de ce qu'on a vu, même au dix-huitième siècle, et dans lesquels on a si largement appliqué le système de la diminution du service de Dieu ; ni cette interruption presque universelle de l'Office canonial dans les cathédrales, où souvent la bonne volonté n'aurait pas suffi à le rétablir dans sa plénitude, les livres de chœur n'étant pas encore imprimés, n'étant pas même rédigés ; ni en divers lieux, ces suppressions de fait ou de droit, quelquefois l'une et l'autre, de cérémonies historiques et populaires, de rites et de bénédictions inscrits pourtant au Rituel diocésain ; ni ces milliers de tableaux et d'images des Saints, commandés et chèrement payés, sans qu'on prenne soin d'y faire représenter les serviteurs de Dieu, les protecteurs du peuple chrétien, avec les attributs, les couleurs et autres accessoires qui les caractérisent expressément, etc., etc. Il est maintenant inutile d'insister sur tous ces abus, qui chaque jour diminuent, et que la sagesse du clergé et le zèle de l'Episcopat auront bientôt fait disparaître. Après les bouleversements dont les Eglises de France ont été victimes, si quelque chose étonne, c'est que le mal n'ait pas été plus grand, c'est qu'on ait compris si tôt la nécessité d'y porter remède ; c'est qu'on y ait déjà mis la main et avec tant de vigueur.

Le mouvement régénérateur commença, en 1822, par la nouvelle édition du Bréviaire et du Missel de Paris, que donna M. de Quélen, et la lettre pastorale par laquelle ce Prélat condamnait la plupart des principes funestes proclamés et appliqués avec tant d'ardeur par les Liturgistes du dernier siècle. Dans l'édition elle-même, on trouve des corrections, des modifications, des suppressions importantes, et telles qu'elles firent jeter les hauts cris au parti janséniste. Au fond, l'œuvre de Viger et de Mésenguy demeurait en son entier ; mais ces corrections, suggérées par un esprit bien différent, s'y trouvaient désormais implantées comme une réclamation solennelle. L'abbé Tabaraud publia une brochure dans laquelle ce chef des débris du jansénisme protestait avec violence ; les *Tablettes du Clergé*, organe de la secte, firent entendre ses gémissements et ses plaintes, et les feuilles *libérales* s'en rendirent l'écho. Plus tard, M. de Quélen prépara une nouvelle édition du Rituel de Paris, qui a paru depuis la mort du Prélat, et où l'on trouve les prières pour l'administration des sacrements, rétablies dans la forme du Rituel romain. L'exemple donné par l'Eglise de Paris étendit son influence au dehors : d'abord le Bréviaire de 1822 fut adopté de préférence aux éditions antérieures par les Eglises qui, depuis cette époque, embrassèrent la Liturgie parisienne. Comme à Paris, la fête du Sacré-Cœur de Jésus s'établit dans un grand nombre de diocèses. Plusieurs reprirent l'Office du Saint-Rosaire. D'autres établirent une fête collective en l'honneur de tous les saints Papes, et c'était déjà une démarche significative, de consacrer ainsi la mémoire de ces Pontifes, que l'Eglise romaine fête en particulier, et qu'on expulsait du calendrier, en si grand nombre, au dix-huitième siècle.

Nous ne pouvons rappeler ici tous les faits qui, dans les dernières années de la Restauration et depuis 1830, ont signalé le retour vers les saines doctrines et préparé le rétablissement de l'unité liturgique. Contentons-nous de noter les réformes opérées au Puy et à Lyon par S. Em. le Cardinal de Bonald, qui, après avoir exprimé le regret de ne pouvoir changer le Bréviaire et le Missel imposés, dans le dix-huitième siècle, à la première de ces Eglises, lui donna, en 1830, un Cérémonial puisé en grande partie aux sources romaines les plus pures et les plus autorisées, et qui, plus tard, à Lyon, a fait subir de si utiles et si nombreuses corrections à la Liturgie parisienne, imposée à la primatiale des Gaules par l'Archevêque janséniste Montazet. Un exemple plus grand et plus solennel encore est celui que donna en 1839 M. l'Evêque de Langres en rétablissant purement et simplement la Liturgie romaine dans ce diocèse, exemple imité les années suivantes par les Evêques de Périgueux, de Gap et de Rennes, et cette année même par les Evêques de Saint-Brieuc, de Troyes, de Montauban et de Vannes ; exemple qui, selon le désir exprimé avec une si paternelle condescendance dans le Bref de S. S. Grégoire XVI à M. l'Archevêque de Reims, sera bientôt suivi dans beaucoup d'autres Eglises, où tout se prépare pour une réforme si importante, et si pieuse et entre lesquelles il est déjà permis de nommer les Eglises illustres de Reims et de Sens.

Résumons cette longue et pourtant si incomplète revue de l'histoire des Liturgies françaises. A la fin du dix-septième siècle, les Eglises de France n'avaient pas encore rompu le lien de l'unité liturgique. Les unes avaient adopté purement et simplement la Liturgie romaine ; les autres, comprises dans l'exception posée par saint Pie V, avaient conservé, en la réformant d'après les livres romains, leur Liturgie romaine-française, qui, pour le fond, ne différait pas du Romain pur ; d'autres enfin avaient modernisé et mis au goût du temps leur Romain-français, mais sans s'éloigner encore d'une manière essentielle du rite romain. A partir des dernières années de ce même siècle, les réformes changent de caractère et attaquent l'ensemble non moins que les détails, le fond non moins que les accessoires de la Liturgie. On la refait à neuf et de fond en comble, et bientôt on put répéter, en parlant de la France, ce que saint Pie V avait dit de certaines provinces ecclésiastiques au seizième siècle : *Cette détestable coutume s'y était introduite, que chaque Evêque se faisait un Bréviaire particulier, déchirant ainsi, au moyen de ces nouveaux Offices dissemblables entre eux et propres, pour ainsi dire, à chaque Evêché, cette communion qui consiste à offrir au même Dieu des prières et des louanges en une seule et même forme.* Et cela se faisait non par voie d'abus, comme à la fin du quinzième siècle et au commencement du seizième, mais systématiquement et comme chose de droit et par elle-même excellente. Et l'on rejetait non seulement le Romain pur, mais encore le Romain-français, mais même le Romain-français modernisé des dernières années du dix-septième siècle. Et l'on se gardait bien de chercher à ressusciter l'antique Liturgie d'origine orientale que les Gaules avaient suivie jusqu'à Charlemagne. Encore moins prétendait-on imiter la Liturgie gothique ou la Liturgie ambroisienne ou quelqu'une des vieilles Liturgies de l'Orient. Non, tout était conçu et exécuté dans un esprit tout-à-fait nouveau et sous des formes entièrement nouvelles. Et c'est ainsi que sont nées les Liturgies françaises qui restent encore. La plus ancienne, celle d'Orléans, est de 1693 ; la plus récente, celle de Meaux, est de 1834 ; toutes les autres se placent entre ces limites extrêmes. (Je ne compte point le Bréviaire de Quimper, le Missel qui devait l'accompagner n'ayant jamais vu le jour, et d'ailleurs le chapitre de Quimper l'ayant déjà abandonné pour reprendre le Bréviaire romain.)

En second lieu, il résulte de l'ensemble des faits par nous rappelés que les Liturgies françaises ont eu pour auteurs, propagateurs et défenseurs, d'une part, les jansénistes, de l'autre, les Parlements, et que ces ennemis de l'Eglise ont toujours et partout montré autant de sympathie pour ces Liturgies que de répulsion et de haine pour la Liturgie romaine. Le fait n'est pas contestable, il doit avoir sa raison.

Ainsi, pendant que dans tout le reste de l'Eglise, en Orient comme en Occident, la Liturgie immuable dans son fond, soumise dans ses développements à l'autorité du chef de l'Eglise, remonte dans ses origines à l'origine même du christianisme, et, selon la nécessité des temps, est mise en ordre, complétée ou réformée par les Evêques et les Saints, attaquée par les hérétiques et tous les ennemis de la religion ; en France, au dix-huitième siècle, la Liturgie est changeante et variable; soustraite tout entière à l'autorité du chef d'Eglise, livrée complètement à l'arbitraire de chaque Evêque, tout-à-fait nouvelle, préconisée et propagée par des sectaires ; non seulement complétée ou réformée, mais créée dans toute la force et la rigueur du mot, par de simples prêtres, par des acolytes, par des laïques, et ces prêtres, ces acolytes, ces laïques, sont la plupart ou d'une conduite scandaleuse, ou hérétiques déclarés ou fauteurs et propagateurs notoires du schisme et de l'hérésie.

CHAPITRE XIII.

DIFFÉRENCES INTRINSÈQUES ET EXTRINSÈQUES ENTRE LA LITURGIE ROMAINE ET LES LITURGIES FRANÇAISES.

Les partisans des Liturgies françaises les représentent comme autant de productions originales, chefs-d'œuvre de l'esprit humain : rien de moins fondé que cette admiration; ces Liturgies ne sont en réalité que la Liturgie romaine diversement défigurée et contrefaite. Le dix-huitième siècle avait le génie de la destruction, le génie de l'invention lui fut refusé; il voulut faire des Liturgies nouvelles, il ne sut qu'imiter grossièrement celle qu'il prétendait détruire. La Liturgie grecque, la Liturgie ambroisienne sont des Liturgies dont on ne peut méconnaître le caractère original; en les comparant à la Liturgie romaine, on voit tout de suite qu'elles ne viennent pas d'elle, qu'elles sont le fruit d'un autre arbre, et que cet arbre a aussi sa sève et sa beauté. Mais lorsque l'on compare à la Liturgie romaine les Liturgies françaises, il est impossible d'avoir de celles-ci une semblable idée; au premier coup d'œil, on est frappé du plagiat. Leurs auteurs ont pris purement et simplement le cadre du Romain et ses divisions ; le dessin de l'édifice est le même en un mot. Quelques-uns de leurs défenseurs confessent naïvement le fait et en tirent l'apologie des Liturgies modernes. De quoi se plaint-on, disent-ils, ne sont-elles pas tout-à-fait semblables à la Liturgie romaine? N'avons-nous pas à la Messe Introït, Collectes, Epître, Graduel, Evangile, Offertoire, Secrètes, Préface, Communion et Post-Communions?

N'avons-nous pas au Bréviaire, Matines, Laudes, Prime, Tierce, Sexte, None, Vêpres et Complies ; un Propre du Temps, un Propre des Saints, des Communs ; à Matines, des Nocturnes avec leurs Psaumes, leurs Antiennes, leurs Leçons, leurs Répons, Absolutions, Bénédictions, Versets, etc. ; n'avons-nous pas des Invitatoires, des Hymnes, des Cantiques ; les autres Heures n'ont-elles pas pareillement Psaumes et Antiennes, Capitule, Hymne, etc. ? Pour quelques changements, quelques retranchements, quelques additions pratiquées çà et là, est-ce la peine de tant crier ? — Ce raisonnement me rappelle celui d'un prétendu poète qui démontrait l'identité de certaine tragédie de sa façon avec l'Athalie de Racine : les deux pièces, disait-il, ont cinq actes l'une et l'autre ; chaque acte a le même nombre de scènes, les personnages portent les mêmes noms, etc., etc. Le poète s'était contenté de refaire les actes, les scènes et les vers de Racine ; de même les Liturgistes du dix-huitième siècle se sont contentés de refaire les Introïts (1), Collectes, Graduels, Offertoires, Secrètes, Préfaces, Communions, Post-Communions, Antiennes, Répons, Versets, Hymnes, Oraisons, etc., de l'Eglise romaine, de faire une autre division du Psautier, un

(1) Les Introïts, de toute antiquité, servaient à distinguer entre eux les divers dimanches de l'année. « Comment désormais lire et comprendre « nos chroniques nationales, les chartes et les diplômes de nos ancêtres « dans lesquels les dimanches sont sans cesse désignés par les premières « paroles de cette solennelle Antienne ? Il faudra donc, et c'est à quoi « l'on est réduit aujourd'hui, que le prêtre lui-même ne puisse plus ex- « pliquer ces monuments, s'il n'est muni d'un Missel romain, à l'effet de « comprendre des choses que le peuple lui-même savait autrefois ? Qu'il « est pourtant triste de voir l'ardeur avec laquelle, à cette époque, on se « ruait à tout ce qui pouvait creuser un abîme entre le présent et le passé ! » (*Institutions liturgiques*, tom. II, p. 368.)

autre choix de Leçons, etc., etc. Et voilà comment ils ont trouvé le moyen d'être à la fois novateurs et plagiaires. Le poète dont je parlais tout à l'heure croyait de très bonne foi sa tragédie incomparablement meilleure qu'Athalie ; les partisans des Liturgies françaises sont de même persuadés que ces Liturgies sont infiniment au-dessus de la Liturgie romaine. Notre poète le prouvait fort pertinemment, et quelquefois il lui arrivait de citer tel de ses vers plus heureux que tel vers faible ou négligé de Racine ; nos Liturgistes le prouvent aussi, et parfois ils citent telle Antienne, telle Hymne meilleures en effet que l'Antienne ou l'Hymne correspondante du Romain. Les malheureux ne voient pas qu'il s'agit de l'ensemble et non de tel et tel détail ; ils ne voient pas que dans leurs œuvres on ne retrouve ni les proportions harmonieuses, ni le style inimitable de la Liturgie romaine, ni surtout cet accent inspiré de la foi et de la prière que rien ne peut rendre, ni enfin ce je ne sais quoi qu'on ne saurait définir, cette splendeur qui charme l'âme, et qui, dans les œuvres de l'art comme dans celles de la nature, constitue la beauté.

La Liturgie romaine est remplie d'une poésie divine ; on n'y rencontre ni la pompe emphatique, ni la surabondance confuse, ni le mauvais goût de l'Orient ; mais elle est plus éloignée encore de la sécheresse, de la raideur et du prosaïsme des temps modernes, qualités distinctives des Liturgies du dix-huitième siècle. Mésenguy disait : « Le Bréviaire
« est un recueil de prières, de louanges, d'actions de grâces
« et d'instructions, publié par l'autorité épiscopale, et un
« *ouvrage d'esprit*, qu'un ou plusieurs particuliers ont com-
« posé *suivant leur génie, leurs vues, leur goût, et certaines*

« *règles qu'ils se sont prescrites* (1). » C'est bien là, en effet, la définition des Bréviaires français, et l'on sait quel était le génie, le goût, les vues de Mésenguy et des autres *particuliers* chargés, dans les divers diocèses, de composer ces *ouvrages d'esprit*. La Liturgie était devenue une branche de la littérature : on composait un Missel ou un Bréviaire, comme on compose une pièce de théâtre ou un roman, et une fois les premiers exemples donnés, voici comment les faiseurs s'y prenaient, nous dit un auteur du temps : « Ceux qui enfantent
« de nouveaux Bréviaires, environnés de tous côtés de ces
« prodiges, sont embarrassés dans le choix : *Inopem me co-*
« *pia fecit*. Par une noble émulation ils imitent le fameux
« Apelle, qui, pour peindre une belle personne, rassembla
« les personnes les mieux faites qu'il pût trouver, prit un
« trait de l'une et un trait de l'autre, et fit la merveille du
« monde. Un compositeur dans son cabinet, entouré de cent
« Bréviaires qu'il met à contribution, prend ici des An-
« tiennes, là des Répons, ailleurs les Légendes, dans l'un
« des Hymnes, dans l'autre des Psaumes mutilés, et sur
« le tout répand avec goût la broderie, la symétrie, les ri-
« chesses, les grâces que lui fournit son génie. C'est une
« merveille liturgique, c'est l'élixir des trois compositions :
« d'abord le gros canevas romain : division des Heures, par-
« tage des Nocturnes, arrangement d'Antiennes, de Psaumes,
« de Leçons, de Répons, d'Hymnes, de Capitules, etc. ; en-
« suite l'élégance parisienne, de Psaumes géométriquement
« proportionnés, de Légendes profondément critiquées, de
« traits de l'Ecriture savamment prodigués, de Canons des

(1) *Lettre sur les nouveaux Bréviaires*, par Mésenguy, p. 1.

« Conciles judicieusement compilés, d'allusions finement en-
« châssées, d'Hymnes poétiquement composées, de Répons
« artistement symétrisés par la combinaison de l'ancien et
« du nouveau Testament, fort étonnés quelquefois de se
« troüver ensemble ; enfin le coup de maître, et la dernière
« perfection dont l'auteur polit, embellit, enrichit, fait bril-
« ler son ouvrage (1). »

La sainteté est dans l'ordre de la grâce ce qu'est le génie dans l'ordre de la nature ; leurs œuvres sont à une hauteur que la piété, le talent ordinaire n'atteignent jamais. Entre les prières, les chants liturgiques des Saints, et les prières, les chants liturgiques des chrétiens vulgaires, il y a la même différence qu'entre les poésies de Virgile ou d'Homère et les versifications de leurs imitateurs : la Liturgie romaine et toutes les Liturgies antiques furent l'œuvre des Saints ; on sait à quels hommes nous devons les Liturgies modernes. Ceux qui admirent ces dernières, les jugent selon l'esprit qui les inspira ; ils les comparent aux Liturgies qu'elles rem-placèrent, comme on compare une pièce de Racine ou de Corneille à une pièce d'Euripide ou d'Eschyle ; ils prononcent entre elles d'après les règles et les modèles de la littérature profane. Mais ceux qui condamnent ces Liturgies les jugent selon l'esprit qui inspira les Liturgies antiques ; ce ne sont pas des œuvres d'art, ce sont des prières qu'ils comparent ; ils prononcent d'après les règles et les modèles de la litté-rature sacrée. On conçoit dès lors que les jugements soient contraires : les uns recherchent dans la Liturgie ce que les Saints ne songeaient guère à y mettre, une reproduction de

(1) *Sur les nouveaux Bréviaires*, par l'Abbé de La Tour, p. 2.

l'élégance et de la beauté littéraire païenne ; les autres, au contraire, demandent à la Liturgie ce que les Liturgistes du dix-huitième siècle ne songeaient nullement à lui donner, incapables qu'ils étaient de le comprendre et de le sentir, le caractère divin de la prière, l'expression du sentiment chrétien, l'union de l'âme à Dieu, le rayonnement de la parole divine et comme un reflet de ses beautés surhumaines. « Il ne paraît pas, disait Foinard lui-même, en parlant des « Bréviaires fabriqués avant lui, que ce soit l'onction qui do-« mine dans les nouveaux Bréviaires. On y a, à la vérité, tra-« vaillé beaucoup pour l'esprit, mais il semble qu'on n'y a « pas autant travaillé pour le cœur. Ne pourrait-on pas dire, « ajoute-t-il, que l'on a fait la plupart des Antiennes dans les « nouveaux Bréviaires seulement pour être lues des yeux par « curiosité et hors l'Office (1) ? » — Robinet, à son tour, exprime la même pensée à propos des Bréviaires qui suivirent Foinard. « Ceux qui ont composé le Bréviaire romain ont « mieux connu qu'on ne fait de nos jours le goût de la prière « et les paroles qui y conviennent (2). » Cette parole décide la question ; c'est la prière qui fait la Liturgie, comme c'est la poésie qui fait le poème : au dix-huitième siècle des catholiques l'oubliaient, de nos jours des protestants mêmes commencent à le comprendre. De là l'admiration si vive et si vraie que les disciples du docteur Pusey témoignent en Angleterre pour le Bréviaire romain ; de là les louanges données en Allemagne à l'hymnographie catholique : « On connaît « déjà en France les travaux des docteurs Rambach et Daniel

---

(1) Foinard. *Projet d'un nouveau Bréviaire*, p. 64 et p. 93.
(2) Robinet. *Lettre d'un Ecclésiastique à un Curé sur le plan d'un nouveau Bréviaire*, p. 2.

« sur nos saintes et vénérables Hymnes, le soin avec lequel
« ils les ont recueillies, les notes respectueuses dont ils les
« ont enrichies, le jugement sévère qu'ils portent sur la ré-
« probation qu'on en a fait en France, pour courir après des
« pastiches d'Horace. Ainsi, par un juste jugement de Dieu,
« après nous avoir rendu nos Papes, naguères insultés par
« nous, les protestants nous rendent nos Hymnes. Nous
« avions mérité cette humiliation. *Et nunc intelligite* (1). » Il
en est, toute proportion gardée, de la Liturgie comme de la
Bible, comme de la religion même : Boileau ne trouvait aucune poésie dans la religion ; Voltaire se moquait des Livres
saints ; le clergé lui-même, au dix-huitième siècle, avait
honte des vieilles cathédrales du moyen-âge, et ses liturgistes
méprisaient nos antiques Liturgies ; toutes ces choses là se
tiennent, aujourd'hui les incrédules célèbrent les beautés
poétiques du catholicisme, les philosophes admirent la Sainte
Ecriture, les artistes louent avec transport l'architecture gothique, et le clergé redemande avec des cris d'amour la Liturgie romaine.

Saint Pie V, dans sa bulle *Quod a nobis*, énumérant les désordres qui avaient rendu la réforme liturgique nécessaire,
disait : *Les uns ont déformé l'ensemble si harmonieux de
l'ancien Bréviaire, le mutilant en beaucoup d'endroits et l'altérant par l'addition de beaucoup de choses incertaines et
nouvelles.* Qu'aurait-il pensé des Bréviaires français fabriqués
comme l'Abbé de la Tour nous l'a dit, et où il n'y a vraiment
ni ensemble, ni harmonie ? Mais cet éloge que le grand Pape

---

(1) *Défense des institutions liturgiques*, par le R. P. Dom Guéranger,
Abbé de Solesmes, p. 117.

faisait du Bréviaire s'applique à toute la Liturgie romaine. Le Missel, le Rituel, le Bréviaire, les formules saintes, les chants, les cérémonies s'appellent et se soutiennent mutuellement ; ce sont les membres d'un seul corps qu'un même souffle anime ; ce sont les parties d'un immense et sublime poème dont on ne peut comprendre toute la beauté lorsqu'on n'en voit qu'un fragment, lorsqu'on n'en possède pas l'harmonieux ensemble. Les Liturgies françaises, au contraire, manquent d'unité : leur Missel est en contradiction avec leur Bréviaire, leur Rituel ne se rapporte ni au Bréviaire, ni au Missel, leur Cérémonial ne concorde avec aucun des trois, le chant jure avec les paroles ; ce n'est qu'un mélange, ou plutôt une confusion de prières, de mélodies et de cérémonies qui n'ont pas été faites les unes pour les autres. Quel rapport y a-t-il, par exemple, entre certaines cérémonies inspirées par le génie du moyen-âge, que quelques-unes de nos églises ont conservées, et les chants et les prières du dix-huitième siècle, par lesquels on a remplacé les chants et les prières destinés à donner à ces cérémonies antiques leur sens véritable et leur expression ? Lambeaux de pourpre cousus à des haillons.

Ainsi, dans la Liturgie romaine, l'harmonie, la proportion et l'unité, le génie de la prière et l'inspiration ; dans les Liturgies du dix-huitième siècle la discordance, la confusion et le désordre, un prosaïsme froid et compassé qui retient l'élan et étouffe le cri de l'âme : voilà de premières différences. Mais il en est de plus profondes dont celles que nous venons d'indiquer ne sont que la conséquence. La Liturgie romaine se plaît à exalter les Saints et surtout la Mère de Dieu ; elle aime à raconter leurs miracles, et les merveilles de l'ordre surnaturel remplissent ses récits ; elle célèbre avec amour les divines prérogatives du Prince des Apôtres et de ses successeurs les Vicaires du Christ ; le sentiment de la justice divine ne lui fait pas oublier la bonté infinie du Seigneur et son amour pour les hommes. Dans les Liturgies modernes, le culte de la Sainte Vierge et le culte des Saints sont diminués, le merveilleux catholique savamment tempéré, le souvenir des prérogatives du souverain Pontificat affaibli, le côté terrible des mystères chrétiens mis en relief, le côté consolant rejeté dans l'ombre.

Les partisans des Liturgies françaises s'indignent à ces accusations, et ils y répondent en montrant tout ce que renferment leurs livres en l'honneur de la Vierge et des Saints ; tous les miracles qui y sont consignés ; tout ce qu'ils disent de la primauté du chef de l'Eglise, tous les passages où la doctrine orthodoxe sur la grâce est expressément formulée, etc. Cette apologie serait victorieuse si on avait prétendu que le culte de la Sainte Vierge et des Saints est supprimé, la possibilité des miracles contestée, la primauté du Pape niée, la doctrine janséniste clairement et nettement formulée, la doctrine catholique directement combattue dans nos Liturgies. Mais personne n'a jamais rien dit de semblable. Le changement de Liturgie dut avoir une cause, une raison, un but : pour les connaître il faut examiner non seulement la Liturgie nouvelle, mais encore la Liturgie qu'elle a remplacée ; il faut comparer l'une à l'autre. Or, de cette comparaison il résulte que grand nombre de Fêtes, d'Octaves de la Sainte Vierge, de prières adressées à la Mère de Dieu, qui étaient dans les anciens livres, ne sont pas dans les nouveaux ; qu'on a fait disparaître grand nombre de

Saints dont le culte était populaire ; qu'en revanche on y a mis un certain nombre de Saints à peu près inconnus des peuples ; que les légendes des uns et des autres sont beaucoup plus sobres de faits miraculeux ; que les Saints Papes surtout ont été sacrifiés; que les Fêtes du Prince des Apôtres y sont moins nombreuses ; qu'on a effacé quantité de passages où la doctrine catholique sur les prérogatives du Souverain Pontife était énergiquement exprimée; qu'on cherche vainement dans les nouveaux livres beaucoup de textes de l'Ecriture et des Saints Pères directement contraires aux erreurs jansénistes, lesquels se trouvaient dans les anciens, et qu'on rencontre partout dans les Hymnes, les Leçons, les Capitules, les Répons, les Antiennes, les Oraisons, des phrases captieuses, équivoques, susceptibles sans doute d'un sens catholique, mais susceptibles aussi d'un sens différent. Ce sont là autant de faits matériels que chacun peut vérifier ; on n'a, je le répète, qu'à prendre les nouveaux et les anciens livres, et à voir, jour par jour, quelles Fêtes, quelles Leçons, quelles Légendes, quelles Prières, quelles Hymnes, etc., etc., sont dans les uns et ne se trouvent plus dans les autres. La nature de cet écrit ne me permet pas d'entrer dans ce détail. On peut voir d'ailleurs sur ce sujet, soit les *Institutions Liturgiques* du R. P. Dom Guéranger (1), soit les *Lettres* du P. Hongnant sur le Bréviaire Vintimille, soit les *Mémoires* publiés sous M. de Montazet, par le Chapitre primatial de Lyon, contre l'introduction de ce même Bréviaire dans cette antique Eglise, soit enfin la série de *Mémoires* publiés en

---

(1) Tom. II, chap. XIX et ch. XX.—Voyez aussi la *Défense des institutions liturgiques*, passim.

1772, sur les nouvelles Liturgies, par l'Abbé de la Tour. Citons seulement quelques passages de ce dernier auteur :

« Quel est l'encens que d'une main avare brûle à re-
« gret, sur les autels de Marie, la nouvelle Liturgie ? celui
« qu'elle ne peut absolument lui refuser. Elle chicane sur
« tout, elle n'accorde qu'à la rigueur le pur nécessaire. Il
« est des Fêtes de notre Seigneur où la Sainte Vierge a eu
« beaucoup de part, ou plutôt il n'en est point où elle n'en
« ait eu ; à la Circoncision elle lui donne le nom de Jésus,
« qu'elle avait appris de l'Ange ; à l'Epiphanie elle le montre
« aux Mages, comme à sa Naissance elle l'avait montré
« aux Bergers. Le vrai zèle saisirait les occasions pour dire
« un mot en son honneur ; cette fleur ne serait pas étrangère
« et ne déparerait pas la couronne du Sauveur ; mais une
« piété soupçonneuse, que la moindre diversion alarme, ou
« plutôt des idées basses sur la divine maternité dont on ne
« connaît pas la sublime grandeur, garde un profond silence,
« et s'imagine ménager les intérêts de Dieu en cachant ses
« plus grandes merveilles. Cependant il faut bien parler de
« Marie les jours de ses Fêtes. Quels éloges ose-t-on en faire ?
« Des éloges si épurés, si mesurés, ou plutôt si minces, qu'on
« semble craindre d'en dire toujours trop ; des éloges indi-
« rects et comme par hasard, qui ne tombent sur elle que
« par réflection ; des éloges éloignés et presque étrangers,
« qui échappent aux connaissances de la plupart des hom-
« mes ; des éloges éclipsés par l'éclat d'un autre objet qu'on
« fait uniquement valoir pour absorber l'attention ; des éloges
« dégradés, où l'on rappelle sa bassesse ; il semble qu'on soit
« en garde contre son orgueil et chargé d'entretenir son hu-
« milité. Elle tient ce langage dans le *Magnificat*, et la mo--

« destie le dicte quand on parle de soi : *Respexit humilitatem*
« *Ancillæ suæ*. La politesse le permet-elle parmi les hommes ?
« la religion l'exige-t-elle dans le culte des Saints, en fait-
« elle une loi pour Marie ? Tel est le caractère de ses pané-
« gyriques dans les nouveaux Offices. On ne lui adresse
« presque jamais la parole, jamais elle n'est seule dans les
« louanges, tout est assaisonné de quelque humiliant retour.
« On pourrait tenir aux hommes un pareil langage, sans
« crainte de flatter leur vanité. »

L'Abbé de la Tour énumère les diverses Fêtes et Solennités de la Vierge supprimées dans les nouvelles Liturgies. Arrivé à la suppression de l'Octave de la Conception, il remarque que, pour justifier cette suppression, les défenseurs de la révolution liturgique avaient le front de parler de leur respect pour les Rubriques romaines qui ne veulent point d'Octave dans l'Avent, et cela pendant qu'ils bouleversaient toute la Liturgie, sans tenir aucun compte ni des Rubriques, ni des Brefs, ni des Bulles du Saint-Siége, ni des lois les plus solennelles, ni des traditions les plus vénérées. Leur respect pour cette Rubrique allait si loin, qu'ils ne croyaient pas que le Pape pût en dispenser, et c'est pourquoi ils regardaient comme non avenue la Bulle par laquelle Clément IX, le 20 février 1668, avait accordé à la France, sur la demande de Louis XIV, l'Octave de la Conception. A ce qu'il paraît, dit notre auteur, *Louis XIV ne croyait pas qu'on pût faire une addition à l'Office divin sans la permission du Pape. Pourquoi s'adresser à Rome ? chaque Evêque ne pouvait-il pas établir cette Octave dans son diocèse ?* — L'Abbé de la Tour relève une foule de traits en l'honneur de Marie, rayés des nouveaux Bréviaires, et ajoute : « Le titre glorieux

« de Mère de Dieu est répété cent fois dans l'Office romain ;
« cette répétition a paru fastidieuse. A peine le nouvel Office
« le prononce-t-il deux ou trois fois l'année. Ce n'est pas
« qu'on doute de la divine maternité, on en parle d'une ma-
« nière équivalente par des périphrases. Ce nouveau lan-
« gage, étranger aux fidèles, les dépayse, les désaccoutume
« du langage catholique, peu à peu affaiblit la déférence à
« la voix de l'Eglise qu'on n'entend plus, et dégoûte d'un
« Office qu'on ne peut plus suivre. On ne soupçonne pas
« l'autorité des Evêques qui laissent faire ces changements ;
« c'est contre leur intention qu'une dévotion si légitime, si
« générale, si ancienne, si chère à l'Eglise, reçoit sous leur
« nom quelques atteintes. Mais il n'en est pas moins vrai
« que cet esprit d'indévotion est généralement répandu dans
« les nouveaux livres. Le Romain, bien différent, cherche
« tous les moyens d'augmenter la dévotion et d'inspirer la
« confiance pour la Reine des cieux. Tous les nouveaux
« Bréviaires ne portent pas les mêmes coups ; mais il n'en
« est aucun qui n'ait commis la plupart des fautes que nous
« venons de signaler ; peut-on se dissimuler la grandeur du
« danger ? Cette multitude de changements cause dans l'E-
« glise de France un affaiblissement sensible dans cette partie
« de la religion (1). »

Dans un autre *Mémoire sur le culte des Saints*, le même
auteur s'exprime ainsi : « Pour les Saints romains, ce sont
« des statues vermoulues qu'il faut abattre ; cités au tribunal
« de la critique, on les épluche avec la dernière rigueur.
« Leur naissance, leur vie, leur mort, leurs actions, leurs

---

(1) *Du culte de la sainte Vierge*, p. 4, 5, 7, 11, 12, etc.

« ouvrages, leurs succès ; partout quelque chose d'apocry-
« phe. Leurs histoires sont suspectes, leurs pratiques pué-
« riles, leurs paroles indécentes, leurs visions des rêveries,
« leurs miracles sans vraisemblance. C'est une grêle qui
« abat les fleurs des jardins et la moisson des campagnes.
« Qu'on confronte l'ancienne et la nouvelle légende, les Saints
« ne sont plus connaissables : on admirera la profonde saga-
« cité qui les a mis dans le creuset ; on sera étonné de la
« masse énorme du faux or qu'un alliage superstitieux avait
« mêlé avec le véritable. La moitié des habitants du ciel est
« mise au rebut ; l'autre moitié n'est qu'un squelette. Une si
« sévère réforme fait révoquer en doute toute l'histoire des
« Saints, et regarder comme des temps fabuleux sept à huit
« siècles gothiques de l'Eglise, pendant lesquels tous les Bré-
« viaires, même en France, dans les diocèses les plus érudits,
« ont été remplis des légendes dont on se débarrasse aujour-
« d'hui.... On en veut surtout au merveilleux, c'est l'esprit
« du siècle ; les philosophes ne connaissent point l'ordre sur-
« naturel, et rejettent tout ce qui passe le mécanisme de la
« physique. Le Bréviaire romain sort quelquefois de l'ordre
« commun, c'est là le grand crime ; les Bréviaires à la mode,
« presque tous dans les idées philosophiques du temps, n'ad-
« mettent rien que de naturel ; si par hasard ils prononcent
« le nom de miracles, ce n'est qu'en tremblant, à voix basse,
« crainte de passer pour de petits esprits. La vie des Saints
« est ainsi tout élaguée des merveilles, visions, révélations,
« miracles, discours sublimes, succès rapides, actions ex-
« traordinaires. Saint François et ses stygmates, Sainte
« Thérèse et ses extases, Saint Xavier et son Apostolat, Saint
« André et ses tendres sentiments sur la croix, Sainte Agnès

« et ses admirables discours, Saint Laurent et ses insultes
« au Tyran, le nouvel Office proscrit tout ; les Saints n'y
« sont que des gens de bien ordinaires, dont on trouve cent
« exemples parmi ses concitoyens. Ce n'est point l'idée qu'a
« l'Eglise des héros qu'une autorité légitime présente à notre
« culte. Elle les regarde comme des hommes extraordinaires,
« offerts à l'admiration, à la vénération, à l'invocation des
« fidèles : *Mirabilis Deus in Sanctis suis.* A quel autre titre
« obtiendraient-ils des autels, des Fêtes, un Office public ?
« Ainsi pense le Saint-Siége, qui ne canonise qu'après de
« longs délais et sur des preuves légales et complètes de
« toutes les vertus dans un degré héroïque, d'une réputation
« établie de sainteté éminente, et de plusieurs miracles
« constatés avec la plus grande exactitude. A s'en tenir aux
« nouvelles légendes, la plupart des Saints n'auraient pas dû
« être canonisés.... L'Eglise est bien éloignée d'une crédu-
« lité puérile qui croit toutes sortes de merveilles sans preu-
« ves, ou d'une dévotion aveugle qui les accumule sans dis-
« cernement ; mais elle ne l'est pas moins d'un présomptueux
« phyrronisme qui doute de tout, et d'une irréligion dédai-
« gneuse qui rejette tout. Le P. Thomassin, après avoir rap-
« porté des miracles fort extraordinaires, ajoute : *Ces sortes*
« *d'histoires ne sont point des articles de foi, mais elles ne*
« *doivent pas être rejetées par des personnes éclairées et sages.*
« *La lecture des Pères ne permet pas de douter qu'ils n'eus-*
« *sent été faciles à les croire. Saint Augustin en rapporte de*
« *beaucoup plus incroyables. Il est extrémement à craindre*
« *que de s'élever au-dessus des Augustin, des Jérôme, des*
« *Grégoire et des plus savants docteurs, ne soit l'effet d'un*

« *orgueil très dangereux* (1). — C'est surtout sur les Saints
« religieux que tombent les décrets d'ostracisme de l'inqui-
« sition liturgique ; plus sévère que celle de Goa, il y règne
« un esprit opposé à leur saint état ; c'est le ton du siècle.
« Conduite ingrate, puisque la Liturgie doit beaucoup à l'état
« religieux ; c'est lui qui a le plus contribué à l'arrangement
« de l'Office divin, et qui le récite avec le plus de piété et
« d'exactitude. »

On se piquait beaucoup de critique au dix-huitième siècle, et c'était sous ce prétexte qu'on proscrivait les Saints et les miracles de la Liturgie romaine ; mais, par une contradiction étrange, on admettait dans les nouvelles Liturgies quantité de Saints nouveaux et inconnus, à la vie incertaine, aux actions fabuleuses, dépourvues de tout témoignage historique, de toute garantie. « Il n'y a au Bréviaire romain que deux
« sortes de Saints : les uns antérieurs, les autres postérieurs
« à la Bulle d'Alexandre III, au commencement du douzième
« siècle, qui réserve au Pape seul le droit de décerner le
« culte religieux. Le Pape, fidèle aux lois, a laissé en posses-
« sion ceux qui avaient été reconnus auparavant ; mais il
« n'a depuis inséré personne au Bréviaire qui n'ait été ca-
« nonisé : ainsi, les uns ont une possession reconnue de
« plusieurs siècles, les autres un acte authentique de cano-
« nisation. Qu'on se rende justice, y a-t-il un seul de tous
« les Saints locaux canonisé régulièrement, ou en possession
« de huit cents ans de culte ? Un registre mortuaire qui l'ap-
« pelle Saint, les vitraux d'une Église, une vieille image, une

---

(1) *Traité des Fêtes*, liv. II, ch. XXI, n° 16.

« statue mutilée, la dévotion de quelque paysan, qu'on
« nomme pompeusement tradition, voilà les titres sur les-
« quels on dépeuple le ciel de ses anciens habitants, pour
« les recruter par des milices. Les Légendes romaines, dit-
« on, rapportent bien des faits apocryphes : les nouvelles
« légendes en sont-elles avares pour les Saints compatriotes?
« Tout ce que la Garonne rapporte de ses héros, vaut-il
« mieux que le Martyrologe de Baronius? Le Bréviaire, assu-
« rent les critiques, ne fait point autorité et ne peut être pro-
« duit en témoignage. Assertion téméraire pour le Romain,
« composé avec le plus grand soin par les hommes les plus
« habiles, approuvé des Papes, reçu de toute l'Eglise, et par
« conséquent du plus grand poids; mais assertion trop vraie,
« trop démontrée pour les nouvelles Légendes, qui renversent
« tout et se décréditent elles-mêmes. Qu'on les rassemble,
« qu'on les fonde l'une dans l'autre pour faire une histoire
« suivie des vies de Saints, le plus habile compositeur n'en
« exprimera qu'un ouvrage plus singulier et certainement
« moins édifiant que la légende dorée de Jacques de Vora-
« gine... Il en est du culte des Saints comme de la considération
« pour les Nobles et de leur dégradation. On dégrade la no-
« blesse en rendant suspects les titres de la véritable et en
« multipliant ceux de la fausse. Voilà la marche et le danger
« de la nouvelle Liturgie ; elle avilit les Saints connus, elle
« relève les plus obscurs, les confond tous, et fait négliger
« dans la foule ceux mêmes qu'elle enfante. Le public n'est
« pas moins étonné de l'avilissement de ceux qu'il honorait,
« que de l'élévation subite de ceux dont il n'avait aucune
« idée. Un nouveau Bréviaire est, d'une part, une recherche
« des faux Nobles qui critique tous leurs titres et leur dis-

« pute leurs droits honorifiques, et, d'un autre côté, une pro-
« fusion de lettres de noblesse qui illustrent tout et font tout
« marcher sur la même ligne. Jamais la finance n'a fait au-
« tant de ravages dans le corps de la noblesse, que ces inno-
« vations dans le corps des Saints. Chaque nouveau Bréviaire
« est une manufacture de lettres de sainteté ; il en répand à
« pleines mains. Il canonise plus de Saints dans un quart-
« d'heure, que le Saint-Siége n'en a canonisé dans mille ans.
« C'est une merveille étonnante que la multitude des Saints
« *locaux* qu'il trouve sur ses pas dans le diocèse et la pro-
« vince, Saints que personne ne connaissait avant lui. On
« croirait difficilement combien sont faibles les preuves sur
« lesquelles s'élève l'édifice moderne de tant de canonisa-
« tions. On oublie les lois portées et observées dans toute
« l'Eglise depuis sept à huit siècles, lois qui attribuent au Pape
« seul le droit de décerner les honneurs religieux et défendent
« de faire l'Office d'aucun Saint sans son aveu ; de toutes
« les parties du monde on s'est adressé à lui pour élever sur
« les autels les serviteurs de Dieu qu'une sainteté héroïque,
« attestée par des miracles, distingue des gens vertueux. La
« France qui, depuis quarante ans, en a canonisé, de son
« autorité, plus d'un millier, a-t-elle le droit de faire reve-
« nir les siècles où chaque Evêque accordait les honneurs
« de l'Apothéose ? Le seul Bréviaire d'Auch a déterré dans
« sa province cent vingt-deux Saints Gascons. Les autres
« Métropoles ne sont pas moins fécondes. Les Provençaux,
« les Picards, les Normands, sont-ils moins vénérables ? Si
« on les réunissait tous, l'année ne fournirait pas assez de
« jours pour les célébrer de dix en dix, et les Litanies où on
« les invoquerait ne finiraient point. Ce patriotisme litur-

« gique est dans le caractère français, qui outre tout ce qui
« peut tourner à la gloire de la patrie. Du Saussai s'est trop
« pressé de faire le Martyrologe gallican ; il y faut ajouter
« un second tome (1). »

Nous regrettons de ne pouvoir citer encore quelques passages du *Mémoire sur le respect dû au Saint-Siége* ; l'Abbé de la Tour y énumère les Fêtes de Saint Pierre supprimées ou réunies en une seule, les Fêtes des Saints Papes supprimées ou abaissées d'un ou de plusieurs degrés, les passages de l'Ecriture ou des Pères relatifs aux prérogatives du Souverain Pontife remplacés par des textes qui parlent d'autre chose, ou qui expriment d'une manière moins claire la même vérité, etc., etc. Après tout ce détail, qui ne remplit pas moins de 18 pages in-4°, il finit par cette réflexion : « On
« entend tous les jours des plaintes contre ceux qui veulent,
« dit-on, diminuer l'autorité des Evêques. On les charge
« d'anathèmes. Vain prétexte, accusation banale, pour faire
« le procès à ceux qu'on n'aime pas. Mais l'autorité du Pape
« est-elle moins sacrée que celle des Evêques ? Doit-on
« moins de respect au supérieur qu'à l'inférieur ? L'union
« au chef de l'Eglise est-elle moins importante à la religion
« que l'union à un pasteur particulier ? La pierre fondamen-
« tale est de toutes la plus nécessaire à l'édifice ; que de-
« viendront les murailles si on ébranle les fondements ?
« Qu'a-t-on droit d'espérer pour soi-même, quand, par ses
« lois et ses exemples, on enseigne, on invite à relâcher les
« liens. » — Il avait dit ailleurs : « Ce n'est point ici une af-
« faire de corps épiscopal : je ne dis pas de toute l'Eglise,

---

(1) *Du Culte des Saints*, p. 2, 3, 4, 5, 6, 7, 8 et 9.

« hors de France, aucune Église du monde, depuis deux siè-
« cles, n'a pensé à changer son Office, et en France même
« on n'y pense que depuis quarante ans; plus de la moitié
« dit encore le Romain. Ce n'est point une affaire de corps;
« aucun Concile, aucune assemblée du clergé, aucun Synode
« diocésain n'a fait de Bréviaire; il n'y a aucun accord ni
« verbal, ni par écrit entre les Évêques. Il n'y a pas deux
« Provinces qui soient uniformes; il n'y en a pas une dont
« tous les Suffragants suivent le Métropolitain, et peut-être
« ne trouverait-on pas deux diocèses entièrement sembla-
« bles; tandis qu'en Espagne, en Portugal, en Flandre, en
« Allemagne, en Pologne, aux Indes, au Mexique, etc., etc.,
« on n'a dans tous les diocèses qu'un seul et même Bréviaire.
« Ce n'est pas même une affaire personnelle des Évêques :
« il n'y en a pas un qui ait composé, ou examiné, ou lu en
« entier son nouveau Bréviaire; ils n'ont fait que donner
« ordre, et signer le Mandement de publication sur la parole
« d'un homme de confiance. La plupart même en ont été
« pressés et sollicités. On peut donc abandonner sans honte
« et attaquer sans risque un ouvrage étranger à l'Épiscopat
« qu'on ne doit qu'à des plumes subalternes, souvent d'un
« mérite médiocre et d'une doctrine suspecte (1). »

Quant aux erreurs jansénistes sur le dogme de la grâce
insinuées dans les nouveaux Bréviaires à l'aide de phrases
équivoques et captieuses, l'illustre Archevêque de Sens,
Languet, disait : « Si dans un nouveau Bréviaire quelqu'un
« affectait de composer des Antiennes avec les textes obs-
« curs de l'Écriture, dans lesquels les hérétiques vont puiser

(1) *Sur les nouveaux Bréviaires*, p. 4.

« les objections que les théologiens réfutent, l'artisan d'un tel
« Bréviaire ne mériterait-il pas d'être repris? Et dans ce
« royaume, combien de Bréviaires, sans en excepter le nô-
« tre, dans lesquels cette misérable affectation s'est glis-
« sée (1). » — Un Evêque janséniste, le fameux Colbert,
Evêque de Montpellier, écrivait de son côté, sous la date du
9 mars 1736, à son célèbre ami Caylus, Evêque d'Auxerre :
« On me dit beaucoup de bien du Bréviaire de Paris. Si mon
« Chapitre me le demande, je l'adopterai pour mon diocèse.
« La vérité ne peut être sans témoignage dans l'Eglise. Un
« homme d'esprit de cette ville compare M. l'Archevêque de
« Paris au prophète Balaam, qui était appelé pour maudire,
« et que Dieu força de bénir le peuple d'Israël (2). »

Une partie des membres du Chapitre insigne de la Métropole de Lyon, dans un mémoire publié sous ce titre : *Motifs de ne pas admettre la nouvelle Liturgie de M. l'Archevêque de Lyon* (Charles de Montazet) s'exprimait ainsi : « Tout annonce que
« le nouveau Bréviaire (le Bréviaire Vintimille) a été soufflé
« par l'esprit d'erreur. Peu favorable à la piété qui ne dédai-
« gne pas les prières anciennes et qui ne se plaint pas de leur
« simplicité, il tâche d'introduire dans l'Office sinon des er-
« reurs palpables, au moins des expressions ambiguës, sus-
« ceptibles de divers sens, et dont les novateurs ne man-
« queraient pas d'abuser (3). » — Dans la troisième lettre
du P. Hongnant, on lit : « Tous les artifices qu'on devrait
« mettre en œuvre, si l'on avait résolu de composer un Bré-

---

(1) Languet, opp. Tom. II, p. 1376.

(2) Lettres de Messire Charles-Joachim Colbert, Evêque de Montpellier. Edit. in-12, tom. IV, p. 342.

(3) Pag. 60.

« viaire en faveur de Quesnel et contre la Bulle, vous les
« voyez employés par nos réformateurs avec tout l'art dont
« ils sont capables. Suppression affectée de presque tous les
« endroits de l'Ecriture et des Pères, qui déposent le plus
« clairement contre les erreurs nouvelles ; substitution adroite
« de textes qui semblent les favoriser, empruntés des an-
« ciens hérétiques et cités de nouveau dans les Hexaples en
« faveur des propositions condamnées ; altération grossière
« de l'Ecriture et des Pères si indécemment défigurés, qu'à
« peine peut-on les reconnaître ; affectation marquée dans
« le choix des Homélies et des Canons les plus propres à
« remplir l'esprit des lecteurs des idées nouvelles ; langage
« partout équivoque, mais partout déterminé par le corps
« de l'ouvrage à un seul sens, c'est-à-dire au sens jansé-
« niste ; on n'a négligé aucun des moyens qui conduisent na-
« turellement à l'exécution de ce projet (1). » — D'autre part,
le journal de la Secte chantait en toute occasion les louanges des nouvelles Liturgies ; il disait par exemple : « Parmi
« les maux dont Dieu a permis dans sa justice que l'Eglise
« de France soit affligée, depuis le commencement de ce
« siècle, il est aisé de remarquer quelques traits éclatants
« de sa miséricorde, au nombre desquels on doit mettre la
« composition et la publication du nouveau Bréviaire de Pa-
« ris. Plus on fera réflexion sur les circonstances où cet
« ouvrage a paru et sur le caractère du Prélat qui en a
« conçu et exécuté le dessein, plus on demeurera persuadé
« que, sans une Providence toute singulière, jamais un
« homme tel que M. de Vintimille n'aurait soutenu jusqu'au

(1) Troisième lettre sur le nouveau Bréviaire de Paris, p. 14.

« bout une telle entreprise, malgré les contradictions de la
« cabale Molinienne, et surtout des Jésuites, auxquels il ne
« pouvait que céder sur tout le reste (1). »

Les nouvelles Liturgies prétendirent surtout se distinguer
de la Liturgie romaine, en remplaçant partout les formules
de style ecclésiastique par des passages de l'Ecriture Sainte.
M. de Vintimille, dans sa lettre pastorale, annonce ainsi cette
innovation : « Dans l'arrangement de cet ouvrage, à l'ex-
« ception des Hymnes, des Oraisons, des Canons et d'un
« certain nombre de Leçons, nous avons cru devoir tirer de
« l'Ecriture Sainte toutes les parties de l'Office. » Cette idée
fut suivie par toutes les Liturgies du dix-huitième siècle, et
elle semble tellement heureuse à leurs partisans, qu'à les
entendre on devrait, pour cette seule raison, les préférer à
la Liturgie antique et universelle. Mais d'abord, si une autre
parole que la parole de Dieu peut trouver place légitimement dans les Hymnes, les Oraisons, les Canons, les Leçons
et aussi dans les Prières qui accompagnent le Saint Sacrifice,
il est impossible de concevoir en vertu de quel principe on
prétend exclure la parole de l'Eglise des Antiennes, des Ré-
ponds, etc. En second lieu, il faut se faire d'étranges illusions
pour regarder comme la parole de Dieu des passages tron-
qués de l'Ecriture auxquels on fait dire, le plus souvent, par
la manière dont on les dispose, tout autre chose que ce que
l'Ecriture dit. Troisièmement, ce rejet des formules de style
ecclésiastique de la Liturgie romaine, formules revêtues de
son autorité et de l'autorité de l'Eglise universelle, qui depuis des siècles les chante avec Rome, ce rejet systématique

(1) *Nouvelles ecclésiastiques*, 20 mars 1765.

et érigé en principe, implique un mépris coupable de l'autorité de l'Eglise, et tend à consacrer les idées des Protestants, qui exaltent si fort l'Ecriture aux dépens de la tradition. Quatrièmement, ce sont ces passages de l'Ecriture habilement coupés dans le texte ou cités à contre-sens, que les Liturgistes, imbus des idées jansénistes, firent surtout servir, comme le remarquait l'illustre Archevêque Languet, à insinuer leurs erreurs. Cinquièmement enfin, l'Eglise a sur l'Ecriture une autorité qui n'appartient à aucune Eglise particulière : les sens accommodatices qu'offre quelquefois la Liturgie romaine, lorsqu'elle emploie des textes de l'Ecriture, ne légitiment donc en aucune sorte les sens accommodatices prêtés au texte sacré par les nouvelles Liturgies. De tout cela je conclus que, tout en prétendant exalter l'Ecriture, les nouvelles Liturgies ont montré pour elle infiniment peu de respect.

Il ne semble pas non plus que ce soit témoigner d'une grande vénération pour l'Ecriture que de mutiler les Psaumes et de les diviser comme on l'a fait. Sur ce point, je ne sais ce qu'on peut répondre aux observations suivantes de l'Abbé de la Tour : « On défigure ces poèmes divins, en les
« partageant en cinq ou six pièces toutes imparfaites. Est-ce
« bien se conformer à l'esprit de Dieu qui a fait tracer ces
« admirables tableaux que d'en détruire l'ensemble, en faire
« perdre de vue l'objet, le dessein, l'enchaînement, par la
« séparation des parties qui les composent? La beauté ré-
« sulte de l'harmonie, lorsque la fin, le commencement et le
« milieu répondent l'un à l'autre. Ces pièces détachées sont
« des morceaux informes qu'on ne sait à quoi rapporter.
« Quel peintre souffrirait qu'on coupât ses tableaux? quel

« sculpteur qu'on démembrât ses statues ? quel poëte qu'on
« séparât ses vers ? Tout le monde a blâmé le P. Sanadon
« d'avoir ainsi arrangé les odes d'Horace; les poèmes divins
« méritent-ils moins d'égards (1) ? »

Le but de cette division des Psaumes, que chaque Liturgie a faite à sa manière, est de rendre l'Office plus court, et ce but est complètement atteint. La brièveté, voilà le grand

(1) *Altération du Psautier*, p. 11.—Pour justifier cette division arbitraire des Psaumes, on remarque que l'Eglise a distribué le Psaume 118 en quatre petites Heures ; mais c'est l'Eglise qui l'a fait et non un Evêque particulier ; mais elle ne l'a fait que pour ce seul Psaume ; mais la division en était toute faite et marquée à chaque octonaire par une lettre de l'alphabet ; l'Eglise s'est bornée à réunir ces octonaires deux à deux. On s'excuse encore en alléguant la règle de Saint Benoît ; mais ce saint Patriarche ne divise ainsi que douze Psaumes dans tout le Psautier ; mais ces douze Psaumes ne sont jamais divisés qu'en deux parts ; mais, malgré cette division, le Bréviaire Bénédictin est le plus long de tous ; mais enfin cette forme liturgique remonte au cinquième siècle, et elle est, de temps immémorial, approuvée par l'Eglise. — Dans quelques Bréviaires, dans celui de Toulouse, par exemple, on s'était permis une altération beaucoup plus grave que cette division arbitraire des Psaumes. On avait changé la division des versets et adopté une ponctuation toute nouvelle. Parfois on réunissait la fin d'un Psaume avec le commencement d'un autre. On comprend combien il est facile en procédant ainsi d'altérer le sens des textes les plus clairs. Le Concile de Trente déclare la vulgate la version authentique de l'Eglise, et défend d'en employer d'autre ou d'y rien changer. Est-ce respecter ce Décret que de bouleverser la ponctuation et la division des versets reçues par l'Eglise. Les points et les virgules ne sont que des points et des virgules, mais en les déplaçant arbitrairement, on peut faire dire au texte sacré tout ce que l'on voudra. « Qu'un particulier, dans sa prière ou son étude, arrange et
« combine les paroles de l'Ecriture, se fasse des versions et des para-
« phrases pour son usage, il est le maître de suivre sa dévotion ou son
« goût, pourvu qu'il ne donne pas ses compositions pour le texte ; mais
« dans la prière publique, les Evêques sont obligés, comme les autres,
« de respecter le texte sacré. » (*Altération du Psautier*, par l'Abbé de La Tour, p. 3).

avantage qu'ont incontestablement les Liturgies françaises sur la Liturgie romaine.

Une innovation due au Bréviaire Vintimille, adoptée par tous les autres et dont nous n'avons encore rien dit, est l'introduction d'une série de Canons substitués aux Capitules de Prime, que le Romain prend ordinairement à l'Epître de la Messe, de même que l'Evangile du troisième Nocturne de Matines est toujours l'Evangile de la Messe, à cause de la liaison intime de la Messe avec l'Office. Il semble que, d'après leurs principes sur l'emploi exclusif de l'Ecriture dans le corps de l'Office, les nouveaux Liturgistes auraient dû respecter cette disposition ; mais non, là où l'Eglise romaine ne met pas l'Ecriture on l'y met, et là où l'Eglise la met, on l'ôte. Tous les Mandements mis en tête des nouveaux Bréviaires s'applaudissent de cette invention qui devait faire fleurir l'étude du droit canonique, comme l'emploi exclusif de l'Ecriture dans les Répons, les Antiennes, etc., devait infailliblement donner une nouvelle impulsion à l'étude des saintes lettres. On sait ce qu'est devenue l'une et l'autre étude depuis l'introduction des nouvelles Liturgies ; et véritablement il fallait avoir de la science des Ecritures et de la science du droit ecclésiastique une étrange idée, pour se figurer que les centons bibliques des nouveaux Bréviaires et leurs Canons de Prime les feraient renaître. Ces Canons, au reste, sont fabriqués de la manière la plus curieuse. D'abord chaque Liturgie a les siens et se fait ainsi une législation à part. Pour la former on a puisé à toutes les sources : Conciles généraux en très petit nombre, Conciles provinciaux de tous les pays et de tous les siècles ; statuts synodaux de tous les diocèses ; lettres particulières des Papes, écrits des Pères de l'Eglise, écrits

d'auteurs ecclésiastiques qui n'ont aucun droit au titre de Pères ; toutes ces autorités sont invoquées tour à tour, comme si elles avaient le même poids et méritaient la même déférence : « Grand nombre de ces prétendus Canons ne sont
« qu'une espèce de centon de pièces rapportées. Une phrase
« d'un Concile de Syrie vient s'unir à une phrase d'un Con-
« cile d'Angleterre, et un morceau du troisième siècle à un
« autre du seizième. On retranche à l'un le commencement,
« à l'autre le milieu, à l'autre la fin qu'on remplit par quel-
« que trait aussi inutile. Pourquoi toutes ces bizarreries ?
« Ces Canons sont-ils donc de si longs morceaux pour avoir
« besoin de ce remplissage ? Non, il s'agit de huit ou dix li-
« gnes. Les leçons de Matines, quoique dix fois plus longues,
« ne sont pas ainsi des ouvrages de marqueterie. Les Con-
« ciles, les Pères ne savent-ils pas s'exprimer ? Sans doute ;
« mais, à la faveur de l'assemblage, on représente ce qu'on
« veut, et par cette mosaïque de Canons rapprochés, dé-
« membrés, mutilés avec art, souvent en changeant des
« termes, on ne rapporte pas les lois, on en compose. Le
« grand mérite de cette invention est de pouvoir tout insi-
« nuer, sous ce nom respectable de Canons. Le choix, l'or-
« dre, la liaison, l'addition, le retranchement, le démem-
« brement, forment, au gré de celui qui y préside, un corps
« de législation selon ses idées (1). »

« C'est sans doute afin d'inspirer le respect pour le Saint
« Siége que, dans ce choix de Canons, on ne cite pas une
« seule Bulle des Papes. Il n'en manque pourtant pas. Le
« grand Bullaire forme neuf ou dix *in-folio* ; il y en a de très

---

(1) *Canons des nouveaux Bréviaires*, par l'Abbé de La Tour, p. 1, 2, 3 et 4.

« importantes : toutes les affaires de l'Eglise ont été portées
« au tribunal des Souverains Pontifes ; ils ont parlé et digne-
« ment parlé sur tous les points de la Foi, de la morale, de
« la discipline, de la Liturgie. Ainsi, tandis qu'on cite une
« foule de Conciles provinciaux, de statuts de diocèses, de
« lettres d'Evêques à qui on attribue une autorité légis-
« lative générale qu'ils n'ont pas, on affecte de négliger des
« lois véritables. Les Bulles, dit-on, ne sont point reçues en
« France : il y en a beaucoup de reçues qu'on ne cite pas.
« Les Conciles de Clavaison, de Worms, les Mandements
« d'un Evêque de Paderborn, sont-ils plus reçus, revêtus
« de lettres-patentes et enregistrés au Parlement ? On cite,
« il est vrai, en petit nombre, quelques traits des Saints
« Papes, mais aucune de leurs décisions prononcées *ex ca-
« thedra*, et par conséquent les traits que l'on cite, quoique
« très respectables, n'ont pas force de loi. Par exemple, le
« *Pastoral* de Saint Grégoire est un ouvrage admirable ;
« mais ce grand homme n'y parle que comme docteur par-
« ticulier, et n'y a d'autre poids que celui que ses vertus et
« ses lumières donnent à ses ouvrages. C'est mettre l'auto-
« rité du Pape de niveau avec celles des Evêques, et ne les
« distinguer que par des avantages personnels : ces idées
« n'ont pas un siècle d'antiquité (1). »

Cette absence des Bulles des Papes dans un recueil où l'on faisait entrer toutes les espèces possibles et imaginables de lois, n'était autre chose, si l'on veut bien y réfléchir, qu'une négation indirecte du pouvoir souverain reconnu au Pape par tous les catholiques. Il est vrai qu'il

---

(1) *Du respect dû au Saint-Siège*, par l'Abbé de La Tour, p. 7.

eût été contradictoire de reconnaître caractère et force de loi aux Bulles dans des livres qui étaient eux-mêmes une violation flagrante des Bulles de Saint Pie V et de ses successeurs; mais si une telle raison pouvait être valable, les Canons des Conciles généraux et provinciaux auraient dû également être proscrits, puisque l'unité liturgique a été décrétée par le Concile de Trente, et que plus de vingt Conciles provinciaux ont ordonné l'exécution des Bulles *Quod a nobis* et *Quo primum tempore*. En somme, cette collection de prétendus Canons faite, assurait-on, pour donner au clergé la connaissance des lois de l'Eglise, était une transgression manifeste de ces mêmes lois, et par là en ébranlait l'autorité.

Pour compléter cette revue rapide des différences caractéristiques qui distinguent les Liturgies françaises de la Liturgie romaine, nous n'avons plus qu'à indiquer quelques détails. Les nouvelles Liturgies distinguent de nouveaux ordres de Saints; elles ont un *Commun des Prêtres* que les tendances presbytériennes de l'époque firent accueillir avec transport, un *Commun des Abbés, Moines, Cénobites et Anachorètes*, et un *Commun des Justes*, c'est-à-dire des Saints qui ne furent ni Evêques, ni Prêtres, ni Religieux, tandis que la Liturgie romaine comprend tous ces trois ordres de Saints sous une même classification de *Confesseurs non Pontifes*. Ce n'est pas ici le lieu d'expliquer quels embarras inextricables introduit dans les Offices divins cette création de nouveaux *Communs* (1).— Les nouveaux Missels sont enrichis de quan-

---

(1) « Le nouveau partage des *Communs* produisit encore un déplorable renversement des traditions liturgiques dans les Bréviaires modernes, savoir la suppression absolue du titre de *Confesseur*, sans lequel il est im-

tité de Préfaces et de Proses.— Les divers ordres de solennité sont innombrables, et remplacent par une multiplicité confuse les divisions si simples et si naturelles des solennités romaines. — Les nouvelles rubriques sont une vraie forêt où s'égare le plus clairvoyant rubricaire ; comme de raison, chaque diocèse a les siennes. Si le système français du dix-huitième siècle avait prévalu dans les autres parties de la chrétienté, on aurait pu mettre au feu les doctes ouvrages des commentateurs qui ont expliqué les règles de la Liturgie, des auteurs qui en ont développé l'esprit, les mystères, les sens mystiques. Tous ces écrivains supposent que la Liturgie est une science, qu'elle a des principes certains et immuables, qu'elle est assujettie à des lois fixes et universelles. Les nouvelles Liturgies n'ont ni lois, ni principes ; le seul principe, la seule loi qu'elles reconnaissent, est que chaque Eglise peut avoir sa loi liturgique particulière, et que chaque Evêque peut la changer quand et comme bon lui semble. En vérité, les partisans de ce système doivent trouver étrange qu'il y ait à Rome une Congrégation des Rites; mais personne ne peut s'étonner de voir que la science de la Liturgie soit pour eux une science tout-à-fait inconnue.

Terminons ce chapitre en citant encore l'Abbé de la Tour, dont les écrits, devenus extrêmement rares, sont si peu connus et méritent à tant de titres l'attention de tous ceux qui veulent savoir à fond l'histoire de l'Eglise de France au dix-hui-

---

possible cependant de rien entendre au système agiologique de l'Eglise catholique. Aussi n'est-il pas rare de rencontrer des Prêtres, instruits d'ailleurs, qui ne donnent au titre de *Confesseur* d'autre acception que de signifier un personnage qui a souffert l'exil, la prison ou les tourments pour la foi. (*Institutions Liturgiques*, tom. II, p. 565.)

tième siècle (1). Voici en quels termes ce pieux écrivain, découvrant les conséquences dans leur principe, annonçait, en 1772, aux princes de l'Eglise de France, les épouvantables calamités dont vingt ans plus tard elle fut la proie : « La po-
« litesse française a banni les grossièretés, même du théâtre;
« on n'en va pas moins à son but, pour semer des fleurs sur
« la route. On laisse l'Ecriture Sainte dans le Bréviaire, on
« se pique même de l'y mettre partout; mais on la coupe ar-
« bitrairement, on la ponctue différemment, on en rassemble,
« on en arrange, on en explique les traits bizarrement. On ne
« brise pas les images, mais on n'en met aucune dans les li-
« vres de piété, mais on les remplit d'armoiries et de portraits
« d'Evêques, d'estampes du Pont-Neuf, des Invalides, des Tui-
« leries (2). On fête encore quelques Saints, mais on chasse les
« anciens, dont on traite toutes les vies de fables. On en substi-
« tue d'inconnus, d'incertains, ce qui rend tous les Saints dou-
« teux; on ne sait à quel Saint se vouer. La Sainte Vierge sera
« toujours Mère de Dieu, mais ses Fêtes seront retranchées,
« ses solennités diminuées, ses éloges bornés, ses priviléges
« obscurcis ; la dévotion et la confiance des fidèles presque
« éteinte. La prière publique se fera, mais elle sera infini-

---

(1) M. Picot s'exprime ainsi sur l'Abbé de la Tour : « Elevé au Sémi-
« naire Saint-Sulpice, à Paris, il en conserva toujours l'esprit. Il était
« fort attaché au Saint-Siége et zélé pour le bien de l'Eglise. » (*L'Ami de la Religion*, tom. XXVI, p. 294.) — M. l'Abbé Migne a annoncé l'intention de donner une édition des écrits de l'Abbé de la Tour; nous espérons qu'il tiendra parole, ce serait un véritable service rendu au clergé et à la religion. Nous ne connaissons pas d'écrivain qui se soit affranchi au même degré des préjugés et de l'esprit de son siècle, et qui par conséquent l'ait jugé avec plus de justice et de vérité.

(2) On avait mis le Pont-Neuf, les Invalides et les Tuileries dans le Bréviaire de Paris.

« ment abrégée. On chantera le dimanche, mais les autres
« Fêtes seront supprimées. Le Pape règnera au Vatican, mais
« on méprisera ses lois, ses censures, ses rubriques, ses
« prières, son Bréviaire, son Missel, son Rituel. Ainsi sapée
« dans son fondement, ébranlée dans ses parties, la mu-
« raille tombera ; ainsi relâché dans tous ses fils, le lien qui
« nous attache au centre se brisera. Les brebis, désaccou-
« tumées de la voix et de la houlette de leur pasteur, er-
« rantes dans les campagnes, seront dévorées des loups. La
« France sera étonnée de se trouver schismatique. Les Evê-
« ques ébranlent leur propre autorité. Est-elle plus respec-
« table que celle du Pape, ne lui est-elle pas inférieure ?
« L'un défait ce qu'avait fait l'autre ; le successeur détruit
« l'ouvrage de son prédécesseur ; le voisin méprise ce qu'a-
« doré son voisin, ce qu'on croit en Bretagne est apocryphe
« en Languedoc. Ainsi le fil de la tradition est rompu, la
« force de l'unanimité catholique s'évanouit, l'hérésie, l'in-
« crédulité en triomphent. Les Prélats ne veulent pas voir
« que les variations l'accréditent ; ils se plaignent de ses ra-
« pides progrès et lui prêtent des ailes : *Lapides excavant*
« *aquæ et alluvione paulatim terra consumitur* (1). »

(1) *Entreprises des hérétiques sur la Liturgie*, p. 33.

CHAPITRE XIV.

QUESTION D'ORTHODOXIE.

La foi d'une Eglise est son bien le plus cher ; tout ce qui paraît mettre en doute la pureté de cette foi blesse profondément, est souverainement odieux : on cherche à tourner contre les défenseurs de la Liturgie romaine ce sentiment si légitime et si catholique, et pour cela on s'efforce de faire croire qu'ils accusent les Eglises de France d'avoir adopté et de conserver l'erreur. On trouve un prétexte à cette accusation dans leurs paroles sur la coopération d'auteurs notoirement jansénistes à une partie des Liturgies du dix-huitième siècle. Ou vos remarques à ce sujet, leur dit-on, ne signifient rien, ou elles ont pour but d'établir que les Liturgies en question sont hétérodoxes : tout révèle cette intention dans votre langage ; vous n'avez pas même la bonne foi de faire observer que ces livres liturgiques, quels que soient leurs premiers auteurs, ont été examinés, revus, corrigés, approuvés par les Evêques ; qu'ainsi l'Episcopat les a faits siens et les couvre de son autorité. Soit, mais il ne peut être défendu de montrer derrière les Evêques ces premiers auteurs : le fait de leur coopération n'est pas un mystère, et si nous condamnons ce fait, n'est-il pas déjà condamné par les lois de l'Eglise non moins que par le sentiment chrétien ?

Jamais, avant le dix-huitième siècle, on ne vit des Evêques confier à des hommes suspects dans la doctrine, sous prétexte de leur talent et de leur connaissance des saintes Ecritures, le soin de préparer ou de corriger les livres liturgiques ; jamais dans l'Eglise, à aucune autre époque, on ne vit des Evêques recevoir de la main de pareils écrivains tout ou partie de ces livres, même en les examinant, en les revoyant, en les corrigeant, avant de les adopter. La règle promulguée de nouveau par un avertissement du 4 mars 1828, que la sacrée Congrégation de l'Index adressait à tous les Patriarches, Archevêques et Evêques : *Hæreticorum Libri qui de religione ex professo tractant, omnino damnantur;* cette règle a été établie par le Concile de Trente, et avant ce Concile constamment suivie dans l'Eglise. *Il ne faut point recevoir les bénédictions des hérétiques, car elles sont des malédictions et non pas des bénédictions,* porte un Canon du Concile de Laodicée (1). Saint Jean nous défend de rendre le salut aux hérétiques, et l'on trouve au corps du droit les dispositions par lesquelles l'Eglise décrète qu'*on ne peut admettre leurs offrandes à l'autel.* Combien n'est-il pas plus grave d'y admettre l'usage de leurs prières, alors même qu'il n'y a pas plus d'hérésie dans les prières que dans les offrandes? L'Eglise exclut de sa Liturgie jusqu'au moindre passage des écrits les plus orthodoxes d'Eusèbe de Césarée, de Tertullien, d'Origène, etc., etc. Cette loi est tellement inviolable que les Liturgies françaises ont scrupuleusement évité de rien emprunter aux livres de ces grands hommes. C'était donc notre droit et notre devoir de blâmer ceux des Evêques du dix-huitième siècle qui n'ont pas craint de donner à des écrivains suspects une part plus ou moins grande dans la composition des livres liturgiques; mais de ce blâme on ne saurait inférer que nous regardons comme infectés de jansé-

---

(1) Causa 1. quæst. 1. canon 66. *Non oportet.*

nisme les livres ainsi composés. Si un Evêque remplissait son Bréviaire de passages empruntés aux ouvrages irréprochables d'Origène ou de Tertullien, assurément nos critiques eux-mêmes seraient les premiers à s'élever contre une pareille innovation, sans exemple dans l'Eglise, et que la sainteté des divins Offices ne saurait souffrir : s'ensuivrait-il qu'ils accusent ce Bréviaire d'hérésie ?

Cela dit, nous croyons utile, dans l'intérêt de la question qui nous occupe, de pousser plus avant, et d'examiner si réellement il n'est jamais permis de révoquer en doute la pleine et parfaite orthodoxie d'une Liturgie particulière. Avant tout, remarquons qu'autre chose est accuser la Liturgie, autre chose accuser l'Eglise qui la suit. On signale, je suppose, dans tel Bréviaire, dans tel Missel, un certain nombre de passages équivoques, susceptibles d'un sens peu orthodoxe ; on démontre même que le sens est mauvais, scandaleux, hérétique : s'ensuit-il qu'on veuille accuser l'Eglise, où ce Bréviaire et ce Missel sont en usage, d'être hérétique elle-même? Evidemment, non : tout au contraire, car c'est à cette Eglise qu'on s'adresse pour l'engager à corriger ou à changer ses livres liturgiques ; et cela par ce motif que ces livres contiennent des textes plus ou moins favorables à une erreur qu'elle abhorre. Assurément on n'argumenterait pas de la sorte si on la croyait attachée à l'erreur. Autre chose est laisser par mégarde dans un Bréviaire des propositions fausses, autre chose professer sciemment le sens mauvais que peuvent avoir ces propositions. Je le demande à tout homme de bonne foi, si par impossible il se trouvait dans le Bréviaire de Paris un certain nombre de phrases jansénistes, pourrait-on en conclure sans absurdité que l'Eglise de Paris et toutes celles qui ont pris son Bréviaire sont jansénistes? Non, car elles ont suffisamment prouvé qu'elles détestent cette hérésie. Mais allons plus loin, et, afin de ne blesser personne, posons *in abstracto* cette question : Une Eglise particulière peut-elle se tromper?

L'Eglise est infaillible, le Pape est infaillible, les Liturgies garanties par l'Eglise, par le Pape, sont donc très certainement orthodoxes. Ainsi, il n'est pas permis de douter de l'orthodoxie de la Liturgie romaine; elle est garantie par le Chef de l'Eglise qui ne peut garantir l'hérésie; elle est garantie par l'Eglise romaine, laquelle ne peut errer (on ne pourrait soutenir, sans encourir de graves censures, cette proposition condamnée de Pierre d'Osma : *Ecclesia urbis Romæ errare potest*); enfin, elle est garantie par l'Eglise universelle : sur neuf cents Evêques environ en communion avec le Saint-Siége, sept cent cinquante au moins, nous l'avons déjà remarqué, suivent la Liturgie de l'Eglise mère et maîtresse. Si l'erreur pouvait se rencontrer dans ces formules, ces rites, ces usages de sept cent cinquante Eglises, cette erreur se trouverait professée par l'Eglise universelle, il n'y aurait plus d'Eglise infaillible, il n'y aurait plus d'Eglise. Mais un Evêque, une Eglise particulière, ne sont pas infaillibles; quoique d'une autorité plus grande par leur réunion, trente, quarante Evêques, trente, quarante Eglises, ne le sont pas non plus : la foi à l'orthodoxie des Liturgies que ces Evêques garantissent seuls, n'est donc pas obligatoire.

En aucune façon nous ne prétendons conclure que telle ou telle de nos Liturgies contienne des propositions hétérodoxes, nous disons seulement qu'il est fâcheux pour elles qu'un doute de cette nature soit permis sur leur compte.

Nous ajoutons que celles de nos Eglises qui suivent la Liturgie romaine se trouvent à l'abri d'un tel inconvénient, et dans ce fait nous voyons pour les autres un motif des plus graves de revenir à cette Liturgie dès que les circonstances le permettront.

On dira : Il ne suffit pas que le doute soit possible, il faut encore que ce doute ait quelque fondement. Or, le doute sur l'orthodoxie de nos Liturgies est absurde. Nulle autre n'a été plus violemment attaquée que la Liturgie parisienne ; ses détracteurs peuvent-ils répondre quelque chose de raisonnable à ces paroles de M. l'Archevêque de Paris : « Ne nous
« demandez pas comment les livres liturgiques, qui doivent
« contenir la substance de nos dogmes (1), ont pu être al-
« térés à ce point dans un très grand nombre de diocèses
« de France; comment des Evêques qui n'ont cessé de lutter
« contre les erreurs causes de cette altération, ont pu l'accep-
« ter, la sanctionner par leur autorité ; comment ces mêmes
« erreurs sont demeurées inaperçues pour leurs successeurs,
« pour M. de Beaumont par exemple, qui les combattit avec
« un courage et une constance infatigables, et qui, plutôt
« que de les tolérer, souffrit l'exil et la saisie de son tem-
« porel ; comment elles ont été invisibles pour tous les Evê-
« ques de France, pour ses savants docteurs, pour quelques
« Papes, entre autres pour Benoît XIV, qui ont lu ce Bré-
« viaire, pour les vingt ou trente mille chanoines, curés,
« prêtres et bénéficiers, qui tous les jours, pendant un siè-
« cle, ont été obligés de le réciter.... Si l'on répond qu'ils

---

(1) On voit que le savant prélat est loin de partager l'opinion de certains défenseurs des Liturgies modernes, selon lesquels la Liturgie n'a aucune valeur dogmatique.

« n'ont pas aperçu une aussi grave altération, quel mépris
« ne fait-on pas de leur instruction? Mais ce mépris est une
« absurdité : l'ignorance était impossible dans le pays du
« monde où les doctrines jansénistes ont été le plus savam-
« ment combattues ; elle était impossible à l'époque surtout
« où elles étaient journellement discutées par des théologiens
« instruits, dans une foule d'écrits, dans tous les séminaires,
« dans les diverses facultés du royaume. S'il n'y a pas eu
« ignorance, il y aurait donc eu prévarication? Cette se-
« conde accusation n'est pas plus soutenable que la première.
« Le zèle pour la saine doctrine, qui portait à déférer au
« Saint-Siége des écrits émanés d'un simple théologien,
« aurait été beaucoup plus ardent pour faire condamner
« des livres bien autrement importants. Quelle différence,
« en effet, entre des livres contenant la prière publique, et
« certains ouvrages sans autorité, destinés seulement à être
« lus par quelques individus ! Personne ne concevra l'in-
« dulgence pour ceux qui étaient infiniment plus dangereux,
« et la sévérité pour ceux qui devaient disparaître avec l'es-
« prit de parti qui les avait fait naître. . . . .
« Des présomptions aussi fortes, en faveur de l'orthodoxie
« de notre Liturgie, nous ont semblé et vous sembleront
« décisives, etc. (1). »

Pour la clarté de la discussion, nous acceptons la Liturgie de Paris comme exemple, et nous disons : L'argumentation de M. l'Archevêque, si puissante qu'elle soit, n'exclut pas la possibilité du doute ; elle la constate au contraire, puisqu'elle constate qu'en fait ce doute s'est produit; et, remarquez-le

(1) Circulaire de M. l'Archevêque de Paris, du 14 août 1843.

bien, ce n'est pas timidement, d'une manière équivoque, cachée et peu dangereuse, mais résolument, avec audace et avec éclat, comme on l'a vu par les témoignages rapportés au chapitre précédent (1).

Si les critiques de la Liturgie de Paris se contentaient, par exemple, de dire : Des jansénistes ont composé cette Liturgie, des jansénistes l'ont propagée ; le Synode de Pistoie, le Concile des Evêques de l'Eglise constitutionnelle de la République ont publiquement exprimé les sympathies qu'elle leur inspirait; en toute occasion les organes avoués du jansénisme lui ont prodigué la louange (2) ; d'un autre côté de pieux Evêques, des Prêtres instruits, de savants Religieux ont, à toutes les époques, réclamé contre elle ; à son apparition, ce fut un cri de réprobation universel parmi les catho-

(1) Voyez ci-dessus p. 276 et suivantes.

(2) On cite une foule de textes analogues à celui que nous avons reproduit, p. 278 ; le journal officiel de la secte, les *Nouvelles Ecclésiastiques*, d'où nous l'avons tiré, en est rempli. A propos de l'apologie du Bréviaire de Paris, publiée par le P. Viger, il disait, le 24 novembre 1736 : « Cette apologie fait peu d'honneur au Bréviaire, qui n'en avait pas be-
« soin et qui se défend assez par lui-même. » Le 10 juillet 1749 : « On
« chante tous les jours dans l'Eglise de Paris la foi que professait M. Cof-
« fin, contenue dans des hymnes que feu M. de Vintimille lui-même l'a-
« vait chargé de composer. M. de Beaumont, successeur de M. de Vinti-
« mille dans cet Archevêché, les autorise par l'usage qu'il en fait, et par
« l'approbation qu'il est censé donner au Bréviaire de son diocèse. Le P.
« Bouettin (Génovéfain, curé de Saint-Etienne-du-Mont) les chante lui-
« même, malgré qu'il en ait ; et les sacrements sont refusés à la mort à
« celui qui les a composées ! Le curé fait le refus, l'Archevêque l'autorise ! »

Le 16 avril 1772 : « On sait que M. l'Archevêque de Toulouse (le trop
« fameux Loménie de Brienne) et MM. les Evêques de Montauban, Lom-
« bez, Saint-Papoul, Aleth, Bazas et Comminges, ont donné l'année
« dernière, à leurs diocèses respectifs, un nouveau Bréviaire qui est le
« même que celui de Paris, à quelques changements près, qui n'intéres-
« sent point le fond de *cet ouvrage immortel.* » — Ces exemples suffisent.

liques (1). Dans beaucoup d'Eglises, on n'est parvenu à l'établir qu'en foulant aux pieds les droits des Chapitres, dont on ne tenait pas plus de compte que des Bulles de Saint Pie V, et malgré leurs protestations, dont nous avons encore les actes authentiques. En dépit des arrêts du Parlement, et quoique la faveur n'allât pas chercher ceux dont les écrits étaient brûlés par la main du bourreau au pied du grand escalier, elle a été examinée, discutée, accusée par des écrivains dévoués à l'Eglise ; les peuples ne l'ont accueillie qu'avec défiance, et de son établissement date la diminution de la piété et le refroidissement des populations pour le culte divin, etc., etc.; si, dis-je, on se contentait d'opposer ainsi des présomptions à des présomptions, il serait facile de mon-

(1) Nous avons eu occasion de citer les lettres du P. Hongnant, les écrits de l'abbé de La Tour, les Mémoires publiés par les Chanoines de Lyon, les témoignages qui constatent l'opposition des Séminaires de Saint-Sulpice et de Saint-Nicolas-du-Chardonnet, des Chapitres de Gap et de Montauban, des Abbés Regnauld, Gaillande et Robinet, etc. Le fameux Evêque janséniste, Colbert, de Montpellier, nous apprend dans ses lettres qu'il trouvait excellent le Bréviaire de Paris, et que l'Evêque de Marseille, l'héroïque Belzunce, le trouvait fort mauvais : *M. de Marseille, dit-il, a fait un Mandement où il attaque le Bréviaire de Paris sans le nommer.* (Lettres de messire Charles-Joachim Colbert, Evêque de Montpellier. Edit. in-12. T. 4. p. 384.) — Nous ne rappellerons pas ce que nous avons déjà cité du savant Fumel, Evêque de Lodève, de l'illustre Languet, Archevêque de Sens, ni même le passage de Benoît XIV, dans son livre *de la Canonisation des Saints* (lib. 4. p. 2. 1. 13. n. 6), où il remarque, en parlant des Bréviaires publiés en France sans l'approbation Apostolique, que *des erreurs contraires à la saine doctrine se sont glissées dans plusieurs, etc.* Nous ne reproduirons pas non plus les plaintes du docte Catalano, dans son célèbre commentaire du Pontifical romain (T. 1. p. 189.), contre ces nouveaux Bréviaires *qui ont donné aux hérétiques l'occasion d'établir leurs sentiments pervers.* On trouvera tous ces témoignages dans les *Institutions liturgiques (passim)* et spécialement dans la *Défense des Institutions,* etc. p. 56 et suivantes.

trer qu'à la rigueur tout cela ne prouve rien contre l'orthodoxie d'une Liturgie, et de répondre : Les écrits des hérétiques ne sont pas tous et nécessairement hétérodoxes ; d'ailleurs, ceux dont il s'agit ont été revus et corrigés à diverses reprises ; il suffit qu'une Liturgie soit autre que la Liturgie romaine, qu'elle soit moins expresse sur certains points de doctrine, pour attirer les sympathies des sectaires ; on n'a pas besoin d'admettre que leurs erreurs y sont formulées pour se rendre compte de ces sympathies. On sait combien le peuple tient à ses anciennes habitudes, aux choses qu'il a reçues de ses pères, qui ont de tout temps fait sa consolation et sa joie ; le clergé en général, et les Chapitres en particulier, ne sont pas moins fortement attachés aux vieilles traditions de leurs Eglises ; puis tout ce qui vient des hérétiques, tout ce que les hérétiques louent, paraît suspect aux catholiques ; ils le repoussent tout d'abord, sans examen et comme d'instinct. La nouveauté de la Liturgie de Paris, le nom des hommes auxquels on l'attribuait, l'appui que lui prêtaient les jansénistes, expliquent parfaitement l'opposition qu'elle souleva, sans qu'il soit nécessaire d'y supposer la moindre proposition erronée.

Si les critiques des livres liturgiques de Paris se contentaient d'ajouter : Pour apprécier l'esprit dans lequel ces livres ont été faits, il est absolument nécessaire de les comparer aux livres romains, aux livres qu'ils sont venus remplacer. Or, il résulte de cette comparaison que les auteurs de la Liturgie parisienne ont surtout procédé par voie de suppression et de retranchement, et que leurs suppressions, leurs retranchements tendent systématiquement à diminuer le culte de la Sainte Vierge et des Saints, à rappeler moins fréquemment et moins clairement les droits et les prérogatives du Siége Apostolique, à écarter une partie des textes les plus formels et les plus décisifs contre les erreurs jansénistes ; si, dis-je, on se contentait de tenir ce langage, la réponse serait encore aisée : Vous ne prétendez pas, répliquerait-on, que le culte de la Sainte Vierge et des Saints soit entièrement aboli dans la Liturgie parisienne, que l'autorité du Saint-Siége y soit formellement niée, ou qu'on n'y ait rien laissé de contraire au jansénisme ; il suit donc, tout au plus, de vos observations, que la Liturgie de Paris est moins parfaite que celle de Rome, mais nullement qu'elle soit mauvaise, et encore moins qu'on puisse légitimement la qualifier d'hétérodoxe.

Si même les critiques de la Liturgie de Paris se contentaient de prétendre qu'on y rencontre cinq ou six textes équivoques, captieux et *susceptibles d'un sens janséniste* ; en supposant que cela fût, ils n'auraient pas encore le droit de contester l'orthodoxie de cette Liturgie : pourvu que les mêmes textes soient également *susceptibles d'un sens catholique*, on doit les prendre dans ce dernier sens, déterminé par tout l'ensemble, et le sens général des livres où se trouvent ces passages douteux. Mais les critiques dont il s'agit vont beaucoup plus loin : ils voient le jansénisme dans une foule de textes; ils incriminent non seulement quelques passages, mais l'ensemble ; nous avons entendu le P. Hongnant, qui y voit *partout un langage équivoque, mais partout déterminé par le corps de l'ouvrage à un seul sens, c'est-à-dire au sens janséniste ;* ailleurs le même écrivain affirme que le Bréviaire de Paris est rempli de *substitutions perverses où le dogme est directement attaqué ; que tout le Bréviaire est une masse d'un levain corrompu; que, pour le rendre orthodoxe, il faudrait absolument repétrir, refondre toute cette masse impure* (1), etc.; et l'on rencontre encore des personnes instruites et pieuses qui partagent cette opinion, ou, si l'on veut, ce préjugé de l'éloquent et savant jésuite.

On répondra que la violence même de pareilles attaques en démontre l'absurdité; mais là n'est pas la question. Si absurdes qu'elles paraissent, ces attaques ont lieu : elles ont commencé en 1736, le lendemain de l'apparition du Bréviaire de Paris,

(1) *Lettres sur le Bréviaire.* Nous avons rapporté, p. 277, le passage qui contient les premières paroles que nous venons de rappeler, voici celui où se trouvent les autres : « Il n'y a que deux partis à prendre : l'un, de corriger le Bréviaire et d'en retrancher tout ce qui peut blesser la délicatesse catholique; l'autre, de le repousser absolument et de le tenir comme non avenu. Il paraît que c'est au premier parti que Votre Grandeur s'en est tenue; mais ce qu'il y a de personnes autorisées dans votre diocèse vous proteste ici, par mon ministère, que vous tentez une chose impossible. Malgré la déclamation non prouvée de l'Avocat général, il demeure constant parmi eux que tout le Bréviaire est une masse d'un levain corrompu, de laquelle on n'exprimera jamais un suc salutaire dont les catholiques veuillent se nourrir. Comment, en effet, rétablir tous les retranchements des fêtes, des Octaves, des prières à la Sainte Vierge, et de cette immensité de textes de l'Ecriture et des saints Pères que les auteurs ont sacrifiés aux mânes de *Jansénius* et de *Quesnel*? Comment effacer des Hymnes, des Leçons, des Capitules, des Répons, des Oraisons, cette multitude de phrases captieuses, équivoques, mal sonnantes pour ne pas dire hétérodoxes, sous lesquelles on a eu l'adresse d'insinuer des erreurs si souvent condamnées? il faudrait absolument repétrir, refondre toute cette masse impure.... L'auteur de la *lettre sur le Bréviaire* démontre qu'il ne peut être que l'ouvrage du parti, et qu'à ce seul titre il nous doit être odieux. Persuadera-t-on jamais en effet que des catholiques aient pu faire les indignes retranchements qu'il cite des passages formels et décisifs contre les nouvelles erreurs? Il est vrai qu'il ne parle que de peu de substitutions perverses où le dogme soit directement attaqué. Quelles que puissent être les raisons qui l'ont empêché d'entrer dans un plus long détail, ce n'est pas la faute du Bréviaire qui s'en trouve rempli. »

par les lettres du pieux Religieux que nous venons de citer, renouvelées à diverses époques, notamment quarante ans après, en 1776, dans des écrits publiés par les soins du Chapitre de Lyon, elles éclatent encore de nos jours ; ne doit-on pas déplorer qu'au lieu de les repousser uniquement par des présomptions, par l'autorité d'un certain nombre d'Eglises particulières, ou par une discussion théologique qui serait interminable et laisserait chacun dans son sentiment, on ne puisse pas en finir d'un coup par cet argument irréfragable, simple et à la portée de tous, qu'emploient avec tant de succès les Eglises soumises à la Liturgie romaine : La Liturgie que vous attaquez est orthodoxe, puisqu'elle est approuvée et confirmée par le Saint-Siége. Pour se mettre en possession de cet argument invincible, l'Eglise de Paris n'a que deux moyens : ou faire approuver solennellement sa Liturgie, ce qui, en présence des Bulles de Saint Pie V et des désirs récemment exprimés par les Souverains Pontifes Grégoire XVI et Pie IX, serait probablement d'une exécution difficile ; ou le retour à la Liturgie romaine, c'est-à-dire à la Liturgie de l'Eglise universelle, laquelle n'est autre, au fond, nous l'avons démontré, que la Liturgie suivie par l'Eglise de Paris, depuis Charlemagne jusqu'à M. de Vintimille. On doit en dire autant des autres Liturgies françaises ; car si, pour la plupart, le doute ne se produit pas, pour toutes il peut se produire, puisque catholiquement ce doute est permis. — Mais, se demande-t-on peut-être, est-il bien certain qu'un pareil doute soit permis ? Pour achever de mettre ce point de la question dans tout son jour, il suffit de rappeler quelques paroles de nos Evêques.

Et d'abord, lorsqu'on voit, dans le Bref à M. l'Archevêque de Reims, le Pape Grégoire XVI déclarer très périlleuse cette facilité dont la France jouit de changer ses livres liturgiques : *Periculosissima illa libros Liturgicos commutandi facilitas;* lorsqu'on entend M. l'Archevêque de Toulouse proclamer : *que la Liturgie doit être stable, qu'il est nuisible à la piété et même dangereux pour la Foi d'y apporter sans cesse des changements* (1), n'est-il pas naturel de se demander si on a une garantie certaine et indubitable que le péril ait toujours été évité, qu'on ait constamment eu le bonheur d'échapper au danger, dans le cours des changements innombrables opérés depuis cent cinquante ans? Or, si l'on cherche cette garantie, on ne la trouve nullement. On ne saurait, en effet, la placer dans l'autorité des Evêques qui ont fait ou approuvé ces changements, puisque chaque Evêque a pu se tromper, autrement le péril n'existerait pas.

Nous avons déjà cité ces paroles de M. l'Evêque de Langres : « Veut-on dire que le gallicanisme parlementaire
« ne se trouvait pas dans toute la vigueur de son règne quand
« les nouvelles Liturgies prirent naissance, ou veut-on
« dire que l'esprit de la secte qui alors désolait la France
« fut étranger à ces conceptions nouvelles et n'y laissa pas
« son empreinte? Que ceux qui pensent ainsi le prou-
« vent, etc. (2). » On peut donc croire, selon M. l'Evêque de Langres, que *l'esprit de la secte* janséniste n'a pas été étranger à nos Liturgies, que *son empreinte* y est restée ; et non seulement on peut le croire, mais, pour avoir le droit de le nier, il faut d'abord faire la preuve du contraire. De

---

(1) *L'Eglise de France injustement flétrie*, etc. Deuxième édition : *Réflexions préliminaires*, p. XIJ.

(2) *De la question liturgique*, p. XII.

bonne foi, cela laisse-t-il une entière sécurité sur l'orthodoxie de ces Liturgies?

Après avoir lu, dans le Mandement du Cardinal Fesch placé en tête de l'édition du Bréviaire de Lyon de 1814, que le Cardinal se proposait de réformer ce Bréviaire, on trouve dans un mémoire qu'une commission, nommée le 8 mai 1833, par le conseil Archiépiscopal de Lyon, présentait, le 16 du même mois, à M. l'Archevêque d'Amasie, Administrateur apostolique, les phrases suivantes :

« L'esprit dans lequel a été rédigé notre Bréviaire semble « nécessiter des changements. — Est-il à propos de faire une « nouvelle édition d'un Bréviaire que vous ne laissez sub-« sister que provisoirement? — Monseigneur voudra-t-il « approuver pour le moment un Bréviaire *rédigé dans un* « *esprit qu'il n'approuve pas et qu'il veut réformer* (1)? »

Le Bréviaire en question est celui de M. de Montazet, c'est-à-dire une reproduction de celui de Paris.

Dans un de ses Mandements, M. de Pins s'exprimait ainsi : *Lorsque nous arrivâmes dans ce diocèse.... notre première pensée fut de rendre à cette ancienne Eglise une Liturgie qu'elle n'avait quittée que par force* (2). A la même page, le Prélat appelle le Bréviaire de M. de Montazet : *Une victoire remportée sur l'Eglise de Lyon d'une manière si peu honorable.* Il ajoute : « Ce ne fut que vers la fin du siècle « dernier, à la faveur de l'esprit de nouveauté qui gagnait « insensiblement toutes les classes, et qui préludait déjà aux « malheurs de notre grande révolution, et malgré les repré-

---

(1) Cité par S. E. le Cardinal de Bonald dans sa *Circulaire pour la réimpression du Bréviaire*, du 18 novembre 1843.

(2) *Mandement pour le Cérémonial*, p. IX.

« sentations de son illustre Chapitre, qu'on voulut introduire
« dans l'Eglise de Lyon une nouvelle Liturgie. » La commission dont nous citions tout à l'heure le Mémoire disait encore : « Le rédacteur du Bréviaire a affecté de multiplier
« les leçons de Saint Augustin sur la grâce; dans la légende
« de Saint Remi, Archevêque de Lyon, 29 octobre, il fait cet
« Archevêque et son Eglise auteurs du livre : *De tribus Epis-*
« *tolis,* sentiment qu'on réfute dans le Traité de la Grâce. La
« seconde strophe de l'Hymne des Vêpres du samedi est
« susceptible d'un sens janséniste, etc. » On le voit, la pensée de M. l'Archevêque d'Amasie et de ses conseillers, sur le Bréviaire de M. de Montazet, n'est pas douteuse.

Cette pensée, S. E. le Cardinal de Bonald est fort loin de la partager. Dans la *Circulaire pour la réimpression du Bréviaire,* où nous trouvons ce que nous venons de transcrire, ainsi que divers passages du Mémoire des Chanoines-Comtes de Lyon, contre l'introduction, dans leur Eglise, de la Liturgie de Paris (1), notamment celui-ci : *On ne doit pas être surpris que le Chapitre de Lyon répugne à adopter ce*

---

(1) Ce mémoire fut publié sous ce titre : *Motifs pour ne point admettre la nouvelle Liturgie de M. l'Archevêque de Lyon* (M. de Montazet). Le Parlement de Paris le condamna au feu par arrêt du 7 février 1777. Nous avons entre les mains deux éditions, l'une in-8°, l'autre in-4°, de cet écrit dont un *article* (ou chapitre) entier est consacré à discuter une série de textes dans lesquels les nobles Chanoines trouvent exprimées les principales erreurs jansénistes. Ces textes sont encore aujourd'hui au Bréviaire de Paris. A la page 58, de l'édition in-8°, après avoir remarqué que la manie de fabriquer de nouvelles Liturgies ne s'est introduite que *depuis la naissance des nouvelles erreurs* (les erreurs du jansénisme), le Chapitre de Lyon ajoute : « Toutes les nations catholiques récitent sans défiance et sans inquiétude leurs anciennes prières. Ce n'est qu'en France, où les nouvelles erreurs ont fait des progrès, que les nouveaux Bréviaires se multiplient et sont accueillis. Nous ne prétendons pas sans doute avoir plus de zèle

que plusieurs Evéques ont jugé répréhensible. Dans cette circulaire, S. E. a soin de dire : « Nous ne nous sommes pas
« déterminé à proposer au Chapitre primatial des modifica-
« tions au Bréviaire, sur la persuasion qu'il était janséniste.
« La commission n'a jamais vu l'hérésie dans ce livre. A la
« vérité, ce qui aurait pu l'alarmer sur le Bréviaire de M. de
« Montazet, c'est le jugement qu'en avait porté M. l'Arche-
« vêque d'Amasie, etc. » Et après avoir rappelé divers passages des Mandements de M. de Pins, du Mémoire de la commission nommée par ce Prélat, et du Mémoire des Comtes de Lyon : « Malgré ces différents sentiments, exprimés avec
« plus ou moins d'énergie, la commission (la commission
« nommée par S. E.) n'a point dit que le diocèse de Lyon,
« depuis M. de Montazet, récitât un Bréviaire janséniste.
« Nous croyons que ces strophes d'Hymnes, que citent les
« Comtes de Lyon, peuvent après tout s'expliquer dans un
« sens très catholique. Le choix des passages de l'Ecriture
« et des Pères est bon. Au reste, nous n'avons pas à scruter
« les intentions de ceux qui les ont choisis. »

et de piété que nos voisins ; tout ce que nous avons de particulier et qui nous distingue réellement d'eux, c'est que nous sommes environnés de novateurs très adroits qui nous séduisent, et qui, sous prétexte de perfectionner nos prières, s'efforcent de les corrompre.— Ils sont en effet les compositeurs des nouvelles productions Liturgiques : le Rituel d'Aleth, qui a été le modèle de plusieurs autres, est l'ouvrage du célèbre M. Arnauld ; le Missel de Troyes fut composé par le docteur Petit-Pied, auteur de la Liturgie d'Asnières. — S'il fallait nommer l'auteur du Bréviaire de Paris, on pourrait dire qu'il s'appelle Légion. Combien de mains suspectes se sont réunies pour élever ce fameux monument, et ensuite pour le placer dans le sanctuaire de la capitale ? Comme le veau d'or, il fut formé de tout ce que les rebelles avaient de plus précieux, et dès qu'il parut, ils poussèrent de grands cris de joie pour célébrer leur idole. »

Ainsi, d'un côté, ni S. E. le Cardinal de Bonald, ni la commission nommée par lui, n'ont *jamais vu l'hérésie* dans le Bréviaire emprunté à l'Eglise de Paris par M. de Montazet ; de l'autre, M. l'Archevêque d'Amasie et la commission nommée par lui *ont vu l'hérésie dans ce livre.* N'est-il pas évident qu'une question de cette nature, sur laquelle, après mûr examen, diffèrent deux commissions composées toutes deux de Prêtres pieux et instruits, et deux Prélats non moins éminents par leur savoir et leurs vertus que par leur dignité, n'est-il pas évident qu'une telle question est douteuse, et qu'on ne peut faire un crime à personne de se ranger à l'un ou à l'autre avis, jusqu'à ce que soit intervenu le jugement de l'autorité suprême ?

Voilà donc un fait grave, public, constaté par les écrits officiels de deux Archevêques, qui autorise le doute sur l'orthodoxie de la plus répandue et de la plus célèbre de nos Liturgies ; en présence de ce fait, nous ne croyons pas que personne puisse refuser d'admettre notre proposition : *Il n'est pas défendu de révoquer en doute l'orthodoxie des Liturgies françaises.* Toutefois, si quelqu'un jugeait encore cette proposition téméraire et scandaleuse, nous l'engagerions à relire la lettre que M. l'Evêque de Montauban adressait, il y a deux ans, au journal *l'Univers*, et particulièrement le passage suivant :

« C'est ici le point culminant de la question, eu égard sur-
« tout à la situation générale des esprits dans le temps pré-
« sent : *La garantie canonique d'une orthodoxie pleine, en-
« tière, irréfragable, nécessaire à tout Bréviaire, Missel et
« Rituel,* est-elle la même pour la Liturgie créée, approuvée,

« recommandée sinon ordonnée par le Saint-Siége, adoptée
« et suivie par toutes les Eglises du monde catholique, moins
« quelques diocèses de France, et pour celle qui n'a, dans
« chaque diocèse, que l'approbation d'un Evêque, lequel
« peut se tromper, et n'est assuré d'être dans la vérité que
« lorsqu'il est dans l'unité. Qu'on veuille bien remarquer
« qu'en fait d'orthodoxie, et conformément à la règle de
« la loi catholique, *l'incertitude existe et le doute est per-*
« *mis partout où l'on ne trouve canoniquement que des auto-*
« *rités particulières, dénuées de l'approbation de l'autorité*
« *supérieure ou incertaines de l'avoir*. Dans l'Eglise catho-
« lique, ce n'est pas la science et le génie qui font la règle
« de Foi, qui garantissent aux croyants la vérité de ce qu'on
« leur propose, mais uniquement l'union, l'accord et le con-
« sentement de tous, avec l'approbation de l'autorité qui oc-
« cupe le premier rang dans la hiérarchie. Si je voulais
« aujourd'hui rejeter le Bréviaire parisien, qui existe à Mon-
« tauban depuis si peu de temps, au mépris des réclamations
« et de l'opposition même du Chapitre, et donner à mon
« clergé un Bréviaire de ma façon, autant éloigné et aussi
« différent du Parisien que le Parisien l'est du Romain, quel-
« que téméraire qu'on pût me supposer, on ne pourrait
« s'empêcher de me reconnaître les mêmes droits qu'on ac-
« corde sans difficulté à nos prédécesseurs. Mais je demande
« qu'est-ce qui garantirait, aux Prêtres de mon diocèse, l'or-
« thodoxie pleine et entière de ce Bréviaire, dans toutes ses
« parties et dans toutes ses expressions? Il y a donc évi-
« demment, au point de vue de la règle générale de la Foi
« dans l'Eglise catholique, un *côté faible* dans toute œuvre

« liturgique qui n'appartient qu'à un diocèse isolé et qui est
« le fait d'un Evêque particulier, fût-il Bossuet ou Saint
« Augustin (1). »

Il faut donc en convenir, nos livres liturgiques n'ont pas *la garantie canonique d'une orthodoxie pleine, entière, irréfragable, garantie qui est pourtant nécessaire à tout Bréviaire, Missel et Rituel;* lors même qu'aucun hérétique n'y aurait jamais travaillé, le doute, catholiquement, serait donc permis sur l'orthodoxie de ces livres. Les personnes qui ont le malheur de concevoir de tels doutes sont donc excusables; d'autant plus que la coopération des hérétiques à la composition de nos principales Liturgies et les louanges qu'ils leur ont prodiguées en toute occasion, sont, de l'aveu de tous, des faits très fâcheux, de nature à faire naître le soupçon et à confirmer toutes les craintes.

(1) On peut voir la lettre entière dans le n° de l'*Univers* du 10 février 1846; on sait que M. l'Evêque de Montauban a rétabli, dans son diocèse, la Liturgie romaine, au mois de juin 1847.

CHAPITRE XV.

AUTEURS ET PROPAGATEURS DES LITURGIES DU DIX-HUITIÈME SIÈCLE.

Si la coopération des jansénistes aux Liturgies du dix-huitième siècle n'était qu'un fait isolé, ce fait, bien que certain, serait inexplicable. Nous nous figurons aujourd'hui que le jansénisme a été toujours, à peu près ce qu'il est très heureusement devenu pour nous, une secte odieuse et sans puissance, unanimement repoussée par l'Episcopat, par le Clergé et par les fidèles ; mais l'histoire nous représente les choses autrement. Je ne parle pas de l'influence janséniste sur la société, tout le monde sait qu'elle fut immense, que le parti compta dans tous les rangs des amis dévoués, qu'il eut pour lui ce qu'on est convenu d'appeler l'opinion, que les parlements l'appuyèrent, que les écrivains les plus célèbres firent gloire de lui appartenir : il suffit de nommer Racine et Boileau, Nicole et Pascal. Mais on sait moins bien que cette influence, sans être à beaucoup près dominante dans l'Eglise de France, y fut néanmoins assez grande pour subjuguer une partie de l'Episcopat, et pour imposer aux Evêques les plus orthodoxes d'étranges ménagements. Sur le premier point nous n'ajouterons rien aux faits incontestables rappelés dans un écrit récent que nous avons déjà cité (1) ; rien, si ce n'est l'extrait suivant d'un *Mémoire confidentiel* adressé par Fénélon au Souverain Pontife, à l'époque de l'assemblée du clergé de 1705 :

(1) Page 38 et suivantes.

« Je n'encourrai pas sans doute le soupçon de ressenti-
« ment, si je découvre au seul Saint-Père, avec franchise,
« en présence de Dieu, dans l'extrême péril de la religion,
« des choses qui sont publiques dans les rues et dans les car-
« refours. M. le Cardinal de Noailles, Archevêque de Paris,
« se trouve tellement envahi, par certains chefs de la faction,
« sous couleur de piété et de discipline plus stricte, que, de-
« puis dix ans, il est devenu impossible de le tirer des filets
« jansénistes. Il n'écoute rien, ne voit rien, n'approuve rien
« que ce que lui suggérent M. Boileau, M. Duguet, le P. de
« La Tour, Général de l'Oratoire, M. Lenoir, l'Abbé Renau-
« dot et plusieurs autres que tout le monde connaît pour être
« imbus de jansénisme. Bien plus, on sait généralement que
« les principaux d'entre les quarante Docteurs (*signataires*
« *du fameux cas de conscience*) lui ont reproché publique-
« ment de les avoir contraints à donner leur adhésion. On
« le croira facilement, pour peu qu'on lise le mandement
« dans lequel l'Evêque de Châlons, après s'être entendu avec
« son frère le Cardinal, enseigne qu'on satisfait aux Cons-
« titutions par le silence respectueux. En outre, le Cardinal
« Archevêque se déclare l'adversaire de tous les théologiens
« opposés au jansénisme, et les poursuit avec vigueur. M. le
« Cardinal de Coislin, grand aumônier de France, homme
« bienfaisant, pieux, digne d'être aimé de tout le monde, se
« conduit avec plus de douceur et de précaution ; mais, man-
« quant lui-même de science, il a jusqu'ici laissé toute l'ad-
« ministration de son diocèse (*Orléans*) aux seuls Docteurs jan-
« sénistes, lesquels font l'objet de son admiration. Quoique
« M. le Cardinal Le Camus ait écrit, dans une lettre familière
« à un ami, certaines choses qui diriment expressément la

« question *du fait*, néanmoins il conste, de beaucoup d'autres
« arguments, que la doctrine et la faction janséniste lui ont
« toujours souri. Les Archevêques de Reims et de Rouen ne
« sont pas moins déclarés pour l'une et pour l'autre. L'un
« proviseur de Sorbonne, l'autre collateur d'un grand nom-
« bre de cures dans la ville de Paris ; tous deux riches en
« biens, tant d'Eglise que de famille, préposés à de vastes
« diocèses et à des Provinces considérables. A ces chefs se
« joignent un grand nombre d'Evêques ; par exemple, en
« Languedoc, ceux de Rieux et de Saint-Pons ; celui de Mont-
« pellier, frère de M. de Torcy ; celui de Mirepoix ; dans la
« province de Lyon, celui de Châlons ; dans celle de Sens,
« celui d'Auxerre ; dans celle de Reims, celui de Châlons-
« sur-Marne; dans celle de Rouen, celui de Séez; dans celle de
« Tours, ceux de Nantes et de Rennes ; dans notre province
« (*de Cambrai*), celui de Tournay, qui a donné sa démission,
« et auquel je vois avec joie qu'on a donné un successeur ex-
« cellent. Dans notre province encore, l'Evêque d'Arras est
« pieux, à la vérité, et sincèrement attaché au Siége Apos-
« tolique, mais, par le conseil et l'habileté des Docteurs aux-
« quels il a livré en entier et sa personne et ses affaires, il
« s'est laissé entraîner dans le parti, séduit qu'il est par le
« rigorisme. La plupart des autres, incertains, flottants, se
« précipitent aveuglément du côté vers lequel incline le Roi ;
« et cela n'a rien d'étonnant : ils ne connaissent que le Roi,
« aux bontés duquel ils doivent leur dignité, leur autorité et
« leur fortune. Dans l'état présent des choses, ils n'ont rien
« à craindre ni à espérer du Siége Apostolique ; ils voient
« toute la discipline entre les mains du Roi, et ils répètent
« qu'on ne peut ni établir, ni condamner les doctrines que

« d'après les influences de la cour. Il est cependant de pieux
« Evêques qui suffiraient à confirmer le plus grand nombre
« dans la voie droite, si la multitude ne se trouvait entraînée
« dans le mauvais parti par ses chefs mal disposés (1). »

Telle fut l'influence de cet état de choses, dit, après avoir rapporté ce témoignage de Fénélon, l'auteur des *Institutions Liturgiques*, « que l'opinion des catholiques dut nécessaire-
« ment se modifier, se fausser même en présence des con-
« tradictions sans nombre qui se montraient en tous lieux.
« Nous ne parlons pas ici des diocèses gouvernés par des
« Prélats qui affichaient le jansénisme : les catholiques de-
« vaient y être dans l'oppression. Mais n'est-il pas vrai que
« dans les diocèses dont les Evêques avaient accepté les
« Bulles et faisaient signer le formulaire, n'est-il pas vrai
« que les opposants aux Constitutions apostoliques étaient
« admis à célébrer la Messe dans les Eglises, bien qu'on ne
« leur permît pas d'entendre les confessions? N'est-il pas
« vrai que les ouvrages du parti censurés à Rome (2) cir-
« culaient librement entre les mains du clergé et des fidèles?
« N'est-il pas vrai que les fauteurs des doctrines condam-
« nées, s'ils avaient du talent, ou s'ils pouvaient être utiles,
« étaient favorisés, employés, considérés ; que leur influence
« était subie, et qu'on acceptait même quelquefois les ser-
« vices qu'ils pouvaient rendre en leur qualité d'hommes de
« parti? Voici ce qu'écrivait Bossuet à son neveu, dans l'af-

---

(1) Fénélon : *Memoriale sanctissimo* D. N. *clam legendum*. §. IX et X. OEuvres complètes. Tom. XII, p. 603, édit. de Versailles.

(2) Outre le Missel de Voisin, le Nouveau-Testament de Mons, le Rituel d'Aleth, on pourrait citer plus de trente autres ouvrages du parti, condamnés par Brefs apostoliques, Décrets du Saint-Office ou de l'*Index*.

« faire du quiétisme, au sujet d'un des examinateurs de la
« doctrine de Fénélon : *J'ai appris qu'il y a deux nouveaux*
« *consulteurs, dont l'un est M. l'Archevêque de Chieti, et*
« *l'autre le Sacriste de Sa Sainteté. On dit que ce dernier est*
« *habile homme et fort porté au jansénisme* (1). Il y a vingt
« traits semblables dans la correspondance de Bossuet. Au
« reste, il suffit de connaître la biographie des principaux
« personnages ou fauteurs de la secte (si l'on en excepte
« toujours les coryphées proprement dits, comme Arnaud,
« Quesnel, Gourlin, etc.), pour voir comment ils ont été
« l'objet presque continuel des faveurs et de la considéra-
« tion (2). »

Que l'on se figure l'effet que devait produire dans le monde une telle conduite envers une secte que le monde admirait et aimait, et qui, par un étrange contraste, cumulait ainsi les honneurs de la persécution et les avantages de la faveur. On poursuivait les chefs, et par là on rendait le parti populaire ; on ménageait, on caressait, on employait les autres, et par là on fortifiait, on accroissait sa puissance. Le monde ne devait-il pas naturellement en conclure qu'au fond le clergé de France avait moins d'horreur que le Pape pour le jansénisme, et qu'après tout une hérésie qu'on traitait de la sorte n'était pas si damnable. Le savoir, les mœurs austères de la plupart des sectaires suggéraient déjà cette idée; mais combien ne se trouvait-elle pas fortifiée par l'attitude du clergé et de l'Episcopat? Ajoutez que les docteurs du gallicanisme avaient appris à la nation que les jugements du Pontife romain ne

---

(1) OEuvres de Bossuet. Tom. 41, p. 24, édit. de Versailles.
(2) *Institutions Liturgiques*, tom. 2, p. 174.

sont point irréformables, que l'on peut appeler du Pape au futur Concile, etc., etc.; on tirait les conséquences qui semblent découler naturellement de ces principes, sans s'arrêter à ce que disaient les gallicans catholiques sur le consentement de l'Eglise dispersée, les gallicans jansénistes soutenant de leur côté que l Eglise dispersée ne s'était pas encore expliquée suffisamment, et le monde ne s'inquiétant guère de débrouiller le fil de toutes ces subtilités théologiques. D'ailleurs, il était de mode de dénigrer Rome et tout ce qui venait d'au-delà des monts : la France, à cette époque, se complaisait dans sa propre grandeur, et, il faut le dire, cette maladie avait un peu gagné notre clergé ; il se disait naïvement le premier clergé de la chrétienté, comme le peuple français se croyait le premier peuple du monde. Il semblait qu'il n'y eût de savoir, de talent que dans le royaume de Louis-le-Grand ; Rome surtout était représentée sous ce rapport comme dans un état complet d'infériorité : les écrits, les mémoires, les voyages, les correspondances de ce temps, portent tous l'empreinte plus ou moins vive de ce double sentiment de vanité nationale et de mépris envers les romains; quel respect pouvait-il inspirer pour les décisions du Saint Siége? Orgueil ridicule et que l'Eglise gallicane a chèrement payé! Qu'est devenue cette Sorbonne jadis si vaine de sa science et si empressée à donner des leçons au Souverain Pontife pour la plus grande gloire de nos Rois? Où sont nos universités? Qu'a-t-on fait de tous ces établissements où fleurissaient les hautes études? Hélas! il n'en reste rien, rien que de prétendues facultés de théologie, légalement soumises à un corps laïque, instituées, dirigées, gouvernées par lui. N'est-ce pas là un châtiment? saurons-nous le comprendre? ne cesserons-nous pas d'exalter notre Eglise aux dépens des Eglises ses sœurs? notre abaissement nous fera-t-il sentir que si l'orgueil est dans l'homme le premier et le plus grand des vices, il ne peut être une vertu ni pour une Eglise, ni pour une nation; que si la reine des vertus est l'humilité, il est bon aux nations, aux Eglises d'être humbles, et que cette parole s'applique à elles comme aux individus ; *Qui autem se exaltaverit, humiliabitur ; et qui se humiliaverit, exaltabitur* (1)?

On s'étonne parfois que le dix-huitième siècle, le siècle de l'incrédulité, ait succédé au dix-septième, qu'on représente toujours comme le siècle religieux par excellence ; l'on ne veut pas voir que ce siècle si religieux avait relâché tous les liens entre les peuples et l'Eglise. Sur toutes choses, il avait ses idées particulières, ses goûts, ses préférences, son parti pris, en opposition avec Rome et avec tout le reste de la catholicité. Sans doute, il avait soin de ne pas dépasser les limites rigoureusement fixées par l'orthodoxie ; il mettait jusque dans ses écarts une certaine mesure, et tenait à ne pas être excessif, à paraître toujours grave et convenable. Mais enfin il se faisait juge de ce qui devait être admis ou rejeté, et les libertés qu'il prenait habituaient insensiblement les esprits à se considérer, en matière de religion comme en tout, les arbitres suprêmes du vrai et du faux. Croit-on, par exemple, que l'assemblée de 1682 ait beaucoup accru l'esprit de foi et de soumission filiale à la sainte et infaillible autorité de l'Eglise? Bossuet, avant lui la Sorbonne, avaient pu s'arranger de manière à n'être pas hérétiques, et

---

(1) Matt. XXIII, 12.

des théologiens peuvent admirer ce grand tour de force. Mais le public ne fait pas de la théologie ; il ne vit dans cette affaire que la lutte de l'Episcopat contre le Souverain Pontife. Peut-on douter que le spectacle de ces divisions n'ait produit une impression funeste ? Est-ce la même chose pour un peuple de voir ses Evêques unis en tout au Saint Siége, ou de les voir se mettre au service d'un roi pour combattre le chef de l'Eglise ? On se figurait n'affaiblir que l'autorité du Pape, on affaiblissait du même coup et dans la même proportion l'autorité religieuse à tous les degrés de la hiérarchie. Le Pape, après tout, restait le supérieur des Evêques ; il ne pouvait descendre dans l'estime des peuples sans que ses inférieurs ne fussent également abaissés. Quant au pouvoir temporel, il croyait avoir fait un coup de politique, et pour le vain plaisir de proclamer une indépendance que rien ne menaçait, il avait ébranlé les fondements de sa propre puissance ; car cette puissance reposait, en dernière analyse, sur l'autorité même de la religion, qui seule peut imposer à la conscience le respect du pouvoir humain. Louis XIV, enivré par l'encens d'un culte monarchique qui tournait à l'idolâtrie, se crut assez fort pour combattre impunément la puissance spirituelle. N'avait-il pas un Episcopat docile pour conserver parmi les peuples les idées d'ordre et d'obéissance ? Mais l'Episcopat tire toute sa force de son union avec le Pasteur suprême, et cette force décroît ou augmente, selon que l'union diminue ou devient plus étroite. Le grand Roi voyait bien que le respect de la seconde Majesté n'a sa raison que dans le commandement de la première ; mais il ne voyait pas que, dans l'Eglise, le Pape est la pierre angulaire ; qu'on ne peut essayer de mouvoir cette pierre sans tout ébranler; que, par conséquent, dans les sociétés chrétiennes, le pouvoir temporel se blesse lui-même quand il blesse la Papauté; que toute division entre ces deux puissances nuit à l'une et à l'autre, et surtout à celle des deux qui n'a pas les promesses de l'éternité.

Ces réflexions paraissent peut-être étrangères au sujet que je traite, cependant les faits qu'elles rappellent ne jettent-ils pas quelque lumière sur les ménagements que l'on gardait au dix-septième et au dix-huitième siècles envers une secte destructive du christianisme et déjà condamnée? N'est-il pas probable qu'avec d'autres idées sur le droit et la puissance légitime du Souverain Pontife, on aurait agi autrement; que les Evêques, par exemple, les Evêques orthodoxes du moins, auraient usé de leur autorité contre la propagation des livres prohibés par le Saint-Siège, et qu'en interdisant aux hérétiques de s'asseoir au tribunal de la pénitence, ils n'auraient pas cru pouvoir leur permettre de monter à l'Autel? Que devaient penser les peuples en assistant au Saint Sacrifice, ainsi offert par des mains flétries? Pouvaient-ils avoir pour l'hérésie l'horreur qu'elle doit inspirer à tout chrétien? Pouvaient-ils croire à un tel sentiment dans le cœur des Pontifes? Ces faits expliquent aussi, à ce qu'il me semble, la part qu'eurent les jansénistes à la création des nouvelles Liturgies. On ne les trouvait pas indignes d'immoler l'Agneau sans tâche, comment les aurait-on jugés indignes de composer les prières des divins Offices?

Si, dans le grand nombre d'auteurs qui eurent part à la création, à la composition, à la rédaction des Liturgies introduites à cette époque malheureuse, on ne rencontrait qu'un ou deux noms suspects, ce serait simplement un accident fâcheux et dont on ne pourrait sans injustice faire un argument. Mais il n'en est pas ainsi : comme on l'a pu voir dans un de nos précédents chapitres, les noms les plus compromis se pressent en foule sur la liste des faiseurs de Bréviaires et de Missels. Il ne sera peut-être pas inutile de réunir ici quelques-uns de ces noms et de leur adjoindre ceux des hommes qui ont le plus contribué à préparer, à soutenir la révolution liturgique, afin de pouvoir, d'un coup d'œil, juger cette révolution par le caractère et les doctrines de ceux dont elle fut l'œuvre.

Avant de faire des Liturgies, la secte imagina de traduire la Liturgie romaine. En 1660, un de ses adeptes, Joseph de Voisin, docteur de Sorbonne, publia, avec l'approbation des Vicaires généraux de Paris, un ouvrage en cinq volumes sous ce titre : *Le Missel romain selon le règlement du Concile de Trente, traduit en français, avec l'explication de toutes les Messes, etc.* Cette traduction fut aussitôt condamnée par l'assemblée du clergé de 1660, et ensuite par un Bref d'Alexandre VII, du 12 janvier 1661 (1).

(1) « Le Bref contre le Missel de Voisin, donné par Alexandre VII, n'a
« jamais été porté au Parlement, ni les Lettres-patentes vues. On n'a eu
« aucun égard à ce Bref, et l'on fut obligé, pour l'instruction des nou-
« veaux catholiques (les protestants bien ou mal convertis par la révoca-
« tion de l'édit de Nantes), de répandre des milliers d'exemplaires de la
« Messe en français. (*Correspondance de* Bossuet, tom. 42, p. 474, édit.
« de Versailles.) » *Ainsi, on n'a aucun égard* à un Bref du Souverain Pontife, et cela parce qu'il *n'a pas été porté au Parlement*. Par le même motif, sans doute, on n'a aucun égard à la condamnation prononcée par une assemblée du clergé de France, qui, après avoir censuré le Missel de Voisin, l'avait elle-même déféré au Saint Siége. Rien ne peint mieux l'état de l'Eglise en France à cette époque, rien ne justifie mieux les réflexions par lesquelles nous avons commencé ce chapitre, que ces paroles de Bossuet.

Un autre janséniste appelé de Laval publiait à Paris, peu de temps après, un livre intitulé : *Prières pour faire en commun, le matin et le soir, dans une famille chrétienne, tirées des prières de l'Eglise.* Ce livre était arrivé à une cinquième édition, lorsque la Sorbonne le signala, dans sa déclaration de 1664, « comme renfermant d'infidèles traductions des prières « de l'Eglise, des choses fausses, ambiguës, sentant l'héré-« sie et y indulsant, sur la matière des sacrements, et renou-« velant les opinions récemment condamnées sur la grâce, « le libre arbitre et les actes humains (1). »

En 1667, un des chefs les plus ardents du jansénisme, Pavillon, Evêque d'Aleth, publia son fameux Rituel, revu par Arnaud, le Patriarche de la secte, et condamné par Bref de Clément IX, du 9 avril 1668. Le parti eut assez de crédit pour faire rejeter, par les influences de l'Episcopat et de la magistrature, ce Bref et celui que Clément IX venait de donner en même temps contre le Nouveau-Testament de Mons, sous prétexte qu'ils contenaient des clauses de chancellerie contraires aux libertés de l'Eglise gallicane. Cependant le Nonce avait eu soin de notifier ce Bref à tous les prélats du royaume, et ving-neuf Evêques donnèrent, après cette notification, une adhésion expresse et publique au Rituel condamné, qui contenait plusieurs des maximes de Saint-Cyran et d'Arnaud sur la pratique des sacrements. L'Evêque d'A-leth maintint son Rituel jusqu'à la fin de sa vie et se contenta, au moment de la mort, d'écrire au Pape une lettre de soumission en terme ambigus (2). « Par une grâce particu-

---

(1) D'Argentré : *Collectio judiciorum*; tom. 3, p. 84.
(2) On peut voir, sur le Rituel d'Aleth, les *Institutions Liturgiques*,

« lière de la divine providence, disait le 28 novembre 1771
« le journal de la secte, *les Nouvelles ecclésiastiques*, l'esprit
« de M. Pavillon n'est pas encore éteint dans le diocèse d'A-
« leth. Les Evêques qui lui ont succédé ayant tous été paci-
« fiques, n'ont rien fait pour insinuer des sentiments contrai-
« res... M. de la Cropte de Chanterac, Evêque actuel, ayant
« adopté pour son diocèse un nouveau Bréviaire et un nou-
« veau Missel, a jugé à propos de donner une nouvelle édi-
« tion du Rituel. Il a voulu qu'on réimprimât ce précieux
« ouvrage tel qu'il était; on n'a donc absolument rien changé,
« ni retranché, ni ajouté dans les instructions... M. de la
« Cropte n'y a point mis de mandement en son nom, mais
« seulement celui de M. Pavillon, avec l'approbation des
« vingt-neuf Evêques... Quant au nouveau Bréviaire, c'est
« celui qui vient d'être imprimé pour Toulouse et plusieurs
« autres diocèses : Montauban, Lombes, Saint-Papoul, Bazas,
« Comminges. C'est le même que celui de Paris (le Bréviaire
« Vintimille) à quelques rubriques près... Dans le Bréviaire
« d'Aleth, il y a plusieurs Canons avec ce titre : *Des statuts*
« *synodaux de M. Nicolas Pavillon, Evêque d'Aleth*, ce qui
« rappellera plusieurs fois dans l'année, aux ecclésiastiques
« de ce diocèse, un nom si respectable et si justement
« chéri. »

L'homme chargé d'arranger pour Aleth le Bréviaire de
Paris fut Jean-Baptiste Gibrat, Prêtre de la Doctrine-chré-
tienne, qui fit également, à la même époque, le nouveau Mis-

---

tom. 2, p. 60 et suivantes. Le lecteur y trouvera le document officiel de
l'adhésion des vingt-neuf Evêques, document mis en tête de la plupart des
éditions de ce livre, avec les signatures des Prélats, dont vingt-sept sont
de 1669 et deux de 1670.

sel d'Aleth, et, plus tard, un Missel pour le diocèse de Tarbes. Il avait de même dirigé la nouvelle édition du Rituel de Nicolas Pavillon; on lui doit en outre un certain nombre d'Hymnes. Gibrat adhéra à la constitution civile du clergé, et accepta sous elle des fonctions ecclésiastiques. Il lui demeura fidèle jusqu'à sa mort, arrivée en décembre 1803, et les Evêques constitutionnels, assemblés en concile à Paris, ayant décrété une *fête perpétuelle* en mémoire du rétablissement du culte, Gibrat fit pour cette fête un Office qu'un de ses admirateurs assure être un chef-d'œuvre ; par malheur, la fête perpétuelle ne fut jamais célébrée. Voilà le liturgiste des Eglises d'Aleth et de Tarbes (1).

J'ai voulu donner tout d'une suite ce qui concerne la liturgie d'Aleth ; reprenons l'ordre des temps : Le premier Bréviaire dans lequel on rencontre les données et la couleur de la nouvelle école liturgique fut celui que publia en 1678 Henri de Villars, Archevêque de Vienne. Il eut pour principal auteur Jacques de Sainte-Beuve, docteur de Sorbonne, connu par ses liaisons avec Port-Royal, et qui, en 1658, avait été exclu de la Faculté et contraint de se démettre de la chaire qu'il y occupait, pour refus de souscrire à la censure lancée contre la doctrine de son ami Antoine Arnaud.

Nous avons expliqué ce qu'était le Bréviaire donné au diocèse de Paris en 1680, par François de Harlay. Ce Prélat, décrié pour ses mœurs, et dont Fénélon a pu dire, dans sa fameuse lettre à Louis XIV : « Vous avez un Archevêque corrompu, « scandaleux, incorrigible, faux, malin, artificieux, ennemi

(1) Voyez la *Biographie universelle*, au mot Gibrat.

« de toute vertu, et qui fait gémir tous les gens de bien (1), » fut l'âme de l'assemblée de 1682, le chef de ces Prélats dont *l'audace effrayait* Bossuet et qui s'écriaient : *Le Pape nous a poussés, il s'en repentira.* Il était fort opposé au jansénisme, et néanmoins ayant trouvé une commission formée par son prédécesseur, Hardouin de Péréfixe, pour présider à la confection du nouveau Bréviaire, il ne crut pas nécessaire d'en éloigner deux membres du parti, Jacques de Sainte-Beuve, dont nous venons de parler, et Nicolas Le Tourneux, dont nous parlerons tout à l'heure (2). La même commission présida aux travaux pour le Missel que le même Prélat publia en 1684. Entre les Proses ou Séquences nouvelles dont fut enrichi ce Missel, on remarque celle de la Toussaint, *Sponsa Christi*, conservée précieusement dans le Missel Vintimille, et que l'Eglise de Paris chante encore ; elle est du janséniste J.-B. de Contes, qui avait été un des grands vicaires du Cardinal de Retz. Plusieurs hymnes du Bréviaire de Harlay sont de Santeuil.

Le lecteur connaît déjà les auteurs du Bréviaire de Cluny, dont l'influence a été si grande, et auquel tous les Bréviaires qui suivirent, celui de Paris surtout, ont tant emprunté. Nous ne répèterons pas ce que nous avons dit du Cardinal de Bouillon et de ses mœurs relâchées, de Dom Paul Rabusson et de Santeuil, tous deux connus par leurs liaisons avec les

---

(1) Correspondance de Fénélon, tom. 2, p. 341, in-8, 1827.

(2) Ménage : *Historia mulierum philosophiæ artibus excultarum*, p. 45, à l'article de Sainte Catherine, où l'auteur parle de la légende de cette Sainte, retranchée par les correcteurs du Bréviaire de 1680.

sectaires (1), mais nous ajouterons quelques mots sur Dom Claude de Vert et sur Nicolas Le Tourneux. Celui-ci eut la haute main dans cette affaire : « La confiance que Dom Claude « de Vert et Dom Paul Rabusson avaient en lui le rendit « maître du terrain. Il forma son plan et l'exécuta à son aise ; « il donnait à Santeuil la matière de ses vers, etc. (2). » Le Tourneux a laissé quantité de livres tous remplis des erreurs de la secte, notamment l'*Année Chrétienne*, dont les premiers volumes parurent en 1677, ouvrage censuré à Rome (le 17 septembre 1691, par un décret approuvé du Pape Innocent XI) après la mort de l'auteur et proscrit à la même époque par plusieurs Evêques de France. On lui doit également une traduction du Bréviaire Romain, censurée par l'official de Paris en 1688, et chaleureusement défendue par le Docteur Antoine Arnaud. — Quant à Claude de Vert, il est connu par son *Explication simple, littérale et historique des cérémonies de la Messe*, dont la *préface*, au premier tome, contient sur Saint Cyran ces paroles significatives : *Cet auteur, profond théologien d'ailleurs et très versé dans*

---

(1) Voici l'inscription que Santeuil composa pour le monument destiné par les religieuses de Port-Royal à recevoir le cœur du célèbre Arnaud :

Ad sanctas rediit sedes ejectus et exul :
Hoste triumphato, tot tempestatibus actus,
Hoc portu in placido, hac sacra tellure quiescit,
Arnaldus veri defensor et arbiter æqui, etc.

Arnaud, le *défenseur de la vérité, l'arbitre de l'équité, vainqueur de son ennemi*, c'est-à-dire du siége apostolique ! L'auteur qui a écrit cela était-il catholique ?

(2) **Mesenguy** : *Lettres sur les nouveaux Bréviaires* (1735), cité par l'abbé Goujet, dans sa continuation de la Bibliothèque d'Ellies Dupin, tom. 3, p. 92 et 474.

la science de l'Eglise, était en même temps grand spirituel et grand mystique. Ce livre justifia pleinement l'annonce qu'en avait faite le calviniste Jurieu, en ces termes : « Un « savant homme de l'Eglise romaine prépare un ouvrage « qui ferait tomber les Durand, les Biel, les Innocent et leurs « disciples qui ont écrit touchant les mystères de la Messe, « et prouverait que toutes les cérémonies sont sans mystè- « res, et qu'elles ont été instituées par des raisons de com- « modité, ou par occasion (1) »

Dès 1693, le Cardinal Pierre du Cambout de Coislin, Evêque d'Orléans, livré au parti janséniste (2), avait doté cette Eglise d'un Bréviaire à la mode, qu'il fit réimprimer en 1701 et dont une édition nouvelle parut en 1731, sous Louis-Gaston Fleuriau d'Arménonville, Prélat du reste dévoué à l'Eglise et très opposé aux sectaires. L'auteur de ce livre était Jean-Baptiste Le Brun Desmarettes, élève de Le Tourneux, qui revoyait et corrigeait ses ouvrages (3) ; Nevers lui dut aussi son Bréviaire, publié en 1729. Fils d'un libraire de Rouen, condamné aux galères pour avoir imprimé des livres en fa-

---

(1) Jurieu cité par D. de Vert, dans sa lettre à ce ministre, p. 1. Voyez les *Institutions Liturgiques*, tom. 2, p. 230 et suivantes.

(2) Nous avons vu ce que disait Fénélon du Cardinal de Coislin : on lit dans l'*Examen des Institutions Liturgiques*, par M. Fayet, Evêque d'Orléans : « Les nouvelles doctrines avaient trouvé de nombreux « partisans dans ce diocèse, et il fallut chercher à M. de Coislin un suc- « cesseur d'une orthodoxie à toute épreuve, pour résister au torrent qui « menaçait de tout envahir… La situation du diocèse d'Orléans était « connue partout. » Et plus loin : « Les hommes plus ou moins suspects « qui avaient pu se glisser dans la confiance de M. de Coislin, furent pu- « bliquement éloignés ; cette révolution jeta l'alarme dans le parti, etc. » (ch. 25, *Bréviaire d'Orléans*, p. 424 et 428.)

(3) Voyez Barbier, *Dictionnaire des ouvrages anonymes*.

veûr de Port-Royal, Desmarettes fut élevé par les solitaires de cette maison et leur garda toujours ainsi qu'à leur doctrine un vif attachement. Renfermé à la Bastille par suite des démarches auxquelles ce sentiment l'entraîna, il n'en sortit qu'après avoir signé le Formulaire; mais il rétracta en 1717 cet acte d'orthodoxie et se porta Appelant de la Bulle *Unigenitus*. Malade et craignant un refus de sacrements, il se traîna à l'Eglise, pour faire ses Pâques, le Dimanche des Rameaux 1731, et mourut le lendemain, 19 mars, déjà fort avancé en âge. Il avait pris l'ordre d'Acolyte et ne voulut jamais entrer dans les ordres sacrés (1). Voici ce que nous dit de cet homme l'Abbé Sabatier : « Brun Desmarets (sic) (Jean-Bap-
« tiste Le), fils d'un libraire de Rouen, mort à Orléans
« en 1731. Ce n'est pas pour avoir fait les Bréviaires de Ne-
« vers et d'Orléans que nous le plaçons ici, mais pour avoir
« composé un ouvrage assez singulier pendant les cinq années
« de Bastille où son attachement à MM. de Port-Royal l'avait
« conduit. Cet ouvrage est intitulé *Voyages liturgiques* (sic)
« et fut publié sous le nom de *Moléon*. Il paraît que M. de
« Voltaire en a tiré parti dans les *Questions sur l'Encyclo-*

(1) Tous les témoignages s'accordent à donner à Desmarettes les Bréviaires d'Orléans et de Nevers. Nous allons entendre l'abbé Sabatier, et M. Fayet cite lui-même la *Gazette ecclésiastique* (lisez : *Nouvelles ecclésiastiques* du 4 avril 1731), organe du parti janséniste, et fort au courant de ses affaires; la *Biographie universelle*, article Le Brun Desmarettes, et M. Picot, qui n'était pas janséniste : *Mémoires pour servir à l'histoire ecclésiastique du XVIIIe siècle*, tom. 2, p. 142. On peut y joindre le *Dictionnaire historique* (janséniste et anonyme), attribué à Chaudon et Feller; mais Feller a pris, mot à mot, l'article Desmarettes, comme le très grand nombre de ses articles, dans le *Dictionnaire historique*, et s'est contenté d'en ôter ce membre de phrase : *Durant les traverses qu'essuya ce monastère* (Port-Royal), et d'y ajouter la phrase sur Voltaire, copiée textuellement de l'Abbé Sabatier.

« *pédie*, où il raisonne sur toutes les matières à sa façon,
« c'est-à-dire plus pour satisfaire sa démangeaison d'écrire,
« que pour dire des choses vraies, bonnes et neuves (1). »

M. l'Evêque d'Orléans nous apprend que ce Le Brun Desmarettes passait pour *le confident* du Cardinal de Coislin (2).

En 1726, Frédéric-Maurice Foinard publia à Amsterdam, en 2 vol. in-8°, son *Breviarum ecclesiasticum, editi jam prospectus executionem exhibens, in gratiam Ecclesiarum in quibus facienda erit Breviariorum editio*. Ce livre est, après le Bréviaire de Cluny, celui où les auteurs des nouveaux Bréviaires ont le plus abondamment puisé. Or, si Foinard ne fut pas janséniste, sa doctrine n'était rien moins que sûre, comme le prouvent les divers ouvrages qu'il a laissés et entre autres son *Explication de la Genèse*, remplie d'idées hasardées et singulières qui la firent supprimer.

En 1709 parut une nouvelle édition du Missel de Meaux, dirigée par François Ledieu, chanoine de cette cathédrale, et autrefois secrétaire intime de Bossuet, sur lequel il a laissé de très curieux mémoires. Au mépris de l'intégrité de la Liturgie, Ledieu introduisit des *Amen* précédés d'un ℟. rouge, à la suite des formules de la Consécration et de la Communion, et plaça le même signe avant chacun des *Amen* qui se

---

(1) Les trois siècles de la Littérature française ou tableau de l'esprit de nos écrivains, depuis François Ier jusqu'en 1774, en forme de dictionnaire; nouvelle édition, corrigée et augmentée considérablement. A Amsterdam (cette indication est sans doute fausse), et se trouve à Toulouse, chez Laporte, libraire, près les Changes. 1775, 4. vol. in-12. *Verbo* : Brun Desmarettes, tom. 1, p. 150.

(2) « Sa première pensée a dû être d'ouvrir le Bréviaire de M. de Coislin, de 1693; car, si Le Brun Desmarettes avait travaillé à un Bréviaire d'Orléans, ce devait être à celui de l'Evêque, dont on le disait le confident. » (*Examen*, etc, p. 134.)

trouvaient déjà dans le Canon de la Messe. Son but était de contraindre le Prêtre à réciter le Canon à voix haute, pour que le peuple ou du moins les clercs, pussent répondre *Amen* aux endroits marqués par ce ℟. Ledieu fit en même temps paraître une *Lettre sur les* Amen *du nouveau Missel de Meaux*. Le successeur immédiat de Bossuet, Henri de Thyard de Bissy, flétrit, dans un mandement énergique du 22 janvier 1710, cette audacieuse innovation, la signalant à son clergé et interdisant la lecture de la lettre de l'Abbé Ledieu (1). Le Chapitre, de son côté, par déclaration annexée au mandement, protesta que ces changements avaient été faits à son insu. Ledieu en mourut de chagrin (2). Mais les novateurs entreprirent la défense du principe qu'il avait cherché à faire prévaloir : Pierre le Lorrain, plus connu sous le nom d'Abbé de Vallemont, avait publié pour la défense de la règle antique, selon laquelle le Canon doit se dire *submissa voce*, un livre intitulé *Du secret des Mystères ou l'apologie de la Rubrique des Missels*; un chanoine de Laval, nommé Baudouin, publia des *remarques critiques* pour le réfuter, et le fameux Ellies Dupin donna sa *lettre sur l'ancienne discipline de l'Eglise touchant la célébration de la Messe*. D'autres encore les suivirent dans cette voie; mais en 1725, le docte P. Le Brun mit à néant tous les arguments des sectaires par sa belle dissertation *sur l'usage de réciter en silence une partie*

---

(1) Le Cardinal de Bissy avait obligé l'Abbé Treuvé (mort Appelant le 22 février 1730) d'abandonner le poste de théologal de Meaux, qu'il occupait sous Bossuet, et lui avait ôté pareillement la commission que Bossuet lui avait donnée, s'il faut en croire les *Nouvelles Ecclésiastiques* (du 4 mars 1730), de refaire le Bréviaire de Meaux.

(2) Mémoires pour servir à l'histoire ecclésiastique pendant le XVIIIe siècle, tom. 4, p. 56.

des prières de la Messe, dans toutes les Eglises et dans tous les siècles.

L'indigne neveu de Bossuet, Bossuet, Evêque de Troyes, chercha à introduire dans son Eglise l'usage anti-catholique que l'ancien secrétaire de Bossuet avait voulu introduire dans celle de Meaux. Le scandaleux Missel publié par ce Prélat de triste mémoire portait, entre autres rubriques, que le Canon de la Messe devait être récité non pas secrètement, *secreto*, *submissa voce*, comme dans les Missels antérieurs, mais simplement, *submissiori voce*, à voix plus basse que les autres parties de la Messe. La pratique donnait l'interprétation à ceux qui ne saisissaient pas le sens de la rubrique. Ce Missel contenait bien d'autres innovations; mais, avant d'en parler, il est bon de connaître le personnage que l'Evêque de Troyes choisit pour réaliser ses pensées.

Le Docteur Nicolas Petitpied s'était vu forcé, pour son opiniâtreté dans l'affaire du *Cas de conscience*, de chercher un refuge en Hollande, où la société janséniste, devenue depuis la petite Eglise d'Utrecht, avait, sous le gouvernement de l'oratorien Codde, Vicaire apostolique dans les provinces unies, avec le titre d'Archevêque de Sébaste, introduit l'usage de la langue vulgaire dans l'administration des sacrements. Codde mourut en 1710, et Clément XI défendit aux catholiques de Hollande de prier pour lui (1). Petitpied, de retour en France, s'établit dans le village d'Asnières, auprès de son ami Jacques Jubé, autre janséniste, curé de cette paroisse. A eux deux ils dotèrent Asnières d'une Liturgie nouvelle : un seul autel, nu, sans croix ni chandeliers, recouvert d'une simple nappe

---

(1) D'Avrigny : *Mémoires chronologiques et dogmatiques*, etc. tom. 4, pag. 214.

quand on offrait le saint Sacrifice, ce qui n'avait lieu que le dimanche et les jours de fête ; à côté des dons sacrés, les fruits et légumes de la saison sur lesquels se faisaient les bénédictions qui accompagnent les paroles *per quem hœc omnia, Domine, semper bona creas*, etc. ; le Canon récité à haute voix par le Prêtre, qui en revanche ne proférait en aucune façon les formules chantées au chœur; le Sous-diacre revêtu de la tunique, communiant avec les laïques; avant les Vêpres, une espèce de diaconesse lisant publiquement, en français, l'Evangile du jour, tels sont les principaux traits de la parade sacrilége que l'on jouait aux portes de Paris (1). Le Cardinal de Noailles était alors Archevêque, il n'y trouva rien à reprendre, et n'eut garde de l'empêcher. On sait que pendant quinze ans ce Prélat lutta contre l'Eglise pour le jansénisme, qu'il eut même l'audace d'appeler de la Bulle au Pape mieux conseillé et au futur Concile. Pour n'avoir plus à parler de lui, disons tout de suite que s'il ne créa pas une nouvelle Liturgie, il laissa des traces de l'esprit qui l'animait, par les modifications faites, sous son épiscopat, à celle de son prédécesseur François de Harlay, dans les éditions du Bréviaire de 1696 et de 1714, et dans l'édition du Missel de 1706. Cette dernière fut dirigée par François Vivant, Pénitentier de Notre-Dame et Grand-Vicaire du Cardinal, auquel on doit attribuer la plupart des Proses qui s'y trouvent (2).

Revenons à Troyes, où Bossuet (le neveu) inaugura en 1736 le fameux Missel composé par Petitpied, l'auteur, avec

---

(1) Lafiteau : Histoire de la Constitution *Unigenitus*.
(2) Picot, article *Vivant*, dans la Biographie universelle.

Jacques Jubé, de la Liturgie d'Asnières. Pour donner une idée de ce Missel, il suffit de dire qu'une rubrique y témoignait le désir de voir abolir dans les Eglises du diocèse l'usage de placer une croix et des chandeliers sur l'autel ; que le Prêtre ne devait plus réciter en particulier les lectures et les prières qui se font au chœur, etc. Le Missel vit le jour le 20 septembre, et dès le 10 octobre le Chapitre, à la majorité de dix-sept voix contre cinq, interjetait appel comme d'abus à l'Archevêque de Sens métropolitain. C'était l'illustre Jean-Joseph Languet de Gergy : il sut remplir son devoir, et dans trois Mandements adressés, l'un au Chapitre de Troyes, les autres en général au Clergé soumis à la juridiction de l'Archevêque de Sens, il montra tout ce qu'avaient de perfide, de contraire à la tradition, d'outrageant pour la Sainte Vierge, pour les Saints, pour le Siége Apostolique les nouveautés du livre déféré à son jugement. Le Prélat avait emprunté, pour la rédaction de ces trois pièces, l'aide d'un savant jésuite, le P. de Tourmine. La première se terminait par une sentence juridique, à la date du 20 avril 1737, déclarant suspens *ipso facto* tous les prêtres de la juridiction métropolitaine de Sens qui oseraient, dans la célébration des saints mystères, employer les rites du nouveau Missel de Troyes ou même réciter les nouvelles Messes qu'il renfermait. Languet, avant de publier son Mandement, l'avait soumis à plusieurs de ses collègues dans l'Episcopat et en avait reçu les adhésions les plus expressives (1). Petitpied

---

(1) On peut voir dans les *Institutions Liturgiques*, tom. 2, p. 212 et suivantes, les noms de quelques-uns de ces Prélats, ainsi qu'un extrait de la lettre remarquable qu'adressa à l'Archevêque de Sens, à cette occasion, le digne successeur de Fénélon, Charles de Saint-Albin, Archevêque de Cambrai.

répondit, sous le nom de l'Evêque de Troyes, par trois Mandements à la date des 8 septembre 1737, 28 du même mois et 1er mai 1738 (Petitpied avait déjà fabriqué, en diverses circonstances, un certain nombre de Mandements, sous le nom d'Evêques favorables au jansénisme (1). Languet répliqua aux *factums* de son suffragant, lequel de son coté défendait de lire les Mandements du métropolitain. Cependant le Roi, qui, en vertu des libertés de l'Eglise gallicane, s'arrogeait le droit de régler souverainement les choses de la Liturgie, se saisit de la cause, et ordre fut donné à l'Evêque de Troyes de modifier son Missel. Il s'empressa d'obéir, car il était aussi soumis à la puissance temporelle que rempli d'audace contre la puissance spirituelle, et par un Mandement du 15 octobre 1738, il défendit de prononcer à voix haute et intelligible les paroles du Canon de la Messe et les oraisons appelées *Secrètes*, ordonnant d'ailleurs que le Prêtre aurait à lire et à réciter en particulier les parties de la Messe qui se chantent au chœur, et rétablissant les prières d'usage avant l'administration de la communion aux fidèles, que son Missel avait supprimées. On ne lui en demanda pas davantage ; on n'était préoccupé que des cérémonies qui frappent les yeux du peuple : sauf donc les modifications que nous venons d'indiquer, le Missel de Troyes resta ce que l'avaient fait Bossuet et Petitpied, aidés d'un oratorien digne d'eux, Pierre Vernier. Ce Missel est demeuré en vigueur dans cette Eglise jusqu'au jour où l'Evêque actuel, M. Depery, a pu rétablir la Liturgie Romaine (2).

(1) Picot : *Mémoires pour l'histoire ecclésiastique du XVIIIe siècle*, tom. 4, p. 207.

(2) Nous aurions encore à parler de l'Evêque de Troyes, à propos du mandement qu'il publia contre la Légende de Saint Grégoire VII, insérée

Quant au Bréviaire aboli en même temps par ce pieux et savant Pontife, voici quelques détails : Denys-François Le Bouthillier de Chavigny, Evêque de Troyes, s'était démis de cet évêché en faveur de son neveu, de même nom et prénoms, qui lui succéda en 1697, et qui demeura toujours entièrement soumis à son influence. Or, l'oncle, ami intime de Nicole, persuada au neveu qu'il importait de refondre la Liturgie troyenne, et se chargea de diriger la besogne. Il prit pour cela le Bréviaire qu'avait déjà donné à sa Métropole, Hardouin de La Hoguette, Archevêque de Sens, mais il le retravailla si bien qu'il en fit un Bréviaire tout différent. Parmi ses aides, on compte Breyer, homme instruit et distingué, qui plus tard fut au nombre des opposants au Missel de Bos-

au Bréviaire romain par décret de Benoît XIII, du 25 septembre 1728; mais nous renvoyons le lecteur aux *Institutions Liturgiques*, tom. 2, ch. 21, p. 450 et suivantes. Il y verra comment cette Légende, supprimée par arrêts du Parlement de Paris, le 20 juillet 1729, et de ceux de Bretagne, le 17 août; de Metz, le 1er septembre, et de Bordeaux, le 12 du même mois, fut condamnée successivement par mandements des Evêques jansénistes d'Auxerre, Gabriel de Caylus, le 14 juillet; de Montpellier, Joachim Colbert, le 31 juillet; de Metz, Charles de Coislin, le 16 août; de Troyes, Bossuet, le 30 décembre; de Castres, Quiquerand de Beaujeu, le 11 novembre, et même d'un Evêque simplement gallican, celui de Verdun, François d'Hallincourt, le 21 août, auxquels vint se joindre, le 12 mai 1730, l'Archevêque hérétique d'Utrech, Jean Barchman. Le 31 décembre 1729, l'Assemblée du clergé déclarait que la Légende n'avait été adoptée par aucun Evêque, et que l'usage n'en avait été et n'en serait permis dans aucun diocèse. Cependant Benoît XIII, par Brefs du 17 septembre, du 8 octobre, du 6 et du 19 décembre, flétrit les mandements des Evêques d'Auxerre, de Metz et de Montpellier, et mit à néant les arrêts des Parlements de Paris et de Bordeaux. Ainsi les peuples avaient le spectacle d'un acte solennel du Souverain Pontife, accepté et exécuté sans réclamation par toutes les autres parties de l'Eglise, et formellement, publiquement condamné en France, non seulement par quatre Parlements, mais encore par sept Evêques, et proclamé solennellement comme non

suet, et l'un des collaborateurs de Petitpied dans la rédaction de ce Missel, l'oratorien Vernier, qui, outre le reste, fournit pour le Bréviaire une partie des Hymnes. Le Bréviaire parut en 1718, l'année même où Bossuet prit possession de son siége; une seconde édition, perfectionnée par lui, fut publiée en 1729. « Les jansénistes voulurent faire passer le
« Prêtre Pierre Vaillant, originaire de Méry-sur-Seine, pour
« le prophète Élie, cette espérance a inspiré la rédaction de
« l'Office du septième Dimanche après la Pentecôte.... La lé-
« gende de Sainte Hélène, l'une des patronnes de Troyes, fut
« supprimée comme beaucoup d'autres, après décision de
« trois ou quatre Docteurs de Sorbonne, parmi lesquels figu-
« rent un Dupin et un Quinot, etc. (1). »

avenu par l'Assemblée du clergé, dans une Adresse au Roi signée de quatorze Archevêques et Evêques et de dix-neuf députés du second ordre. Un seul homme, dans cette assemblée, Jean-César de la Parisière, Evêque de Nîmes, eut le courage de remplir son devoir : il ne signa pas l'Adresse, et chargé de la harangue au Roi qui terminait d'ordinaire les assemblées du clergé, il fit entendre des paroles dignes de l'Episcopat (*). L'Evêque de Montpellier attaqua violemment cette harangue dans une Lettre Pastorale du 30 novembre 1790, faisant remarquer combien elle était en contradiction avec l'Adresse au Roi; le Parlement fit des remontrances et prépara une procédure; le Roi, conseillé par le Cardinal de Fleury, déclara qu'il évoquait l'affaire en son conseil, et la chose en resta là. Déjà le Parlement avait rendu un arrêt, en date du 23 février 1790, contre la publication, distribution et exécution des Brefs par lesquels le Pape avait cassé et annulé les arrêts antérieurs des divers Parlements, et condamné les mandements des Evêques jansénistes, et cet arrêt, quoique rendu dans les formes et imprimé, n'avait pas été publié, défense expresse en ayant été intimée au Parlement par le Cardinal de Fleury.

(*) Voyez, dans les *Institutions Liturgiques*, la fin de cette belle harangue, tom. 2, page 501.

(1) *Agonie de la Liturgie Troyenne, par un prêtre qui lui fait ses adieux*. Troyes, 1847, in-8°., p. 13 et 14, 26 et 27, 29, 30 et 33.

On vient de voir que le Bréviaire donné à l'Eglise de Sens en 1702, par son Archevêque Fortin-Hardouin de la Hoguette (qui lui donna aussi un Missel en 1715), forma le fond de celui de Troyes : on y puisa également pour les nouveaux Bréviaires de plusieurs autres diocèses. Son auteur, dit Barbier (*Dictionnaire des ouvrages anonymes*), fut Burlugay, théologal de Sens. Mais ce livre n'était pas d'une couleur assez prononcée, et le successeur de la Hoguette, Chavigny de Troyes, transféré à l'Archevêché de Sens en 1716, ne crut pas devoir garder, dans cette Métropole, un Bréviaire qu'il avait si complètement transformé dans sa première Eglise. Il le refit une seconde fois de concert, comme nous le dirons bientôt, avec Caylus d'Auxerre. C'est ce Bréviaire, publié en 1725, dans lequel, tout en se voyant obligé de le conserver, l'illustre Languet, dont nous avons cité les paroles, reconnaissait qu'on s'était appliqué à faire pénétrer les principes jansénistes, à l'aide de passages de l'Ecriture adroitement choisis et habilement coupés. Un des principaux rédacteurs fut Besnaut, curé de Saint-Maurice de Sens, dont *les Nouvelles ecclésiastiques* vantent l'amitié pour Guillaume Le Maistre, curé chevecier de Notre-Dame d'Etampes dans le même diocèse, Appelant dès 1717, et mort en laissant trois testaments, dont le dernier datait de cinq semaines avant son décès, par lesquels il déclarait persister dans son Appel. « M. Besnaut, ajoutent les *Nouvelles ecclésiastiques* du 22 oc-
« tobre 1744, auteur en partie de la nouvelle rédaction du
« Bréviaire de Sens et singulièrement de plusieurs hymnes,
« dont quelques-unes ont mérité d'être insérées dans le nou-
« veau Bréviaire de Paris (1), le consultait et profitait de ses

---

(1) On cite entre autres l'Hymne des premières Vêpres de la Circoncision, au Bréviaire de Paris, comme de Besnaut.

« remarques. » Nous avons déjà dit ce que fut l'Abbé Monteau, auteur du Missel que le Cardinal de Luynes donna en 1785 à la métropole de Sens (1).

En 1726, Daniel-Charles-Gabriel de Caylus, qui, après avoir suivi pendant douze ans la doctrine catholique contre le jansénisme, se déclara pour cette hérésie peu de jours après la mort de Louis XIV et en demeura jusqu'à la fin un des plus opiniâtres champions, adopta pour son diocèse le nouveau Bréviaire, dont, par ses conseils et avec son aide, Bouthillier de Chavigny avait doté l'Eglise de Sens, l'année précédente. Les collaborateurs qu'il avait fournis à son métropolitain, et qui furent également chargés d'ajouter à leur œuvre la partie propre à l'Eglise d'Auxerre, méritent d'être connus. Le premier est le Grand-Vicaire et complice de Caylus, Jean-André Mignot. « Le zèle de M. Jean-André
« Mignot pour la saine doctrine, disent les *Nouvelles ecclé-*
« *siastiques* du 30 janvier 1771, ne lui permit pas d'être
« simple spectateur de l'Appel de la Bulle *Unigenitus*. Il
« adhéra avec joie à celui que M. de Caylus et douze autres
« Prélats interjetèrent en 1718, après M. le Cardinal de
« Noailles, tant de ce Décret que des lettres *Pastoralis offi-*
« *cii*, et dans toutes les occasions où le renouvellement de
« cet acte fut jugé nécessaire, M. Mignot fut toujours du nom-
« bre des ecclésiastiques vertueux et savants que ni les
« craintes, ni les espérances humaines ne purent détourner
« de ces généreuses démarches. Pour justifier son Appel, il
« composa, de concert avec le célèbre M. Le Bœuf, l'écrit
« intitulé : *Tradition de l'Eglise d'Auxerre.* » Il travailla également au Missel et au Processionnal publiés par de Caylus,

(1) Voyez ci-dessus, p. 244.

et il composa en outre un Martyrologe que ce Prélat donna à son Eglise, en 1751, avec un mandement en tête, plus une collection de Canons de l'Eglise et de maximes des Saints pour tous les jours de l'année. Le principal collaborateur de Mignot pour le Bréviaire, fut, outre Besnaut, dont nous avons parlé, François Grasset, Chanoine d'Auxerre, Bachelier de la Faculté de Paris, qui, dès 1717, avait adhéré à l'Appel des quatre Evêques, et, l'année suivante, à celui que de Caylus publia conjointement avec le Cardinal de Noailles. Il mourut le 18 mars 1764, laissant, disent les *Nouvelles ecclésiastiques* du 10 décembre 1764, un testament spirituel, dans lequel, après avoir protesté de sa soumission à toutes les décisions de l'Eglise, il ajoute : « Je n'ai garde de compter parmi ces décisions la « Bulle *Unigenitus*, puisqu'elle n'est point un jugement de « l'Eglise universelle... Je demande pardon à Dieu et à l'E- « glise d'avoir souscrit purement et simplement le Formu- « laire, doublement criminel, en ce que je ne l'ai fait que pour « obtenir des degrés, etc. » — Si François Grasset n'eut qu'une part secondaire au Bréviaire de Sens et d'Auxerre, il fut mis à la tête de l'entreprise pour le Missel imposé par Caylus à cette dernière Eglise. La commission chargée de revoir son travail se composait, avec lui et Mignot, des Chanoines de Neuville, Berthier, Potel, et de D. Prévot, bibliothécaire de Saint-Germain d'Auxerre, tous dignes de la confiance de l'Evêque qui les avait choisis. De Sens, le Bréviaire avait passé dans plusieurs autres Eglises. De Caylus comptait user, pour le Missel, du même artifice : Sens devait le publier d'abord, Auxerre l'aurait ensuite adopté, et les diocèses qui avaient pris le premier livre se seraient sans doute empressés de prendre le second. La mort de Chavigny fit échouer ce projet : il n'y avait pas moyen de s'entendre avec Languet. De Caylus eut même quelque peine à implanter le nouveau Missel dans son propre diocèse, et n'y parvint qu'après avoir obtenu une lettre d'approbation du Cardinal de Fleury. Hors du diocèse, ce Missel ne fut adopté, et seulement en partie que par M. de Choiseul, Evêque de Châlons-sur-Marne. Nous avons dit que Mignot avait travaillé au Processionnal d'Auxerre, mais ce fut Grasset qui fit le choix des passages de l'Ecriture dont il est tissu. Ce livre et le Missel sont de 1738.

Nous avons assez longuement parlé des auteurs du Bréviaire Vintimille pour n'avoir pas besoin d'y revenir ; couchons seulement ici, à côté de leurs émules, les noms du P. Viger, de l'acolyte Mésenguy, du laïque Coffin et du docteur Boursier (1). Rappelons cependant qu'ils empruntèrent beaucoup au Bréviaire de Cluny; disons encore que Mésenguy, principal collaborateur de Viger pour le Bréviaire de 1736 et auteur du Missel de 1738, était dès lors, comme Coffin et Boursier, au nombre des Appelants les plus connus; qu'en 1739 il fut l'un des plus ardents à combattre la révocation de l'Appel par la faculté des Arts, et que son *Exposition de la Doctrine chrétienne*, mise à *l'Index* en 1757, fut condamnée par un Bref solennel de Clément XIII, du 14 juin 1761. Il est juste aussi de ne pas oublier Abraham d'Harcourt, Doyen du Chapitre de Notre-Dame, qui le premier avait suggéré à son Archevêque de charger du nouveau Bréviaire une commission exclusivement composée de Viger, Mezenguy

(1) Voyez ci-dessus, p. 237, 238 et 239.

et Coffin (1), et cet abbé Couet, qui imagina de sauver le Bréviaire, et tout à la fois de donner une satisfaction aux catholiques par les fameux cartons (2). Ce dernier avait été Grand-Vicaire du Cardinal de Noailles, et demeurait fidèle à la secte que cet Archevêque avait si long-temps servie. Son suffrage, dit le P. Hongnant, devait suffire pour rendre le Bréviaire suspect. A tous ces noms joignons celui de l'avocat-général Gilbert de Voisins, qui vengea avec tant de zèle l'honneur de la nouvelle Liturgie, en faisant condamner au feu, par le Parlement, les critiques de ses adversaires. Il n'est pas besoin de rappeler que les Hymnes de Santeuil partagèrent avec celles de Coffin les honneurs du nouveau Bréviaire. Les diocèses de Blois, de Séez, d'Evreux et de Bayeux furent les premiers à prendre le Bréviaire de Paris, et ce fut le P. Viger lui-même qui fut chargé de l'arranger et de le corriger pour ces quatre diocèses et pour quelques autres : cependant, comme nous le dirons ailleurs, on ne jugea pas partout ses corrections suffisantes, et son travail dans plusieurs Eglises, à Evreux notamment, fut soumis à l'examen de réviseurs moins suspects.

Les jansénistes semblaient tellement prédestinés aux Liturgies nouvelles, que l'un d'eux, l'abbé Vallart (ou Valart), grammairien distingué du reste, et connu par son intimité avec l'abbé Goujet, non moins que par ses diatribes, inspirées par la haine que la secte portait aux jésuites, contre le latin si pur et si élégant du célèbre Jouvency, trouva moyen de

---

(1) L'*Ami de la Religion*, tom. 25, p. 290, article curieux *sur la réimpression du Bréviaire de Paris*.

(2) *Ibid* et *Nouvelles ecclésiastiques* du 17 juillet 1736.

travailler au Bréviaire d'Amiens, publié en 1746, et composé tout exprès pour combattre le jansénisme. Vallart fut aussi l'un des rédacteurs des Bréviaires de Noyon et de Laon (1).

En 1735, M. de Montmorin prend possession de l'Evêché de Langres, et se croit obligé de prévenir le clergé de ce diocèse, par un mandement, que le Bréviaire composé par ordre de son prédécesseur est infecté des erreurs jansénistes (2).

L'Eglise de Montpellier a conservé le rite romain, mais le Propre de ce diocèse a été composé par François Villebrun, curé de la paroisse Sainte-Anne de cette ville, sous le fameux Colbert. Dans la fête du B. Louis Allemand, Archevêque d'Arles, auparavant Evêque de Maguelonne, évêché transféré à Montpellier dans le seizième siècle, Villebrun n'a pas manqué d'insérer un complet éloge de tous les désordres et de toutes les révoltes du conciliabule de Bâle. Tout l'ouvrage est dans le même esprit. Le parti imagina de traduire en français les principaux Offices de ce *Propre*. Déjà l'ouvrage était sous presse, mais l'intendant défendit à l'imprimeur d'achever, sous peine de prison, et se fit apporter tout ce qu'il y avait de tiré (3). Villebrun signa le Formulaire, ce qui lui valut la cure de Sainte-Anne; mais il rétracta depuis cette signature entre les mains de l'Evêque Colbert, converti qu'il était, disait-il, par les écrits de ce Prélat. Après la mort de Colbert, il persista dans les mêmes sentiments, fut chassé de sa cure, passa deux mois à la Bastille, après

---

(1) Biographie universelle, au mot *Vaiart*. Voyez aussi le *Magasin* encyclopédique de Millin, année 1812, IV, 99-156.

(2) *Nouvelles Ecclésiastiques*. du 10 janvier 1764.

(3) *Ibid.* du 26 juin 1750.

quoi on l'envoya en exil à Lyon, où il mourut en 1748, sans avoir abjuré ses erreurs. Colbert avait fait un Bréviaire, mais il mourut sans avoir pu l'établir; on a encore cet ouvrage manuscrit à Montpellier.

Le Duc de Fitz-James, Evêque de Soissons, empruntait volontiers la plume des Appelants : l'Appelant oratorien Laborde, que dans le temps le parti avait chargé d'une mission à Rome, composa l'instruction pastorale de ce Prélat contre le P. Pichon; le Prêtre Appelant Gourlin, qui fut administré à la mort en vertu d'un arrêt du Parlement, et qui présidait à la rédaction des *Nouvelles Ecclésiastiques*, composa le mandement en sept volumes contre Hardouin et Berruyer, les *Instructions sur les Dimanches et les Fêtes*, le Rituel et le catéchisme que de Fitz-James donna à son diocèse, ainsi que son *Instruction Pastorale*, publiée le 27 décembre 1762, au sujet du recueil des *Assertions*, et condamnée par un Bref de Clément XIII, du 13 avril 1763. Dans l'assemblée du 30 novembre 1361, composée de cinquante-un Evêques, dont quarante-cinq prirent fait et cause pour les Jésuites, tandis que cinq opinaient pour qu'on les laissât subsister, en les soumettant aux Ordinaires, M. de Fitz-James seul s'éleva contre cet Ordre illustre (1). En 1763, la plupart des Evêques ayant protesté, à l'exemple de M. de Beaumont, Archevêque de Paris, contre le jugement de proscription des Jésuites, MM. de

---

(1) Chaque opinion ayant été présentée au Roi, de Fitz-James dut exprimer la sienne dans une lettre particulière. Il y maltraite fort les Jésuites; cependant il ne peut s'empêcher de dire, p. 20 : « Quant à leurs « mœurs, elles sont pures. On leur rend volontiers la justice de recon- « naître qu'il n'y a peut-être point d'Ordre dans l'Eglise dont les reli- « gieux soient plus réguliers et plus austères dans leurs mœurs. » — En 1762, l'assemblée du clergé, réunie extraordinairement, fit, le 23 juin;

Fitz-James et de Grasse, Evêque d'Angers, donnèrent seuls des mandements tels que les Parlements pouvaient les désirer. Or, ce fut cet Evêque qui renouvela la Liturgie de l'Eglise de Soissons; voici ce qu'on lit dans les *Nouvelles Ecclésiastiques* du 29 octobre 1756 : « Le journal de Verdun, du mois d'août
« 1756, nous apprend que M. de Soissons, dans une révision
« qu'il a faite du Bréviaire et du Missel de son Eglise, s'est
« fait une règle de composer l'un et l'autre des paroles sa-
« crées de l'Ecriture Sainte; et afin, ajoute-t-on, que tout le
« monde puisse profiter de tous les livres d'usage, le prélat
« en a fait faire et imprimer des traductions exactes. » Les *Nouvelles Ecclésiastiques* parlent ensuite, toujours d'après le journal de Verdun, et sur le même ton, du Catéchisme, du Rituel, des *Instructions sur les Dimanches et les Fêtes* publiées par M. de Fitz-James : or, tous ces écrits étaient sortis de la plume de Gourlin, directeur du journal qui les louait ainsi : il est probable que le Missel et le Bréviaire en venaient également.

« C'était encore Gourlin, dit M. Picot, qui rédigeait ce qui
« parut sous le nom de M. de Beauteville, Evêque d'Alais,
« dont il avait gagné le grand-vicaire de confiance, et dont
« par ce moyen il dirigea les démarches, comme il avait dirigé
« celles de M. de Fitz-James (1). » L'histoire de cet Evêque d'Alais est fort instructive. Nous nous contenterons de citer

---

une Adresse au Roi en faveur des Jésuites, de sorte qu'ils se virent défendus trois années de suite de la manière la plus solennelle et la plus énergique, par tout l'Episcopat français; je dis tout, car des minorités d'une, deux et trois voix ne peuvent pas compter.

(1) *Mémoires pour servir à l'histoire ecclésiastique pendant le dix-huitième siècle*, 2ᵉ édition, tom. IV. p. 368.

un passage de son testament, daté du 28 janvier 1776, et que la secte se hâta de faire imprimer à Paris (de Beauteville était mort le 25 mars de la même année) : « Je suis bien éloigné de
« regarder la constitution *Unigenitus* donnée sous le nom du
« Pape Clément XI, comme une décision de l'Eglise; je déclare
« au contraire que j'adhère de tout mon cœur à l'Appel qu'en
« ont interjeté au futur concile Messeigneurs les Evêques de
« Mirepoix, de Sens, de Montpellier et de Boulogne; j'aurais
« moi-même renouvelé cet Appel, par un acte solennel d'adhé-
« sion, surtout lorsque les actes de l'assemblée du clergé de
« 1765 parurent, et je le déclarai même hautement au gou-
« vernement, si je n'avais regardé la loi du silence comme une
« improbation authentique et légale de la Constitution *Uni-*
« *genitus* qui lui ôte les caractères de jugement de l'Eglise,
« arrête les effets qu'on a vainement tenté de lui donner, et
« rend par conséquent inutile ou du moins sans nécessité in-
« dispensable un Appel qui autrement aurait été de rigueur
« et de devoir absolu, comme lorsqu'il fut relevé dans le
« temps qu'on pressait l'exécution de cette Constitution; je
« me suis donc borné pendant mon épiscopat à faire exécu-
« ter religieusement la loi précieuse du silence sur la Cons-
« titution *Unigenitus* dans mon diocèse. Cette même loi y a
« été étendue, par la grâce de Dieu, sur le Formulaire d'A-
« lexandre VII, dont je n'ai point exigé la signature. Mes
« sentiments sur la doctrine sont consignés dans mes man-
« dements et instructions pastorales, et particulièrement
« dans le mandement que j'ai mis à la tête du Bréviaire,
« lorsque j'adoptai celui de Paris et que je le donnai à mon
« diocèse en 1758, etc. »

Nous ne pousserons pas plus loin nos investigations sur

les auteurs et propagateurs des nouvelles Liturgies : en racontant leur histoire dans un chapitre précédent, nous avons eu occasion de faire remarquer que plusieurs d'entre elles furent le résultat d'une réaction catholique contre le jansénisme, celle de M. de La Mothe à Amiens, par exemple, celles que composa le Docteur Robinet, etc. Mais la réaction prouve l'action, et il nous est bien permis d'étudier quelle fut l'étendue et la puissance de celle-ci. Si nous la considérons d'ensemble, son histoire nous offre trois phases distinctes : d'abord, on pose les principes, on forme le système, on imprime le mouvement : l'homme de cette première époque est le Prêtre Nicolas Le Tourneux ; par le Bréviaire et le Missel de Harlay, et surtout par le Bréviaire de Cluny, il a inspiré plus ou moins ce qui s'est fait ensuite ; la plupart des Missels et Bréviaires modernes procèdent de lui. La voie une fois ouverte, on l'élargit, on la régularise, on y marche d'un pas plus ferme et plus assuré : l'homme de cette seconde époque est l'Acolyte Mésenguy ; il gouverna Viger lui-même, et, par le Bréviaire et le Missel de Paris, il assura le triomphe de l'innovation. La route faite, on n'a plus qu'à la suivre, et tout le monde se précipite dans ce chemin battu : l'homme de cette dernière époque est le Laïque Rondet, janséniste fanatique, le plus actif, le plus fécond des nouveaux liturgistes, et par cela même bien moins original que ses devanciers. Nous avons dit ses travaux (1) ; nous avons dit aussi le zèle que déployèrent pour la Liturgie de Paris et le Cardinal qui l'établit à Toulouse, Etienne-Charles de Loménie de Brienne, si célèbre par son incrédulité,

(1) P. 243 et 244.

l'un des quatre Evêques de France qui acceptèrent la Constitution civile du clergé (1), et l'Archevêque qui l'établit à Lyon, Antoine Malvin de Montazet, un des plus fermes soutiens de l'hérésie dont le nom revient si souvent dans cette triste et humiliante histoire. Enfin, nous avons nommé (2) Siéyès, Lecuy, Rémacle Lissoir, Nicolas Foulon, etc., etc. Cette liste est incomplète, sans doute, et l'on pourrait la grossir encore de plusieurs noms dignes de ceux qui précèdent; cependant, telle qu'elle est, ne suffit-elle pas pour prouver aux plus incrédules, que s'il y a eu une révolution liturgique en France, révolution préparée et déjà commencée à la fin du dix-septième siècle, mais accomplie et tout-à-fait réalisée dans le dix-huitième, les jansénistes ont quelque droit de demander à ses admirateurs une large part de reconnaissance et de gloire.

(1) Ce fut par l'influence du Cardinal de Brienne que le Bréviaire de Paris s'établit, sauf le diocèse de Pamiers, dans toute la province de Toulouse, en même temps qu'à la Métropole : « M. de Pamiers, disaient les *Nouvelles Ecclésiastiques*, le 18 septembre 1777, exigea que les feuilles lui fussent communiquées, à mesure qu'on les imprimait. On eut d'abord cette complaisance; bientôt on eut sujet de s'en lasser, par les remarques minutieuses, souvent ridicules et toujours fausses, de la petite tourbe jésuitique qui révisait ces feuilles pour M. de Pamiers. Enfin cette cour épiscopale apprit par hasard le nom du copiste : c'est un religieux retiré, pieux, et qui lit les *Réflexions morales*. Il n'en fallut pas davantage pour suspecter le Bréviaire de jansénisme. Aussitôt le conseil de M. de Pamiers fit écrire pour rétracter l'acceptation qu'il avait faite du Bréviaire en question. » — Le même Prélat donna plus tard à son diocèse une variété du parisien autre que la Toulousaine. Les *Nouvelles ecclésiastiques* du 20 novembre 1781, nous montrent un de ses Chanoines en résidence à Paris, occupé à surveiller l'édition de ce livre.

(2) P. 244 et suivantes.

CHAPITRE XVI.

LITURGIES PAROISSIALES.

J'appelle Liturgies paroissiales celles qui sont en usage seulement dans un nombre plus ou moins grand de paroisses isolées, et qui diffèrent soit de la Liturgie romaine, soit de la Liturgie particulière adoptée par le diocèse dont ces paroisses font partie. Si vive que fût la passion du dix-huitième siècle pour la variété, il n'imagina pas de l'introduire au sein de chaque diocèse : tout Evêque voulait avoir sa Liturgie, mais aucun Evêque ne souffrait qu'il y eût plusieurs Liturgies dans sa propre Eglise. (Je ne compte point la grotesque Liturgie d'Asnières, si complaisamment tolérée par le Cardinal de Noailles.) Ainsi, jusqu'à la révolution, les Liturgies purement paroissiales furent inconnues : elles naquirent de la nouvelle circonscription des diocèses fixée par le Concordat. Les nouvelles Eglises étant formées, la plupart, par la réunion de territoires qui appartenaient autrefois à des Eglises différentes, chaque partie apporta les coutumes, les usages, la Liturgie particulière de l'ancienne Eglise dont elle se trouvait détachée; il en résulta qu'on vit jusqu'à cinq, six, sept et huit Liturgies dans un même diocèse. Citons quelques exemples : Le diocèse de Gap, renfermant dans sa nouvelle circonscription l'antique Métropole d'Embrun, eut à la fois la Liturgie d'Embrun et le Gapençais, jusqu'au jour où son Evêque M. Depéry abolit l'un et l'autre pour lui ren-

dre la Liturgie romaine (1). Au diocèse de Périgueux, le chant romain s'était maintenu dans la presque totalité des paroisses, mais on y rencontrait *des livres liturgiques romains, périgourdins, sarladais, limousins, etc.*, quand M. George, en rétablissant l'unité romaine, fit cesser cette anarchie (2). A Nevers, au contraire, c'était surtout dans le chant que régnait la variété, lorsque M. Dufêtre y établit l'unité en imposant la Liturgie parisienne. Voici comment le vicaire-général de ce prélat, M. de Cossigny, dans une lettre que nous avons déjà citée, exposait la situation liturgique de ce diocèse : « Le diocèse de Nevers comprend deux cent quatre-
« vingt-douze paroisses, qui, *presque toutes*, se servent du
« rit parisien. Ce n'est que dans la partie du chant qu'il rè-
« gne une grande variété. 183 paroisses suivent le rit pari-
« sien ; 45 le rit auxerrois ; 30 le rit nivernais ; 18 le rit
« autunois ; 6 *seulement le rit romain*, et les autres différents
« rits particuliers. Déjà Mgr Millaux, lors du rétablissement
« du siége de Nevers, avait prescrit pour tout le diocèse le
« rit parisien, et les paroisses étrangères à ce rit se mettaient
« successivement en mesure de l'adopter (3). »

Nous lisons dans le Mandement par lequel M. de Saint-Rome-Gualy imposa, au diocèse de Carcassonne, la Liturgie de Toulouse sa Métropole, c'est-à-dire la Liturgie parisienne :
« Ce n'est point l'amour de la nouveauté qui nous a porté
« à cette mesure, mais la nécessité de mettre fin à une va-

(1) Lettre pastorale de M. l'Evêque de Gap, pour le rétablissement de la Liturgie Romaine ; Lettre n° 11, p. 3.

(2) Mandement de M. l'Evêque de Périgueux, pour le rétablissement de la Liturgie Romaine, à la date du 1er décembre 1844, p. 4.

(3) Lettre au journal l'*Univers*, datée de Nevers, le 31 janvier 1847.

« riété discordante, soit dans la récitation privée, soit dans
« la célébration publique de l'Office. La nouvelle circonscrip-
« tion du diocèse de Carcassonne a donné naissance à cette
« intolérable confusion, car il comprend dans ses limites, en
« tout ou en partie, cinq anciens diocèses, celui de Carcas-
« sonne tout entier, ceux de Narbonne et de Saint-Papoul
« presque entiers, la moitié de celui d'Aleth, une partie de
« celui de Mirepoix. Chaque paroisse a retenu et conservé
« juqu'à présent le rit particulier de son ancienne Eglise ; et
« un seul et même diocèse, comme divisé et déchiré en plu-
« sieurs parts, use d'autant de cérémonies diverses, a au-
« tant de livres dissemblables, se sert pour honorer Dieu
« d'autant de modes différents qu'il compte de parties d'ori-
« gine contraire dans le territoire dont il est formé (1). »

Nous voyons pareillement dans le magnifique Mandement de M. l'Evêque de Troyes pour le rétablissement de la Liturgie romaine, que trois Liturgies étaient jusqu'alors en usage dans ce diocèse : *la Romaine pour un tiers des paroisses, la Sénonaise pour quelques-unes, la Troyenne pour les autres* (2).

Voici en quels termes M. l'Evêque de Langres expose la situation liturgique de son diocèse au moment où il y rétablit le Romain : « L'ancien diocèse de Langres ayant été frac-
« tionné en 1801, au profit des diocèses de Dijon, Troyes et
« Sens, acquit en retour des fractions plus ou moins consi-
« dérables des diocèses de Troyes, Châlons, Toul et Besan-

---

(1) Mandement de M. l'Evêque de Carcassonne, du 29 juin 1842, p. 1 et 2.

(2) Mandement de M. l'Evêque de Troyes, du 14 juin 1847; *considérant* n° 3.

« çon, qui lui apportèrent tous leur Liturgie, ce qui, avec
« la sienne, lui en faisait cinq très différentes les unes des
« autres. Aux divergences qui résultaient de cette union
« forcée, s'étaient jointes toutes les variations et les diver-
« sités issues des goûts particuliers de tous les prêtres qui,
« depuis 38 ans, avaient successivement gouverné les pa-
« roisses, sans autre règle en fait de Liturgie que des tra-
« ditions locales, souvent dégénérées, ou des usages livrés à
« des souvenirs de maîtres d'école, et modifiés sans fin par
« un arbitraire sans contrôle,.... Le diocèse n'avait pas de
« Liturgie complète, même dans son Eglise cathédrale. Une
« fois sortie des usages purement romains, la Liturgie de
« Langres n'avait jamais existé que par lambeaux. Le Bré-
« viaire de Mgr Gondrin d'Autin (1734), non plus que celui
« de Mgr d'Orcet (1830), tous deux composés d'après les
« données modernes, n'ont jamais eu ni Missel, ni livres de
« chant qui leur fussent conformes. Il en résultait qu'au
« chœur de notre Eglise cathédrale, on chantait le Capitule
« parisien et le ℞. bref romain, l'Hymne de Paris et les An-
« tiennes de Rome, etc. (1). »

La situation de l'Eglise de Langres avant son retour à la Liturgie romaine a été, plus ou moins, celle de la plupart des Eglises de France, et malheureusement elle dure encore dans plusieurs diocèses. Nous avons déjà eu l'occasion de citer une lettre de M. l'Archevêque de Bordeaux, qui exprimait l'espérance de n'avoir bientôt plus dans son Eglise que des Antiphonaires, Missels et Bréviaires romains ; cette es-

(1) *De la question liturgique*, par M. l'Evêque de Langres, p. 10, 11 et 12.

pérance est maintenant réalisée, croyons-nous, mais elle ne l'était pas encore l'année dernière, lorsque le Prélat écrivait cette lettre. Amiens compte cent paroisses peut-être où le rite de l'ancien diocèse de Noyon subsiste toujours. Sens a les rites Romains, Sénonais, Auxerrois, etc. Dans le diocèse de Soissons, la Liturgie de Laon s'élève en rivale de la Liturgie diocésaine, et on l'a réimprimée de nos jours, non pas, tant s'en faut, avec l'agrément de l'autorité épiscopale, mais du moins sans qu'elle ait cru devoir s'y opposer d'une manière officielle. A Quimper, un Bréviaire de 1835 fait encore concurrence au Bréviaire romain, repris à la cathédrale, tandis que le nouveau Missel composé par les auteurs du Bréviaire n'a pas même été imprimé et que le Missel romain demeure en usage dans tout le diocèse. Dans une lettre adressée à *la Voix de la Vérité*, un prêtre du clergé de Paris s'exprime ainsi sur un diocèse qui est sans doute celui de Blois : « Composé de parcelles des diocèses de
« Chartres, du Mans, de Tours, d'Orléans, en outre de
« l'ancien diocèse créé en 1607, il se voit scindé en autant
« de Liturgies particulières. Quel remède apporter à un si
« grand mal ? Le meilleur de tous, l'unité romaine. Au même
« mal qui travaille un si grand nombre d'autres diocèses, je
« ne vois pas en vérité de plus grand remède à appliquer.
« On sera forcé de convenir, car il faut être juste et impar-
« tial avant tout, qu'un mal semblable n'afflige point le dio-
« cèse de Paris. Ce diocèse, si petit et si restreint par sa
« circonscription territoriale, quoique très grand par sa po-
« pulation, est complètement homogène dans sa Liturgie pa-
« roissiale. Je ne veux pas dire que son Bréviaire et son
« Missel, remarquez-le bien, y soient exclusivement suivis,

« *semper et ubique.* On n'ignore pas qu'un grand nombre
« de communautés y usent de la Liturgie romaine ; mais du
« moins, dans toutes ses paroisses, le diocèse de Paris observe
« l'uniformité. Ceci ne préjuge rien sur le droit de la Litur-
« gie, et cette question est mise pour le moment à l'écart.
« Quel est le diocèse de France, après Paris, qui puisse offrir
« une homogénéité aussi parfaite ? Ce n'est sans doute point
« Orléans, pour me servir d'un exemple. Depuis 1802, une
« partie considérable du diocèse de Sens y a été incorporé.
« Le rite de Sens y est toujours en usage ; en sorte que le
« Prêtre, familiarisé depuis son jeune âge avec la Liturgie
« de Le Brun-Desmarettes, l'auteur acolyte du rite orléanais,
« transplanté dans une paroisse des environs de Montargis,
« s'y trouve aussi désorienté que sur les bords de la Ga-
« ronne avec la Liturgie toulousaine (1). »

Remarquons à propos de cette phrase : *Quel est le diocèse
de France, après Paris, qui puisse offrir une homogénéité
aussi parfaite?* que certains diocèses offrent une homogénéité plus parfaite encore, car les Communautés elles-mêmes
y suivent la Liturgie en vigueur dans le diocèse ; ce sont
ceux qui n'ont point d'autre Liturgie que la Liturgie romaine :
le diocèse de Rodez, par exemple, qui ne la quitta jamais,
les diocèses de Langres, de Gap, de Périgueux, de Troyes, etc.,
qui ont eu le courage et le bon sens de la reprendre. Toutefois, dans plusieurs de ceux qui ont déjà réalisé cette heureuse et catholique réforme, comme à Montauban, à Rennes,
à Saint-Brieuc, à Vannes, etc., afin de la réaliser plus facilement et pour ménager la transition, les rites abandonnés

(1) *La voix de la vérité,* du 11 juillet 1847.

seront encore tolérés pendant quelques années, au bout desquelles ils devront disparaître. En revanche, dans d'autres diocèses, comme à Reims, Sens, etc., où les circonstances ne permettent pas encore le rétablissement officiel de la Liturgie romaine, pour le faciliter et le préparer, on encourage ouvertement l'usage du Bréviaire romain ; à Reims, il est déjà suivi au Séminaire, et tous les nouveaux sous-diacres doivent le prendre. A Sens, le libraire-imprimeur du Bréviaire sénonais n'en vend plus guère, quoiqu'il ait baissé le prix de 24 f. à 12 f. Des faits analogues se produisent dans beaucoup d'autres Églises.

Parmi les diocèses qui ont toujours conservé, du moins dans leur cathédrale, la Liturgie romaine, quelques-uns subissent encore, sous le rapport liturgique, les inconvénients amenés par la nouvelle circonscription territoriale. Voici quelques détails sur le diocèse de Montpellier : « Montpellier
« est composé de quatre anciens diocèses, qui sont : Béziers,
« Lodève, Saint-Pons, Agde, et un fragment du diocèse de
« Narbonne. A Montpellier on suit le Romain, à Agde le Pa-
« risien, à Lodève le Parisien, à Saint-Pons le Romain, à
« Béziers le Romain aussi, mais modifié à la façon de Paris
« pendant le temps pascal : c'est sans doute par un privilége
« émané du Saint-Siége ? Dans le canton de Campestang,
« qui, avant la tempête de 93, appartenait à la métropole
« de Narbonne, on a conservé le rite narbonnais, qui n'a de
« romain que les Complies.... Ajoutez à cela que la plupart
« des prêtres de Montpellier récitent *privatim* le Bréviaire
« de Paris, édition de M. de Quélen, même ceux qui ont à
« gouverner des paroisses romaines. Et, n'était la fermeté de
« M. Coustou, de sainte mémoire, de ce Vicaire-général si

« digne de l'Episcopat qu'il a refusé, Rome eût depuis dix
« ans compté un diocèse de moins sous sa juridiction litur-
« gique. A ce vénérable prêtre nous devons aussi que le for-
« midable Bréviaire de M. Colbert, Evêque de janséniste
« mémoire, n'ait point quitté le coin obscur où il gît depuis
« un siècle, sous la poudre vénérable qui le ronge. Ce Pon-
« tife récalcitrant, par trop ennemi de la Bulle *Unigenitus*,
« souleva, quand il vivait, une édifiante opposition de la part
« de son Chapitre et de son clergé..... Un habitant de l'Hé-
« rault part de Campestang, se rend à Agde, salue en pas-
« sant l'antique et gracieuse ville de Béziers, et de là arrive
« à Clermont-l'Hérault. Sa route n'aura pas été fort longue,
« et devant ses yeux seront passées rapidement les Liturgies
« variées de notre diocèse : Romain, Parisien, Narbonnais,
« Romain mitigé, demi-Romain... presque à chaque Eglise
« une nouvelle Messe, de nouvelles Vêpres : dans telle Eglise,
« le matin on fait le Romain, le soir le Parisien, et souvent,
« dans la même matinée, le Romain et le Parisien se succè-
« dent poliment au lutrin. Cet inconvénient a lieu surtout
« dans les églises où il y a des Confréries de Pénitents, les-
« quelles, presque toutes composées de laïques, sont restées
« fidèles à Rome, sans vouloir jamais changer de Liturgie (1). »

Il serait inutile de faire le relevé de tous les diocèses qui
présentent encore des variétés liturgiques analogues à celles
que nous venons d'indiquer ; la sagesse et le zèle des Evêques
les feront peu à peu disparaître, car, grâces à Dieu, *les circonstances* qui obligent le Saint-Siége à tolérer de telles bi-
garrures dans le royaume de France, n'obligent presque

---

(1) *La voix de la vérité*, n° du 3 février 1847.

nulle part un Evêque à les tolérer dans l'Eglise qui lui est soumise. Il en sera bientôt de même de cette multiplicité de coutumes et de rites qui altère encore l'unité d'une manière fâcheuse dans bien des diocèses où règne cependant une seule Liturgie. M. l'Archevêque de Paris a donné un exemple qui sera suivi, lorsque, par sa Circulaire du 2 juillet 1846, abolissant toutes coutumes et cérémonies contraires aux rites et statuts du diocèse, il a promulgué un nouveau *Manuel des cérémonies*, et expressément défendu *de s'en écarter sous aucun prétexte*, afin de *faire cesser une variété de rites non moins préjudiciable à l'ordre qu'à la piété.*

On peut donc regarder comme définitivement détruit dans les faits, ainsi qu'il l'est déjà dans l'opinion de tous les hommes sensés, le système de *l'unité liturgique purement paroissiale*. Il n'y aura bientôt plus en France un seul diocèse où ne règne pleinement au moins *l'unité diocésaine*, car les Evêques ont la puissance nécessaire pour obtenir ce résultat, et ils sont tous frappés des inconvénients sans nombre qu'entraîne la multiplicité des Liturgies dans une même Eglise. M. l'Evêque de Carcassonne exprimait certainement un sentiment commun à tous ses vénérables collègues, quand, dans le Mandement que nous avons déjà cité, il se félicitait de pouvoir enfin abolir les rites contraires en usage dans son diocèse, et de mettre un terme à cette intolérable confusion : *Intolerabili huic rerum confusioni*, afin que tous les membres de son troupeau pussent désormais, selon la parole de Saint Paul, honorer Dieu unanimement d'une seule bouche, *ut omnes* UNANIMES UNO ORE HONORIFICARE DEUM (1) *possent*; et, re-

___
(1) Rom. 15. 6.

jetant cette diversité désordonnée de rites, *inordinatam illam rituum diversitatem*, garder, soit dans l'office privé, soit dans l'office public, l'unité que réclame la beauté et la majesté du culte divin : *Decori, majestatique divini cultûs congruam unitatem.*

Dieu tire le bien du mal : la multiplicité des Liturgies paroissiales au sein des diocèses a rendu plus facile le retour à la Liturgie romaine. Tout le monde comprend, par exemple, que M. l'Evêque de Langres aurait eu, pour l'exécution de son dessein, de bien autres difficultés à vaincre, s'il n'avait trouvé dans tout son diocèse qu'une seule Liturgie particulière, au lieu des cinq Liturgies qui y fleurissaient côte à côte : il n'aurait pas eu, du moins, à faire valoir les raisons tirées de la situation même du diocèse, raisons d'un ordre inférieur, mais décisives pour le plus grand nombre, parce qu'elles le frappent directement. Les hommes sont ainsi faits, un inconvénient dont ils souffrent fait sur eux plus d'impression qu'un désordre mille fois plus grand qui ne les atteint pas. Les âmes d'élite s'élèvent plus haut et portent leurs regards au-delà de tout ce qui intéresse non seulement leur Eglise, mais l'Eglise même. Voilà pourquoi les Evêques de France ont compris que si les discordances liturgiques sont intolérables dans un même diocèse, elles produisent, toute proportion gardée, les mêmes effets dans la Province ecclésiastique que dans le diocèse, dans la Nation que dans la Métropole, dans l'Eglise universelle que dans la Nation, et qu'au fond le Pape a les mêmes motifs de vouloir l'unité dans l'Eglise, que l'Evêque de la vouloir au sein du troupeau qui lui est confié. S'il est vrai, par exemple, que *la beauté et la majesté du culte divin réclament l'unité*, comment limiterait-on cette unité au diocèse? Et, si l'on croit pouvoir alléguer ce texte en faveur de l'unité diocésaine, est-ce aux chrétiens d'un seul diocèse que s'adressent les paroles de Saint Paul : Honorez Dieu, unanimement, d'une seule bouche, *ut unanimes, uno ore honorificetis Deum, et Patrem Domini nostri Jesu Christi?*

CHAPITRE XVII.

LITURGIES PARISIENNES — TENDANCES A L'ÉTABLISSEMENT D'UNE LITURGIE NATIONALE.

Sauf ceux qui ont conservé ou repris la Liturgie romaine, les diocèses de France croient presque tous avoir une Liturgie propre, de sorte que, s'il fallait les en croire, l'Eglise gallicane posséderait au moins cinquante rites différents, et serait ainsi tout émaillée de variétés liturgiques, *circumdata varietate*. Mais, malgré les apparences, elle n'a pas encore atteint ce degré de perfection : pour s'en convaincre, il suffit de remarquer que la Liturgie de Paris est établie dans trente-trois autres diocèses. Je sais bien qu'on y a fondu le calendrier et le propre diocésain avec ceux de la capitale, et mis en tête du Bréviaire et du Missel le titre diocésain avec le nom de l'Evêque qui a fait l'adoption de ces livres et la lettre pastorale par laquelle il les promulgue ; je sais encore que souvent on a cherché à s'approprier le Parisien en le modifiant; mais les corrections, suppressions et additions ainsi pratiquées, n'ont vraiment pas assez d'importance pour justifier la prétention de ces Eglises à la possession d'une Liturgie originale. Elles ont cessé d'être romaines, cela est certain, mais elles sont devenues et demeurent parisiennes. On comprend néanmoins qu'à la longue de telles modifications peuvent se multiplier au point d'amener, entre le rite de Paris et ceux des divers diocèses qui le suivent, des différences notables. D'autant plus que le Parisien change aussi de son côté. On sait, par exemple, quelles corrections lui fit subir M. de Quélen.

Or, les Archevêques et Evêques des trente-trois diocèses ne se croient en aucune manière tenus d'adopter les changements introduits par les Archevêques de Paris : eux-mêmes ne se copient pas les uns les autres, les modifications effectuées dans les diverses Eglises sont loin d'être identiques; il y a donc au moins des nuances diverses entre les Liturgies parisiennes, et si l'on tient compte des causes qui les produisent, si l'on songe que ces causes sont permanentes et peuvent agir indéfiniment, on arrive à espérer que cette variété de nuances amènera tôt ou tard une variété de couleurs.

Dès l'origine, parmi les Evêques qui, cédant à l'esprit du siècle et à la célébrité du Bréviaire de Paris, crurent devoir l'adopter, beaucoup eurent des scrupules. Les cartons de M. de Vintimille ne les rassurant pas complètement, ils voulurent, avant de l'introduire dans leurs Eglises, revoir et corriger, à leur tour, l'œuvre de Viger, de Mesenguy et de Coffin. Ce fut aux yeux des jansénistes un grand scandale, et nous avons encore les témoignages écrits de leur douleur ; citons seulement le suivant, tiré du journal de la secte : « Le « diocèse d'Evreux est un de ceux qui ont adopté le nouveau « Bréviaire de Paris, et qui, au moyen d'une multitude de « cartons, y ont fait, au grand préjudice de la vérité, des « changements considérables. » Et après avoir reproduit un texte du Bréviaire de Paris, supprimé à Evreux : « On sent « assez l'esprit de pareils retranchements. On en a compté « plus de trente de cette force. » Le nouvelliste en signale un certain nombre; il déplore surtout les changements opérés dans quelques hymnes : « ce qui a blessé les yeux molinistes « dans ces hymnes de M. Coffin se manifeste par le change- « ment qu'on a fait également dans celles de Santeuil. » Il regrette particulièrement le vers *quidquid jubet dat exequi*, lequel *n'a pas été trouvé de bon aloi sur la pierre de touche sulpicienne*. (L'Evêque d'Evreux avait chargé les sulpiciens de cette révision du Bréviaire parisien.) « Que gagnent les « réviseurs sulpiciens à corrompre de cette sorte le Bréviaire « de Paris, etc., etc. (1) ? »

Outre les changements opérés à l'époque de l'adoption, des changements nouveaux ont eu lieu dans presque toutes les Liturgies parisiennes à mesure qu'en ont été publiées des éditions nouvelles, et surtout dans les éditions données de nos jours. Nous avons dit par exemple combien S. E. le Cardinal de Bonald a amélioré le Bréviaire de Lyon. Mais, nous le répétons, toutes ces modifications de détail laissent subsister le fond parisien et ne suffisent pas pour constituer

---

(1) C'était le 26 août 1738, deux ans après la publication du Bréviaire Vintimille, que le journal janséniste, *les Nouvelles Ecclésiastiques*, s'exprimait ainsi; quarante-trois ans après le 25 décembre 1781, il disait de même : « Le diocèse de Chartres est un de ceux où les préventions « jésuitiques sont le plus répandues et le plus enracinées. Il y en a une « marque infaillible dans le culte du Sacré Cœur, qui n'est peut-être nulle « part aussi généralement établi. Tel est le fruit du long épiscopat de « trente-trois ans de M. Pierre-Augustin de Fleury. Le successeur de ce « prélat, M. Jean-Baptiste-Joseph de Lubersac, ayant désiré d'adopter le « Bréviaire de Paris, on ne sera pas surpris que dans un diocèse ainsi « disposé, ce projet ait rencontré bien des obstacles. Les faux zélés, qui « ne sont pas en petit nombre, ont craint fort sérieusement que ce Bré- « viaire, qu'ils regardent comme rempli et imprégné de jansénisme, ne « portât chez eux une si funeste contagion. En conséquence, il a été décidé, « de concert avec l'Evêque et le Chapitre, qu'en ajustant pour l'usage du « diocèse cette dangereuse Liturgie, on la purgerait avec soin de tout ce « qui exprime ou favorise la chimérique hérésie. Un dessein si digne des « cordicoles Chartrains a donné lieu à un petit écrit de 25 pages in-12, « intitulé : *Lettre aux Rédacteurs du Bréviaire de Chartres*. » — Ce Bréviaire parut en 1783, le Missel en 1782.

des Liturgies particulières. Nous croyons donc, après un sérieux examen, qu'on ne peut attribuer un autre rite que le rite parisien aux quatre métropoles et aux vingt-neuf évêchés dont voici par ordre alphabétique les noms joints à celui de Paris :

Paris,	Digne,
Alby,	Dijon,
Lyon,	Évreux,
Toulouse,	Fréjus,
Tours,	Grenoble,
Agen,	La Rochelle,
Aire,	Le Puy,
Angers,	Luçon,
Arras,	Mende,
Autun,	Metz,
Bayonne,	Nevers,
Belley,	Pamiers,
Blois,	Séez,
Carcassonne,	Tulle,
Châlons,	Valence,
Chartres,	Verdun,
Coutances,	Viviers.

Le rite romain et diverses Liturgies ou diocésaines ou paroissiales sont encore en usage dans un certain nombre de paroisses de plusieurs de ces diocèses. En revanche, le Parisien est toléré provisoirement dans quelques-unes des Églises qui sont récemment revenues au romain ou qui l'avaient toujours gardé, et dans plusieurs de celles qui ont des Liturgies particulières. Il régnait pleinement il y a deux ans, dans le diocèse de Rennes, et encore l'an passé dans ceux de Saint-Brieuc, de Montauban et de Vannes, d'où il ne disparaîtra complétement qu'à l'expiration des mesures transitoires prises par les pasteurs de ces Eglises pour accomplir sans secousse la restauration liturgique. Il a déjà disparu de celles de Langres, de Gap et de Périgueux, où cette restauration est pleinement accomplie, et parmi les trente-trois qui lui meurées fidèles jusqu'à cette heure, plusieurs préparent déjà leur prochain retour à la Liturgie romaine.

L'adoption de la Liturgie Vintimille par quelques-uns des diocèses parisiens est de date assez récente. Ainsi, Angers tint d'abord à honneur d'avoir un rite propre et original, et ne le sacrifia à la capitale qu'en 1824 ; Arras n'abandonna le Romain que vers la même époque ; la Liturgie du Mans régna à Carcassonne jusqu'en 1842. — Ces conquêtes dédommagèrent Paris de la perte des diocèses de Meaux et de Versailles qu'il possédait, et qui se donnèrent des Liturgies vraiment particulières, Versailles en 1828, Meaux en 1834. L'unité parisienne fut établie à Nevers en 1846, par M. Dufêtre. Nous avons dit comment M. de Moncley, prélat qui mérita la haine des jansénistes, avait donné dès 1728, à l'Eglise d'Autun, un Bréviaire nouveau, composé dans le même esprit qui inspira plus tard le Bréviaire d'Amiens (1) ; ce diocèse ne prit le Parisien qu'en 1803 ; les changements introduits à Paris depuis cette époque ont été adoptés à Autun dans une édition de 1824.

(1) On peut voir, dans les *Nouvelles Ecclésiastiques* du 16 décembre 1730, du 3 juillet 1731 et du 29 mai 1746, des détails sur les efforts de la secte pour empêcher la pleine adoption dans le diocèse d'Autun du Bréviaire de M. de Moncley, et quelques-uns des reproches qu'elle faisait à ce livre.

Il serait facile de montrer l'identité, quant au fond, des trente-trois Liturgies qui nous occupent, soit entre elles, soit avec celle de Paris, mais peu de lecteurs auraient le courage de nous suivre dans de semblables détails ; nous devons donc nous contenter de donner, comme exemple, quelques indications sur l'un de ces rites ; prenons l'Albigeois, c'est le nom que porte le Parisien dans le diocèse d'Albi et aux environs, aussi bien qu'en tête des livres de cette Eglise.

Les trois anciens diocèses d'Alby, de Castres et de Lavaur avaient été, par suite du concordat de 1801, englobés avec sept ou huit autres dans le diocèse de Montpellier. Les Evêques de Montpellier laissèrent à chacun de ces diocèses les livres liturgiques dont ils étaient en possession. Lors de la nouvelle délimitation des diocèses, sous la Restauration, Alby reprit son rang d'Archevêché, et on lui adjoignit, pour former le nouveau diocèse, ceux de Lavaur et de Castres. Castres n'avait jamais perdu le rite romain et le conservait ; Alby et Lavaur avaient les rites albigeois et vaurais, lesquels n'étaient autre chose que le Parisien, avec un Propre, établi à Alby par M. Léopold-Charles de Choiseul, en 1763, et à Lavaur par M. de Fontanges, en 1758 ; antérieurement à ces dates ces deux diocèses suivaient le rite romain. Après le rétablissement de l'Archevêché d'Alby, M. Brault, premier Archevêque, s'occupa tout d'abord d'établir l'uniformité de rite dans son nouveau diocèse, annonçant l'intention d'imposer partout le rite albigeois. Dans l'ancien diocèse de Castres, profondément attaché à la Liturgie romaine, cette mesure suscita de vives plaintes de la part du clergé et plus encore de la part des fidèles ; c'était en 1823. L'affaire traîna en longueur, parce qu'il fallut faire imprimer de nouveaux livres ; les anciens manquaient, et en outre, on voulut fondre en un seul les Propres des trois diocèses, ce qui eut lieu, en maintenant toutefois au Propre d'Alby une grande supériorité (1). Le Bréviaire de M. Brault est donc celui de Léopold de Choiseul (c'est-à-dire le Parisien-Vintimille) revu et corrigé : *Illud idem Breviarium, diligentissime recognitum, nonnullis levibus adhibitis mutationibus, additisque novis quibusdam officiis;* ce sont les termes de la lettre pastorale qui est à la tête du Bréviaire. Elle porte la date du 14 juillet 1832, *pridie idus julii* 1832, tandis que le Bréviaire lui-même, imprimé à Besançon, chez Gauthier, porte le millésime 1833. Castres avait gardé le Romain jusqu'au moment de la publication du nouveau Bréviaire, mais depuis cette époque le rite dit albigeois est seul suivi dans tout le diocèse. Cependant le Missel n'avait pas encore paru, on le remplaça par le Missel parisien avec un supplément pour le Propre du diocèse (2), et cela a duré ainsi jusqu'en

---

(1) On a supprimé, entre autres, un Office du Propre castrais qui consacrait un touchant souvenir, la délivrance de la ville de Castres du joug des protestants, et dont voici le titre : *Prima Dominica post octavam Translationis reliquiarium Sancti Benedicti, officium pro gratiarum actione liberationis civitatis Castrensis, regnante Ludovico XIII, anno* 1630. — On sait que la ville de Castres doit son origine à une Abbaye de Bénédictins, autour de laquelle se groupèrent d'abord quelques maisons et puis d'autres d'année en année, jusqu'à ce qu'elles formassent une florissante cité. Saint Benoît était le patron de l'ancien diocèse de Castres ; la principale église de la ville, autrefois église de l'Abbaye, est sous son invocation.

(2) On avait cependant publié, plusieurs années auparavant, un *Paroissien complet albigeois,* conforme au futur Missel. En attendant ce dernier, le prêtre était souvent obligé d'avoir recours au Paroissien et de placer ce modeste livre sur l'autel, afin de pouvoir suivre en tout le rite diocésain.

1846. L'ancien Missel albigeois n'était qu'une réproduction de celui de Paris, la lettre pastorale (datée du 4 des nones de janvier 1763) par laquelle M. de Choiseul le promulgue est la copie exacte de la lettre pastorale de M. de Vintimille; on a seulement retranché ce qui est particulier au diocèse de Paris et se rapporte aux Missels de Harlay et de Noailles. Il est assez curieux de voir M. de Choiseul et son Chapitre s'attribuer dans cette lettre tous les travaux et toutes les recherches que s'attribuent M. de Vintimille et ses Chanoines. Ainsi les Albigeois n'hésitent pas à dire comme les Parisiens : *Manum operi admoveri statuimus.....selegimus loca scripturarum.....neque minorem curam adhibimus.....etc.* Ils s'applaudissent de la nouvelle édition faite à Rome d'un ancien Sacramentaire de saint Léon, auquel ils ont pu, disent-ils, emprunter des pièces respirant la plus tendre dévotion, etc. Cela, dis-je, est assez curieux lorsqu'on se contentait de prendre un livre tout fait et d'en changer le titre, la date et la signature : après tout, M. de Vintimille n'avait guère eu plus de part que M. de Choiseul à l'œuvre de Mésenguy. Il en fut, nous l'avons dit, du Bréviaire de Choiseul comme de son Missel; il prit purement et simplement celui de Paris et s'en fit les honneurs. M. Brault, après avoir renouvelé ce Bréviaire, entreprit l'édition d'un nouveau Missel; son successeur M. de Gualy la continua, et enfin elle a vu le jour sous M. de Jerphanion. C'est ce qu'atteste le titre : *Missale Albiense jussu illustrissimi et reverendissimi D. Caroli Brault, Albiensis Archiepiscopi, ac venerabilis ejusdem Ecclesiæ Capituli consensu auctum; ab illustrissimo et reverendissimo D. F. M. Ed. de Gualy, Albiens. Archiep. recognitum, necnon illustrissimi et reverendissimi, in Christo patris, D. Joan. Joseph. Mariæ*

Eugenii de Jerphanion, Albiens. Archiep. auctoritate editum.
La lettre pastorale qui le promulgue est datée du 31 mai 1846; elle indique, ainsi qu'il suit, les différences qui distinguent le nouveau Missel de celui de Choiseul :

1° Addition de plusieurs Messes, entre autres celles du Sacré Cœur, du Saint Rosaire, de Saint Vincent de Paul, de Saint François Xavier, de Sainte Jeanne-Françoise de Chantal, et les Messes votives des Sacrés Cœurs de Jesus et de Marie, de Saint Louis de Gonzague, *pro seipso sacerdote, pro renoval. promiss. Baptismi,* toutes tirées du Missel parisien.

2° *Cuilibet Missæ in proprio de tempore suum præmittitur argumentum, quo facilius attentio excitetur celebrantis et accendatur affectus.*—Cet *argument* se compose de quelques mots placés en titre au-dessus de l'Introït; par exemple, au jour de Pâques on lit : *Christus resurgens a mortuis*; à l'Ascension : *Christus ascendens in cœlum*; à la Pentecôte : *Spiritus sancti adventus,* ni plus ni moins.

3° Addition d'une Préface pour les Saints Anges.

4° Changement de quelques Epîtres dans les féries de Carême, à l'instar de Paris.

5° Quelques changements et additions dans les Oraisons et les Proses.

6° Les Rubriques ont subi de plus grandes modifications: en général on s'est rapproché du Cérémonial romain, et on a tenu compte des décisions de la sacrée Congrégation des Rites.

7° Un changement assez notable, et dont la lettre pastorale ne parle pas, est la substitution du rit romain au rit parisien dans la bénédiction solennelle des Rameaux. On n'a pourtant pas rétabli toutes les oraisons, et ce sont malheureusement les plus belles et les plus symboliques qui manquent encore.

On voit que, sauf quelques détails, on s'est borné à changer dans le Missel de Choiseul, et à ajouter ce qui a été changé ou ajouté, depuis M. de Vintimille, dans le Missel de Paris. Les changements et additions faits au Bréviaire sont de même nature; nous avons vu que les livres de Choiseul étaient, à part le Propre du diocèse d'Alby, identiques à ceux de la capitale; il est donc certain que la Liturgie de cette métropole ne mérite en aucune façon ce nom provincial d'Albigeoise qu'elle s'est décernée (1). On doit en dire autant des trente-deux autres Liturgies parisiennes: l'examen comparé de chacune d'elles avec la Liturgie de Paris le prouve jusqu'à l'évidence; elles ne sont que des variétés d'une même espèce. Quelques-unes de ces variétés se trouvent communes à plusieurs diocèses : ainsi le Parisien-Toulousain est suivis à Pamiers et à Carcassonne; ainsi encore le Parisien-Viennois règne dans les trois diocèses de Grenoble, de Valence et de Viviers, qui faisaient autrefois partie de la province de Vienne, où l'avait établi l'Archevêque de cette Métropole, Jean-Georges Lefranc de Pompignan. Henri de Villars avait détruit, en 1676, la belle Liturgie romaine-fran-

---

(1) Alby a un Processionnal particulier, qui, outre les prières pour les processions, contient les prières pour la pluie, pour le beau temps, et beaucoup d'autres qui ne sont pas du tout processionnelles. On annonce un Rituel albigeois; en attendant, le diocèse en a trois au moins, savoir le Rituel romain que l'on suit généralement dans l'ancien diocèse de Castres, pour l'administration des sacrements et pour toutes les cérémonies qui n'ont pas été réglées dans le Missel, le Bréviaire ou le Processionnal nouveaux. Dans les autres parties du diocèse, on se sert, les uns du Rituel parisien, les autres d'un ancien Rituel albigeois qui en diffère notablement et qui, du reste, devient de jour en jour plus rare.

çaise de son antique Eglise; cent ans après, de Pompignan détruisait à son tour l'œuvre de Villars et de Sainte-Beuve, pour adopter celle de Vintimille, Viger et Mezenguy. Il l'adopta si bien qu'aujourd'hui le Bréviaire viennois est plus parisien que le parisien même : celui-ci a été modifié à diverses reprises, et surtout en 1822, par M. de Quelen; ces modifications, contre lesquelles s'élevèrent avec tant de fureur les débris du jansénisme (1), soutenus par les feuilles soi-disant libérales (2), n'altèrent point la physionomie primitive du livre dans les éditions *à l'usage de la province de Vienne*, titre sous lequel on le réimprimait encore il y a peu d'années (3) : et voilà ce qui distingue principalement la Liturgie dite de Vienne de la Liturgie de Paris telle qu'elle est maintenant. Lefranc de Pompignan, Prélat zélé contre le jansénisme, avait bien fait quelques retranchements, quelques additions, quelques corrections dans le même sens que de nos jours M. de Quélen; mais ces changements n'ont pas à beaucoup près la même valeur et la même importance. Du reste, la lettre pastorale par laquelle fut promulgué le Viennois mérite de nous arrêter : datée du 18 août 1782, elle est adressée *au clergé de Vienne et, les illustrissimes et révérendissimes Seigneurs les Evêques comprovinciaux y consentant, au clergé de chacun des diocèses de cette Province.* Voici le début :

(1) Voyez la brochure de l'abbé Tabaraud, intitulée : *Des Sacrés Cœurs de Jésus et de Marie, précédé de quelques observations sur la nouvelle édition du Bréviaire de Paris, par un vétéran du Sacerdoce.* Paris 1823, in-8°. — Voyez aussi les *Tablettes du Clergé*, n° de juin 1822,

(2) La nouvelle Prose pour la fête de Saint Pierre (composée par M. l'Abbé de Salinis) excita surtout le courroux de ces journaux.

(3) L'édition que nous avons sous les yeux est de 1820 : *Gratianopoli, apud fratres Baratier.* C'est la dernière, croyons-nous.

« Que dans toutes les Eglises, unies par le lien de l'unité
« catholique, la Liturgie divine n'admette plus aucune di-
« versité ni dans le choix et l'ordre des matières, ni dans la
« teneur des paroles, de même qu'elle n'en souffre aucune
« dans la foi et la règle des mœurs, ce doit être l'objet de
« tous les vœux, mais on ose à peine en concevoir l'espé-
« rance ; or, frères bien-aimés, nous vous annonçons, que
« dis-je? nous vous montrons cette espérance réalisée dans
« toute l'étendue du territoire qu'embrasse en France la pro-
« vince de Vienne (1). » Le Prélat ignorait apparemment
que cette unité liturgique objet de ses vœux, et qu'il regardait comme une chimère, existait en réalité depuis mille
ans dans toute l'étendue de l'Eglise latine. « Avant que par
« un jugement secret de Dieu (Dieu veuille que ce soit pour
« notre bonheur et celui des autres) nous eussions été élevés
« à ce Siége archiépiscopal, déjà il avait été question d'avoir
« des livres liturgiques communs à toute la Province. Vous
« savez comment ce vœu nous fut solennellement exprimé,
« lorsque, en 1775, nous présidions pour la première fois
« l'assemblée provinciale préparatoire aux assemblées gé-
« nérales du clergé de France. Nous l'accueillîmes d'autant
« plus volontiers qu'il était tout-à-fait conforme à l'esprit
« des Décrets de l'Eglise, et qu'il se trouvait appuyé du suf-
« frage de nos collègues présents à l'assemblée, ainsi que
« des autres députés envoyés par divers diocèses. Alors
« nous fut confié le soin de disposer, pour l'usage de la pro-
« vince de Vienne, en France, la Liturgie sacrée contenue
« au Bréviaire et au Missel .... Nous n'avons pas voulu tou-

---

(1) C'est-à-dire dans les cinq diocèses de Vienne, de Grenoble, de Viviers, de Valence et de Die; Maurienne et Genève étant hors du royaume.

« tefois mettre au jour une Liturgie d'un genre nouveau
« (œuvre suspecte à bon droit et dangereuse). » Cette parenthèse est du Prélat lui-même : *Suspectum sane ac periculosum opus*, s'écrie-t-il, comme si une pareille innovation eût été plus suspecte et plus dangereuse venant de lui que sortie du cerveau de Viger et de Mesenguy ? « Mais, su-
« bordonnant à votre utilité l'amour-propre d'auteur et
« toute vaine gloire, nous nous sommes scrupuleusement
« attachés à suivre le sentier indiqué par l'antiquité, et
« dans lequel les Evêques de France ont, depuis plusieurs
« années, laissé l'un après l'autre la trace de leurs pas. »
Ce sentier antique n'est autre, le croirait-on, que la voie ouverte à la fin du dix-huitième siècle, par Nicolas Le Tourneux, et foulée par les hommes que nous avons fait connaître. « Comme il existe plusieurs ouvrages de cette nature,
« exécutés sur le même modèle et cependant dissemblables
« en beaucoup de choses, *non paucis tamen lineamentis dis-*
« *similes*, nous avons d'abord comparé les principaux, mais
« nous avons cru devoir en adopter un, le plus récent, comme
« celui qui approche le plus de la perfection, si on y efface,
« ajoute, ou corrige certaines choses, et comme celui dont la
« contexture s'accommode le mieux à la Province de Vienne. »
Le Bréviaire Viger et le Missel Mesenguy forment cet ouvrage si voisin de la perfection, *perfectionis opici propinquiorem*, car la lettre pastorale promulgue à la fois le Missel et le Bréviaire. Le Prélat atteste ensuite qu'il a soumis son travail à l'approbation de ses collègues les Evêques comprovinciaux, et reçu les observations de leurs Cathédrales. C'est pourquoi, par son autorité, et du consentement de son Chapitre primatial, par l'autorité des Evêques ses suffragants et du con-

sentement de leurs Chapitres, il promulgue pour toute la province le nouveau Missel et le nouveau Bréviaire, et défend à tous, sauf aux membres des ordres religieux, d'en prendre désormais aucun autre publiquement ou en particulier. Il n'oublie pas de faire ressortir les avantages de l'unité : « Bien-
« fait insigne de la Providence envers la Province de Vienne,
« devenue un objet d'envie pour toutes les Provinces ecclé-
« siastiques du royaume, désormais soit en payant le tribut
« des heures canoniales, soit en offrant le saint Sacrifice, vous
« serez, comme parle l'Ecriture, *d'une seule lèvre et d'un*
« *même discours, unanimes* dans les sentiments, *unanimes*
« aussi dans les paroles, pour *honorer d'une seule bouche Dieu*,
« *le Père de notre Seigneur Jésus-Christ* (1). »

Ainsi l'Archevêque Lefranc de Pompignan parle uniquement d'antiquité et d'unité, pour justifier l'adoption d'une Liturgie qui date de 1736 et 1738, et qui déchire l'unité réalisée depuis des siècles, affermie et solennellement confirmée par les Décrets du Concile de Trente et les Constitutions des souverains Pontifes. Du reste, le même langage se retrouve en tête de tous les Bréviaires et Missels du dix-huitième siècle, aussi bien que dans les écrits de tous ses liturgistes, et il ne faut pas les accuser d'hypocrisie : les droits et les avantages de l'antiquité et de l'unité, les inconvénients et les dangers de la nouveauté et de la division, en fait de Liturgie, sont tellement évidents, que les esprits les plus prévenus ne peuvent s'empêcher de les reconnaître et de les proclamer, alors même qu'ils violent ces droits et se jettent dans ces périls. Au fond, ce n'est jamais à l'unité qu'on en veut ;

(1) Gen. XI. — Rom. XV.

on n'attaque l'unité préexistante que dans le secret désir de mettre à sa place l'unité nouvelle : le dessein de Luther n'était pas de détruire l'unité de l'Eglise, il y tenait au contraire, seulement il voulait que l'Eglise se fît luthérienne, la doctrine catholique étant à ses yeux absurde et impie. De même les auteurs, propagateurs et admirateurs de la Liturgie parisienne désiraient très sincèrement l'unité dans la Liturgie, seulement ils ne pouvaient souffrir la Liturgie romaine, et il aurait fallu pour les satisfaire que l'Eglise se résignât à la sacrifier afin d'adopter leur chef-d'œuvre. Par malheur Rome était trop ignorante, trop peu avancée dans les voies du progrès, trop entêtée dans ses préjugés séculaires, trop peu gallicane enfin, pour comprendre la nécessité d'une pareille réforme; c'est pourquoi chacun la fit de son côté. Cependant l'amour de l'unité restait toujours, chaque Evêque l'exigeait impérieusement dans son diocèse, on s'efforçait de l'établir dans la province ecclésiastique, et nous venons de voir que dans celle de Vienne on y était parvenu; mais on aurait voulu une unité plus haute, on rêvait l'unité nationale, l'adoption des livres parisiens dans toutes les Eglises du royaume de France.

Bien des gens ne voyaient dans cette unité projetée qu'un remède à l'anarchie liturgique, dont les effets désastreux étaient déjà visibles, et ils n'y donnaient les mains que dans cette pensée; les sectaires et les politiques y voyaient autre chose, une Liturgie nationale n'était dans leurs desseins qu'un des mille moyens par lesquels ils comptaient arriver à l'établissement d'une Eglise nationale. Les catholiques clairvoyants ne s'y méprenaient pas; voici comment s'exprimait le savant et pieux abbé de La Tour en 1772 : « Le Bréviaire de

« Paris est le Bréviaire dominant. C'est lui, en effet, que pré-
« tendent suivre tous les nouveaux Bréviaires; jusque-là que,
« dans celui de ***, Evêché de nouvelle érection et de mé-
« diocre étendue, on a si servilement copié les rubriques pa-
« risiennes qu'on n'a pas même changé le nom d'*Archevêque*
« en celui d'*Evêque*; on dirait que *** est un Archevêché : *si*
« *l'Archevêque officie, l'Archevêque dira*, etc. Paris est le cen-
« tre de la religion, le centre d'unité, la mère et la maîtresse
« des Eglises de France. Il ne faut plus dire l'Eglise catholi-
« que, apostolique, romaine, mais l'Eglise catholique, apos-
« tolique, parisienne. Je sais que Paris est une des plus
« grandes, des plus riches, des plus savantes, des plus po-
« lies, des plus voluptueuses, des plus libres dans la foi, de
« toutes les villes du monde, et le séjour de bien des Evêques,
« mais j'ignorais son autorité, sa catholicité, son apostolicité,
« et quelque respectable que soit le pieux prélat qui en oc-
« cupe le siége, je ne le croyais pas le successeur de Pierre
« et le premier Vicaire de Jesus-Christ. Que ne fixe-t-on de
« même, dans chaque royaume, les regards sur la capitale :
« l'Espagne se conformerait à Madrid, le Portugal à Lis-
« bonne; il est vrai qu'il n'y aurait plus d'unité. Telle était
« l'idée qui fit tant de bruit sous le cardinal de Richelieu et
« donna lieu à l'affaire de l'*Optatus Gallus* : l'idée de créer
« un Patriarche qui gouvernât toutes les Eglises françaises.
« Plusieurs de nos Bréviaires ont en tête le mandement de
« M. de Vintimille avant celui de l'Evêque diocésain, et à la
« place des Bulles de Pie V, de Clément VIII et d'Urbain VIII,
« qui sont en tête du Romain. On solennise tous les Saints de
« Paris, la plupart inconnus hors de la capitale, saint Fia-
« cre, saint Landry, sainte Opportune, etc , et l'on chasse

« plusieurs Saints romains fêtés dans toute l'Eglise. Si tout
« cela n'est pas encore un vrai schisme, ni même intention
« d'en faire un, c'est du moins lui préparer les voies (1). »

Lorsque la révolution fut venue, l'Eglise constitutionnelle qu'elle avait enfantée, adopta et poursuivit le projet conçu dès long-temps, sous l'ancienne monarchie, par ses précurseurs. Le Journal de la nouvelle Eglise parlait de la nécessité de réunir la France dans une seule Liturgie et mettait en avant les livres de Viger et de Mésenguy, comme dignes à tous égards de servir d'expression aux besoins religieux de l'Eglise gallicane régénérée (2). Le prétendu Concile de 1797, dans sa *lettre synodique aux pères et mères, et autres chargés de l'éducation de la jeunesse*, recommandait parmi les livres *les plus intéressants pour la foi et les mœurs* les ouvrages de Le Tourneux et de Mésenguy, ces deux pères des Liturgies modernes (3). Enfin, dans le Concile de 1801, Grégoire lut un long rapport sur le projet d'une Liturgie universelle pour l'Eglise gallicane. On y lit, entre autres choses :
« Dans l'Eglise de Jesus-Christ *tout doit se rapporter à l'unité*;
« c'est donc entrer dans son esprit que d'adopter une même
« manière de célébrer les saints Offices et d'administrer les
« Sacrements. L'identité des formules est un des moyens les
« plus propres à garantir l'identité de la foi, selon le prin-
« cipe du Pape Célestin : *Legem credendi, lex statuat sup-
« plicandi*. Quand les vérités à croire, les vertus à pratiquer

---

(1) *Sur les nouveaux Bréviaires*, p. 1 et 2.
(2) *Annales de la Religion*. Tom. I. 9 messidor an III. p. 206-212.
(3) *Lettre Synodique*, etc., p. 18.

« sont invariables, pourquoi la méthode d'enseignement est-
« elle si variée? Pourquoi cette multitude d'Eucologes, d'Of-
« fices divins, de Catéchismes qui, lorsqu'un individu passe
« d'un diocèse dans un autre, dérangent pour lui et pour
« ceux qui doivent le diriger tout le plan des instructions
« publiques et domestiques? Si des erreurs et des vices à
« combattre exigent, dans certains cantons, une instruction
« plus étendue, ne peut-on pas en faire l'objet d'un travail
« particulier, sans intervertir l'ordonnance d'un plan géné-
« ral? Toutes les villes et les provinces, renonçant à leurs
« priviléges civils ou politiques, ont désiré se fondre dans
« l'unité constitutionnelle pour être régies par les mêmes
« lois. En ramenant à l'unité le Code civil, le système moné-
« taire, les poids et les mesures, etc., on a fait un grand pas
« pour donner à la nation un caractère homogène; mais rien
« ne peut y contribuer plus puissamment que l'uniformité du
« culte public et de l'enseignement religieux; vous aurez bien
« mérité de la religion et de la patrie par des opérations ana-
« logues pour la France ecclésiastique (1). »

Grégoire avait raison : à une Eglise nationale il faut une Liturgie nationale, et c'est précisément pour cela qu'à l'Eglise universelle il faut une Liturgie universelle.

Napoléon voulait, lui aussi, l'unité liturgique dans son em-
pire, et il avait fait choix de la Liturgie parisienne, qui fut celle de sa cour impériale et de ses écoles militaires. Ses ba-
tailles ne lui laissèrent pas le temps d'accomplir ce dessein; mais il le consacra en ces termes dans les articles organi-

---

(1) *Actes du second Concile national de France*. Tom. II. p. 386.

ques : *Il n'y aura qu'une Liturgie pour toutes les Eglises de l'empire français* (1). Cet article n'est pas celui auquel tiennent le moins MM. Portalis, Isambert, Dupin et compagnie (2).

Si la tendance à faire de la Liturgie de Paris une Liturgie nationale eut sous l'ancienne monarchie d'habiles et nombreux partisans, elle rencontra aussi d'énergiques oppositions. D'abord, de pieux et saints Evêques maintinrent dans un petit nombre de diocèses, en dépit de toutes les intrigues, la Liturgie romaine; puis, parmi ceux qui cédèrent à l'attrait de l'innovation, plusieurs, moins modestes que Lefranc de Pompignan, tenaient à attacher leur nom à une œuvre nouvelle. Enfin, l'idée de la prééminence de Paris sur les autres Eglises n'était rien moins que populaire hors de la capitale et de sa province, et Louis XIV, malgré sa puissance et son ascendant sur l'Episcopat, aurait eu de la peine à lui faire accepter le joug d'un Patriarche. Il fut question plus d'une fois dans les assemblées du clergé de faire pour toutes les Eglises de France un seul Missel et un seul Bréviaire ; mais jamais on ne put s'entendre ; chacun croyait avoir et voulait garder le droit de faire sa Liturgie et de l'arranger à sa guise. On ne s'était pas arrogé ce droit contre les Papes pour en faire le sacrifice aux Archevêques de Paris. On prenait volontairement le Parisien, mais on ne voulait pas être obligé de le prendre et de le conserver, et on faisait acte de

(1) Art. 39.

(2) On sait avec quelle énergie le *Journal des Débats*, le *Constitutionnel*, le *Siècle*, le *National* et autres feuilles de mêmes couleurs, ont, en diverses occasions, déclamé contre la *Liturgie ultramontaine* et en faveur de la *Liturgie nationale* ; car c'est ainsi qu'ils nomment la Liturgie parisienne.

souveraineté liturgique en le modifiant, en le déguisant sous des titres diocésains et par des arrangements plus ou moins habiles (1). « On est si accoutumé, disait l'Abbé de La Tour,
« à n'avoir pour le Pape que des politesses, sans se gêner
« sur l'article de l'obéissance, qu'il n'est pas surprenant
« qu'après avoir fait à la capitale le compliment de lui dire
« qu'on suit son Bréviaire, on y change tout ce qu'on juge à
« propos. De tant de diocèses qui, dans leur Liturgie, ont ar-
« boré l'étendard de Paris, il n'y en a pas un qui le porte
« sans mélange : chacun le brode, l'allonge, le resserre, le
« tourne, le retourne à sa manière, et en embellissant le chef-
« d'œuvre en fait sans doute un chef-d'œuvre plus merveil-
« leux. Serait-ce la peine d'y mettre la main, si on n'y ajou-
« tait de nouvelles perfections (2). »

De nos jours, la prédominance de Paris n'est pas moins antipathique aux Eglises de France ; toute prérogative accordée à la capitale dans les choses de la religion les blesse et leur est odieuse. M. l'Evêque de Chartres exprimait un sentiment universel lorsque, dans une lettre publiée par le journal l'*Univers* et que tout le monde a lue, il rappelait qu'en *France nous n'avons pas de patriarche*. Ce sentiment est d'autant plus vif que les ennemis de l'Eglise s'efforcent davantage de propager le sentiment contraire et manifestent plus clairement l'intention de faire de la capitale politique

---

(1) Dans certains Bréviaires parisiens-provinciaux, on a trouvé le moyen de changer la disposition matérielle du livre, sans toucher au fond ni même aux paroles. Par exemple : on renvoie à la fin du Psautier, dans l'*Ordinarium*, une foule de choses que le Parisien de Paris n'y met pas, et on ôte de l'*Ordinarium* la moitié de celles qu'il y place. On pourrait citer vingt autres déguisements aussi puérils.

(2) *Sur les nouveaux Bréviaires*, p. 2.

la capitale de la religion. « A Rome, dit M. l'Evêque de Lan-
« gres, je comprends des Evêques Assistants-au-trône, je com-
« prends des Cardinaux-Evêques, parce que j'y vois la Hié-
« rarchie de l'Eglise, au sommet de laquelle siége le Prince
« visible de tous les Pasteurs. Mais à Paris, qu'est-ce qu'un
« pareil spectacle pourrait signifier, puisque le Métropolitain
« n'y a, comme tous les suffragants et comme tous les Evê-
« ques du monde, qu'une juridiction soumise au Saint-Siége
« et limitée par lui? Il faut l'avouer pourtant : ce spectacle
« aurait une signification, ou du moins on pourrait la lui don-
« ner ; mais ce serait une signification attristante, effrayante
« même pour toutes les âmes catholiques. Plusieurs y ver-
« raient une manière de rivaliser avec Rome, de faire acte
« suprême de nos libertés, que sais-je, de préparer peut-
« un Patriarcat parisien, et, si j'ose le dire, de figurer une
« sorte de Saint-Siége gallican..... Je me demande en toute
« simplicité s'il est à propos, dans l'intérêt de la religion,
« de donner tant d'importance au siége de Paris? Je me de-
« mande si même il ne serait pas souverainement dangereux
« d'ajouter à la prépondérance naturelle que lui donne sa po-
« sition civile, une prépondérance exagérée dans l'ordre ecclé-
« siastique? A Dieu ne plaise que je veuille blesser personne;
« mais à Dieu ne plaise aussi que, dans une question si
« haute, je déguise ce que je crois être la vérité. Chacun sait
« que pour tous, dans l'Etat, Paris c'est la France; c'est à
« Paris que se trouve le premier moteur de tous les ressorts
« qui nous administrent, qui nous gouvernent, qui nous or-
« ganisent et qui nous enchaînent; enfin, c'est vraiment de
« Paris que, dans l'ordre politique, les provinces reçoivent
« la vie et le mouvement. Grâce au ciel, malgré tous les ef-

« forts des puissances du monde, il n'en est pas tout-à-fait
« ainsi pour nous dans l'ordre religieux, au moins jusqu'à ce
« jour, nous avons nos diocèses circonscrits et réunis en Pro-
« vinces par le Concordat : ces Provinces ont chacune leur Mé-
« tropole, et ces Métropoles, dont Paris n'est pas, il s'en faut
« bien, ecclésiastiquement la première, ont pour centre unique
« le Saint-Siége. Ce n'est pas à vous, Monsieur le comte, qu'il
« est besoin de faire remarquer combien cette organisation à
« part, déroute les plans de ceux qui, pour arriver à l'unité en
« toute chose, voudraient ne voir dans l'Eglise qu'une bran-
« che d'administration civile, dans le clergé qu'un corps de
« fonctionnaires, et dans la religion qu'un instrument au
« service de l'Etat. En vain le ministre laïque des cultes es-
« saie de temps en temps quelques actes de primatie; lors
« même que ces tentatives ne viennent pas échouer contre
« le ridicule, elles sont toujours, au moins en grande partie,
« déconcertées par cette hiérarchie d'un ordre supérieur,
« qui, n'ayant pas en France de centre commun, dirige uni-
« formément et nécessairement tous les mouvements ecclé-
« siastiques vers le point unique et sûr ou se trouve le cen-
« tre de l'Eglise entière. Mais supposons l'Archevêque de
« Paris investi, parmi nous, d'une souveraine prérogative
« ou de juridiction, ou simplement d'honneur (1) : vous com-
« prenez, Monsieur le comte, comme tout change dans la
« position, et comme, par cette suprématie donnée au chef
« ecclésiastique de la capitale, il devient facile de faire en-

(1) L'Eglise n'a jamais reconnu au Siége de Constantinople qu'une primauté d'honneur. On sait quel terrible usage ont fait de ce titre honorifique les Archevêques de la ville impériale. (*Note de M. l'Evêque de Langres.*)

« trer l'Eglise de France tout entière dans le système de la
« centralisation politique. Alors il ne faut plus, pour arriver
« là, qu'une circonstance qui, grâce à Dieu, comme chacun
« le sait, n'existe pas aujourd'hui, mais qu'il sera certaine-
« ment très aisé de faire naître plus tard : il ne faut plus qu'un
« Prélat complaisant assis sur le siége de Paris.

« Ce siége illustre a vu, il est vrai, pour sa gloire, plus
« d'un Christophe de Beaumont défendant jusqu'à l'héroïsme
« les droits sacrés de l'Eglise; mais il a vu aussi plus d'un
« Noailles et plus d'un Maury en révolte contre le Pape, pour
« obéir à l'esprit de secte ou pour servir les passions d'un
« prince; et il faut avouer que, à raison des influences im-
« médiates et continuelles de la Cour et du gouvernement,
« ces condescendances malheureuses sont plus explicables
« dans un pareil poste que partout ailleurs.

« C'en est assez pour faire voir combien il importe d'éviter
« tout ce qui peut tendre à centraliser dans Paris les intérêts
« de l'Eglise, même en ce qui concerne les œuvres chrétien-
« nes (1) et les études ecclésiastiques (2), mais surtout en ce
« qui tient à la hiérarchie (3). »

Les considérations si graves qu'expose M. l'Evêque de
Langres se représentent d'elles-mêmes dès qu'il s'agit de la

---

(1) Il faut regarder comme un trait de Providence que l'œuvre si émi-
nemment catholique de la Propagation de la Foi ait son centre à Lyon et
non pas à Paris. (*Id.*)

(2) Si nous avons un jour des maisons de hautes études ecclésiastiques,
il est grandement à désirer qu'elles soient distribuées dans les provinces
et dans les villes principales de France, comme l'étaient autrefois les universités. (*Id.*)

(3) Lettre à M. le comte de Montalembert, à l'occasion du projet de loi
relatif à l'institution canonique du Chapitre de Saint-Denis.

Liturgie parisienne et du désir plus ou moins manifesté de l'imposer à toutes nos Eglises. Dans leur admiration pour le Bréviaire et le Missel Vintimille certains optimistes trouvent ces craintes exagérées, ridicules, etc. Voici ce que leur répond, dans un autre écrit, le même Prélat : « A ceux qui
« pourraient croire que nous nous laissons effrayer par de
« vains fantômes, nous demanderons si c'est sans motif que
« le trente-neuvième des articles organiques porte qu'il *n'y*
« *aura qu'une Liturgie pour toutes les Eglises catholiques de*
« *France*, et si c'est sans arrière-pensée que toutes les feuilles
« irréligieuses ou gallicanes applaudissent à la propagation
« de la Liturgie parisienne et s'indignent de la restauration
« du rite romain. En obéissant à ces inspirations, on arrive-
« rait à doter la France d'une Liturgie uniforme, il est vrai,
« mais dont le double effet serait de bannir du milieu de nous
« toute trace de la Liturgie romaine, et d'isoler, sous ce rap-
« port, la nation française du reste de la catholicité. Autant
« cette idée doit sourire aux partisans d'une Eglise natio-
« nale, autant elle doit alarmer les catholiques sincères et
« prévoyants (1). »

L'immense majorité de l'Episcopat a sur ce point la même pensée que M. de Langres ; on peut affirmer qu'aujourd'hui les Prélats qui ont trouvé la Liturgie de la capitale établie dans leurs diocèses, la conservent presque tous, non pas parce qu'elle est, mais bien quoiqu'elle soit parisienne. Déjà plusieurs se sont demandé avec M. l'Evêque de Montauban : « Quelles raisons peut-il y avoir de substituer le Parisien
« au Romain, et de ne pas substituer le Romain au Parisien?

---

(1) *De la question liturgique*, p. 44.

« Celles qu'il y aurait aujourd'hui pour empêcher cette der-
« nière substitution, n'existaient-elles pas quand il s'est agi
« de faire la première, et si les Evêques d'alors ont été si
« louables de n'en tenir compte, pourrais-je être aujourd'hui
« blâmable d'en faire autant qu'eux ? Sans nul doute les an-
« ciens et les nouveaux partisans des Bréviaires particuliers
« trouveraient très bon que le Parisien fût adopté partout ;
« car enfin l'*unité* est toujours une belle et bonne et désirable
« chose. Mais alors, pourquoi défaire l'*unité romaine*? et
« comment l'*unité parisienne* ou *française* aurait-elle des
« avantages désirables en présence de l'unité générale et uni-
« verselle de la Liturgie romaine ? *Pourquoi s'unir à Paris*
« *plutôt qu'à Rome?....* Le droit et l'autorité des nouvelles
« Liturgies, des nouveaux bréviaires, sont manifestement
« inférieurs au droit et à l'autorité de la Liturgie ancienne,
« de la Liturgie universelle, de la Liturgie romaine. Qu'on
« nous donne donc une raison canonique, prise dans les
« principes qui règlent tout dans l'Eglise catholique, qui soit
« de nature à empêcher qu'on ne revienne au Romain, et qui
« n'ait pas dû empêcher à plus forte raison qu'on abandon-
« nât le Romain pour créer ce qui existe aujourd'hui, et alors
« nous verrons. Mais si les raisons qu'on apporte en faveur
« du nouvel ordre de choses sont toutes prises d'une autre
« source, ou même si l'on se borne à invoquer des raisons
« d'opportunité, tirées des circonstances au milieu desquelles
« nous nous trouvons, on nous permettra, sans doute, d'ap-
« pliquer, chacun comme nous l'entendrons, l'exercice de
« l'autorité qu'on nous reconnaît, et de trouver qu'*il est tou-*
« *jours plus opportun dans l'Eglise de se rapprocher de l'E-*
« *glise mère et maîtresse de toutes les autres, que de se grou-*

« *per ou de rester groupé autour d'une Eglise particulière*
« *quelconque, à laquelle nulle prééminence n'a été donnée, au-*
« *cune promesse n'a été faite en dehors de ce qui appartient à*
« *toutes et à chacune des autres* (1). »

Assurément, quand deux prélats comme M. l'Evêque de Langres et M. l'Evêque de Montauban croient opportun de s'exprimer ainsi publiquement, on peut affirmer que toute tentative pour imposer aux Eglises de France la Liturgie parisienne, rencontrerait dans l'Episcopat une résistance d'autant plus invincible qu'elle serait très certainement soutenue par le Saint-Siége : le Bref de Grégoire XVI à M. l'Archevêque de Reims, les Brefs de Pie IX au même prélat et aux Evêques de Saint-Brieuc, de Troyes, de Montauban et de Vannes, ne permettent pas d'en douter. Mais les faits parlent encore plus haut que les paroles : voici la liste des diocèses qui suivent aujourd'hui la Liturgie romaine :

Aix,	Strasbourg,
Avignon,	Quimper,
Bordeaux,	Langres,
Cambray,	Périgueux,
Ajaccio,	Gap,
Angoulême,	Rennes,
Marseille,	Saint-Brieuc,
Montpellier,	Troyes,
Perpignan,	Montauban,
Rodez,	Vannes,
Saint-Flour,	Tarbes.

(1) Lettre de M. l'Evêque de Montauban au journal *l'Univers*, publiée dans le n° de ce journal du 10 février 1846.

En tout vingt-trois diocèses, si l'on y joint la nouvelle Eglise d'Alger (1). Or, les douze premiers seulement ont toujours gardé le rite romain. Quimper, le quittant à moitié, avait, en 1835, pris un Bréviaire particulier, auquel il n'a renoncé qu'en 1846 (2). Les autres avaient à diverses époques adopté, sept le Parisien, deux des rites différents et ont successivement repris le Romain : Langres en 1839; Périgueux en 1844; Gap en 1845; Rennes en 1846; Saint-Brieuc, Troyes, Montauban, Vannes et Tarbes en 1847 (3). Ce mouvement ne s'arrêtera pas là : tout le monde connaît les mesures déjà prises à Reims (4) et dans plusieurs autres diocèses, pour préparer un semblable retour. Les Evêques même qui se trouvent dans l'impossibilité d'y songer, expriment hautement l'espérance que leurs successeurs seront plus heureux (5). Nous nous bornons à constater cet état de choses,

---

(1) Remarquons que la Liturgie romaine est encore suivie par un assez grand nombre de paroisses dans beaucoup d'autres diocèses, et par la plupart des communautés religieuses de l'un et de l'autre sexe, dans toute la France.

(2) Si quelques ecclésiastiques le gardent encore, le nombre en est fort restreint.

(3) Nous avons déjà fait observer que les rites particuliers, parisiens ou autres, antérieurement en usage, ne cesseront complètement dans plusieurs de ces diocèses, que lorsque les Evêques auront pu réaliser toutes les mesures nécessitées par de tels changements. Tout se fait dans l'Eglise avec cette douceur que donne la force sûre d'elle-même, *suaviter et fortiter*; mais ce n'est plus qu'une affaire de temps.

(4) A Reims, on se sert déjà au Séminaire des livres romains. A Reims, à Sens et dans la plupart des diocèses, beaucoup de prêtres prennent le Bréviaire romain pour l'Office privé.

(5) Voici par exemple comment s'exprime le pieux Evêque de Châlons, dans son Mandement pour le Carême de 1848 :

« Accoutumé que je suis à communiquer à mes chers collaborateurs

et nous demandons si quelqu'un peut raisonnablement espérer aujourd'hui de voir la Liturgie parisienne devenir, à l'exclusion du Rite romain, la Liturgie unique et commune des Eglises de France?

Les faits rapportés dans le précédent chapitre nous ont amené à cette conclusion : Le système des Liturgies paroissiales est désormais impossible parmi nous; nous croyons pouvoir conclure des faits rapportés dans celui-ci, qu'on peut en dire autant du système jadis tant rêvé d'une Liturgie nationale. Le retour aux doctrines romaines a tué ce système : comme le remarque M. l'Evêque de Châlons, *il n'est plus guère question parmi nous de ce vieux levain janséniste et parlementaire dont certaines gens se faisaient honneur, tout en se disant catholiques. Les temps sont bien changés.* Tous les catholiques comprennent que la force et le salut de l'E-

toutes mes pensées, je dirai un mot du *Bréviaire*. Je ne parle pas à cet égard des circonstances où nous sommes placés; elles sont connues; mais dans le temps avant de prendre un parti et de me décider à la réimpression du Bréviaire châlonnais (l'affaire était grave, personne ne parlait encore du Bréviaire romain), que de fois j'ai balancé de faire entrevoir le désir que j'aurais eu de mettre un terme à nos incertitudes et de nous fixer pour toujours, en revenant à la Liturgie de l'Eglise universelle! C'était une bonne pensée. Je ne l'ai pas fait et je le regrette d'autant plus que la métropole (Reims) et bien d'autres diocèses nous en donnent maintenant l'exemple. Nous avions à vaincre les mêmes difficultés; on trouvait pour ou contre le projet de fortes raisons : celle, entre autres, de faire cesser ce mélange qui se rencontre à chaque pas dans le diocèse, de Rémois, de Soissonnais, de Troyen, sans compter le nôtre, et qui semblait devoir l'emporter; c'est en effet une espèce de chaos dont on ne peut se tirer, pour peu que l'on passe, surtout sur les confins, d'une paroisse à une autre. Cet inconvénient était grand, et nous l'évitions en adoptant le Romain. Que faudra-t-il maintenant de temps pour en venir là et accomplir une œuvre que j'ai toujours eu à cœur? Je l'ignore, mais on connaît ma pensée; aussi ai-je cent fois répondu à ceux qui m'interrogeaient sur ce point, que nous aussi nous serions un jour Romains, que tout nous pous-

glise est dans l'union et la soumission de tous ses membres au Pasteur suprême; fidèles à leur mission, les Evêques ne se lassent pas de rappeler aux fidèles cette vérité, et par la parole et par l'exemple. C'est pour obéir aux vœux du Saint-Siége, exprimés par Grégoire XVI et plus récemment par Pie IX, qu'un si grand nombre d'entre eux ont déjà rétabli dans leurs diocèses la Liturgie Romaine, ou pris les mesures nécessaires pour rendre ce rétablissement possible dans un temps prochain. Ils disent tous avec M. l'Evêque de Saint-Brieuc : *Un simple désir du Vicaire de Jésus-Chrest sera toujours pour nous un ordre auquel nous nous empresserons d'obtempérer* (1)

sait là. Peut-être d'autres que moi accompliront cette tâche; je leur en laisserai le soin et je mourrai avec l'espoir que mes successeurs, plus heureux, entreront dans nos vues, qu'ils seront dans des circonstances assez favorables pour agir et n'être point contrariés dans ce bon dessein. C'est ce que j'ai dit au Saint-Père, qui m'en exprimait son vif désir, et se réjouissait par avance de voir le clergé de France s'unir pour prier à celui de Rome, et marcher par les mêmes voies. C'est là que nous tendons manifestement, car il n'est plus guère question aujourd'hui parmi nous très heureusement de ce vieux levain janséniste et parlementaire dont certaines gens se faisaient honneur, tout en se disant catholiques, enfants soumis de l'Eglise dont ils n'avaient que le nom. Les temps sont bien changés à cet égard. Quant à moi, je l'avoue, j'ai loué dans ma préface le Bréviaire de Châlons; il le mérite, car il est parfait, tant pour le bel ordre qui y règne que pour sa composition, pour sa simplicité, pour l'esprit de sage critique et pour la science qui ont présidé à ce travail. Il n'a qu'un seul défaut qui nous frappe plus aujourd'hui, c'est de n'être pas romain, de voir un nom de ville et un nom d'homme au lieu de celui de Rome et du pontife romain, successeur immédiat de Jésus-Christ. Oui, très heureusement, c'est une chose qui n'est plus comprise maintenant, soit dit sans blesser la foule respectable et nombreuse des prédécesseurs, nos pères dans la foi, dont nous admirons les vertus et que nous prendrons toujours pour modèles. »

(1) *Mandement de Mgr. l'Evêque de Saint-Brieuc pour l'établissement de la Liturgie romaine dans son diocèse*, en date du 10 avril 1848. Voici le passage de ce mandement où se trouvent les paroles que nous

rapportons : « En 1808, Mgr. Caffarelli, l'un de nos prédécesseurs, pour des motifs dont mieux que personne il sentait et appréciait l'importance, substitua dans sa cathédrale la Liturgie parisienne à la Liturgie romaine qu'on y avait adoptée à l'époque du rétablissement du culte catholique en France, après les années si orageuses de la grande révolution de 1789. Alors aussi, et plus tard encore, plusieurs églises paroissiales furent autorisées à prendre les usages religieux de l'église cathédrale, et nous pûmes constater, en 1845, que cent paroisses au moins suivaient le rit parisien. Depuis ce temps-là également, l'universalité du clergé ne récitait pas d'autre bréviaire que le bréviaire parisien. Notre prédécesseur immédiat laissa les choses dans l'état où il les avait trouvées, et nous-même, quand la divine Providence nous confia l'administration de ce diocèse, nous crûmes devoir maintenir ce qui existait avant nous. Nous n'avions pas établi cet ordre de choses, mais il nous semblait que nous eussions manqué à la mémoire de deux saints et vénérables évêques, si nous avions entrepris de notre propre mouvement de détruire leur œuvre. Les questions sur la Liturgie, auxquelles plusieurs laïques ne demeurèrent pas étrangers, étaient alors vivement débattues en France et en particulier dans notre diocèse. Ce que l'on put dire dans un sens ou dans un autre ne nous fit rien changer à la résolution que nous avions prise dès le commencement. Cependant, les quatre premières années de notre épiscopat étaient révolues, et le moment était venu où, conformément aux règles de l'Eglise et à la promesse solennelle que nous en avions faite dans la cérémonie de notre sacre, nous devions présenter au souverain pontife, par nous-même en personne ou par un délégué, l'état du diocèse que nous avions été chargé de conduire. Nous remplîmes cette obligation en envoyant à Rome l'un de nos grands vicaires. Ces choses se passaient aux mois de juin, juillet et août 1845. Depuis lors nous attendions la réponse que le Saint-Siége devait nous adresser sur notre compte-rendu. Elle ne nous parvint que le 7 décembre de l'année suivante. L'article II de cette réponse exprimait de la part du souverain pontife le vœu de l'établissement de la Liturgie romaine dans notre diocèse. Nous vous répèterons aujourd'hui, N. T. C. F., ce que nous dîmes alors à notre clergé, « qu'un simple désir du vicaire de Jésus-Christ sera toujours pour nous un ordre auquel nous nous empresserons d'obtempérer. » Dès lors donc ce fut de notre part une résolution bien arrêtée, résolution partagée d'ailleurs par le vénérable chapitre de notre cathédrale dont nous devions prendre l'avis en pareille circonstance, que la Liturgie romaine deviendrait, dans un avenir prochain et aussitôt que nous serions en mesure, la Liturgie de ce diocèse. Notre premier soin fut d'informer sa Sainteté de cette détermination, et elle a daigné nous en marquer sa satisfaction paternelle par une lettre que nous allons consigner ici. »

CHAPITRE XVIII.

LITURGIES DIOCÉSAINES.

Nous avons vu que sur les quatre-vingt-un diocèses de France, trente-quatre suivent le Parisien plus ou moins modifié, et vingt-trois la Liturgie romaine; restent vingt-quatre diocèses partagés entre vingt Liturgies : deux se divisent le diocèse de Soissons, treize ont chacune un diocèse, cinq règnent chacune dans deux diocèses. Ces dernières sont :

Celles de Besançon, pour Besançon et Saint-Claude;
— de Clermont, — Clermont et Moulins;
— du Mans, — le Mans et Cahors;
— de Poitiers, — Poitiers et Nantes;
— de Toul, — Nancy et Saint-Dié.

Ces cinq Liturgies se trouvent du nombre de celles que n'a point souillées le venin janséniste; mais comme toutes les Liturgies du dix-huitième siècle, elles furent composées dans le sytème, selon les principes et d'après la méthode inventés par Le Tourneux, Sainte-Beuve, leurs amis, et universellement adoptés en France à cette époque, par les catholiques comme par les sectaires. Tous travaillaient sur le même plan, aveuglément accepté; seulement les jansénistes s'efforçaient d'y faire entrer des textes mutilés ou des faits arrangés, favorables à leurs doctrines, tandis que les catholiques avaient soin d'en bannir toute parole douteuse ou même d'y ajuster les textes et les faits contraires aux nouvelles erreurs Or, si les adversaires des Liturgies modernes blâment la coopération des hérétiques à la composition d'une partie de ces liturgies et les passages plus ou moins captieux qu'on y rencontre, ils s'élèvent aussi contre le système; c'est là même, à vrai dire, le point fondamental de la controverse. Il s'agit de savoir si on a eu raison d'inventer un système de Liturgie entièrement nouveau (1), pour rejeter le système de la Liturgie romaine, consacré par toute la tradition et par la pratique constante de l'universalité des Eglises, aussi bien que par les décrets des Conciles et des Souverains Pontifes. Une seule Liturgie, celle du Mans, forme exception à la règle générale : les traces de l'ancienne Liturgie qu'on y rencontre, si rares qu'elles soient, la mettent dans une classe à part et demeurent comme une réclamation en faveur des usages de l'antiquité. L'Eglise du Mans ne doit cet honneur ni au docteur Robinet, auteur de son Bréviaire, ni au janséniste Rondet qui l'arrangea; le premier, quoique plein de zèle contre les jansénistes, n'était que trop imbu de leurs principes liturgiques, comme le prouve son *Breviarium ecclesiasticum*, qu'il avait composé à l'imitation de Foinard, et d'où fut tiré le Bréviaire manceau; le second n'était pas homme à respecter les traditions romaines, tous ses travaux liturgiques l'attestent; mais l'Evêque Charles-Louis de Froullay, bien qu'il eût subi l'influence de son siècle, quant aux choses de la Liturgie, savait quel danger il y a à considérer l'Ecriture sainte comme l'unique élément des prières sacrées, et quelle est la valeur des formules traditionnelles. Il modifia donc en ce sens l'œuvre de Robinet, et déposa dans sa

---

(1) Nous avons exposé ce système dans le chapitre intitulé : *Différences intrinsèques entre la Liturgie Romaine et les Liturgies françaises.* P. 257 et suivantes.

Lettre pastorale, qui est du 25 mars 1748, un témoignage solennel en faveur de la tradition liturgique.

La Liturgie de Poitiers mérite aussi une mention spéciale, mais à un tout autre titre. Le Missel et le Bréviaire du lazariste Jacob sont assurément ce que l'innovation a produit de plus bizarre et de plus étrange. Il trouva le moyen d'être à la fois en contradiction avec toutes les Liturgies anciennes et avec toutes les Liturgies modernes (1).

On ne peut songer à la Liturgie de Besançon, sans déplorer la perte des rites antiques qu'elle a remplacés et dont elle a gardé si peu de traces. Du reste, le système moderne une fois accepté, elle est faite dans un esprit tout catholique, ainsi que les Liturgies de Clermont et de Toul. L'influence de cette dernière fut grande dans toute la Lorraine (2).

Passons aux Liturgies purement diocésaines :

Auch,	Beauvais,
Bourges,	Limoges,
Reims,	Meaux,
Rouen,	Nîmes,
Sens,	Orléans,
Amiens,	Versailles,
Bayeux,	Soissons.

Plus la Liturgie de Laon, dont il faut tenir compte : partout ailleurs, les Liturgies autres que la Liturgie diocésaine

(1) V. les *Institutions Liturgiques*, Tom. II, p. 566 et suivantes.

(2) La Lettre pastorale du Cardinal de Choiseul-Beaupré, Archevêque de Besançon, Prince du saint Empire romain, qui promulgue le nouveau Bréviaire de Besançon, est du 9 décembre 1761. — Celle de Scipion-Jérôme Begon, Évêque et comte de Toul, Prince du saint Empire romain, qui promulgue le nouveau Bréviaire de Toul, est du 4 juillet 1748.

ou que la Liturgie romaine, n'ont dans les localités qui les gardent encore qu'une existence de fait, et ce fait tend à disparaître; dans le diocèse de Soissons, le fait tend à se perpétuer. On y a, de nos jours, réimprimé les livres de Laon, et cela sous les yeux de l'autorité épiscopale, sans qu'elle ait cru devoir s'opposer d'une manière officielle au rétablissement de cette variété.

Nous avons déjà donné des détails sur toutes ces Liturgies; fait l'histoire de celles de Sens, d'Orléans, de Soissons; marqué la date récente de celles de Meaux, de Nîmes, de Versailles; signalé la restauration romaine commencée à Reims; rappelé que la Liturgie de Rouen fut le coup d'essai du docteur Robinet et précéda de plusieurs années son *Breviarium ecclesiasticum;* dit que la Liturgie de Beauvais a été puissamment remaniée en 1828, par M. Feutrier, le ministre des ordonnances tristement fameuses. Ces indications suffisent, une comparaison approfondie des quatorze rites nous mènerait trop loin; ajoutons cependant 1° que le Bréviaire de Bayeux, réimprimé en 1774 par l'Evêque Pierre-Jules-César de Rochechouart (1), avait été publié pour la première fois par Paul d'Albert de Luynes, devenu ensuite Archevêque de Sens et Cardinal, le même qui dota cette dernière Eglise du Missel Montcau ; 2° que le Bréviaire de Limoges, réimprimé en 1782, par l'Evêque Louis-Charles Duplessis d'Argentré (2), avait vu le jour dès 1736, la même année

---

(1) De Rochechouart se contenta d'ajouter quelques nouveaux Offices, comme l'office du Sacré-Cœur et ceux de Saint Vincent de Paul et de Sainte Chantal.

(2) D'Argentré rétablit les fêtes d'un grand nombre de Saints, et particulièrement des Saints Limousins, oubliés dans le Bréviaire de Dugast.

que le Bréviaire Vintimille, par les soins de l'Evêque Benjamin de l'Isle du Gast; 3° que le Bréviaire d'Auch a de grands rapports avec le Bréviaire de Paris.

Quelques explications sur ce dernier point sont peut-être nécessaires, car un examen superficiel pourrait faire supposer que le fond de ces livres est identique; mais l'étude comparée que nous en avons faite nous a convaincu que les différences sont trop nombreuses et trop caractéristiques pour qu'il soit possible d'admettre cette conclusion. Du reste, nous avons à cet égard le témoignage des admirateurs les plus enthousiastes du Bréviaire Parisien; on lit en effet dans les *Nouvelles ecclésiastiques* du 25 décembre 1784 : « Le
« Bréviaire de Paris, malgré le vernis de jansénisme que les
« jésuites et les sulpiciens se sont efforcés de lui appliquer,
« acquiert de jour en jour plus de confiance et d'autorité....
« Nous avons sous les yeux un mandement (daté d'Acqs le
« 28 janvier 1784) par lequel M. Charles-Auguste Lequien
« de la Neufville, Evêque d'Acqs (ou de Dax), annonce à ses
« diocésains qu'après mûre délibération, il a jugé ne pouvoir
« mieux faire que d'adopter les livres liturgiques de la capi-
« tale. Dès le commencement de son Episcopat, en 1772, il
« porta ses premiers regards sur le service divin et rétablit
« cette parfaite unité de culte, qui exprime si bien celle qui
« doit régner dans la foi et dans l'enseignement. Si les cir-
« constances lui eussent permis de suivre son inclination, il
« se serait dès lors occupé du Bréviaire et du Missel .. Plu-
« sieurs considérations ont empêché M. de la Neufville de
« fixer son choix sur le Bréviaire d'Auch, qui est le siège mé-
« tropolitain. Il lui a paru plus convenable d'adopter le Bré-

« viaire et le Missel de Paris (1). » Il est évident que d'après M. de la Neufville et d'après les *nouvelles ecclésiastiques* le Bréviaire et le Missel d'Auch sont un peu différents des Missel et Bréviaire parisiens : nous croyons qu'après avoir parcouru ces livres, tout bon janséniste serait de leur avis.

Nous terminerons ce chapitre par quelques détails assez instructifs, ce nous semble, sur les modifications faites récemment au Bréviaire d'Amiens. Remarquons que les auteurs de ce livre ont beaucoup emprunté au Bréviaire de Bourges; néanmoins les deux ouvrages diffèrent beaucoup. Le Bréviaire de Bourges est dans un esprit tout catholique, les hymnes sont en grande partie du P. Griffet, jésuite, mais on n'avait pas précisément songé à en faire comme le saint Evêque, M. de la Motte, de celui d'Amiens, une arme offensive contre les jansénistes. Aussi, lorsque les sectaires se voyaient réduits à choisir entre les deux, comme entre deux maux, ils choisissaient le moindre, c'est à-dire Bourges. M. de la Cropte de Bourzac, Evêque de Noyon, s'était entendu avec M. de la Motte pour établir dans son diocèse la nouvelle Liturgie d'Amiens; après avoir fait connaître cet accord dans un numéro précédent, les *Nouvelles ecclésiastiques nous di-*

---

(1) La même feuille nous apprend, dans son numéro du 13 mars 1782, que « quelques Curés s'étaient laissé séduire pour présenter à M. de la Neufville un mémoire où ils s'efforçaient de prouver, à l'exemple des Sulpiciens de Chartres, la nécessité indispensable de purger la Liturgie de Paris du prétendu jansénisme qu'on y a répandu, et qui est un continuel sujet de gémissements pour les bons catholiques, qui sont dans leur idée les molinistes; mais que M. d'Acqs leur a répondu de manière à leur faire sentir le ridicule de leurs préjugés. » Suit une assez longue énumération des titres de M. de la Neufville à la reconnaissance et à l'amour des non-molinistes.

sent, le 6 juillet 1763, que le Chapitre de Noyon refusait son consentement « se fondant principalement sur deux raisons. « La première a pour objet de nouvelles fêtes que le Prélat « prétend introduire: celle de saint Ignace et celle de saint « François Xavier. Notez que le diocèse de Noyon a toujours « été préservé de tout établissement jésuitique. La seconde « c'est que les commissaires du Chapitre avaient refusé de « travailler à l'édition avec le sieur Perrin, curé de saint Leu « de Paris, exilé depuis plusieurs années. Car ce curé schisma- « tique, établi par le Prélat surintendant des grands vicaires « de Noyon, est décoré de la commission de réviseur et d'é- « diteur du nouveau Bréviaire. Cette affaire, au lieu de se con- « cilier, s'est beaucoup échauffée. Le Chapitre, au mois de « février dernier, a présenté sa requête au parlement *pour* « *être reçu* opposant à l'édition du Bréviaire. Par arrêt rendu « le 28 mars sur le rapport de M. l'Abbé Lenoir, il a été ac- « cordé acte au Chapitre de son opposition et ordonné que « les parties viendront au premier jour d'audience, défenses « tenantes. L'Evêque prétend dans un mémoire imprimé « que son nouveau Bréviaire est celui de Bourges, donné par « M. le Cardinal de Larochefoucauld. Le Chapitre de Noyon « répond qu'il ne ferait aucune difficulté de recevoir le Bré- « viaire de Bourges, mais il fait voir et démontre que ce pré- « tendu Bréviaire de Bourges a été altéré et corrompu par « M. de La Motte, Evêque d'Amiens. » Le Chapitre de Noyon avait raison, M. de La Motte a complètement transformé le Bréviaire de M. de Larochefoucauld.

Le Bréviaire d'Amiens fut publié en 1746 par M. de La Motte. Le même Prélat édita, en 1752, un Missel en harmonie avec le Bréviaire, et, quelques années après, des livres de chant pour le lutrin. C'est de cette époque que date pour l'Eglise d'Amiens l'abandon des usages romains-français.

Deux éditions des livres liturgiques d'Amiens s'étaient succédé depuis la réforme de Saint Pie V. La première, sous M. de la Marthonie, en 1607 et 1614, n'était pour ainsi dire que la reproduction des livres romains. On lit dans la préface du Bréviaire (1607) : « *Nobis in mentem venit Deo optimo Maximo gratum et acceptum fore, si quem in eo ritum Romana servat Ecclesia, eum et nos teneremus : Cum præsertim tot homines id conceptis votis expeterent ut quibus una fides, et una esset orandi psallendique ratio; isque esset in universa ecclesia concentus ut membra a suo capite minimè discreparent.* » Et dans le mandement pour le Missel 1614 : « *Ita hoc Missale emendari curavimus, ut, si propria quorumdam Sanctorum quos nostra Diœcesis proprios habent demantur officia, Romanum possitis agnoscere.* »

Ces livres, réédités par M. Faure en 1667, subirent quelques changements; mais l'élément romain continua de dominer. Le Missel surtout y demeura complètement fidèle.

Le Bréviaire de 1746 et le Missel de 1752 répudièrent ces traditions, et furent composées sur le modèle des livres à la mode. Ils ont toutes les prétendues qualités et tous les défauts de ces livres. Seulement M. de La Motte était un Saint Evêque, un ennemi déclaré de la secte janséniste, et les hommes suspects ne purent avoir leurs coudées franches dans la rédaction de son Bréviaire et de son Missel. On y trouve pourtant, à la préface de la Toussaint, le *Quos imitatione sequi non possumus* du Missel de Troyes. Comme nous l'avons dit, un homme connu par ses opinions jansénistes, l'Abbé Vallart, travailla au Bréviaire. Un Mandement de

M. de La Motte atteste qu'on eut toutes sortes de peines à introduire dans le diocèse la Liturgie de nouvelle fabrique.

Le diocèse d'Amiens a vécu sur ce fonds jusqu'en 1840, année qui vit paraître une seconde édition du Bréviaire de 1746. Ce Bréviaire, quant aux formules et au texte des Offices, est identiquement le même que son aîné. Les *améliorations* ne portent que sur les rubriques et le calendrier, sauf quelques additions et quelques retranchements en certains Offices Ces améliorations ne mériteraient pas d'être signalées, si elles ne servaient merveilleusement à prouver une décadence vraiment déplorable des études liturgiques. C'est à ce titre que nous croyons utile d'en faire une mention succincte.

1°. L'Office de *vingt-cinq* fêtes a été réduit à un seul nocturne, quoique déjà le nombre des Offices à neuf leçons fût assez restreint dans le Bréviaire de 1746. Saint Hilaire, Saint Sébastien, Saint Chrysostôme, Saint François de Sales, Saint Grégoire-le Grand, Saint Athanase, Saint Basile, Saint Thomas d'Aquin, Saint Vincent de Paul, Saint Joachim et Sainte Anne, Sainte Marthe et Saint Lazare, Saint Laurent, Saint Bernard, Saint Augustin, Saint Jérôme, Saint-Remy, Saint Charles Borromée, Saint Nicolas, Saint Ambroise n'ont plus qu'un Office à trois leçons. Il en est de même de Sainte Colette, née à Corbie, près d'Amiens, et canonisée dans ce siècle même ; de Saint Quentin, l'un des premiers Apôtres de la contrée ; de la Réception du chef de Saint Jean, antique et glorieux anniversaire ; de Sainte Ulphe, vierge célèbre d'Amiens ; de Saint Domice, Chanoine de cette Cathédrale ; de l'Octave de la Nativité de la Sainte Vierge. On a sans doute cru garder suffisamment l'honneur dû à ces grandes fêtes en leur laissant le nom de *double mineur*.

2°. Dans le Bréviaire de 1746, comme dans tous les Bréviaires, les semi-doubles, qui tombent un jour empêché, sont transférés au premier jour libre, et l'Office entier en est célébré ce jour-là. Les rubriques du Bréviaire de 1840 décident que les semi-doubles ne seront plus transférés; s'ils échoient un dimanche ou un autre jour empêché, ils seront réduits à un simple mémoire. Cinquante-sept fêtes sont dans ce cas, parmi lesquelles on remarque celles de Sainte Geneviève, de Saint Antoine, de Sainte Agnès, de Sainte Monique, de Saint François de Paul, de Saint François d'Assises, de Saint Pierre Célestin, de Saint Thomas de Cantorbéry, de Saint Benoît, de Saint Norbert, de Saint Bonaventure, de Saint Ignace, de Saint Dominique, de Sainte Claire, de Sainte Cécile, de Sainte Catherine, etc.

3°. Les *prières* de Prime et des Complies sont supprimées aux semi-doubles. Ainsi, dans le Bréviaire de 1746, les semi-doubles, plus solennels que dans celui de 1840, puisqu'ils avaient le privilége d'être transférés, admettaient les *prières*; moins solennels aujourd'hui, et presque réduits à l'état des simples, ils n'en ont plus ! — Les *suffrages des Saints* n'ont plus lieu que dans les féries.

4°. Le Bréviaire de 1746 admet la division des Psaumes, mais les deux ou trois parties du Psaume divisé se suivent immédiatement, sans autre interruption que celle d'un *Gloria Patri* ou d'une antienne. En 1840, il arrive souvent qu'on ne dit qu'un seul fragment du Psaume, l'autre partie étant totalement omise. Par exemple, le dernier Psaume des deuxièmes Vêpres de Noël, *Memento Domine David*, est remplacé par la dernière partie de ce Psaume, à partir du verset *Juravit*. Le dernier Psaume des deuxièmes Vêpres de Saint Pierre, *Domine probasti me*, se trouve réduit aux onze derniers versets. Tous les Offices de la Semaine-Sainte sont traités de la sorte, et en général toutes les fêtes qui ont des Psaumes propres jugés un peu trop longs. On les commence sans les finir, ou on les prend sans façon tout d'abord par le milieu ou par le dernier tiers.

5°. Les leçons ont été mutilées en vue de raccourcir l'Office. Le Mandement placé en tête de l'édition ne s'en cache pas : *Multa quoque abbreviata sunt sive in lectionibus, sive in Officiis*.

6°. Pour *varier* davantage l'Office, on ne s'est pas fait scrupule de composer de nouvelles antiennes, notamment pour les Complies et le *Nunc dimittis*. Le lecteur jugera du succès par l'antienne du *Nunc dimittis* du Commun des Pontifes : *Die noctuque fugiebat somnus ab oculis meis pro gregibus tuis, Domine* (Gen. 31). Or, si vous avez recours à la Genèse, vous trouvez : *Die noctuque æstu urebar et gelu, fugiebatque somnus ab oculis meis. Sicque per viginti annos in domo tua servivi tibi, quatuordecim pro filiabus, et sex pro gregibus tuis*.

7°. Au calendrier, quelques Saints ont été transférés du jour propre de leur fête à un autre jour arbitrairement choisi. Saint Joseph, fort mal placé déjà au 19 avril, où l'avait mis M. de La Motte, a été reculé, on ne sait pourquoi, jusqu'au 7 mai.

8°. Pas un seul des Saints nombreux canonisés depuis 1746 n'a été admis dans le calendrier de 1840.

9°. Il a été statué, soit en vue d'abréger l'Office, soit pour le simplifier, qu'on ne ferait jamais mémoire aux Vêpres de l'office public, des Saints dont la fête tomberait ce jour là ou le lendemain. C'était supprimer de fait le culte des Saints pour les fidèles.

10°. Pour être juste, signalons quelques corrections vraiment louables. La première est l'élévation du rite des fêtes d'Apôtres qui fait que le dimanche leur cède la place ; la deuxième est la restitution à leur jour propre de quelques fêtes de Saints, trois ou quatre peut-être ; la troisième, l'introduction de la fête du Sacré-Cœur, sous un rite plus élevé et au jour qui lui est assigné dans le Romain.

Ce Bréviaire dut soulever certaines réclamations. L'année suivante, il était déjà jugé par l'autorité même qui l'avait publié. En 1841, un *Mandatum* ordonnait que les Psaumes seraient chantés dans leur entier comme par le passé, que les mémoires des Saints auraient lieu aussi selon les rubriques anciennes, que les fêtes d'Apôtres ne l'emporteraient plus sur le dimanche, que Saint Joseph serait fêté le 19 avril, selon l'ancien Bréviaire.

Il faut dire, à la décharge du Prélat qui a publié le Bréviaire de 1840, que ce travail avait été préparé en partie sous son prédécesseur ; quoique l'impression ne fût pas commencée, il avait peut-être quelques raisons de ne pas mettre au néant ce qui avait été fait.

CHAPITRE XIX.

PROJETS DE LITURGIES MÉTROPOLITAINES.

Si le système des Liturgies paroissiales est condamné par tout le monde, si le système des Liturgies nationales est universellement rejeté, le système des Liturgies diocésaines n'est pas moins abandonné, du moins en théorie, quoique dans la pratique il soit toujours en vigueur. Cette assertion étonnera peut-être, et l'on pourrait croire que nous ne voulons tenir aucun compte du petit nombre d'hommes qui luttent encore, avec une persévérance digne d'une cause meilleure, en faveur des Liturgies modernes. Il n'en est rien, et pour le prouver nous ne citerons pas les paroles des Evêques de Langres, de Montauban, de Gap, de Périgueux, etc.; mais nous remarquerons que M. l'Evêque d'Orléans regrette *l'extrême diversité qui règne chez nous, en matière de Liturgie* (1), et que M. l'Archevêque de Toulouse, commentant le Bref de S. S. Grégoire XVI à M. l'Archevêque de Reims, s'exprime ainsi :

« Ce sentiment du Souverain Pontife qui déplore l'ex-
« trême variété des livres liturgiques introduits en France,
« surtout depuis la nouvelle circonscription des diocèses, et
« qui regrette que nous n'ayons pas conservé plus d'unité,
« je l'ai exprimé moi-même d'une manière bien positive dès
« la première page de mon écrit. » Plus bas le vénérable Prélat déclare qu'il est *également d'accord avec Dom Gué-*

---

(1) *Examen des Institutions Liturgiques*, etc., p. 271.

ranger, sur ce principe que la Liturgie doit être stable, qu'il est nuisible à la piété et même dangereux pour la foi, d'y apporter sans cesse des changements. Enfin M. d'Astros est tellement frappé de tous les inconvénients qui résultent de la situation liturgique des Eglises de France, qu'il propose : *un moyen d'y mettre quelque unité, d'en assurer l'orthodoxie et de lui donner une stabilité convenable.* « Ce serait de
« mettre en vigueur la règle du onzième Concile de Tolède,
« lequel ordonne que dans toutes les Eglises de chaque Pro-
« vince ecclésiastique, les Offices publics, Vêpres, Matines,
« la Messe, soient célébrés suivant l'usage de l'Eglise métro-
« politaine (1). » Mû sans doute par les mêmes motifs, le dernier Evêque de Carcassonne adopta cette opinion, et ce fut pour s'y conformer qu'en établissant l'unité liturgique dans son diocèse, il lui donna la liturgie parisienne de Toulouse, sa Métropole. Comme son métropolitain, le Prélat s'appuyait sur les Canons de divers Conciles, d'après lesquels il ne doit y avoir, dans chaque Province ecclésiastique, qu'une seule et même liturgie; afin que de même que nous gardons une seule et même foi par la confession de la Sainte Trinité, nous gardions une seule et même règle des Offices divins : *sicut unam cum Trinitatis confessione fidem tenemus, unam et Officiorum regulam teneamus* (2).

Le moyen proposé par M. l'Archevêque de Toulouse consisterait donc à substituer le système de l'unité métropolitaine au système de l'unité diocésaine. Voyons quels en

---

(1) *L'Eglise de France injustement flétrie*, etc., deuxième édition, *Réflexions préliminaires*, p. viij et suivantes.

(2) Ex Concil. Venetico, *Can*. 15, *ann*. 465.

sèraient les résultats. Sur quinze Métropoles, quatre : Aix, Avignon, Bordeaux et Cambray suivent la Liturgie romaine; cinq : Paris, Lyon, Alby, Tours et Toulouse suivent le Parisien; une : Besançon, suit la Liturgie de ce nom, qui lui est commune avec le diocèse de Saint-Claude; cinq : Reims, Sens, Rouen, Auch et Bourges, ont des Liturgies purement diocésaines. Au lieu de vingt-une liturgies particulières, nous n'en aurions donc plus que sept, exactement le même chiffre que toutes les Eglises de l'Orient réunies. Il nous semble que pour 84 diocèses ce serait encore trop.

A ce changement, le Romain gagnerait, dans la province d'Aix : Fréjus et Digne; dans la province d'Avignon : Valence, Viviers et Nîmes; dans la province de Bordeaux : Agen, La Rochelle, Luçon et Poitiers; dans la province de Cambray : Arras; en tout dix diocèses; mais il perdrait, dans la province de Lyon : Langres; dans la province de Tours : Rennes, Quimper, Vannes et Saint-Brieuc; dans la province de Bourges : Saint-Flour; dans la province d'Alby : Perpignan et Rodez; dans la province de Besançon : Strasbourg; dans la province de Sens : Troyes; dans la province d'Auch : Tarbes; dans la province de Toulouse : Montauban; en tout douze diocèses, sans compter les nombreuses Eglises des provinces non romaines où tout se prépare pour la restauration liturgique.

Paris gagnerait, dans la province de Paris : Orléans, Meaux et Versailles; dans la province de Lyon : Saint-Claude, Grenoble et Langres; dans la province de Tours : Rennes, Nantes, le Mans, Quimper, Vannes et Saint-Brieuc; dans la province de Toulouse : Montauban; dans la province d'Alby :

Perpignan, Rodez et Cahors; en tout seize diocèses. Mais il perdrait, dans la province de Rouen : Evreux, Séez et Coutances; dans la province de Sens : Nevers; dans la province de Reims : Châlons; dans la province de Bourges : Tulle et Le Puy; dans la province de Bordeaux : Agen, La Rochelle et Luçon; dans la province d'Auch : Aire et Bayonne; dans la province d'Aix : Fréjus et Digne; dans la province de Besançon : Metz, Verdun et Belley; dans la province de Cambray : Arras; en tout dix-huit diocèses, et verrait ainsi descendre de trente-trois à trente-un le chiffre des Eglises qui ont accepté sa Liturgie.

Besançon perdrait Saint-Claude, mais gagnerait : Strasbourg, Metz, Verdun, Belley, Saint-Dié et Nancy.

Reims ne perdrait rien et gagnerait : Beauvais, Châlons, Amiens et Soissons.

Sens ne perdrait rien et gagnerait : Troyes, Nevers et Clermont.

Rouen ne perdrait rien et gagnerait : Bayeux, Evreux, Séez et Coutances.

Auch ne perdrait rien et gagnerait : Aire, Tarbes et Bayonne.

Bourges ne perdrait rien et gagnerait : Saint-Flour, Tulle, Clermont, Limoges et Le Puy.

La Liturgie de Poitiers, suivie à Poitiers et à Nantes; celle du Mans, suivie au Mans et à Cahors; celle de Clermont, suivie à Clermont et à Moulins; celle de Toul, suivie à Nancy et à Saint-Dié, et les Liturgies diocésaines d'Amiens, de Limoges, de Meaux, de Nîmes, de Bayeux, de Beauvais, de Versailles et d'Orléans, ainsi que celles de Soissons et de Laon, en tout quatorze Liturgies, se trouveraient complètement abolies.

Ce serait quelque chose, mais M. l'Archevêque de Toulouse qui, après avoir avec tant de peine établi l'unité métropolitaine dans sa province, l'a vue ensuite brisée, semble reconnaître lui-même que son projet n'est guère praticable : *Ce n'est pas que ce moyen n'offre encore bien des difficultés, nous le savons par expérience*, dit le vénérable Prélat. Et, en effet, on n'aperçoit que deux voies possibles pour le réaliser: ou l'accord des Evêques dans chaque province, ou l'autorité du Saint-Siége. Quant à l'accord des Evêques, il ne serait pas facile de l'obtenir partout, et par exemple nous croyons pouvoir affirmer qu'on ne l'obtiendrait jamais de ceux qui suivent le Romain dans les Provinces dont les Métropoles sont soumises à une autre Liturgie. Croit-on, par exemple, que M. l'Evêque de Langres, comblé des éloges du Saint-Siége, pour avoir rétabli la Liturgie romaine, consentirait sans difficulté à détruire son propre ouvrage, et, agissant contre tous les principes professés dans ses écrits, irait reprendre la Liturgie de Paris. Ajoutons que le grand argument, le seul argument vraiment sérieux des défenseurs des Liturgies modernes est tiré des difficultés matérielles, de l'énormité des dépenses qu'occasionnerait un changement de cette nature. Or, ces difficultés, ces dépenses seraient assurément beaucoup plus considérables dans l'hypothèse de M. l'Archevêque de Toulouse. Les livres romains se trouvent partout et à des prix relativement fort modérés. Les livres des Eglises particulières ne se trouvent que dans ces Eglises, et la réimpression en serait extrêmement coûteuse. Cependant, il suffit de jeter un coup-d'œil sur le tableau que nous venons de donner, pour se convaincre que si le projet en question était exécuté, trente-trois Eglises seulement conserveraient la Liturgie qu'elles ont actuellement; toutes les autres, au nombre de quarante-huit, devraient en changer.

Mais en supposant tous ces obstacles aplanis, le but ne serait pas atteint; M. l'Archevêque de Toulouse voudrait surtout donner à nos Liturgies *une stabilité convenable et prévenir des changements nuisibles à la piété et dangereux pour la foi.* Or, les successeurs des Evêques qui auraient accepté les Liturgies métropolitaines ne seraient en aucune façon liés par l'autorité de leurs prédécesseurs. Les changements demeureraient possibles; on n'aurait aucune garantie de stabilité, à moins que le Pape lui-même n'intervînt. Le premier moyen d'établir l'unité métropolitaine se résout donc dans le second : il n'y en a pas d'autre que l'autorité du souverain Pontife. Cela posé, je demande s'il est raisonnable d'espérer que le Saint-Siége, qui depuis des siècles travaille si persévéramment à établir dans toute la chrétienté l'unité de la Liturgie romaine, qui tout récemment encore nous rappelait les Bulles de Saint Pie V, et nous exprimait si vivement le désir de voir ces Bulles exécutées en France comme dans tout le reste de l'Eglise, je demande s'il est raisonnable d'espérer que le Saint-Siége, consacrant la violation de ces Bulles et des lois générales toujours maintenues par lui, sanctionnera un état de choses qu'il déplore, et donnera une existence stable et canonique à sept Liturgies nouvelles aussi opposées entre elles qu'elles le sont toutes à la Liturgie romaine. Evidemment il n'y faut pas compter. Aux Evêques qui lui demanderaient de telles mesures, le Saint-Siége pourrait répondre :

Vous voulez régulariser votre situation liturgique, *y mettre quelque unité, en assurer l'orthodoxie et lui donner une stabilité convenable*, embrassez la Liturgie romaine, la situation sera plus régulière, l'unité beaucoup plus grande, l'orthodoxie plus assurée, la stabilité plus certaine. Je ne puis d'ailleurs garantir l'orthodoxie de vos sept Liturgies qu'après les avoir scrupuleusement examinées. Ce travail serait assez long; il est bien plus simple de prendre la Liturgie orthodoxe par excellence et sur laquelle aucun doute n'est possible. Vous ne pouvez pas d'ailleurs convenablement me demander d'obliger ceux d'entre vous qui, fidèles à mes lois, ont gardé jusqu'ici la Liturgie romaine ou qui ont eu la sagesse d'y revenir, de l'abandonner pour les Liturgies qu'ont inventées vos pères du dix-huitième siècle; vous ne pouvez pas me demander d'enchaîner à jamais à ces Liturgies ceux de vos successeurs qui voudraient rentrer dans cette communion de la prière que vous avez si malheureusement rompue. Vous alléguez, afin de ne pas y rentrer vous-mêmes, les difficultés, les impossibilités matérielles; mais ces difficultés sont tout aussi grandes pour les changements que vous proposez. Vous ne voulez d'unité que dans les limites de la métropole; mais cela n'existe nulle part; pourquoi vous isoler ainsi du reste de la chrétienté? La Liturgie romaine s'étend à tout l'univers, les plus illustres métropoles se font gloire de la suivre. Le domaine des Liturgies de l'Orient n'est pas déterminé par les bornes de telle ou telle province. Si la Liturgie ambrosienne ne dépasse pas les frontières de la province de Milan, elle ne la remplit pas tout entière; plusieurs diocèses de cette province, et dans Milan même, plusieurs Églises suivent la Liturgie de l'Église mère et maîtresse. Vous demandez donc la création d'un état de choses nouveau, exceptionnel, privilégié, contraire à ce qui est dès long-temps établi et à l'économie générale de l'Eglise catholique. Pour établir l'unité dans vos Provinces, vous vous appuyez sur les Canons des Conciles; veuillez donc en saisir l'esprit. Ces Conciles établirent l'unité liturgique au degré où elle pouvait exister alors; établissons-la aujourd'hui au degré où elle peut l'être. Les textes même que vous rapportez nous y invitent : *Sicut unam cum Trinitatis confessione fidem tenemus, unam et Officiorum regulam teneamus.* Puisque nous sommes unis par la même foi en la confession de la très sainte Trinité, soyons unis également par la même Liturgie, afin d'honorer Dieu unanimement et d'une seule bouche : *Ut unanimes, uno ore honorificetis Deum.* Songez donc à ce qu'étaient ces Conciles. Des Conciles provinciaux, comme ceux de Vannes, d'Agde, d'Epaone, de Gironne, en 464, en 506, en 517, etc., etc., et ils établissaient l'unité dans la Province; ou des Conciles nationaux, comme le quatrième de Tolède, en 633, et ils établissaient l'unité dans tout le royaume, c'est-à-dire, précisément partout où s'étendait leur pouvoir. Le pouvoir de l'Eglise Romaine est universel, et le même esprit qui dirigeait ces Conciles l'inspirant, elle établit l'unité universelle. Pourquoi ces Conciles s'efforçaient-ils d'anéantir toute variété liturgique, dès que leur bras pouvait l'atteindre ? Ils le disent tous et vous le répétez vous-même : *Afin qu'unis dans la même foi, les Chrétiens soient également unis dans la même prière.* N'êtes-vous pas unis avec l'Eglise Romaine, avec toutes les Eglises de la terre qui suivent sa Liturgie, dans la même foi? Pourquoi ne voulez-vous pas prier avec elles et comme elles ? Les Conciles dont vous invoquez l'autorité sont des Conciles provinciaux ou nationaux des v°, vi° et vii° siècles. Leurs lois sont depuis long-temps abolies et n'ont plus d'existence que dans l'histoire : le Concile de Trente est un Concile œcuménique, ses lois sont toujours stables et vivantes; or, ce n'est pas l'unité métropolitaine, c'est l'unité universelle que le Concile de Trente a voulue, et que les Souverains Pontifes ont établie conformément à ses intentions. Laissons là les Canons de Tolède, de Vannes, de Gironne, et obéissons aux récentes constitutions du Saint-Siége, aux décrets du dernier Concile général.

Nous concluons : le système de l'unité métropolitaine est d'une réalisation impossible; par des raisons analogues et par des raisons encore plus puissantes que nous avons exposées, le système de l'unité nationale ne peut pas non plus être établi ; le système de l'unité paroissiale est rejeté par tout le monde. Le choix reste entre le *statu quo* ou système de l'unité diocésaine et le retour à la Liturgie romaine. Or, M. l'Archevêque de Toulouse, s'accordant en cela avec les défenseurs de la Liturgie romaine, ne veut point du *statu quo*. Le Prélat n'en veut point, parce que, dans ce système, la Liturgie n'ayant ni *l'unité*, ni *la stabilité convenables*, demeure exposée à *des changements nuisibles à la piété, et même dangereux pour la foi*, de telle sorte que *l'orthodoxie* n'en est pas suffisamment *assurée*. Il importe cependant d'assurer cette orthodoxie, d'écarter le danger de pareils changements, de procurer cette stabilité et cette unité; tout le monde convient que le retour à la Liturgie romaine aurait tous ces avantages, et nous avons démontré qu'en dehors du *statu quo*, ce retour est la seule chose praticable et dont l'exécution ne rencontrât pas des obstacles invincibles. Il nous semble donc que les Evêques qui soutiennent la cause de la Liturgie romaine sont dignes d'excuse : après tout, entre eux et M. l'Archevêque de Toulouse, de quoi s'agit-il ? Ils veulent sacrifier vingt-et-une Liturgies, le vénérable prélat propose d'en immoler quatorze. Mais pourquoi épargnerait-on les sept pour lesquelles il demande grâce ? Elles ont toutes la même origine, les mêmes droits, les mêmes agréments, la même beauté ; également aimées de ceux qui les possèdent, elles sont toutes également inviolables, également sacrées.

CHAPITRE XX.

RÉSUMÉ ET CONCLUSION.

Les chapitres précédents étaient imprimés lorsque la révolution de février est survenue : depuis lors M. l'Archevêque de Reims, qui préparait dès long-temps, comme nous l'avons dit, cette restauration, a officiellement rétabli la Liturgie romaine dans son antique métropole. Le lecteur devra donc rectifier les chiffres que nous avons donnés sur le nombre respectif des diocèses qui suivent le romain ou des Liturgies diocésaines, et il est vraisemblable que beaucoup de mois ne s'écouleront pas avant que d'autres rectifications semblables ne soient devenues nécessaires.

L'autorité de M. l'Archevêque de Reims est trop considérable pour que nous puissions nous abstenir de citer à l'appui des doctrines soutenues dans cet écrit, le passage suivant de son mandement en date du 15 juin dernier.

Le savant Prélat rappelle d'abord que la Liturgie chrétienne, quant à sa partie substantielle, remonte aux apôtres. Après avoir prouvé cette vérité par le témoignage des Livres saints et des premiers Pères, il ajoute :

« En attribuant les Liturgies aux apôtres, on ne prétend
« point leur attribuer tout ce qu'elles contiennent aujour-
« d'hui, ni même ce qu'elles contenaient lorsqu'elles ont été
« rédigées par écrit, sur la fin du quatrième et dans le cou-
« rant du cinquième siècle. Elles étaient, comme elles le sont
« encore, sujettes à des modifications accessoires. Le culte

« ne pouvait être le même dans les jours de persécution qu'en
« temps de paix, ni le sacrifice de la Messe se célébrer dans
« les souterrains ou dans les prisons avec la même pompe
« que dans les temples et les basiliques. Les fêtes nouvelle-
« ment établies exigent des prières nouvelles et analogues;
« les Préfaces et les Collectes, composées pour solenniser la
« mémoire des Apôtres, ne peuvent être leur ouvrage; elles
« sont nécessairement d'une main plus récente. Il en est de
« même d'une partie du Canon, où ils sont nommés, ainsi que
« plusieurs Saints qui ne sont morts qu'après eux. Aussi
« toutes les Liturgies ne sont pas absolument les mêmes,
« quoique toutes celles qui sont orthodoxes renferment la
« même doctrine : la Liturgie grecque, par exemple, nous
« offre d'autres formules de prières et d'autres cérémonies
« que la Liturgie romaine. Mais l'une et l'autre ayant été
« sanctionnées par le Saint-Siége, on doit les regarder toutes
« les deux comme étant l'expression du dogme catholique,
« ou du moins, comme ne contenant rien de contraire à la
« croyance et à la pensée de l'Eglise. Il en est de même des
« Liturgies particulières à quelques diocèses de l'Eglise latine;
« lorsqu'elles ont pour elles l'approbation du Vicaire de Jésus-
« Christ, elles nous offrent la plus grande garantie pour l'or-
« thodoxie dans les prières et dans les rites qu'elles prescri-
« vent. Et malgré les inconvénients qui résultent pour les
« fidèles de la variété de ces Liturgies locales, on peut s'y con-
« former, suivant les constitutions de saint Pie V.

« Mais il en est autrement d'une Liturgie moderne qui ne
« réunit point les conditions prescrites par les saints canons :
« encore qu'on ait des raisons suffisantes de la croire ortho-
« doxe, on ne peut la suivre qu'autant que l'Ordinaire juge à

« propos de la tolérer, à raison des difficultés qui l'empêchent
« de rentrer dans le droit commun. Un Evêque, fût-il Métro-
« politain, Primat, Cardinal, n'a pu, de son autorité privée,
« ni substituer un nouveau rite au rite romain, ni introduire
« des changements, même non substantiels, dans le rite ro-
« main, ni modifier le rite propre à son église, lors même
« qu'il eût été en droit de conserver ce rite, aux termes des
« constitutions du Saint-Siége. Faire dépendre l'organisation
« du culte, l'ordre du Bréviaire, du Missel, du Rituel et du
« Cérémonial de chaque Evêque particulier, ce serait ôter à
« la Liturgie son vrai caractère, en ne lui laissant pas d'autre
« autorité que celle de son auteur. Ni ses nouvelles Préfaces,
« ni ses nouvelles Hymnes, quelque exactes qu'elles fussent,
« ni ses nouvelles Leçons tirées de tel ou tel auteur ecclésias-
« tique, ni les nouvelles applications qu'on y ferait des Ecri-
« tures, ne pourraient plus être regardées comme étant infail-
« liblement la pensée de l'Eglise catholique ou l'expression
« des traditions apostoliques. D'ailleurs, si un Evêque pou-
« vait, de son chef, donner une Liturgie particulière à son
« église, bientôt il y aurait autant de Liturgies particulières
« qu'il y a de diocèses, autant de manières de célébrer l'Of-
« fice divin, de chanter les louanges de Dieu : c'en serait fait
« de l'uniformité si désirable et si désirée, tant par les fidèles
« que par l'Eglise, pour tout ce qui a rapport au culte.

« Aussi les Papes, et généralement les Evêques, ont-ils
« toujours montré le plus grand zèle à maintenir la Liturgie
« romaine dans la plus parfaite unité possible, même en ce
« qui ne paraît point essentiel (1). »

(1) M. l'Archevêque de Reims établit ce dernier fait par de longs
extraits des Bulles de saint Pie V : *Quod a Nobis* et *Quo primum tem-*

Après avoir lu ces paroles du pieux et savant Archevêque, nous reprenons avec plus de courage, pour la terminer cette fois, notre tâche si souvent et si long-temps interrompue :

Les quatre-vingt-un diocèses de France forment quinze provinces ecclésiastiques; mais, sous le rapport liturgique, il n'y a pas moyen de les classer par métropoles, ni même de tracer aucune division géographique : les diocèses d'une

pore sur le Bréviaire et le Missel, et du Bref de Paul V : *Apostolicæ Sedi*, sur le Rituel; puis il continue :

« Vous connaissiez, nos chers et dignes coopérateurs, les prescriptions du Siége apostolique en faveur de l'unité liturgique; vous connaissiez les dispositions du concile provincial de Reims, de l'an 1583, présidé par le Cardinal de Guise, l'un de nos plus illustres prédécesseurs : ce concile recommande aux Evêques de la province de faire examiner les Bréviaires et Missels de leurs diocèses, et, s'il y a lieu, de les réformer le plus tôt possible, en se conformant à l'usage de l'Eglise romaine, selon les constitutions de Pie V, *ad usum Ecclesiæ romanæ, juxta constitutionem Pii V, reformari* (Titre *De Breviario Missali* etc.). Elles n'étaient point ignorées non plus de ceux qui ont été chargés depuis, à différentes reprises, de réviser et de corriger nos livres liturgiques. Cependant le rite rémois, qu'on ne peut mettre au nombre des rites particuliers approuvés par le Saint-Siége, loin de s'être rapproché du rite romain, s'en est écarté de plus en plus depuis la fin du dix-septième siècle. C'est pourquoi, nous trouvant dans la nécessité de publier un rituel à l'usage de notre diocèse, nous avons cru devoir consulter Notre Saint-Père le Pape, dont la sollicitude s'étend sur l'Eglise universelle. »

Après avoir rappelé par extraits le bref, en date du 6 août 1842, par lequel Sa Sainteté Grégoire XVI lui exprimait le désir de voir observer partout en France les constitutions de saint Pie V, Mgr. l'Archevêque de Reims termine son mandement en ces termes :

« C'est aussi le vœu de Sa Sainteté Pie IX (Bref du 30 juillet 1847, en réponse à la lettre par laquelle nous avions fait part au Saint-Père du projet de rétablir la Liturgie romaine dans notre diocèse), qui est, comme était Grégoire XVI, l'objet de notre vénération. Vous ne serez donc pas étonnés si, après y avoir mûrement réfléchi, nous venons aujourd'hui réclamer le concours de votre zèle pour l'accomplissement d'une œuvre qui, en rétablissant à perpétuité (les constitutions de saint Pie V et le

même Liturgie sont quelquefois éloignés, quelquefois rapprochés les uns des autres. Telle Liturgie exclue des Eglises voisines, est reçue par une Eglise lointaine, on ne sait ni comment, ni pourquoi. Le Parisien saute du Nord au Midi, de l'Est à l'Ouest; la confusion est complète. Le lecteur le verra en étudiant le tableau suivant :

bref de Paul V, concernant la Liturgie, ayant été mis à exécution dans le diocèse de Reims, nous ne pourrons, ni nous, ni nos successeurs, y déroger en quoi que ce soit) l'uniformité pour le culte, dans toutes les paroisses de ce vaste diocèse, doit resserrer de plus en plus les liens qui unissent l'Eglise de Reims à l'Eglise qui est la mère et la maîtresse de toutes les Eglises, et nous mettre d'une manière plus parfaite encore en communion de prières avec le Père commun de tous les fidèles.

« A ces causes, le saint nom de Dieu invoqué, nous avons ordonné et ordonnons ce qui suit :

« Art. 1er. A partir du 1er novembre de l'année courante, 1848, le Rituel que nous venons de publier sous ce titre : *Rituale Romanum Pauli V. P. M. jussu editum, a Benedicto XIV, P. M. auctum et castigatum; ad usum insignis Ecclesiæ metropolitanæ Remensis*, etc., sera, avec le supplément qui est à la suite, obligatoire dans toutes les paroisses et annexes de notre diocèse. Tout autre rituel ou manuel jusqu'alors en vigueur sera et demeurera interdit.

« Art. 2. A partir du 1er janvier 1851, le Bréviaire et le Missel à l'usage de l'Eglise romaine seront obligatoires pour tous les prêtres du diocèse. Néanmoins, pour ce qui regarde le Bréviaire, ceux qui, à raison de l'âge ou de quelque infirmité, ne pourront que très difficilement le réciter, seront autorisés par nous à conserver le Bréviaire de Reims.

« Art. 3. Il y aura, pour le Bréviaire et pour le Missel, des *suppléments* contenant les Offices propres au diocèse de Reims. Ils seront imprimés aussitôt qu'ils auront été approuvés par la Sacrée Congrégation des Rites.

« Art. 4. S'il se présente quelques difficultés particulières au sujet de l'introduction du chant romain, pour ce qui regarde la messe et les vêpres des dimanches et jours de fête, elles nous seront soumises par le curé de la paroisse, afin que nous avisions au moyen de les aplanir.

« Donné à Reims, sous notre seing, notre sceau et le contre-seing de notre secrétaire, le 15 juin 1848.

« † THOMAS, *Archevêque de Reims.* »

DIVISIONS DE LA FRANCE

PAR PROVINCES, PAR DIOCÈSES ET PAR LITURGIES.

PROVINCES.	DIOCÈSES.	LITURGIES.	
PARIS.	Paris Chartres Blois Orléans Meaux Versailles	Parisien. d'Orléans. de Meaux. de Versailles.	6 Diocèses. 4 Liturgies.
LYON.	Lyon Dijon Autun Grenoble Saint-Claude Langres	Parisien. de Besançon. Romain.	6 Diocèses. 3 Liturgies.
ROUEN.	Rouen Bayeux Evreux Seez Coutances	de Rouen. de Bayeux. Parisien.	5 Diocèses. 3 Liturgies.
SENS.	Sens Moulins Nevers Troyes	de Sens. de Clermont. Parisien. Romain.	4 Diocèses. 4 Liturgies.
REIMS.	Reims Beauvais Châlons Amiens Soissons	Romain. de Beauvais. Parisien. d'Amiens. de Soissons. de Laon.	5 Diocèses. 6 Liturgies.
TOURS.	Tours Angers Rennes Vannes Saint-Brieuc Quimper Le Mans Nantes	Parisien. Romain. du Mans. de Poitiers.	8 Diocèses. 4 Liturgies.
BOURGES.	Bourges Limoges Clermont Saint-Flour Tulle Le Puy	de Bourges. de Limoges. de Clermont. Romain. Parisien.	6 Diocèses. 5 Liturgies.

PROVINCES.	DIOCÈSES.	LITURGIES.	
ALBY.	Alby........ Mende.......	Parisien.	5 Diocèses.
	Rodez....... Perpignan.... Cahors.......	Romain. du Mans.	3 Liturgies.
BORDEAUX.	Bordeaux..... Angoulême .. Périgueux.... Agen.........	Romain.	7 Diocèses.
	La Rochelle... Luçon .... Poitiers......	Parisien. de Poitiers.	3 Liturgies.
AUCH.	Auch........ Tarbes.......	d'Auch. Romain.	4 Diocèses.
	Aire......... Bayonne.....	Parisien.	3 Liturgies.
TOULOUSE.	Toulouse..... Pamiers......	Parisien.	4 Diocèses.
	Carcassonne .. Montauban...	Romain.	2 Liturgies.
AIX.	Aix.......... Marseille..... Gap. .... Ajaccio ...... Alger........	Romain.	7 Diocèses. 2 Liturgies.
	Digne....... Fréjus.......	Parisien.	
BESANÇON.	Besançon..... Strasbourg ...	de Besançon. Romain.	7 Diocèses.
	Nancy....... Saint-Dié.....	de Toul.	
	Metz........ Verdun ..... Belley	Parisien.	4 Liturgies.
AVIGNON.	Avignon. .... Montpellier...	Romain.	5 Diocèses.
	Valence...... Viviers....... Nimes	Parisien. de Nîmes.	3 Liturgies.
CAMBRAY.	Cambray.....	Romain.	2 Diocèses.
	Arras........	Parisien.	2 Liturgies.
15 Provinces.	81 Diocèses.	21 Liturgies.	81 Diocèses. 21 Liturgies.

Si nous éliminons d'une part la Liturgie romaine, de l'autre les vingt-quatre diocèses qui la suivent, il nous reste pour cinquante-sept diocèses vingt Liturgies. Or, voici le tableau des Liturgies maintenant en usage dans toute l'étendue de l'Eglise catholique :

ÉGLISES D'OCCIDENT.	ÉGLISES D'ORIENT.	ORDRES RELIGIEUX.
Romain, Ambroisien, Mozarabe, Romain traduit en slavon, Romain traduit en grec.	Grecque-melchite, Chaldéenne, Copte, Ethiopienne, Syrienne, Arménienne, Maronite, Grecque traduite en slavon.	Monastique, Des Chartreux, Des Carmes de l'ancienne observance, Des Chanoines réguliers de Prémontré, Des Dominicains.
4.	8.	5—17.

Ainsi, cinquante-sept diocèses français ont ensemble trois Liturgies de plus que toutes les Eglises et tous les Ordres religieux de la terre réunis. Mais il faut éliminer 1° la Liturgie mozarabe, qui depuis long-temps n'est suivie que dans quelques églises paroissiales et quelques chapelles de l'Espagne; 2° les trois traductions en slavon et en grec, lesquelles sont en tout littéralement conformes aux textes originaux romains et grecs; 3° les cinq Liturgies particulières à des Ordres religieux, dont l'existence est motivée par la vocation spéciale de ceux qui les pratiquent; ces Liturgies ne sont d'ailleurs, au fond, que des variétés du Romain; et enfin les Bénédictins, les Chartreux, les Carmes et les Dominicains de France, les suivent aussi bien que leurs frères des autres pays. Nous avons donc le tableau que voici :

EGLISES D'OCCIDENT ET D'ORIENT.		EGLISES DE FRANCE.	
Liturgie		Liturgie	
Romaine.........	760 Diocèses au moins;	de Paris.....	34 Diocèses.
Ambroisienne.....	Partie de la province de Milan.	de Toul.....	2
		de Besançon.	2
		de Clermont.	2
Total 2 pour l'Eglise d'Occident.	770 Diocèses environ.	du Mans.....	2
		de Poitiers...	2
		de Sens.....	1
		de Rouen....	1
Liturgie	Toutes les Eglises	de Bourges..	1
		d'Auch......	1
Grecque melchite..	Grecques.	d'Amiens....	1
Chaldéenne......	Chaldéennes.	de Bayeux...	1
Copte...........	Coptes.	de Beauvais..	1
		d'Orléans....	1
Ethiopienne......	Ethiopiennes.	de Limoges..	1
Syrienne.........	Syriennes.	de Meaux....	1
		de Nîmes....	1
Arménienne......	Arméniennes	de Versailles.	1
Maronite.........	Maronites.	de Soissons..	1/2
		de Laon.....	1/2
Total 7 pour l'Eglise d'Orient.	80 Diocèses environ.		
Total 9 Liturgies pour toute l'Eglise.	850 Diocèses environ.	Total 20 Liturgies.	57 Diocèses.

Comparons maintenant les Liturgies françaises aux Liturgies avouées et reconnues par l'Eglise en Orient et en Occident, sous le triple rapport de l'antiquité, de la sainteté, de l'autorité.

	LES NEUF LITURGIES EN USAGE DANS L'ÉGLISE	LES VINGT LITURGIES EN USAGE EN FRANCE
Remontent..........	Aux premiers siècles de l'Église.	aux XVIIIe et XIXe siècles.
Comptent parmi leurs auteurs............	les Saints les plus illustres, et pas d'hérétiques.	des écrivains suspects, des hérétiques reconnus, et pas de Saints.
Ont été établies.....	conformément aux lois canoniques alors en vigueur.	par une violation flagrante des lois canoniques alors en vigueur.
Ont pour caractère..	l'unité et la stabilité.	la contradiction et la variation.
Sont garanties......	par l'autorité infaillible du Saint-Siége et de l'Église qui les avoue et les reconnait.	par l'autorité faillible de quelques évêques : le Saint-Siége et l'Église ne font que les tolérer.

Ce tableau joint au précédent résume tout ce que nous avons établi dans cet écrit. Il en résulte 1° que dans l'Église l'unité liturgique est aujourd'hui et depuis long-temps la loi générale ; 2° que cette loi comporte quelques exceptions ; 3° que ces exceptions avouées, reconnues comme telles par le Saint-Siége et par l'Église, toutes justifiées par l'antiquité des Liturgies qui en sont l'objet, par leur stabilité, par la sainteté de leur origine et le droit d'une possession non interrompue, depuis les siècles les plus reculés, ne s'élèvent qu'au nombre de huit : sept pour l'Orient, où la situation religieuse et intellectuelle des peuples les rend nécessaires ; une seule pour l'Occident ; 4° que les vingt Liturgies françaises ne sont pas conformes à la loi générale, tout le monde l'avoue; 5° Que ces vingt Liturgies ne peuvent prendre place au rang des exceptions légitimes, le Saint-Siége et l'Eglise ne les ayant jamais reconnues comme telles; 6° Que, quoique tolérées par le Saint-Siége *à cause des circonstances*, on ne peut voir dans l'existence de ces Liturgies qu'un fait anarchique violemment introduit, dont la nécessité des temps peut excuser le maintien, mais que rien ne justifie : ni une antiquité respectable, ni une origine pure, ni la moindre stabilité, ni une longue possession; 7° Que pour rentrer pleinement dans l'ordre, les Eglises de France doivent chercher, avec cet esprit de force et de douceur, qui en toutes choses est l'esprit de l'Eglise, à abolir ces Liturgies anormales ; et que, grâces à la direction meilleure donnée aux esprits en France, depuis le commencement de ce siècle, ces Liturgies en effet tendent à disparaître pour faire place à la Liturgie antique, une, sainte, universelle de l'Eglise mère et maîtresse.

Reprenons :

1° Il y a en France, à côté de la Liturgie romaine, vingt Liturgies différentes. Il y dans le reste de l'Eglise, à côté de la Liturgie romaine, huit Liturgies : sept en Orient et une en Occident, c'est-à-dire que la France seule a dix-neuf Liturgies de plus que l'Eglise d'Occident, quatorze de plus que l'Eglise d'Orient, douze de plus que l'Eglise tout entière. Une pareille multiplicité dans un seul royaume tend manifestement à absorber dans les Liturgies particulières la partie générale de la Liturgie, et à partager la catholicité en autant de rites qu'il y a de diocèses. Or, l'Eglise n'a jamais voulu de ce morcellement, de cette division à l'infini ; toujours elle à maintenu, entre les Liturgies particulières et la Liturgie universelle, des Liturgies générales, de grands centres liturgiques autour desquels se rassemblent et se groupent les Eglises d'un même rite. Toujours, surtout, elle s'est efforcée de conserver et d'accroître la puissance de cohésion, l'unité du rite latin.

2° Jusqu'à Charlemagne, la France suivit la Liturgie antique que les premiers apôtres de ses principales cités lui avaient portée de l'Orient; depuis Charlemagne jusqu'à saint Pie V, la France suivit la Liturgie romaine, non pas altérée, mais ornée et enrichie des précieux débris de l'ancien rite gallican, ce qui l'a fait nommer avec beaucoup de justesse *Romain-parisien* ou *Romain-français*; depuis saint Pie V jusqu'aux dernières années du xviie siècle, la France se partagea entre le *Romain-français* et le *Romain-pur*. Or, les vingt liturgies françaises diffèrent complètement, substantiellement, dans le fond comme dans la forme, dans le principal comme dans les accessoires, dans l'ensemble comme dans les détails, et du *Romain-pur*, et du *Romain-français*, et du *Français-oriental* des premiers siècles, et de toute Liturgie connue. Elles sont donc foncièrement nouvelles. On peut donner le nom de leurs auteurs, on peut marquer l'année et le jour de leur apparition dans le monde ; il en est de 1835, de 1834, de 1828, de 1827, et la plus antique, celle d'Orléans, date de 1693 ; celle de Paris est de 1736. C'est là un fait particulier à la France, car dans tout le reste de la catholicité et dans toute l'histoire de l'Eglise il est impossible de rencontrer une Liturgie dont l'origine ne se confonde pas avec l'origine même du christianisme dans les églises d'où elle est sortie.

3° Les Liturgies françaises ont été créées après la publication des Bulles de saint Pie V et après l'exécution de ces Bulles dans toute l'étendue du royaume de France. Pour faire ces Liturgies, il a donc fallu se séparer de la Liturgie romaine et ne tenir aucun compte des Constitutions pontificales. Or, il n'existe pas, il n'a jamais existé, dans l'Eglise catholique, de Liturgie qui soit née d'une violation directe ou indirecte des lois portées par les Souverains-Pontifes ; il n'existe pas, il n'a jamais existé d'Eglise qui, après avoir suivi la Liturgie romaine, l'ait quittée pour une autre Liturgie.

4° Les Liturgies françaises sont, de leur nature, variables et changeantes ; elles n'ont d'autre autorité que celles de l'Evêque particulier qui les forme ou qui les adopte ; elles peuvent mourir et souvent elles meurent avec lui, car son successeur a le droit de faire et par conséquent le droit de défaire ce qu'il a fait. Or, jusqu'à présent, toutes les Liturgies qui existent ou qui ont existé dans l'Eglise catholique se regardent comme immuables de leur nature, et nulle part on ne croit, jamais on n'a cru que chaque Evêque eût le droit de les abolir, de les remplacer par des Liturgies nouvelles : toujours et partout on s'est montré convaincu, au contraire, que le devoir de l'Evêque était de les conserver, de les traiter avec amour et avec respect.

5° Les auteurs auxquels ont été confiés la composition, la rédaction et la mise en ordre des liturgies françaises comptent en grand nombre parmi les écrivains dévoués à une des sectes les plus opiniâtres et les plus dangereuses ; il suffit de nommer parmi les Evêques : Pavillon d'Aleth, Bossuet de Troyes, de Caylus d'Auxerre, Montazet de Lyon, etc., etc.; il suffit de nommer parmi les faiseurs : Petit-Pied,

Sainte-Beuve, Devert, Nicolas Le Tourneux, Viger, Mésenguy, Boursier, Santeuil, Coffin, Le Brun Desmarettes, Rondet, Mignot, Montcau, etc., etc., tous honoré d'une part principale dans la formation des Liturgies françaises et tous jansénistes déclarés; les uns, auteurs d'écrits solennellement condamnés par le Saint-Siége, les autres, morts sans sacrements ou n'ayant pu les obtenir que de la main de prêtres prévaricateurs; ceux-ci apostats et prêtant serment à la constitution civile du clergé, ceux-là jouant un rôle odieux dans nos troubles révolutionnaires. Or, on a beau chercher dans les annales du christianisme, on ne trouve pas que jamais aucune Eglise ait dû sa liturgie, ses prières, ses cantiques, ses hymnes, ses actions de grâces à des excommuniés, à des schismatiques, à des hérétiques, à des apostats.

6° Rassemblant toutes ces oppositions en une seule, je ne vois dans le présent, je ne vois dans le passé rien de semblable, rien d'analogue à la situation liturgique des églises de France, si ce n'est peut-être l'état anarchique des premières années du seizième siècle, état solennellement flétri par le Concile de Trente, qui en décréta la suppression, état condamné par le Souverain Pontife, qui le fit cesser et qui le décrivait en ces termes:

« Cette détestable coutume s'est glissée dans les provinces,
« savoir que dans les églises qui, dès l'origine, avaient, aussi
« bien que les autres, l'usage de dire et de psalmodier les
« Heures canoniales, suivant l'ancienne coutume romaine,
« chaque Evêque s'est fait un Bréviaire particulier, déchi-
« rant ainsi, au moyen de ces nouveaux Offices dissembla-
« bles entre eux et propres, pour ainsi dire, à chaque
« Evêché, cette communion qui consiste à offrir au même

« Dieu des prières et des louanges en une seule et même
« forme (1).

Néanmoins la situation est aujourd'hui incomparablement meilleure que dans le dernier siècle et dans les quarante premières années de celui-ci, et elle tend visiblement à s'améliorer encore chaque jour. D'abord les liturgies *paroissiales*, c'est-à-dire, qui se partageaient les paroisses d'un même diocèse, disparaissent, et *l'unité diocésaine* se fait à peu près partout. D'un autre côté, les rêves *d'unité nationale* se sont évanouis, il n'en reste pas même une ombre : tout le monde comprend quels en seraient les dangers, et quelles tendances schismatiques la réalisation d'une pareille unité pourrait plus tard faire naître et développer. Tout le monde reconnaît aussi les difficultés pratiques et les impossibilités morales d'un retour à *l'unité métropolitaine*, et cependant les partisans des liturgies françaises se sont vus contraints de proposer ce système, tant ils sont convaincus que *l'unité* purement *diocésaine* ne saurait suffire, tant ils sont frappés des inconvénients de tout genre dont elle est la source, et des périls qu'elle peut engendrer. Enfin, le retour des esprits aux doctrines romaines, les discussions dont la question liturgique a été l'objet, les savants écrits qu'elle a suscités, et par dessus tout le dévouement des Evêques français au Saint-Siège, les avertissements paternels et répétés des Souverains-Pontifes Grégoire XVI et Pie IX, les exemples donnés par douze Eglises qui, dans l'espace de neuf années, sont successivement revenues à la Liturgie romaine, toutes ces causes ont imprimé un mouvement que rien n'arrêtera

---

(1) Saint Pie V, dans la Bulle *Quod a nobis*.

désormais; et on peut le prédire à coup sûr, dans un temps donné, toutes les Eglises de France seront comme elles l'étaient avant le XVIIIe siècle, en communion parfaite de rites et de prières avec l'Eglise romaine et par Elle avec l'immense majorité des Eglises catholiques de tout l'univers.

FIN.

TABLE DES MATIÈRES.

Avis au lecteur. 1
Chapitre 1er. — Des discussions sur la Liturgie. 1
— 2. — Opinions diverses sur la question liturgique. 47
— 3. — Qu'est-ce que la Liturgie? 72
— 4. — Liturgie universelle, Liturgies générales et Liturgies locales. 90
— 5. — Liturgies orientales. 104
— 6. — Liturgies des ordres religieux. 134
— 7. — Anciennes Liturgies des Églises d'Occident.. 139
— 8. — Liturgies tolérées. 163
— 9. — Liturgies protestantes. 179
— 10. — Liturgie romaine.. 191
— 11. — Liturgies romaines-françaises. 209
— 12. — Liturgies françaises. 226
— 13. — Différences intrinsèques et extrinsèques entre la Liturgie romaine et les Liturgies françaises.. 257
— 14. — Question d'orthodoxie.. 289
— 15. — Auteurs et propagateurs des Liturgies du 18e siècle.. 308
— 16. — Liturgies paroissiales. 344
— 17. — Liturgies parisiennes. — Tendances à l'établissement d'une Liturgie nationale. . . 355
— 18. — Liturgies diocésaines. 385
— 19. — Projets de Liturgies métropolitaines. . . . 397
— 20. — Résumé et conclusion.. 407
Errata.. 424

FIN DE LA TABLE.

ERRATA.

Page 17, ligne 23, *au lieu de* : que le Concile de Trente a solennellement proclamé la nécessité de rétablir dans toute l'Eglise latine l'unité liturgique romaine; que les Papes l'ont rétablie en effet et déclaré qu'elle devait l'être par l'autorité du Pontife, par des Bulles, etc., *lisez* : que le Concile de Trente a solennellement proclamé la nécessité de rétablir dans toute l'Eglise latine l'unité liturgique, et déclaré qu'elle devait l'être par l'autorité du Pontife Romain; que les Papes l'ont rétablie en effet par des Bulles, etc.

Page 32, dernière ligne : auteurs nouveaux des Bréviaires, *lisez* : auteurs des nouveaux Bréviaires.

Page 101, ligne 2 : question d'histoire, d'érudition et ecclésiastique, *lisez* : question d'histoire et d'érudition ecclésiastique.

Page 130, ligne 6 : d'autant belle, *lisez* : d'autant plus belle, etc.

Page 150, à la note 2, au lieu de : *Rugulam*, lisez *Regulam*; et au lieu de : *mozarabe*, lisez, *mozarabes*.

Page 200, ligne 26 : aboli sauf retour, *lisez* : sans retour.

Page 213, dernière ligne : avait adoptée, *lisez* : avaient, etc.

Page 225, à l'avant-dernière ligne : plus malheureusement, *lisez* : plus malheureuses.

Page 304, ligne 1 : jugé répréhensible. Dans etc., *lisez* : répréhensible, dans.

Page 353, ligne 20 : portent leurs regards au-delà de tout ce qui intéresse non seulement leur Eglise, mais l'Eglise même, *lisez* : au-delà de tout ce qui intéresse seulement leur Eglise vers l'Eglise même.

Page 359, ligne 7 : qui lui meurées, *lisez* : qui lui sont demeurées, etc.

Page 362, ligne 1 : réproduction, *lisez* : reproduction.

Page 376, ligne 2 : pour nous dans l'ordre religieux, *lisez* : pour nous. Dans etc.

Ibid. ligne 20 : ou se trouve, *lisez* : où, etc.

Page 386, à la note, avant-dernière ligne : Différences intrinsèques, *Ajoutez* : et extrinsèques.

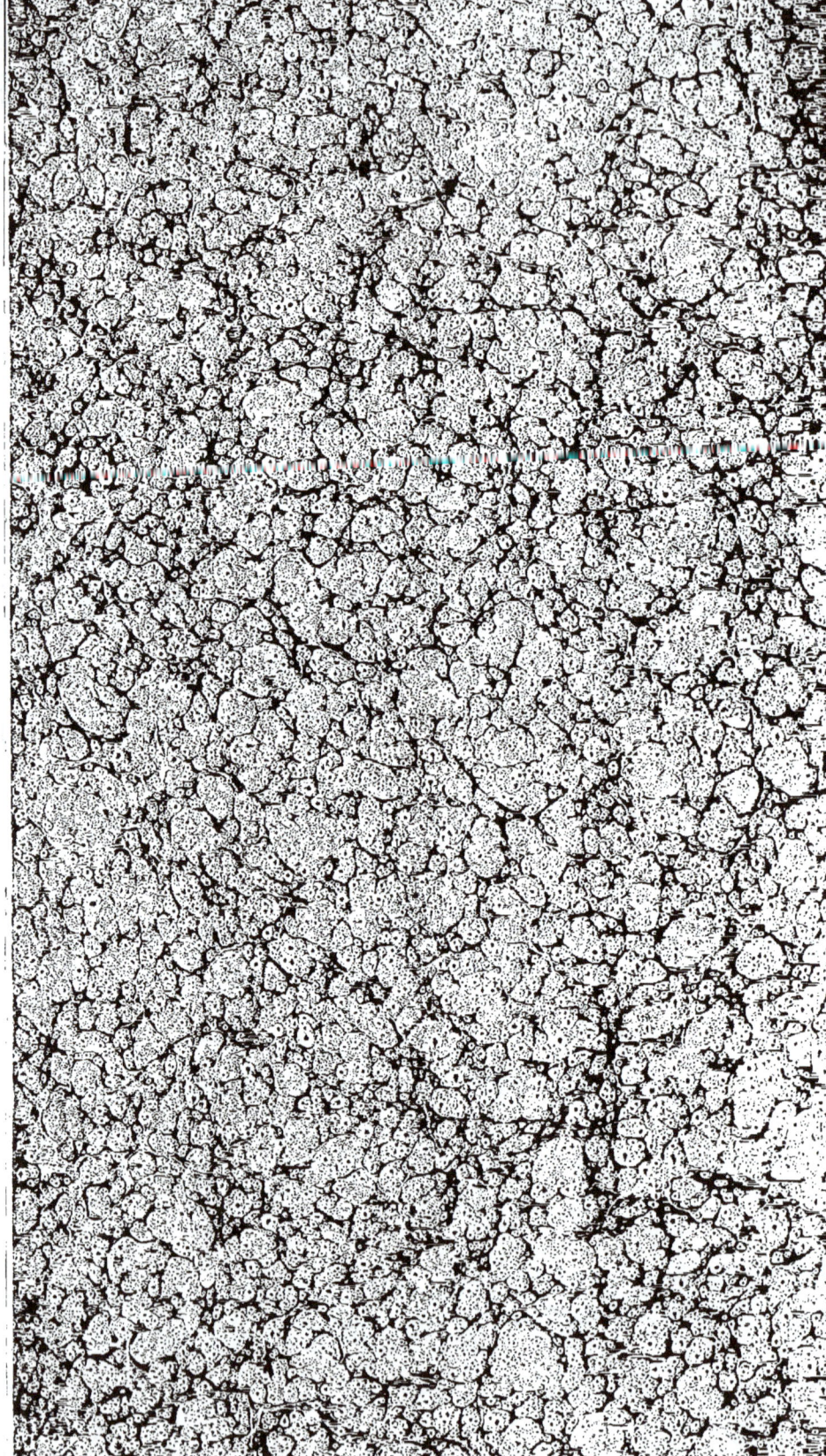

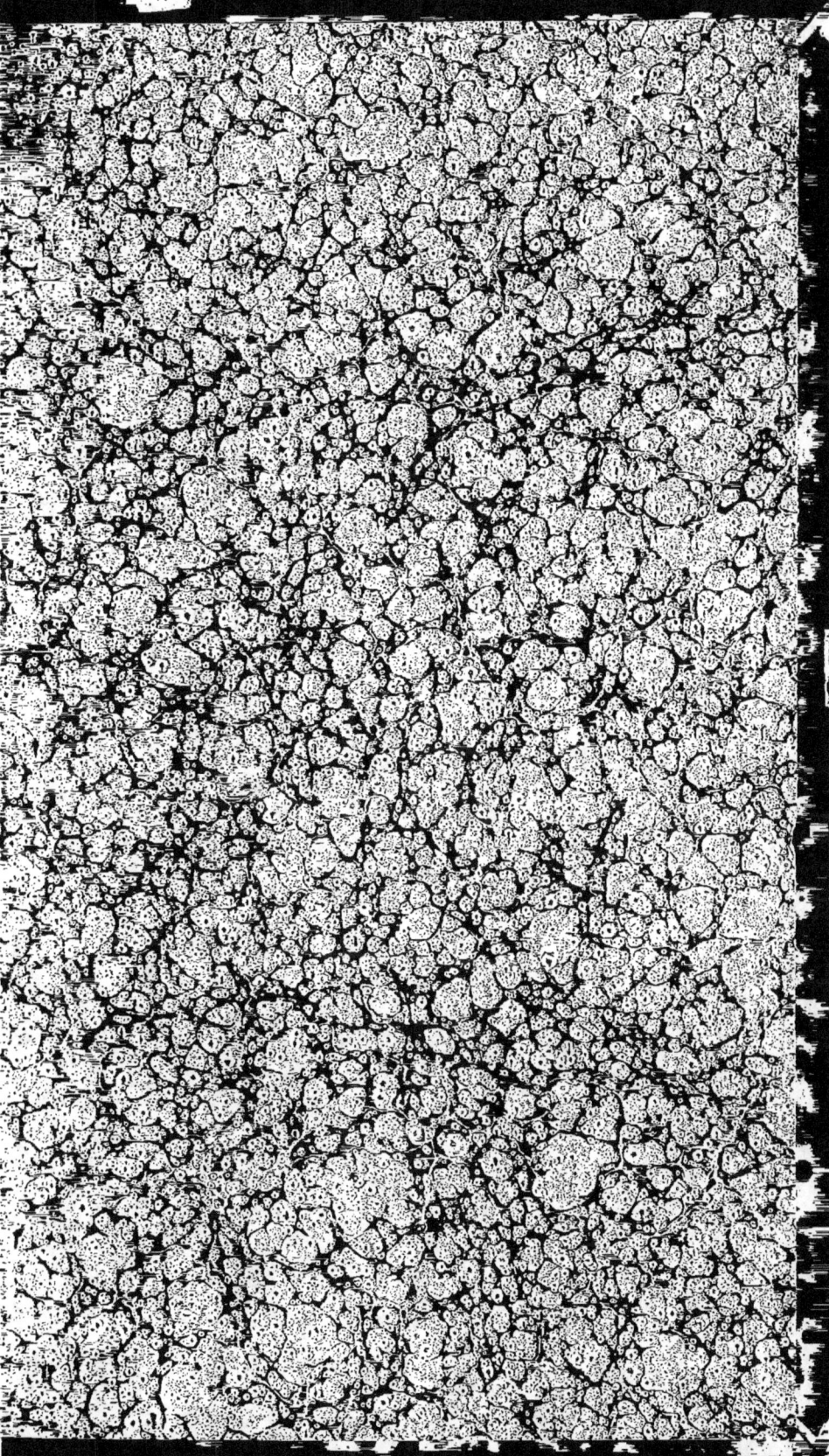

www.ingramcontent.com/pod-product-compliance
Lightning Source LLC
Chambersburg PA
CBHW070610230426
43670CB00010B/1478